Erster Weltkrieg im östlichen Europa und die russischen Revolutionen 1917

SCHRIFTEN DES ZENTRUMS FÜR OSTEUROPASTUDIEN (ZOS) DER UNIVERSITÄT KIEL

Herausgegeben von Michael Düring / Norbert Nübler / Ludwig Steindorff / Martina Thomsen / Alexander Trunk

BAND 9

PETER LANG

Alexander Trunk/Nazar Panych (Hrsg.)

Erster Weltkrieg im östlichen Europa und die russischen Revolutionen 1917

PETER LANG

Bibliografische Information der Deutschen Nationalbibliothek
Die Deutsche Nationalbibliothek verzeichnet diese Publikation in der Deutschen Nationalbibliografie; detaillierte bibliografische Daten sind im Internet über http://dnb.d-nb.de abrufbar.

Umschlagabbildungen:
Lenin: © Alexander Trunk
Friedensvertrag von Brest-Litowsk: https://commons.wikimedia.org/wiki
© Andros64

Gedruckt auf alterungsbeständigem,
säurefreiem Papier.

ISSN 2197-1684
ISBN 978-3-631-77353-6 (Print)
E-ISBN 978-3-631-77665-0 (E-PDF)
E-ISBN 978-3-631-77666-7 (EPUB)
E-ISBN 978-3-631-77667-4 (MOBI)
DOI 10.3726/b15026

Peter Lang – Berlin · Bern · Bruxelles ·
New York · Oxford · Warszawa · Wien

Diese Publikation wurde begutachtet.

www.peterlang.com

Vorwort

Der vorliegende Band enthält für die Veröffentlichung überarbeitete Beiträge von zwei inhaltlich verbundenen interdisziplinären Ringvorlesungen des Zentrums für Osteuropa-Studien der Christian-Albrechts-Universität zu Kiel in den Jahren 2014/15 und 2016/17. Die Ringvorlesung 2014/15 thematisierte den Ersten Weltkrieg mit Fokus auf dem östlichen Europa[1], die Ringvorlesung 2016/17 befasste sich mit den beiden russischen Revolutionen (Februarrevolution und Oktoberrevolution) des Jahres 1917 und ihren Auswirkungen auf andere Staaten der Region bis nach Deutschland[2]. Der Band enthält Beiträge von Historikern, Juristen, Slavisten und Theologen. Die Beiträge beschränken sich nicht auf ein Stichdatum, z.B. den Ausbruch des Ersten Weltkriegs im Jahr 1914 oder die russische Oktoberrevolution als historische Momentaufnahme, sondern sie betrachten den Ersten Weltkrieg und die russischen Revolutionen in einer zeitlich weiteren Perspektive, auch aus heutiger Sicht. Unter den Beiträgen dieses Bandes besonders hervorgehoben werden soll die Untersuchung des (damaligen) Botschafters von Georgien in Deutschland, Prof. Dr. Dr. h.c. Lado Chanturia, heute Richter am Europäischen Gerichtshof für Menschenrechte in Strasbourg, über die Wiedergewinnung der nationalen Unabhängigkeit Georgiens im Zuge des Weltkriegsgeschehens im Jahr 1918.

Für das „proofreading" der Beiträge danken die Herausgeber herzlich den wissenschaftlichen Hilfskräften des Instituts für Osteuropäisches Recht Christina Crocker, Lena Döpper und Maik-Torben Kristen. Für eine ergänzende Durchsicht unter inhaltlichen Gesichtspunkten danken wir der wissenschaftlichen Mitarbeiterin des Instituts Josephine Doll. Die Herausgabe des Bandes wurde ermöglicht aus Mitteln der beteiligten Institute bzw. Lehrstühle (Slavistik, Ostrecht, Theologie) und dank einer Zuwendung des Vereins Ostrecht Kiel e.V.

Alexander Trunk und Nazar Panych
Kiel, den 4. September 2018

1 Zusammenbruch und Neuanfang – Der Erste Weltkrieg im östlichen Europa, http://www.zos.uni-kiel.de/de/rv-ws-2014-2015.

2 Die russischen Revolutionen im Jahr 1917 und das östliche Europa, http://www.zos.uni-kiel.de/de/ringvorlesung-2016-2017.

Inhaltsverzeichnis

Alexander Trunk

Die Bedeutung der Oktoberrevolution für das russische Recht – aus heutiger Sicht

Abstract: Nach einer Einführung über Strukturmerkmale der frühen Sowjetgesetzgebung gibt der Beitrag einen Überblick über die wichtigsten Gesetzgebungsakte der Jahre 1917/1918 im Verfassungsrecht, Wirtschafts- und Zivilrecht, Justiz- und Strafrecht sowie auf dem Gebiet der Außenpolitik. Der Beitrag schließt mit einer differenzierenden Bewertung aus heutiger Sicht.

Stichworte: Sozialistisches Recht, Oktoberrevolution, Scheinkonstitutionalismus, Lenin, Provisorische Regierung, Metriksystem, Kalenderreform, Entkirchlichung, Erziehungsdiktatur, Verfassung, Zivilgesetzbuch, Dekret über den Frieden, Rechtsstaat, Sowjetrecht, Dekrete, Zentralkomitee, Räte, Allrussischer Sowjet, Grundrechte, Verstaatlichung, Meinungsfreiheit, Alphabetisierung, Modernisierung, Bürgerkrieg, Kriegskommunismus, Kommunistische Partei, Bodenreform, Unternehmensrecht, Arbeiterkontrolle, Zentralverwaltungswirtschaft, internationales Wirtschaftsrecht, Außenhandelsmonopol, April-Thesen, Familiengesetzbuch, Gleichberechtigung, Erbrecht, Arbeitsrecht, Strafrecht. Justiz, Justizdekrete, Tscheka, Volksgerichte, Todesstrafe, Brest-Litowsk, Selbstbestimmungsrecht der Völker

Die russische Oktoberrevolution[1] ist primär ein politisches und historisches Geschehen. Die Oktoberrevolution lässt sich aber – wie alle politischen Revolutionen – auch unter juristischen Gesichtspunkten analysieren[2]. Im Zentrum

---

1 Symbolhaft und zugleich legendär verkörpert durch den Sturm auf den Winterpalast am 24.10.1917/07.11.1917, s. dazu etwa von Rauch, Geschichte der Sowjetunion (1990), S. 70; von Flocken, Sturm auf das Winterpalais – eine Legende, https://www.welt.de/kultur/history/article1335666/Sturm-auf-das-Winterpalais-eine-Legende.html.

2 Aus der Literatur zur juristischen Sicht auf die Oktoberrevolution s. etwa die Arbeiten von Boris Meissner (Zusammenstellung bei Brunner, Georg u.a. [Hrsg.], Sowjetsystem und Ostrecht, Festschrift für Boris Meissner (1985), S. 847 ff), ferner Hazard, John N., The Soviet System of Government (1957), Beirn, Piers (ed.), Revolution in Law – Contributions to the Development of Soviet Legal Theory (1990), aus völkerrechtlicher Sicht jüngst Peters, Anne, The ‚Great October Socialist Revolution': What Remains in and for International Law?, Max Planck Institute for Comparative Public Law & International Law Research Paper No. 2017-09, vorwiegend aus russischer Perspektive s. in englischer Sprache „100th Anniversary of the Russian Revolution 1917", Russian Law Journal 5 (2017) issue 4, im Internet verfügbar unter

stehen dabei die Erschütterung und Neugestaltung der Verfassungsordnung durch die revolutionären Ereignisse bis hinab in die Verästelungen revolutionärer Einzelgesetzgebung. Nicht außer Acht bleiben darf dabei auch die – ebenfalls juristisch geprägte – Vorgeschichte der Revolution. Die Analyse einer Revolution unter juristischen Gesichtspunkten hilft, das Revolutionsgeschehen gedanklich zu strukturieren, grundlegende Gesichtspunkte von Begleitelementen zu unterscheiden und Entwicklungstendenzen zu erkennen. Speziell im Fall der Oktoberrevolution kommt als persönliche Komponente hinzu, dass Wladimir Lenin ausgebildeter Jurist war[3]. Für ihn war es selbstverständlich, die Revolution auch juristisch zu gestalten, viele grundlegende Revolutionsdekrete wurden von ihm selbst entworfen oder zumindest redigiert[4]. Die Oktoberrevolution ist stärker durch juristische Methodik geprägt als viele andere Revolutionen; dies zeigt allerdings auch, dass der Einsatz juristischer Methodik nicht notwendig mit der Achtung von Menschenrechten verbunden ist und zu ganz unterschiedlichen ideologischen Zwecken benutzt werden kann. Obwohl seit der Oktoberrevolution mittlerweile über hundert Jahre vergangen sind und man geneigt sein könnte, sie spätestens seit der Auflösung der Sowjetunion im Dezember 1991 als abgeschlossenes Kapitel der Weltgeschichte zu betrachten, wirft sie doch weiter Schatten in die Gegenwart. Als universelles Experiment hat sie auch heute noch ihre Faszination nicht verloren und wirkt in manchen politischen Zirkeln oder sogar Staaten weiterhin identitätsstiftend[5]. Der folgende Beitrag konzentriert sich auf die Oktoberrevolution als zweite der beiden russischen Revolutionen des Jahres 1917[6]. Die vorausgehende Februarrevolution 1917 und die Revolution von 1905 werden nur am Rande berührt.

---

https://www.russianlawjournal.org. Zur historischen Sicht auf diese juristischen Vorgänge s. z.B. Geyer, Dietrich, Die Russische Revolution, 4. Aufl. (1985), passim, Pipes, Richard, The Russian Revolution (1990), passim, Scheibert, Peter, Lenin an der Macht (1984), passim. Eine solide Analyse erfordert auch hier unmittelbares Quellenstudium.

3 Ebenso wie übrigens Karl Marx, Michael Gorbatschow und Wladimir Putin.

4 S. z.B. die Entwürfe von Dekreten in: Institut für Marxismus-Leninismus der KPdSU (Hrsg.), W.I. Lenin Werke, Bd. 26, Berlin (1972).

5 Z.B. für die weiterhin bestehende Kommunistische Partei Russlands, aber z.B. auch für die regierenden Kommunistischen Parteien Chinas und Vietnams.

6 So der Titel der ZOS-Ringvorlesung im WS 2016/17, in deren Rahmen dieser Beitrag entstand.

Im Zusammenhang mit der Oktoberrevolution fällt häufig der Begriff des „sozialistischen Rechts"[7]. Darunter werden Rechtsvorstellungen oder Rechtsordnungen verstanden, die sich zu ihrer Legitimation und auch in ihren Inhalten im Kern auf die Philosophie des Marxismus, im russischen Kontext auch des Marxismus-Leninismus stützen[8]. Hauptbeispiel einer sozialistischen Rechtsordnung war nach der Oktoberrevolution das russische (später sowjetische) Recht, aber in den nachfolgenden Jahrzehnten – insbesondere nach dem 2. Weltkrieg und in der Zeit des Kalten Kriegs – wurden dem so genannten sozialistischen Rechtskreis zahlreiche weitere Staaten zugerechnet, z.B. die meisten Staaten Mittel- und Südosteuropas, aber etwa auch die Volksrepublik China, Nordvietnam, Nordkorea und verschiedene Staaten Afrikas[9]. Seit dem Zusammenbruch der meisten sozialistischen Regimes in den Jahren 1989–1991 wird der Begriff des „sozialistischen Rechts" kaum mehr verwendet, obwohl sich beispielsweise China und Vietnam auch heute noch als „sozialistische" Staaten bezeichnen und ihre Rechtsordnungen durchaus noch Elemente aufweisen, die bekannten Phasen des Sozialismus entstammen[10]. Die Grundcharakteristika sozialistischen Rechts wurden durch und in der Oktoberrevolution entwickelt. Es wäre aber unrichtig, das sozialistische Recht auf die Oktoberrevolution zu reduzieren. Schon die Betrachtung von Russland (seit 1922 der Sowjetunion) zeigt, dass das sozialistische Recht in den Jahrzehnten zwischen der Oktoberrevolution 1917 und der Auflösung der UdSSR 1991 erhebliche Wandlungen erfahren hat – die Jahre der Stalinzeit mit fürchterlichen Repressionen, aber auch der politischen „Stabilisierung" des Systems hatten auch in rechtlicher Hinsicht ein anderes Gesicht als die Reformjahre nach der Entstalinisierung und gar die Zeit der Perestrojka seit der Mitte der 1980er Jahre[11].

---

7 S. z.B. Pißler, Knut-Benjamin, Sozialistisches Recht, in: Handwörterbuch des Europäischen Privatrechts (2009), http://hwb-eup2009.mpipriv.de/index.php/Sozialistisches_Recht.

8 S. etwa Zweigert, Konrad/Kötz, Hein, Einführung in die Rechtsvergleichung auf dem Gebiete des Privatrechts, Bd. I (1971), S. 349 ff.

9 S. Zweigert/Kötz (Fn. 8), S. 372 ff.

10 Einige Hypothesen über mögliche Entwicklungstendenzen im früheren Raum der sozialistischen Rechtsfamilie entwickelt Saidov, Rechtsvergleichung (russ.) (2003), S. 237–239.

11 S. dazu etwa Barry (ed.), Law in the Gorbachev Era, Essays in Honour of Dietrich André Loeber (1988) passim.

Gegenstand dieses Beitrags wird die Anfangsphase der Oktoberrevolution sein, im Wesentlichen der Zeitraum der Revolutionsjahre 1917 und 1918[12]. Da aber bereits die Oktoberrevolution wesentliche juristische Pflöcke eingeschlagen hat, die zum Teil bis heute fortwirken, führt dies auch zu einem Blick auch auf das heutige Russland – und vielleicht auch darüber hinaus auf andere Länder mit „sozialistischer" Vergangenheit.

A Strukturmerkmale der frühen Sowjetgesetzgebung

Zum Verständnis der juristischen Komponenten der Oktoberrevolution ist es erforderlich, vorab die revolutionären Entwicklungen in Russland seit dem Jahr 1905 im Verhältnis zum russischen Ancien Régime kurz zu rekapitulieren. Bis zum Jahr 1905 war Russland im staatsrechtlichen Selbstverständnis eine Autokratie (samoderzhavie), in der sowohl die Gesetzgebung als auch die Exekutive und die Judikatur ihre Legitimation im russischen Kaiser („Imperator")[13] hatten[14]. Der Kaiser konnte z.B. Gesetze ohne Mitwirkung eines Parlaments und auch ohne Gegenzeichnung durch die Regierung erlassen. Natürlich bestanden eine Regierung und verschiedene den Kaiser beratende Organe, und das Russische Kaiserreich verfügte auch über ein ausgebautes Justizwesen, das in den 1860er Jahren nach französischem Vorbild reformiert worden war[15]. In der Revolution des Jahres 1905 wurde Russland zu einer konstitutionellen Monarchie umgewandelt, in der die Gesetzgebungskompetenz in den Händen eines – allerdings von der Mitwirkung des Kaisers abhängigen – Zweikammerparlaments (Duma und Staatsrat) lag. Da die Stellung des Kaisers und der ihn stützenden monarchistischen Eliten auch in diesem System sehr ausgeprägt war, wurde das durch die Revolution von 1905 geschaffene System etwa von Max Weber, aber auch von weiten Kreisen des politischen Spektrums in Russland als „Scheinkonstitutionalismus" gebrandmarkt[16].

---

12 Verschiedentlich wird der Zeitraum der Oktoberrevolution bis zum Abschluss des russischen Bürgerkriegs und der damit verbundenen Konsolidierung der Sowjetmacht um 1922/1923 gezogen.

13 Der Terminus „Zar" stammt aus der vorpetrinischen Epoche, wurde aber in der Öffentlichkeit, auch im Westen, in Bezug auf den russischen Kaiser weiter benutzt.

14 S. näher Isaev, Geschichte von Staat und Recht Russlands (russ.) (1993) S. 185 ff.

15 Isaev aaO (Fn. 14), S. 177 ff.

16 Weber, Max, Russlands Übergang zum Scheinkonstitutionalismus, Archiv für Sozialwissenschaft und Sozialpolitik Bd. XXIII Beilage zum 1. Heft (1906), http://www.zeno.org/Soziologie/M/Weber,+Max/Schriften+zur+Politik/Ru%C3%9Flands+%C3%9Cbergang+zum+Scheinkonstitutionalismus.

Durch die zunehmend schwierige Lage der russischen Truppen im 1. Weltkrieg und damit verbundene Hungerunruhen und Streiks kam es im Februar 1917 zur zweiten russischen Revolution, der sog. Februarrevolution, die mit der Abdankung des Zaren endete[17]. „Gewinner" dieser Revolution waren in erster Linie verschiedene bürgerliche Parteien, es kam zur Bildung der so genannten Provisorischen Regierung durch die russische Duma in Abstimmung mit dem Petrograder Sowjet der Arbeiter- und Soldatendeputierten[18]. Da die Provisorische Regierung den Krieg fortsetzte und auch keine grundlegenden anderen Reformen sichtbar wurden, insbesondere nicht auf dem Gebiet des Agrarsektors, entwickelte sich zunehmend eine noch weitergehende revolutionäre Stimmung. Am 1. September 1917, kurz vor der Oktoberrevolution, versuchte die Provisorische Regierung die politische Kontrolle u.a. durch Ausrufung Russlands zur Republik wiederzugewinnen[19]. Diese Versuche scheiterten aber, und mit der Stürmung des Winterpalasts, des Sitzes der Provisorischen Regierung, am 25. Oktober 1917 (julianischer Kalender) bzw. am 7. November 1914 (gregorianischer Kalender) erfolgte die von der Partei der Bol'sheviki (offiziell: Sozialdemokratische Arbeiterpartei Russlands) organisierte, letztlich erfolgreiche Oktoberrevolution[20].

An dieser Stelle setzt die Betrachtung des in bzw. nach der Oktoberrevolution von den neuen Machtorganen geschaffenen revolutionären, „sozialistischen" Rechts ein. Man kann bei dem durch die Revolutionsorgane geschaffenen neuen Recht eine ideologische und eine pragmatische Komponente unterscheiden.

Die **ideologische**, schon nach der Bezeichnung als „sozialistisches Recht" naheliegende Komponente steht dafür, dass verschiedene wichtige Regelungen der neuen Machtorgane sich aus ideologischen Vorgaben der Bol'sheviki, insbesondere ihres Vorsitzenden und wichtigsten Theoretikers Lenin ergaben. Dazu gehören etwa Regelungen über die Nationalisierung von Grund und Boden sowie Unternehmen, über eine zentrale Organisation der Wirtschaft, aber insbesondere auch über die Einrichtung einer „Diktatur des Proletariats" mit Verfolgung

17 S. dazu im Einzelnen Isaev aaO (Fn. 14), S. 233 ff, s.a. Sacharov (Red.), Neueste Geschichte Russlands (russ.) (2016), S. 108 ff.

18 S. Sacharov aaO (Fn. 17), S. 143 ff, Isaev aaO (Fn. 14), S. 232 ff: Damit entstand ein parlamentarisches System; aber formell erfolgte noch keine Abschaffung der Monarchie.

19 S. Isaev aaO (Fn. 14), S. 234. Sacharov aaO (Fn. 15), S. 161. Zur Gesetzgebungstätigkeit in dieser Phase s. Isaev aaO (Fn. 14), S. 234 ff und 241 ff.

20 Zum Ablauf s. Sacharov aaO (Fn. 17), S. 162 ff.

realer oder vermuteter Oppositionskräfte[21]. Im weiteren Sinne wird man hierzu auch Regelungen rechnen können, mit denen die Machtorgane eine nicht per se „sozialistische" **Modernisierung** der russischen Gesellschaft bezweckten, die zugleich die Überlegenheit des neuen sozialistischen Systems gegenüber dem Ancien Régime belegen sollten. Hierzu rechnen beispielsweise die Übernahme des westlichen Metriksystems, des gregorianischen Kalenders, aber auch z.B. die Einführung eines kostenlosen Bildungssystems oder die „Entkirchlichung" und Liberalisierung des Ehe- und Familienrechts.

Die **pragmatische** Komponente zeigt sich beispielsweise im Aufgreifen von Themen, die man als situationsbedingt bewerten kann (z.B. um die Bevölkerung für das neue Regime zu gewinnen), etwa die Bemühungen um rasche Beendigung der russischen Beteiligung am 1. Weltkrieg und die Abschaffung der Todesstrafe an der Front, aber auch in der nur stufenweise verwirklichten, sich aber bald verschärfenden Regelung bestimmter Themen, z.B. bei der Verstaatlichung von Grund und Boden und von Unternehmen[22]. Häufig verbinden sich auch ideologische und pragmatische Gesichtspunkte. So hatte die Deklaration des Selbstbestimmungsrechts der im russischen Kaiserreich vertretenen Nationalitäten[23] sicher eine ideologische (oder ideelle) Grundlage, zog aber auch pragmatisch die Konsequenz aus Unabhängigkeitsbestrebungen in verschiedenen Teilen des bisherigen Russischen Kaiserreichs. Gerade dieses Thema zeigt aber, dass sich ideologische Überlegungen wieder durchsetzten, sobald die Machtverhältnisse es zuließen, indem die Bol'sheviki in verschiedenen zeitweise unabhängigen Reichsteilen bolschewistische Regierungen und Sowjets (Räte) installierten, die dann auch den Beitritt zu der im Jahr 1922 gegründeten UdSSR (Sowjetunion) erklärten.

Bei all dem ist auch die Rolle der Partei der Bol'sheviki für die Ausgestaltung des sozialistischen Rechts nach der Oktoberrevolution systemprägend. Nicht nur folgte die Gesetzgebung von Anfang an häufig entsprechenden Beschlüssen der Partei bzw. ihrer Führung, die Partei bestimmte darüber hinaus die Anwendungspraxis der Gesetze und das gesamte gesellschaftliche Leben[24]. Dass in diesem Kontext für Unabhängigkeit der Gerichte, die Wahrung von Grund- und Menschenrechten und den Schutz Andersdenkender wenig Raum war, liegt auf

21 Hierzu und zum folgenden s. den Überblick bei Meder, Walter, Das Sowjetrecht (1971), S. 33 ff, 65 ff.

22 S. hierzu näher Meder a.a.O (Fn. 21), S. 20 ff, 65 ff und 71 ff.

23 S. Meder aaO (Fn. 21), S. 40 f.

24 S. hierzu Loeber (ed.), Ruling Communist Parties and Their Status under Law (1986), passim.

der Hand und lässt sich durch die Gesetzgebung und die Praxis der Rechtsanwendung belegen („Telefonrecht" etc.)[25].

Es wäre aber zu einfach, ein durchgehend negatives Bild zu zeichnen. In vieler Hinsicht entsprach die Politik der Bol'sheviki, auch im Bereich der Gesetzgebung, den Wünschen und Vorstellungen weiter Teile der damaligen Bevölkerung, z.B. dem Wunsch nach Frieden und nach der Abschaffung von Standesprivilegien der Zarenzeit. Das Regime der Bol'sheviki nach der Oktoberrevolution wird in der Literatur gelegentlich als „Erziehungsdiktatur" bezeichnet[26], und dies trifft für viele Aspekte auch der rechtlichen Regelungen nach der Oktoberrevolution durchaus zu, z.B. für die Bildungspolitik, andere Teile der Kulturpolitik, den Aufbau einer Sozialversicherung, die Einführung des metrischen Systems etc. Die Tragik der Oktoberrevolution liegt darin, dass diese positiven Entwicklungen von Anfang an durch weitflächige Menschenrechtsverletzungen begleitet waren und zudem auf ökonomischen Vorstellungen beruhten, die sich langfristig als nicht tragfähig erwiesen.

B Überblick über die Gesetzgebungsakte der frühen Sowjetzeit (1917–1918)

Allein im Jahr 1917, also seit Ende Oktober, erließen die sowjetischen Machtorgane etwa 60 Dekrete, und im 1. Halbjahr 1918 kamen etwa weitere 100 Dekrete hinzu[27]. Dies ist eine beträchtliche Zahl, zumal sie ganz unterschiedliche Themen betreffen und häufig grundsätzliche Fragen regeln. Allerdings sind viele dieser Dekrete sehr kurz und wurden durch weiterführende Dekrete ergänzt. Aber es ist doch festzustellen, dass die neue Herrschaft ihr System stark durch juristische Maßnahmen gestaltet und vorangetrieben hat. Betrachtet man die Dekrete genauer, so stellt man zunächst fest, dass sie nicht nur Gesetzgebungsmaßnahmen enthalten, sondern teilweise auch politische Deklarationen wie z.B. das berühmte Dekret über den Frieden vom 26. Oktober (8. November) 1918, oder Beschlüsse zu konkreten Ereignissen, wie z.B. das Dekret vom 6. (19.) Januar 1918 über die Auflösung der Verfassunggebenden Versammlung.

---

25 Vgl. hierzu auch Fincke, Martin, Specifica des Sowjetrechts, in: Brunner, Georg u.a. (Hrsg.), Sowjetsystem und Ostrecht – Festschrift für Boris Meissner (1985), S. 79 ff.

26 So beispielsweise auch von Ludwig Steindorff im Eröffnungsvortrag zu der diesem Band zugrunde liegenden ZOS-Ringvorlesung im WS 2016/2017.

27 Eine Aufstellung sowjetischer Dekrete der Jahre 1917–1918 im Internet findet sich bei http://www.hist.msu.ru. Die nachfolgenden Zitate von Dekreten stammen aus dieser Quelle.

Die Tradition, dass im Gesetzblatt Russlands nicht nur Gesetze, sondern auch andere Beschlüsse des Parlaments enthalten sind, setzt sich übrigens bis in die heutige Zeit fort. Eine weitere Besonderheit des Sowjetrechts, von der Frühzeit an, besteht darin, dass Dekrete (Gesetze) von ganz unterschiedlichen Stellen erlassen werden konnten und erlassen wurden. Die Sammlung der sowjetischen Dekrete der Frühzeit umfasst sowohl Dekrete des „Allrussischen Sowjets (Rates) der Arbeiter, Soldaten und Bauerndelegierten", der zuerst allein nach seinem Selbstverständnis, seit der Oktoberrevolution aber auch offiziell als oberstes staatliches Machtorgan fungierte. In der ersten sowjetrussischen Verfassung vom Juli 1918, die von eben diesem Sowjet erlassen wurde, wurde diese Stellung des Allrussischen Sowjets auch formell verankert. Da der Sowjet aber nur selten und wenige Tage lang tagte, übertrug er seine Machtkompetenzen für die Zwischenperioden dem aus ca. 200 Personen bestehenden Zentralkomitee des Sowjets, das ebenfalls nur selten und kurz tagte und für die Zwischenperioden wiederum seine Kompetenzen auf das Präsidium des Zentralkomitees übertrug. Die Dekrete der Jahre nach der Revolution sind daher teilweise vom Allrussischen Sowjet, teilweise vom Zentralkomitee, teilweise vom Präsidium des Zentralkomitees erlassen, ohne dass eine klare Zuständigkeitsabgrenzung bestand. Hinzu kamen Dekrete der sowjetischen Regierung, des Rates der Volkskommissare, der ebenfalls sowohl Exekutiv- als auch Legislativbefugnisse hatte. Das System der Vermischung der Zuständigkeiten, sowohl von Gesetzgebung und Exekutivgewalt als auch der zuständigen Staatsorgane, blieb bis zum Ende der Sowjetunion ein Merkmal des sowjetischen Rechts. Im Folgenden soll die Gesetzgebung der Jahre 1917 und 1918 etwas genauer betrachtet werden.

I Verfassungsrecht und Verfassungsordnung

Das wichtigste und grundlegende Rechtsdokument eines Landes ist typischerweise die **Verfassung**. Im vorrevolutionären Russland existierte keine Verfassung als gesonderte Gesamtregelung über die Grundlagen des Staates und seiner Rechtsordnung. Es gab aber mehrere Einzelgesetze, die ursprünglich vom Kaiser allein erlassen worden waren und die Bezeichnung „Grundlegende Gesetze des Staates" trugen. In der Revolution von 1905 waren diese Gesetze um ausführliche, „westlichen" Standards entsprechende Grundrechtsvorschriften ergänzt worden, und außerdem war die Duma als gesetzgebendes Organ einer konstitutionellen Monarchie eingeführt worden.

Noch während des unmittelbaren Verlaufs der Oktoberrevolution verabschiedete der zeitgleich tagende 2. Allrussische Sowjet (Rat) der Arbeiter, Soldaten und Bauerndelegierten am 7. November 1917 ein Dokument, in dem es heißt, der Rat „nehme die Macht in seine Hände“ (съезд берет власть в свои руки) und „alle Macht in den verschiedenen Landesteilen gehe auf die Sowjets der Arbeiter, Soldaten und Bauerndelegierten über“, die „die echte revolutionäre Ordnung einführen sollten“[28]. Der Sache nach handelt es dabei um das erste Verfassungsdekret der neuen Sowjetmacht. Im Laufe der nächsten Monate wurde es durch weitere Dekrete ergänzt. Beispiele dafür sind etwa das Dekret vom 8. November 1917 über die Bildung der sowjetischen Regierung, des Rates der Volkskommissare, oder – vielleicht nicht so grundlegend, aber anschaulich – das Dekret vom 1. April 1918 über die Staatsflagge der Russischen Sozialistischen Föderativen Sowjetrepublik (RSFSR[29]).

Zu einer Konsolidierung der verschiedenen verfassungsrechtlichen Einzelregelungen kam es dann in der vom V. Allrussischen Sowjetkongress am 10. Juli 1918 verabschiedeten ersten Verfassung der RSFSR[30].

Die Verfassung ist in sechs Abschnitte mit insgesamt 17 Kapiteln und 90 Artikeln gegliedert. Der erste Abschnitt ist mit „Deklaration der Rechte des werktätigen und ausgebeuteten Volkes“ überschrieben und integriert die gleichlautende Deklaration des 3. Allrussischen Sowjetkongresses vom 18. (31.)1.1918 in die Verfassung. Danach wird Russland zur Republik der Sowjets der Arbeiter-, Soldaten- und Bauerndelegierten auf der Grundlage eines freien Bundes freier Nationen erklärt. Zugleich wird das Ziel der Beseitigung jeglicher Ausbeutung des Menschen durch den Menschen deklariert und zu diesem Zweck die Verstaatlichung des gesamten Bodens und der Wirtschaft angeordnet. Der zweite Abschnitt (Art. 9 – 23) enthält allgemeine Bestimmungen zu der Verfassung. Sie beginnen mit der Ausrufung der Diktatur des Proletariats, treffen einige Grundaussagen über die Staatsorgane und proklamieren danach mehrere Grundrechte (Gewissensfreiheit, Meinungsfreiheit, Versammlungsfreiheit) bzw. Grundprinzipien der Verfassung wie z.B. die Trennung von Staat und Kirche. Die Grundrechte werden allerdings im Vergleich zu klassischen Grundrechten meist „umgedreht“[31]. Unter dem Obersatz, eine „wirkliche“ Gewährleistung dieser

28 Slogan der Partei: „Alle Macht den Räten“.

29 Im Titel des Dekrets heißt es noch „Russische Republik“. Anfangs variierten die Bezeichnungen des neuen Staates.

30 Die Verfassung geht auf ein etwa schmaleres Dekret vom 31. Januar 1918 zurück, das wiederum Elemente früherer Dekrete bzw. Dekretentwürfe aufgreift. Das Dekret vom 31. Januar 1918 ist in der Verfassung vom 10. Juli 1918 am Anfang wiederholt.

31 Sie werden zudem auf die „arbeitende Bevölkerung“ beschränkt; „Ausbeuter“ sind vom Schutz ausgenommen. Dies setzt sich in entsprechenden Einschränkungen des aktiven und passiven Wahlrechts fort (vgl. Art. 65 der Verfassung).

Grundrechte solle gewährleistet werden, werden der Sache nach Verbote ausgesprochen oder Eingriffe des Staates angeordnet. Beispielsweise beschränkt sich die Regelung zur Meinungsfreiheit (Art. 14) darauf, dass zum Zweck einer „wirklichen“ Gewährleistung der Meinungsfreiheit alle technischen und materiellen Mittel zur Herausgabe von Zeitungen, Büchern und anderen Druckerzeugnissen in die Hand der Arbeiterklasse überführt werden. „Echte“ Grundrechtsgewährleistungen wurden – wohl aufgrund der persönlichen Erfahrungen vieler der Revolutionäre – für das Asylrecht ausgesprochen (Art. 21[32]), aber auch der allgemeine Gleichheitssatz findet sich als klassisches Grundrecht (Art. 22). Mit dem Recht auf volle, allseitige und kostenlose Bildung wird in Art. 17 ein soziales Grundrecht verankert, das auch heute eine positive Bewertung verdient. Damit ist bereits in der Verfassung von 1918 die spätere sowjetische Alphabetisierungspolitik angelegt.

Die Stellung der Kommunistischen Partei[33] wird in der Verfassung von 1918 nicht angesprochen. Die führende Rolle der Partei war aber in zahlreichen Parteidokumenten verankert[34] und lag auch der staatlichen Praxis zugrunde. In der UdSSR-Verfassung von 1936 (Stalin-Verfassung) wurde die führende Stellung der KPdSU dann auch formell in den Verfassungstext aufgenommen (Art. 126 und 141)[35].

Auch Aussagen zur Justiz im Sowjetstaat enthält die Verfassung von 1918 nicht, ebenso wenig Hinweise auf das Rechtsstaatsprinzip. Die richterliche Unabhängigkeit war den Revolutionären des Jahres 1917 kein besonderes Anliegen. Die Schwäche der Justiz im Sowjetsystem war damit bereits in der Verfassung von 1918 angelegt, auch wenn sich die Justiz später wieder konsolidierte. Dass die Stalin-Verfassung von 1936 in Art. 112 die richterliche Unabhängigkeit garantierte, mag man als zynisch betrachten; immerhin wurde damit aber ein Standard für die Zukunft (wieder) eingeführt.

---

32 Für Verfolgung wegen politischer oder religiöser Straftaten; zuvor war bereits ein entsprechendes Dekret vom 28.03.1918 erlassen worden.

33 Die Bezeichnung Russische Kommunistische Partei trat seit März 1918 an die frühere Bezeichnung als Russische Sozial-Demokratische Arbeiterpartei (Bolsheviki); nach der Gründung der UdSSR erfolgte die Umbenennung in KPdSU, s. https://sovtime.ru/kpss.

34 Z.B. in den sog. Aprilthesen Lenins von 1917 (nach seiner Rückkehr aus dem Exil in der Schweiz), s. http://de.m.wikipedia.org, Stichwort „Aprilthesen“. Die Aprilthesen prägten auch die russische Verfassung von 1918 und andere sowjetische Gesetzgebung.

35 S. dazu Meissner, Boris, Das Verhältnis von Partei und Staat im Sowjetsystem (1982), S. 37.

II Wirtschaftsrecht: Unternehmen und Agrarsektor

Der marxistisch-leninistischen Lehre entsprechend waren Aussagen zum Wirtschaftsrecht[36] von Anfang an Teil des Programms der Bol'sheviki. Die so genannten April-Thesen, die Lenin im Jahr 1917 kurz nach seiner Rückkehr aus dem schweizerischen Exil verfasste[37], enthielten bereits wesentliche Grundlagen der späteren sowjetischen Gesetzgebung: Enteignung des Großgrundbesitzes und sofortige Landaufteilung; Kontrolle der Arbeiter über die Industrie; Verstaatlichung der Banken. Unmittelbar nach der Oktoberrevolution folgten die entsprechenden grundlegenden Dekrete zur Bodenreform und zum Wirtschaftsrecht.

1 Bodenreform

Das Dekret Nr. 3 vom 26. Oktober (8. November) 1917 über den Boden leitete die sogenannte Bodenreform ein, die in mehreren Stufen zur Verstaatlichung des gesamten Grund und Bodens in Russland führte. Die von den Bol'sheviki vor der Revolution versprochene – und wohl einen wesentlichen Teil ihrer relativen Popularität begründende – Verteilung des Großgrundbesitzes an einzelne Bauern wurde zunächst in der Form realisiert, dass die Bauern ein Nutzungsrecht an verstaatlichtem Boden erhielten. Der Staat erlegte ihnen aber bald zunehmende Ablieferungspflichten landwirtschaftlicher Erzeugnisse auf, die zu passivem Widerstand der Bauern führten. Ab dem Jahr 1919 verschärfte sich die staatliche Politik und förderte in zunehmendem Maße staatliche und kollektive Wirtschaften zulasten der privaten Landwirtschaft. Nach einer Zwischenperiode der Liberalisierung in der ersten Hälfte der 1920er Jahre (NEP-Periode) wandte sich der Staat dann endgültig einer Politik der Zwangskollektivierung zu[38].

2 Unternehmensrecht

Bereits die April-Thesen Lenins enthielten den Programmpunkt der Verstaatlichung der Banken. In der Deklaration der Rechte des werktätigen und ausgebeuteten Volkes vom Januar 1918, die später in die Verfassung vom Juli 1918 einging, wurde dieser Punkt zu einem Konzept der Verstaatlichung des gesamten privaten Wirtschaftssektors weiter entwickelt (s. Art. 3 Buchst.c der Verfassung). Ein erster Schritt hierzu war die Einführung einer **Arbeiterkontrolle in**

36 Im Sinne von staatlichen Regelungen über Grundlagen einer professionellen wirtschaftlichen Tätigkeit.

37 S.o. Fn. 34.

38 S. Meder, Das Sowjetrecht (1971), S. 65–70.

allen Betrieben mit mehr als vier Arbeitern durch ein Dekret vom 14. November (27. November) 1917. Es begründete Betriebsräte mit Weisungsbefugnissen gegenüber dem Betriebsinhaber und ermöglichte im Konfliktfall eine Verstaatlichung des Betriebs. Ein zweiter Schritt war die Einrichtung eines Obersten Wirtschaftsrats mit weitgehenden administrativen und legislativen Befugnissen durch ein Dekret vom 15.12.1917. Damit war im Kern die Grundlage für die später entwickelte **Zentralverwaltungswirtschaft** gelegt. Es folgte eine Kette von **Verstaatlichungen**: am 27.12.1917 ein Dekret über die Verstaatlichung aller Banken, am 28.06.1918 ein Dekret über die Nationalisierung der Großindustrie und der Privatbahnen und am 21.11.1918 ein Dekret über die Nationalisierung des Binnenhandels. Den Abschluss fand diese Entwicklung in einer Verordnung des Obersten Wirtschaftsrates vom 29.11.1920 über die Nationalisierung der mittleren und kleineren Betriebe. Praktisch war damit – von kleinsten Betrieben abgesehen – die gesamte Wirtschaft Russlands verstaatlicht bzw. kollektiviert. Abgerundet wurde dies durch ein Dekret vom 03.02.1918 über die Annullierung aller von früheren Regierungen Russlands aufgenommenen Staatsschulden gegenüber inländischen oder ausländischen Gläubigern. Damit war zugleich auch das Thema des **internationalen Wirtschaftsrechts** angesprochen. Die wohl zentrale Neuregelung auf diesem Gebiet war die Einführung eines staatlichen Außenhandelsmonopols durch Dekret vom 22.04.1918 über die Nationalisierung des Außenhandels. Das staatliche Außenhandelsmonopol blieb für das sowjetische Wirtschaftssystem bis in die Schlussphase der Sowjetunion hinein systemprägend.

III Zivilrecht (einschließlich Arbeits- und Sozialrecht)

Das Russische Kaiserreich verfügte über keine in sich abgestimmte, moderne Zivilrechtskodifikation. Das russische Zivilrecht (unter Einschluss u.a. des Handelsrechts und Arbeitsrechts) war vielmehr in der historisch gewachsenen, nur grob geordneten Kompilation des Svod Zakonov Rossijskoj Imperii aus dem Jahr 1833 enthalten, der in gewissen Abständen überarbeitet und fortgeführt wurde (zuletzt 1916)[39]. Das noch zur Zarenzeit begonnene Projekt eines russischen Zivilgesetzbuchs konnte vor Ausbruch des 1. Weltkriegs nicht mehr fertiggestellt werden.

Die Oktoberrevolution brachte insofern einen erheblichen Fortschritt, denn im Jahr 1922 – in der so genannten NEP-Epoche – gelang es, das russische

39 S. https://ru.wikipedia.org/wiki/Свод_законов_Российской_империи.

Zivilrecht in einem Zivilgesetzbuch der RSFSR zu kodifizieren[40]. Das ZGB der RSFSR von 1922 knüpft an die Vorarbeiten der Zarenzeit an und steht dem (auf der Grundlage des römischen Rechts entwickelten) deutschen Recht in vielerlei Hinsicht nahe, wenn auch die sowjetideologische Prägung in Einzelfragen nicht zu verkennen ist. Dem Erlass des ZGB ging eine Reihe revolutionärer Dekrete zu unterschiedlichen Aspekten des Zivilrechts voraus, die später teilweise in das ZGB Eingang fanden.

So wurde bereits kurz nach der Oktoberrevolution – im Jahr 1918 – ein Familiengesetzbuch (1918) erlassen[41], das – im Gegensatz zum vorrevolutionären Recht – vom Grundsatz der Gleichberechtigung von Mann und Frau sowie dem Ziel einer Liberalisierung (und Entkirchlichung) des Familienrechts geprägt war[42]. Mit diesem Familiengesetzbuch setzte sich Sowjetrussland an die Spitze einer Modernisierung des Familienrechts, die in Westeuropa erst Jahrzehnte später erfolgte.

Auf dem Gebiet des Erbrechts nahm der sowjetische Gesetzgeber zunächst eine ideologisch bedingte, äußerst restriktive Haltung ein und beseitigte in einem Dekret vom 27. April 1918 das Erbrecht vollständig. Nur in Fällen geringwertiger Nachlässe wurde Ehegatten und nächsten Verwandten des oder der Verstorbenen ein erbrechtsähnliches Verwaltungsrecht zugestanden[43]. Das ZGB von 1922 lockerte diese Position wieder ein wenig und ließ das Erbrecht grundsätzlich zu, allerdings ebenfalls nur in sehr engen Grenzen. Eine weitere Öffnung (jedoch verbunden mit der Einführung einer hohen Erbschaftssteuer) erfolgte im Zuge einer Reform des ZGB im Jahr 1926[44].

In den Themenbereichen des Schuld- und Sachenrechts kam es nach der Revolution zunächst nur zu punktuellen, wenn auch wirtschaftlich einschneidenden Eingriffen. So erklärte bereits das Dekret vom 26.10. (08.11.) 1917 über

---

40 S. dazu Reich, Norbert, S. 140 ff und Zivilrecht, Sozialismus und Zivilrecht – Eine rechtstheoretisch-rechtshistorische Studie zur Zivilrechtstheorie und Kodifikationspraxis im sowjetischen Gesellschafts- und Rechtssystem (1972), passim.

41 Кодекс Законов об актах гражданского состояния, Брачном, семейном и опекунском праве vom 16.09.1918. Voraus gingen ein Dekret vom 18.12. (23.12.) 1917 über die bürgerliche Ehe, die Kinder und die Personenstandsregister sowie ein Dekret vom 16.12. (29.12.) 1917 über die Ehescheidung, s. dazu Meder aaO (Fn. 38) S. 81 f.

42 Wesentliche Anstoßgeberin für die Neuregelung war die Revolutionärin und Frauenrechtlerin Alexandra Kollontaj, s. http://www.nbpublish.com/library_get_pdf.php?id=24284.

43 S. Meder aaO (Fn. 38) S. 89 f.

44 S. Meder aaO (Fn. 38) S. 183 f.

den Boden die Veräußerung, Belastung sowie die Vermietung von Grund und Boden für unzulässig[45]. Ein anderes Dekret (vom 20.05.1918) erklärte Schenkungen nicht geringfügigen Wertes für unwirksam[46], und weitere Eingriffe betrafen das Wohnungsmietrecht[47].

Eine ganze Reihe von Dekreten befasste sich mit Fragen des Arbeitsrechts. Einige Maßnahmen erscheinen auch aus heutiger Sicht durchaus nachvollziehbar und sozialpolitisch begründet, wie z.B. die Begrenzung der Arbeitszeit auf einen 8-Stunden-Tag (Dekret vom 11.11.1917)[48] und die Einführung einer allgemeinen Sozialversicherung (Dekret vom 01.11.1917 und Folgeregelungen). Andere dagegen dienten machtpolitisch-ideologischen Zwecken wie z.B. die Unterstellung der Gewerkschaften unter die Kontrolle der Partei bzw. staatlicher Strukturen[49]. Eine gesetzgebungstechnisch bedeutende Leistung war schließlich der Erlass eines ersten Arbeitsgesetzbuchs der RSFSR am 04.11.1918.

IV Justizrecht (einschließlich Strafrecht)

Bereits kurz nach der Revolution hatte sich der neue sowjetische Gesetzgeber mit Fragen der Justiz zu beschäftigen, sowohl im Bereich des Strafrechts als auch des Zivilrechts. Das erste Justizdekret erging am 22.11. (05.12.) 1917 und erklärte die bestehenden Justizeinrichtungen, d.h. insbesondere die Gerichte, für aufgelöst. Zugleich wurde die Gründung neuer Gerichte (Volksgerichte[50]) angeordnet. Die Richter der Volksgerichte sollten durch die Bevölkerung oder durch die Sowjets der Arbeiter, Bauern und Soldaten gewählt werden.

Die Justizdekrete regelten nicht nur die Gerichtsorganisation und einzelne Aspekte der Verfahrensdurchführung, sondern auch materiellrechtliche Fragen des anwendbaren Rechts. Dabei lässt sich von den beiden ersten Justizdekreten zum dritten Justizdekret (vom 30.11.1918) eine Akzentverlagerung feststellen. Das beiden ersten Justizdekrete (1917 und Februar 1918) erlaubten noch grundsätzlich die Anwendung vorrevolutionären Rechts. Dieses durfte nur insoweit nicht angewandt werden, als es neuem Recht oder „dem revolutionären

45 Ähnlich das Dekret vom 16.12. (29.12.) 1917 über das Verbot von Rechtsgeschäften mit [innerstädtischen] Immobilien.

46 http://www.hist.msu.ru/ER/Etext/DEKRET/18-05-20.htm.

47 S. z.B. das Dekret vom 23.11. (06.12.) 1917 über die Abschaffung des Privateigentums an innerstädtischen Immobilien, http://www.hist.msu.ru/ER/Etext/DEKRET/17-11-23.htm.

48 S. dazu Meder aaO (Fn. 38) S. 75 ff.

49 S. Meder aaO (Fn. 38) S. 77 ff.

50 So die Bezeichnung im 2. Justizdekret vom 15.02.1918.

Rechtsbewusstsein" widersprach. Das dritte Justizdekret (November 1918) verbot dagegen ausdrücklich die Anwendung vorrevolutionären Rechts; soweit eine Frage noch nicht durch neues Recht geregelt sei, sollten die Gerichte sich unmittelbar durch revolutionäres Rechtsbewusstsein leiten lassen[51]. Erst später, im Bereich des Zivilrechts eigentlich erst mit dem ZGB von 1922 und dem Erlass einer Zivilprozessordnung im Jahr 1923, erfolgte wieder eine Rückkehr zu klarer normativ geregelten Verfahren.

Da Justiz in der Wahrnehmung der Öffentlichkeit häufig vor allem mit Strafverfahren verbunden wird, soll hier auch kurz die Entwicklung des Strafrechts nach der Oktoberrevolution angesprochen werden. Einzelne neue Dekrete sahen Milderungen der Strafbarkeit vor, z.B. die Abschaffung der Verhängung der Todesstrafe an der Front (Dekret vom 26.10.1917[52]), grundsätzlich wurden aber Strafbarkeiten oder Strafverschärfungen angeordnet. Ein besonders dunkles Kapitel der Strafverfolgung und Machtwillkür wurde mit der Gründung des neuen Geheimdienstes Tscheka (Allrussische Besondere Kommission zur Bekämpfung der Konterrevolution) durch Dekret vom 07.12. (20.12.) 1917 und durch das Dekret vom 5. September 1918 „Über den Roten Terror" eingeleitet. Ein sowjetrussisches Strafgesetzbuch kam erst im Jahr 1922 zustande; vorher behalf sich die Praxis im Wesentlichen mit „Leitsätzen des Strafrechts" des Volkskommissars für Justiz vom 12.12.1919[53]

V Außen- und Nationalitätenpolitik aus juristischer Sicht

Eines der zentralen Versprechen der Bol'sheviki im Vorfeld der Oktoberrevolution war die sofortige Beendigung des (Ersten) Weltkrieges[54], und bereits das erste Dekret der neuen Sowjetmacht rief alle kriegführenden Parteien („Völker") zum Waffenstillstand und Abschluss eines Friedens ohne Annexionen und Kontributionen auf (Dekret vom 26.10. (08.11.) 1917 „Über den Frieden"). Inhaltlich handelte sich dabei nicht um eine gesetzlich-normative Regelung, sondern um eine politische Deklaration, die auf die Einleitung von Friedensverhandlungen abzielte. In allgemeiner Form war darin auch das Selbstbestimmungsrecht der Völker („Nationen") angesprochen, das auch im Rahmen des Friedensschlusses Berücksichtigung finden solle. In der weiteren Folge nahm die neue Regierung Friedensverhandlungen mit den Kriegsgegnern Deutschland

51 S. Meder aaO (Fn. 38), S. 90.
52 S. https://ru.wikipedia.org/wiki/Первые_декреты_советской_власти.
53 S. Meder aaO (Fn. 38), S. 90 ff.
54 So z.B. Lenin in seinen Aprilthesen von 1917, s.o. Fn. 34.

Österreich-Ungarn, Bulgarien und der Türkei auf, die zum Abschluss des Friedensvertrages von Brest-Litowsk am 03.03.1918 führten. In diesem Vertrag verzichtete Sowjetrussland u.a. auf die russischen Hoheitsrechte in Polen und im Baltikum und erkannte die staatliche Unabhängigkeit Finnlands und der Ukraine an[55]. Am 15.03.1918 stimmte der Allrussische Sowjetkongress dem Vertrag zu[56], obwohl dieser als ungerecht empfunden wurde[57]. Die sowjetische Seite hoffte aber darauf und erwartete, dass die Ergebnisse dieses Friedens nicht von Dauer sein würden. Dies bestätigte sich mit der bald danach erfolgenden Niederlage der Mittelmächte im 1. Weltkrieg gegenüber der Entente und den damit verbundenen revolutionären Entwicklungen auch in Deutschland, Österreich-Ungarn und der Türkei.

Parallel zu den Friedensverhandlungen, aber auch aus generellen politisch-ideologischen Erwägungen bekannte sich die neue sowjetische Regierung kurze Zeit nach der Oktoberrevolution ausdrücklich auch zum Selbstbestimmungsrecht der Völker Russlands unter Einschluss des Sezessionsrechts[58]. Dies wurde allerdings mit der Erwartung verbunden, dass die Völker Russlands freiwillig im russischen Staatsverband unter sozialistischem Vorzeichen verbleiben würden. Die später ebenfalls deklarierte Anerkennung des Wunsches Finnlands[59] und Aserbaidschans[60] nach staatlicher Unabhängigkeit steht wohl im Kontext zu den weitergehenden Friedensverhandlungen mit den Mittelmächten. Im Verhältnis zur Ukraine ist der Wunsch der Sowjetmacht erkennbar, die Ukraine (der die Krim und die heute ukrainische Schwarzmeerregion damals noch nicht zugehörten) möge im russischen Staatsverband verbleiben[61]. Die Beziehung Sowjetrusslands zu den verschiedenen, vor dem 1. Weltkrieg zum Russischen Kaiserreich

55 In einer Zusatzvereinbarung vom 27.08.1918 wurde auch Armenien, Aserbaidschan und Georgien die Unabhängigkeit zugestanden.

56 S. https://ru.wikisource.org/wiki/Постановление_о_ратификации_Брестского_мирного_договора.

57 S. https://de.wikipedia.org/wiki/Friedensvertrag_von_Brest-Litowsk.

58 Deklaration der Rechte der Völker vom 02.11. (15.11.) 1917, http://www.hist.msu.ru/ER/Etext/DEKRET/peoples.htm.

59 Dekret über die Anerkennung der staatlichen Unabhängigkeit Finnlands vom 18.12. (31.12.) 1917, http://www.hist.msu.ru/ER/Etext/DEKRET/finland1.htm.

60 S. das Dekret vom 29.12.1917 (11.01.1918) über das Türkische Armenien (= Aserbaidschan), http://www.hist.msu.ru/ER/Etext/DEKRET/17-12-29.htm.

61 S. etwa den Aufruf des Allrussischen Exekutivkomitees vom 08.12. (21.12.) 1917 an das ukrainische Volk, http://www.hist.msu.ru/ER/Etext/DEKRET/17-12-08-2.htm, sowie den Beschluss der sowjetischen Regierung vom 03.04.1918 über die Aufnahme der Ukraine in die RSFSR, http://www.hist.msu.ru/ER/Etext/DEKRET/18-04-03.htm.

gehörenden Nationen war in der damaligen Zeitphase von großer Instabilität gekennzeichnet. Soweit Sowjetrussland im Friedensvertrag von Brest-Litowsk die Unabhängigkeit ehemaliger Teile des Kaiserreichs anerkannte, war dies aus sowjetischer Sicht offenbar nur eine Zwischenlösung, die unter dem Vorbehalt einer späteren Wiederannäherung oder sogar eines Beitritts zu Sowjetrussland auf der Grundlage politisch-ideologischer Gemeinsamkeit gesehen wurde. Viele der diesbezüglichen Dekrete oder anderweitigen Erklärungen der Sowjetmacht in den ersten Jahren nach der Oktoberrevolution haben, juristisch betrachtet, keinen Normcharakter, sondern sind lediglich politische Deklarationen. Gleichwohl kann ihnen rechtliche Relevanz nicht völlig abgesprochen werden, z.B. für die Auslegung völkerrechtlicher Verträge der damaligen Zeit.

C Zusammenfassung mit Blick auf das heutige Russland

Das welthistorische Geschehen der Oktoberrevolution entzieht sich, auch bei der Beurteilung aus juristischer Perspektive, einer eindeutigen Bewertung. Einerseits hat die Oktoberrevolution auch in rechtlicher Hinsicht den Weg zu vielen überfälligen Reformen eröffnet – die Gleichberechtigung im Familienrecht, die Abschaffung von Ständeprivilegien, der Ausbau sozialstaatlicher Strukturen, die Alphabetisierung der Bevölkerung, die Bekenntnis zum Selbstbestimmungsrecht der Völker sind wichtige Beispiele. Andererseits war die Oktoberrevolution von Anfang an von staatlich geförderten Gewaltexzessen und einer grundlegend verfehlten wirtschaftspolitischen Konzeption (mit entsprechender juristischer Umsetzung) geprägt.

Versucht man eine vergleichende Betrachtung mit dem heutigen Russland, so fallen sowohl Parallelen als auch Unterschiede zu dem durch die Oktoberrevolution eingeführten „sozialistischen Recht" ins Auge. Sowohl Sowjetrussland als auch das heutige Russland waren bzw. sind Bundesstaaten mit starker Zentraltendenz. Anders als in sowjetischer Zeit ist Russland heute aber eine Präsidialdemokratie ohne Einparteienherrschaft. Zwar lässt sich auch im heutigen Russland die – bereits in der Zarenzeit bestehende und in Sowjetzeit mit anderem Akzent fortgesetzte – Präferenz eines „starken Staates" feststellen, die mit einer weite Teile der russischen Gesellschaft prägenden Neigung zur hierarchischen Strukturen einhergeht. Andererseits schließen bereits die Weite des Landes und die Vielfalt dem Staat zugehöriger Nationen und Regionen eine zu engmaschige Kontrolle aus. Anders als zu Sowjetzeiten sind Grund- und Menschenrechte im heutigen Russland verfassungsrechtlich garantiert und werden durch eine – trotz bestehender Probleme an zahlreichen Stellen – unabhängige Justiz bis hinauf zum Verfassungsgericht der Russischen Föderation gesichert.

Ein die russische Geschichte seit Jahrhunderten durchziehendes Problem ist die Korruption. Die Bekämpfung von Korruption mit den Instrumenten der Stalin-Ära ist aus rechtsstaatlicher Sicht sicher inakzeptabel. Ob im heutigen Russland in dieser Hinsicht genügend unternommen wird, lässt sich wohl in Frage stellen. Auch insoweit steht Russland freilich nicht allein. Unrichtig wäre es jedenfalls, die sowjetische Zeit als (weitgehend) korruptionsfrei darzustellen. Letztlich handelt es sich hier um eine Ausprägung gesellschaftlicher Phänomene („Rechtsnihilismus"), dem man nur mit vielen Einzelmaßnahmen und einer Einwirkung auf gesellschaftliche Mentalitäten entgegenwirken kann.

Im Bereich des Wirtschaftsrechts sind die Unterschiede zwischen dem heutigen Russland und der Sowjetepoche besonders evident: im Unterschied zur sowjetischen Zentralverwaltungswirtschaft besteht heute in Russland ein marktwirtschaftliches System mit Privateigentum, Vertragsfreiheit, Wettbewerbskontrolle und ökonomischer Eigenverantwortung. Dem steht nicht entgegen, dass Strukturelemente des sowjetischen Zivil- und Wirtschaftsrechts in Teilbereichen auch heute fortwirken (mit Wurzeln z.T. in der vorrevolutionären Zeit), ohne indes spezifisch „sozialistisch" geprägt zu sein. Das Problem des Missbrauchs von Marktmacht durch wirtschaftlich starke Akteure, u.U. auch seitens staatlicher Strukturen, ist keine spezifische Folge der sowjetischen Entwicklungsphase, mag sie auch einige dadurch bedingte Sonderaspekte aufweisen.

Auch auf internationaler Ebene sind die Unterschiede zwischen der Sowjetperiode und dem heutigen Russland wesentlich stärker ausgeprägt als die Parallelen: Die Kooperationen der Sowjetunion mit Staaten des damaligen sozialistischen Lagers (Comecon etc.) sind inzwischen weitgehend erloschen. Mit dem Zerfall der Sowjetunion sind im postsowjetischen Raum 15[62] neue Staaten entstanden, mit denen sich die Zusammenarbeit Russlands heute auf der Grundlage des Völkerrechts (nicht mehr des Staatsrechts) gestaltet. Die verschiedenen Foren von Kooperation im postsowjetischen (eurasischen) Raum sind seit der Auflösung der UdSSR Ende 1991 in Bewegung (GUS, EurasEC, Eurasische Wirtschaftsunion etc.). Anders als nach der Oktoberrevolution verfolgt Russland heute aber weder eine Politik der (Wieder-)Herstellung eines einheitlichen Staates in diesem Raum noch ein darüber hinausgehendes Ziel der Weltrevolution. Zudem ist Russland im Bereich internationaler Beziehungen heute generell wesentlich aktiver als früher die Sowjetunion. Russland ist heute

62 Nicht einbezogen in diese Zahl sind die nicht allgemein anerkannten Staaten auf Teilgebieten einiger Nachfolgestaaten der UdSSR, z.T. Transnistrien, Bergkarabach oder Abchasien und Südossetien.

Mitglied des Europarates, der WTO, der Haager Konferenz für Internationales Privatrecht u.a. und Vertragsstaat vieler Abkommen, an denen die Sowjetunion nicht beteiligt war. Mit der EU besteht seit 1997 ein Partnerschafts- und Kooperationsabkommen, dessen Modernisierung allerdings zur Zeit aufgrund des Ukraine-Konflikts ausgesetzt ist. Mit der NATO besteht zumindest eine Grundsatzkooperation, auch wenn diese ebenfalls durch den derzeitigen Ukraine-Konflikt und verschiedene weitere Momente belastet ist.

In der Gesamtbeurteilung überwiegen eindeutig die Unterschiede zwischen dem Recht bzw. der Rechtspolitik Sowjetrusslands und Russland heute. Russland ist, schon aufgrund seiner Rolle als globaler Akteur und militärische Großmacht sicher kein einfacher Partner, aber es ist kein Außenseiter, sondern aktiver Mitwirkender im internationalen juristischen und politischen Diskurs.

Lado Chanturia

Hundert Jahre der ersten Republik Georgiens und Deutschland

Abstract: Der Autor skizziert die Anfänge Georgiens als demokratischen Staat von 1918 bis 1921. Dabei widmet er sich insbesondere der diesbezüglichen Rolle des Deutschen Reiches und dessen Bestreben, Georgien zur Unabhängigkeit zu verhelfen.

Stichworte: Georgien, Friedensverhandlungen, Deutschland, Transkaukasische Regierung, Unabhängigkeit, Republik, Erster Weltkrieg, deutsche Regierung, Oktoberrevolution, Kaukasus, Februarrevolution, Jordania, Russland, Brest-Litowsk, Osmanisches Reich, Tschenkeli, von Lossow

I Einführung

Am 26. Mai 1918 um 6 Uhr abends traf in Berlin ein Telegramm aus Georgien ein, in dem General *von Lossow*,[1] der Präsident der Deutschen Delegation bei den türkisch-kaukasischen Friedensverhandlungen in Trapesunt und Batumi, Folgendes berichtete: „Ich habe die Ehre, Euer Exzellenz mitzuteilen, dass am 26. Mai nachmittags um 4 Uhr die georgische Nationalversammlung die Unabhängigkeit Georgiens beschlossen hat, Minister des Auswärtigen bleibt *Akaki Tschenkeli*. Der transkaukasische Seim (Parlament) hat aufgehört zu bestehen und somit auch die Transkaukasische Regierung."[2]

Das war die erste internationale Mitteilung über die Geburt der ersten georgischen Republik. Das Deutsche Reich erkannte den neuen Staat unverzüglich an.[3] Eine provisorische Vereinbarung diesbezüglich mit Deutschland wurde in der westgeorgischen Hafenstadt Poti am 28. Mai unterzeichnet. So gewann Georgien während des Ersten Weltkrieges die vor mehr als hundert Jahren

---

1 General *Otto von Lossow* war deutscher Militärattaché im Osmanischen Reich. Im Mai 1918 wurde er von der deutschen Oberheeresleitung zum Präsidenten der deutschen Delegation für die Friedenskonferenz in Batumi ernannt.

2 Politisches Archiv des AA, Georgien N. 1, Bd. 1, S. 000100.

3 *Philipp Ammon*, Georgien zwischen Eigenstaatlichkeit und russischer Okkupation. Die Wurzeln des russisch-georgischen Konflikts vom 18. Jahrhundert bis zum Ende der ersten georgischen Republik (1921), 2015, Kitab-Verlag Klagenfurt – Wien, S. 201.

verlorene Staatlichkeit wieder. Der deutsche Beitrag war dabei erheblich[4] und die Staatlichkeit stellte ein Ergebnis der mehrere Jahre andauernden gemeinsamen Bemühungen deutscher und georgischer Politiker dar. Dem gingen aber vielfältige und komplexe Prozesse voraus.

Obwohl die erste georgische Republik nur drei Jahre existierte, bis sie 1921 Opfer der sowjetisch-bolschewistischen Okkupation und Annexion wurde, kommt ihr in der Geschichte Georgiens besondere Bedeutung zu, denn sie stellte den ersten Versuch einer modernen demokratischen Staatlichkeit Georgiens mit einer Verfassung und Gewaltenteilung dar.

II Das georgische Komitee der nationalen Unabhängigkeit

Der Ausbruch des Ersten Weltkrieges wurde von einigen im Ausland lebenden Georgiern als Chance für die Wiedererlangung der 1801 verlorenen Staatlichkeit Georgiens gesehen.[5] Das 1913 in Genf gegründete und 1914 nach Berlin umgezogene Komitee der nationalen Unabhängigkeit Georgiens wandte sich an das Auswärtige Amt des Deutschen Reiches mit der Bitte um Unterstützung bei der Bildung des neutralen kaukasischen Bundesstaates, der aus dem Königreich Georgien, aus „armenisch-tatarischen Kantonen" und einer Föderation aller nordkaukasischen Bergvölker bestehen sollte.[6]

Die deutsche Regierung fand den Vorschlag des Unabhängigkeitskomitees unterstützungswürdig und bestätigte ihre Bereitschaft, die staatliche Unabhängigkeit Georgiens zu unterstützen und anschließend anzuerkennen. Im Politischen Archiv des Auswärtigen Amtes befindet sich eine Erklärung der deutschen Regierung aus dem Jahr 1914, die Folgendes dokumentiert: 1. Georgien wird unabhängiger Staat werden, 2. Die deutsche Regierung ist bereit, den Kaukasiern Unterstützung für die Schaffung eines unabhängigen kaukasischen Staates zu leisten.[7]

---

4 General Kress von Kressenstein bezeichnet dies als die mit der Unterstützung Deutschlands deklarierte Unabhängigkeit Georgiens, Friedrich Freiherr Kress von Kressenstein, Meine Mission im Kaukasus. Bericht, aus dem Deutschen ins Georgische übertragen von Nodar Muschkudiani, Kutaisi, Verlag Mozameta, 2002. Der deutsche Text befindet sich auf der Homepage des Goethe-Instituts in Tiflis, 2005, S. 5.

5 *Lasha Bakradze*, Germanul-Kartuli urtiertobebi pirveli msoflio omis dros (die deutsch-georgischen Beziehungen während des Ersten Weltkriegs) In georgischer Sprache, Tiflis, Verlag Pegas, 2010, S. 23.

6 Der Brief wurde am 24. September 1914 verfasst und das „Projekt der Neutralisierung des Kaukasus" am 27. September 1914 nachgereicht: *Ammon*, S. 190.

7 Politisches Archiv des AA, Georgien N. 1, Bd. 1, S. 000004.

Die georgischen Sozialdemokraten, insbesondere die *Menschewiki*, die ausgesprochen ehrgeizige und aktive Teilnehmer der russischen Sozialdemokratischen Partei und Revolutionsbewegung waren, teilten die Unabhängigkeitsidee und Bestrebungen der in Westeuropa lebenden Georgier nicht. Die *Menschewiki* waren eine Fraktion der Sozialdemokratischen Arbeiterpartei Russlands (SDAPR), die im Gegensatz zu ihren parteiinternen Gegnern, der Fraktion der Bolschewiki um Wladimir Lenin, auf einen orthodoxen Sozialismus setzten. Danach müsste in Russland vor der Arbeiterrevolution eine bürgerliche Revolution stattfinden und die Führungsrolle nicht der Partei, sondern den Massen in der Revolution zukommen. Aus diesem Grund waren die *Menschewiki* gegen die bolschewistische Oktoberrevolution 1917. Die *Menschewiki* in Georgien zeigten dem Russischen Reich ihre Loyalität und sprachen sich gegen die staatliche Unabhängigkeit Georgiens aus. Das mag der Hauptgrund sein, warum die Agitation der nationalgeorgischen Emigration während der ersten Kriegsjahre keine wirkungsvolle Resonanz in Georgien fand.[8] Jedoch war die Unabhängigkeit Georgiens auch den politischen Akteuren in Georgien nicht ganz fremd. So forderte *Irakli Tsereteli* – ein Jurist und führender Menschewik, der nach der Februarrevolution 1917 bis August 1917 Minister der Petrograder Provisorischen Regierung war und nach der Oktoberrevolution 1917 Mitglied der menschewistischen Regierung in Georgien wurde, auf dem Dritten Kongress der Nationen in Lausanne 1916 die Unabhängigkeit Georgiens von russischer Herrschaft. Ein Jahr später einigten sich auch die georgischen *Menschewiki*, im Falle eines russischen Rückzugs aus dem Kaukasus, die Unabhängigkeit Georgiens zu erklären.[9]

III Die Februarrevolution in Petrograd

Das Jahr 1917 ist in vielerlei Hinsicht ein Jahr, das das ganze 20. Jahrhundert wesentlich geprägt hat: einerseits liegt in diesem Zeitraum das Ende der Romanov-Dynastie, die mehrere Jahrhunderte das Russische Reich regierte, und andererseits begann das kommunistische Experiment, das sieben Jahrzehnte die Welt in Atem hielt. Diese Ereignisse haben den Gang der Geschichte nachhaltig beeinflusst. Auch für die Geschichte Georgiens spielte das Jahr 1917 eine schicksalsprägende Rolle.

Ein Telegramm, das der Vorsitzende der Sozialdemokratischen Partei Georgiens *Noe Jordania* in Tiflis, in der Verwaltungs- und Kulturhauptstadt des

8 *Ammon*, S. 193.
9 *Ammon*, S. 193.

Südkaukasus, am 15. März 1917 bekam, berichtete über die Revolution und den Sturz des russischen Zaren in Petrograd:[10] „Mr. Governmentson (Mtavrobadze) has died: inform friends relatives".[11] Dies bedeutete, dass der am 8. März 1917 begonnene Aufstand in Petrograd zum Sturz des alten zaristischen Regimes in Russland geführt hatte. Bereits zwei Tage später revoltierten die Soldaten in den Kasernen. Die Duma, das russische Parlament, verweigerte die Ausführung der Befehle des Zaren. Es entstand eine provisorische Regierung.

Die Revolution in *Petrograd* und die Abdankung des Zaren lösten auch im Kaukasus eine Kettenreaktion aus und legten blitzschnell die gesamte Hierarchie des russischen Imperialismus lahm. Zuerst verschwand die Polizei von den Straßen von Tiflis, später wurden alle staatlichen Institutionen geschlossen. Die Stadt wurde von revolutionären Banden belagert und die erste Handlung dieser Banden war die Festnahme des Polizeichefs, der das alte Regime mit seinem Unterdrückungsapparat verkörperte. Das alte Regime gab kampflos die Positionen auf.[12]

Die Februarrevolution (auch Märzrevolution genannt) hatte den Südkaukasus ohne eine Regierung hinterlassen. Um diese Machtlücke auszufüllen, bildete die Petrograder Provisorische Regierung in Tiflis ein Transkaukasisches Sonderkomitee (*Ozakom* – Osobij zakavkaskij komitet), das aus fünf Mitgliedern bestand. Unter ihnen waren zwei Georgier – der Sozialföderalist Fürst *Kita Abaschidze* und der Menschewik *Akaki Tschenkeli*,[13] ein armenischer Kadett und ein Vertreter der aserbaidschanischen Nationalisten (*Musavatisten*). Zum Vorsitzenden des *Ozakom* wurde der russische Kadett V. *Chalamov* ernannt.[14]

Da das *Ozakom* weder Popularität genoss noch wirkliche Macht besaß und nicht in der Lage war, ernsthafte Probleme zu lösen, entstand zugleich in Tiflis und in Baku eine Doppelherrschaft in Form der Arbeiter-, Bauern- und Soldatenräte, die die tatsächliche Macht und Herrschaft übernahmen. Sie

10 Die deutsch geprägte Bezeichnung Sankt-Petersburg wurde im August 1914 gleich nach dem Kriegsbeginn in Petrograd umbenannt, *Bakradze*, S. 27.

11 *Donald Rayfield*, Edge of Empires, A History of Georgia, London, 2012, S. 323.

12 *Firus Kazemzadeh*, The Struggle for Transcaucasia (1917–1921), London, 2008, S. 32–33.

13 Akaki Tschenkeli war der prowestlich orientierte Außenminister der Transkaukasischen Republik und später der ersten Georgischen Republik, *Donald Rayfield*, S. 328.

14 *Zurab Avalischwili*. Sakartvelos damoukidebloba 1918–1921 clebis saertashoriso politikashi: mogonebebi (Die Unabhängigkeit Georgiens in der internationalen Politik 1918–1921: Erinnerungen – in georgischer Sprache), Tiflis, 1990.

handelten wie Regierungsorgane und zielten auf die Errichtung einer demokratischen Republik innerhalb Russlands.[15]

In den sozialdemokratischen Parteien im Südkaukasus waren nach wie vor die *Menschewiki* die treibende Kraft. Sie glaubten, dass die Februarrevolution in Russland den Beginn der bürgerlichen Gesellschaft darstellte. Obwohl die zentrale Regierung immer schwächer wurde, war die Regierung im Südkaukasus im Vergleich zu anderen Regionen Russlands stärker und stabiler. Die Front leistete soliden Widerstand gegen die türkische Armee, die nicht fähig war, zum Angriff überzugehen.[16] Die Unabhängigkeit Georgiens wurde in dieser Zeit von den georgischen Sozialdemokraten nicht als politisches Ziel gesetzt, während die Nationaldemokraten und ihnen nahestehende Parteien für diese Selbstständigkeit Georgiens kämpften.[17]

IV Die Oktoberrevolution 1917 und ihre Folgen

Die Nachricht über die bolschewistische Oktoberrevolution in *Petrograd* erreichte *Tiflis* bereits am zweiten Tag. Die am 8. November im Eiltempo einberufene Versammlung der Vertreter der Arbeiter-, Soldaten- und Bauernräte einerseits sowie der *Menschewiken* andererseits, lehnte vehement die Machtergreifung durch die *Bolschewiki* ab und erkannte den Sturz der Provisorischen Regierung nicht an.

Auf der Versammlung aller Revolutionsorganisationen, die am 11. November in Tiflis stattfand, hielt der Anführer der georgischen *Menschewiki* und der erste Staatspräsident Georgiens, *Noe Jordania*, eine historische Rede, in der er die Gründung einer unabhängigen lokalen Regierung vorschlug, um den Südkaukasus vor Anarchie zu bewahren und aus der katastrophalen Lage, die die bolschewistische Revolution herbeigeführt hatte, zu retten.[18] Am 28. November 1917 wurde eine solche provisorische Regierung, nämlich das Transkaukasische Kommissariat gegründet, welcher drei Georgier, drei Aserbaidschaner, drei Armenier und zwei Russen angehörten. Das Transkaukasische Kommissariat erkannte die bolschewistische Regierung nicht an und bis zur Einberufung der allgemeinrussischen konstitutiven Versammlung musste sie die Führung im Südkaukasus übernehmen. Damit löste das Kommissariat den *Ozakom* ab.

---

15 *Firus Kazemzadeh*, S. 35–36.
16 *Firus Kazemzadeh*, S. 52–53.
17 *Ammon*, S. 196.
18 *Firus Kazemzadeh*, S. 55.

Die Mehrheit der georgischen Bevölkerung schien mit der Februarrevolution zufrieden gewesen zu sein, denn sie gab dem Bürgertum (Bourgeoisie) und den Intellektuellen eine hoffnungsvolle Perspektive, deshalb waren beide Kräfte der Revolution gegenüber positiv eingestellt. Die Intellektuellen waren nicht der Meinung, dass die sozialistische Revolution in einem agrarischen und rückständigen Land möglich sei. Nach deren Meinung hätten weder Marx noch Engels es jemals für möglich gehalten, dass die sozialistische Revolution in Russland früher stattfinden würde als in den führenden Industrienationen wie England oder Deutschland.[19]

Auch zu diesem Zeitpunkt stellten die *Menschewiki* die Frage der Unabhängigkeit Georgiens nicht.

Die bolschewistische Oktoberrevolution setzte im Herbst und Winter 1917–1918 zwei Prozesse in Gang, die für die unabhängige Staatlichkeit im Südkaukasus ausschlaggebend waren: einerseits entstanden nationale militärische Einheiten und andererseits löste sich die kaukasische Armee Russlands auf. Die Soldaten und Offiziere desertierten und verließen die Frontlinie, was die türkische Armee zur Offensive und der Eroberung zusätzlicher Gebiete im Südkaukasus ermutigte.[20] Im Dezember 1917 hatten etwa 30.000 russische Soldaten die Frontlinie verlassen.[21]

Währenddessen entfernte sich der Südkaukasus zunehmend von Russland. Dies drückte sich in der Gründung neuer Verwaltungsorgane und Institutionen aus. So wurde am 23. Februar 1918 der Transkaukasische Sejm, also das Transkaukasische Parlament gebildet. Ohne Durchführung von Wahlen setzte sich der Sejm aus den kaukasischen Vertretern der von den Bolschewiken vertriebenen Petrograder Konstituanten, insgesamt Mitglieder von 10 politischen Parteien, zusammen.[22]

Am 1. März 1918 sprachen sich der Sejm und das Transkaukasische Kommissariat für den Frieden mit der Türkei aus. Darauffolgend wurde für den nächsten Tag die Entsendung einer südkaukasischen Delegation für die Verhandlungen mit der Türkei in die türkische Schwarzmeerhafenstadt Trapesunt angekündigt. Die Nachricht, dass in Brest-Litowsk ein Friedensvertrag unterzeichnet worden war, wonach Russland die südkaukasischen Gebiete Kars, Ardahan und Batumi an die Türkei abgegeben hatte, löste eine Proteststimmung im Sejm und im Kommissariat aus, denn die Armenier und Georgier mussten auf ihre historischen Gebiete verzichten und sie den Türken überlassen. Die Entsendung der

---

19 *Firus Kazemzadeh*, S. 37–39.
20 *Firus Kazemzadeh*, S. 82–84.
21 *Donald Rayfield*, S. 325.
22 *Ammon*, S. 197, *Firus Kazemzadeh*, S. 87–88.

Delegation nach Trapesunt wurde verschoben. Das Transkaukasische Kommissariat versandte weltweit Protesttelegramme, in denen es über die Unwirksamkeit der Bestimmungen betreffend den Südkaukasus im Vertrag von Brest-Litowsk berichtete.[23]

V Die Transkaukasische Demokratische Föderative Republik

Der am 3. März in Brest-Litowsk zwischen den Mittelmächten und den Sowjets geschlossene Friedensvertrag enthielt Bestimmungen darüber, dass über die staatliche Zugehörigkeit der bis dahin zum Russischen Reich gehörenden Regionen im Kaukasus und Schwarzen Meer durch Volksabstimmungen entschieden werden sollte.[24] Dies stellte eine kleine, aber zugleich aussichtslose Hoffnung für die transkaukasische Regierung dar, Verhandlungen mit dem Osmanischen Reich führen zu können.

Die nach dem Vertrag von Brest-Litowsk an die Türkei abzugebenden Gebiete waren ohnehin zu groß und deren Verlust schmerzhaft, jedoch begnügte sich das Osmanische Reich nicht damit und suchte beständig nach Anlass, seine territorialen Ansprüche im Südkaukasus geltend zu machen. Zunächst stellte die türkische Delegation die Legitimation der nach Trapesunt entsandten transkaukasischen Delegation infrage, mit der Begründung, dass der Transkaukasische Sejm keine Partei in Brest-Litowsk gewesen sei. Gleichzeitig nutzte die osmanische Militärführung den desolaten Zustand der russischen Armee, brach am 2. Februar den Waffenstillstand und nahm den Vormarsch wieder auf,[25] besetzte weitere Gebiete in Georgien und Armenien und stellte dem Transkaukasischen Sejm ein Ultimatum, die besetzten Gebiete als Teil des Osmanischen Reichs anzuerkennen.[26]

Die Argumente der türkischen Seite hinsichtlich der Legitimation der transkaukasischen Delegation waren nicht unbegründet, denn während der Friedensverhandlungen in Brest-Litowsk und anschließend beim Zustandekommen des Friedensvertrages existierte Transkaukasus als nicht selbstständiger Staat und auch später wurden keine Bestrebungen unternommen, dieses Gebilde als Staat international anerkennen zu lassen. Der Südkaukasus wurde von den Türken als Teil des russischen Reiches behandelt[27] und keine Legitimation zugesprochen, den Friedensvertrag von Brest-Litowsk abzulehnen.[28] Diese unklare Rechtslage stärkte

23 *Firus Kazemzadeh*, S. 93
24 *Ammon*, S. 198.
25 *Ammon*, S. 198.
26 *Donald Rayfield*, S. 326.
27 *Ammon*, S. 198.
28 *Firus Kazemzadeh*, S. 95–96.

die Haltung der Türkei und zwang den Transkaukasischen Sejm, den Vertrag von Brest-Litowsk anzuerkennen, was am 10. April 1918 auch geschah. Ungeachtet dessen entschied der Sejm drei Tage später am 13. April über die Kriegserklärung an die Türkei,[29] ohne nennenswerte Folgen für die Kaukasier, denn die Türken setzten ihren Vormarsch fort und besetzten weitere Gebiete.

Nach der Anerkennung des Vertrages von Brest-Litowsk durch den Sejm und der Eroberung neuer Gebiete durch die Türkei zeigte das Osmanische Reich Bereitschaft zu neuen Verhandlungen, vorausgesetzt, dass diese Verhandlungen mit einem bevollmächtigten Vertragspartei geführt würden. So erklärte der Sejm am 22. April 1918 die Unabhängigkeit der Transkaukasischen Demokratischen Föderativen Republik. Am 28. April 1918 erkannte das Osmanische Reich diese Republik an.[30]

VI Deutschland und die Friedenskonferenz in Batumi

Die zweite türkisch-kaukasische Friedenskonferenz fand in der von der Türkei besetzten georgischen Hafenstadt Batumi statt. In der einzigen am 11. Mai durchgeführten Sitzung legte die türkische Delegation offen, dass sie mit den Ergebnissen des Friedensvertrages von Brest-Litowsk nicht zufrieden war und weitere Gebiete forderte. Sie wollte, dass die kaukasische Delegation den von den Türken vorbereiteten Vertrag über Frieden und Freundschaft zwischen dem Osmanischen Reich und der Südkaukasischen Konföderativen Republik unterzeichnet, in dem die territorialen Ansprüche der Türkei verankert waren. Beinahe hätte die kaukasische Delegation unter Leitung von *Tschenkeli* unter Zwang diesen ungleichen und ungerechten Vertrag unterschrieben, wenn nicht die deutsche Delegation, deren Leiter *von Lossow* den Vertragsentwurf angefordert hatte, um eine Stellungnahme der deutschen Seite anzufragen. Die einzige Hoffnung, die kaukasische Delegation vor der Unterzeichnung dieses ungleichen Vertrages zu schützen, war Deutschland, und sie ist in Erfüllung gegangen. Nach den Beratungen mit General *von Lossow* forderte die kaukasische Delegation, dass der Friedensvertrag nicht von der Türkei, sondern auch von Deutschland mit unterzeichnet werden müsste.[31] Die türkische Seite erkannte die deutsch-georgische Taktik und teilte dem Leiter der kaukasischen Delegation, Herrn *Tschenkeli*, mit, dass der Transkaukasus nicht berechtigt gewesen sei, über die Vertragsparteien zu verhandeln und forderte die Delegation auf, den Vertrag zu unterzeichnen. Daraufhin

29 *Firus Kazemzadeh*, S. 101–103.

30 *Firus Kazemzadeh*, S. 108.

31 *Firus Kazemzadeh*, S. 110–111.

antwortete *Tschenkeli*, dass die entsprechenden Notizen bereits an die anderen Vertragsstaaten gesendet worden seien.[32]

Die türkische Seite lehnte den Vermittlungsvorschlag von General von Lossow ab und stellte am 26. Mai *Tschenkeli* ein Ultimatum, die türkischen Bedingungen zu akzeptieren. Innerhalb von 72 Stunden musste *Tschenkeli* die Antwort an die türkische Seite übermitteln.

Um den türkischen Druck abzuschwächen, drängten die Deutschen – inzwischen in Geheimverhandlungen – die Georgier, sich von der kaukasischen Föderation zu trennen. Denn selbst innerhalb der Föderation waren die Kaukasier gespalten. Der deutsche Vorschlag wurde angenommen. Am 22. Mai 1918 versammelten sich die georgischen Abgeordneten, für die der einzige Ausweg aus der Lage in der Erklärung der staatlichen Unabhängigkeit lag; denn im Falle der Unabhängigkeit könnte Georgien mit deutscher Unterstützung die türkische Aggression abwehren.[33] Damit ging der deutsch-georgische Plan aus dem Jahr 1914 in Erfüllung.

Der georgische Nationalrat, der sich aus allen politischen Parteien und gesellschaftlichen Organisationen zusammensetzte, beschloss, die von General *von Lossow* angebotene deutsche Unterstützung, anzunehmen. Die Dringlichkeit der Erklärung der staatlichen Unabhängigkeit wurde zwischen *Tschenkeli* und *von Lossow* am 24. Mai vereinbart.[34] Daraufhin folgte am 25. Mai ein Telegramm von *Tschenkeli* nach Tiflis, in dem er den Präsidenten der Nationalversammlung über die Notwendigkeit der Erklärung der staatlichen Unabhängigkeit und der deutschen Unterstützung dabei informierte: „Teilen dem Präsidium des georgischen Nationalrates Folgendes mit: eine weitere Verzögerung der Erklärung der Unabhängigkeit wäre fatal. Der Versuch der deutschen Vermittlung ist uns nicht gelungen. Uns bleibt nur eines: dem türkischen Angriff die georgische Unabhängigkeit, die von Deutschland unterstützt wird, entgegenzusetzen. Deutscher Vertreter bei der georgischen Regierung wird Graf Schulenburg, den wir mit der Unabhängigkeitserklärung umgehend anerkennen müssen … Zur Unterschrift sind eine ganze Reihe von provisorischen Vereinbarungen mit Deutschland vorbereitet … Wir warten dringend auf Nachricht über die Entscheidung."[35]

Am 26. Mai 1918 erklärte die georgische Nationalversammlung die staatliche Unabhängigkeit Georgiens. Am gleichen Tag lösten sich der Transkaukasische

32 *Firus Kazemzadeh*, S. 113.
33 *Firus Kazemzadeh*, S. 115.
34 *Firus Kazemzadeh*, S. 119–120.
35 *Zurab Avalishvili*, S. 79.

Sejm und die transkaukasische Republik auf. Der erste Premierminister von Georgien, *Noe Ramischwili*, bildete das erste Ministerkabinett, in dem *Tschenkeli* als Außenminister bestätigt wurde. Im erwähnten Telegramm berichtete General *von Lossow* dem Auswärtigen Amt von der Geburt des unabhängigen, georgischen Staates und der Auflösung der Transkaukasischen Föderation.

VII Von Poti nach Berlin

Die in Batumi ausgearbeiteten Vereinbarungen zwischen Deutschland und dem unabhängigen Georgien, wurden in der Hafenstadt Poti am 28. Mai 1918 unterschrieben. Dafür war der neue Ministerpräsident (Premierminister) der ersten, georgischen Regierung *Noe Ramischwili* von Tiflis nach Poti angereist.[36] General *von Lossow* bot den Georgiern seine diplomatischen Dienste zugunsten der internationalen Anerkennung ihrer Unabhängigkeit an.[37] Er und die georgische Delegation unter dem Vorsitz des Außenministers *Tschenkeli* verließen in einem Schiff, der *Minna Horn*, den Hafen Poti in Richtung Berlin, um die neu geborene Zusammenarbeit zwischen beiden Ländern zu Ende zu bringen.

Der deutsche Kaiser und das politische Berlin erklärten ihre Bereitschaft, Georgien zu unterstützen, auch militärisch, und schickten eine Militärmission unter der Führung von General *Kress von Kressenstein* nach Georgien.[38]

Die de facto Anerkennung der staatlichen Unabhängigkeit Georgiens war de jure noch nicht vollendet. Ohne die Zustimmung Russlands hielten die Juristen des Auswärtigen Amtes die Anerkennung der georgischen Staatlichkeit für sehr bedenklich, denn das hätte als Verletzung des Friedensvertrages von Brest-Litowsk bewertet werden können. Die Materialien des Politischen Archivs des Auswärtigen Amtes bestätigen die Bemühungen der deutschen Juristen, auch ohne russische Zustimmung die de jure Anerkennung der georgischen Staatlichkeit zu rechtfertigen. Am 31. Mai 1918 schickte General *Ludendorff* ein Telegramm mit folgender Argumentation: „Euer Exzellenz Auffassung, wir könnten angesichts des Friedensschlusses mit Großrußland die Staatenneubildung nicht ohne ihre zuvorige Anerkennung durch Großrussland anerkennen, vermag ich nicht zu teilen. Rußland hat das Selbstbestimmungsrecht der Völker zum Grundsatz erhoben. Von einem Selbstbestimmungsrecht kann aber nicht die Rede sein, wenn Rußland allein erst über die Anerkennung bestimmen soll. Die Anerkennung muss auch jedem anderen Staat freistehen. Etwa entgegenstehende frühere

36 *Zurab Avalischwili*, S. 84–85.

37 *Ammon*, S. 201.

38 *Kress von Kressenstein*. S 54 ff.

völkerrechtliche Gebräuche sind für Rußland mit dem von ihm selbst proklamierten Selbstbestimmungsrecht beseitigt".[39] Außerdem bereitete der Berliner Professor Prof. Dr. *Franz* von *Liszt* eine Stellungnahme vor, in der er kein juristisches Hindernis für die Anerkennung der Unabhängigkeit Georgiens sah.[40]

Auch dieses formelle Hindernis wurde bald überwunden. Russland erteilte im Juli 1918 die Zustimmung für die Anerkennung der Unabhängigkeit Georgiens.[41] Dementsprechend wurde ein Zusatzprotokoll zum Vertrag von Brest-Litowsk am 27. August 1918 unterschrieben. Nach Art. 13 dieses Protokolls erklärte Russland seine Zustimmung, dass Deutschland Georgien als selbstständigen Staat anerkennt.[42]

Damit war der Weg für die Vollendung der de facto Anerkennung Georgiens vorbereitet, aber der Erste Weltkrieg endete mit dem bekannten Ausgang: Deutschland hatte den Krieg verloren. Am 23. Dezember 1918 musste die deutsche Armee Tiflis räumen.

Erst 1920 nahm Deutschland wieder diplomatische Beziehungen mit Georgien auf und entsandte Botschafter nach Tiflis.

Am 7. Mai 1920 erkannte Sowjetrussland die georgische Unabhängigkeit an. Am 25. Februar 1921 marschierte die Rote Armee nach wochenlangen Kämpfen in Georgien ein. Die georgische Regierung musste nach Frankreich fliehen. Die erste unabhängige Republik Georgiens wurde zur Grabe getragen.

---

39 PA AA, Bd. 1. 2, S. 000041

40 *Franz v. Liszt*, Die völkerrechtliche Stellung der Republik Georgien. Ein Gutachten. Berlin, 1918.

41 *Zurab Avalishvili*, S. 137.

42 *Zurab Avalishvili*, S. 137–138.

Nazar Panych

Die Auswirkungen der russischen Revolutionen des Jahres 1917 auf die Entstehung des ukrainischen Staates (anhand von Zeitdokumenten)

Abstract: Im Beitrag werden die Staatsbildungsprozesse in der Ukraine in den Jahren 1917 bis 1919 aus juristischer Sicht analysiert. Den rechtlichen Hintergrund für die Analyse bilden die zentralen Gesetzgebungsakte der Ukrainischen Volksrepublik und der Westukrainischen Volksrepublik einschließlich des Vorvertrags über die Vereinigung beider Republiken vom 01.12.1918.

Stichworte: Ukrainische Volksrepublik, Westukrainische Volksrepublik, Manifest, Ukrainischer Zentralrat, Verfassung, Rechtsstatus, Eigentum, Wiedervereinigung

A Einführung

In den Jahren 1914–1919 stürmte es in Europa. Der Sturm drohte bestehenden Reichen mit Versenkung, eröffnete deren Provinzen aber gleichzeitig die Aussicht darauf, den Status unabhängiger Staaten zu gewinnen. Im Osten Europas wurden diese Entwicklungen u.a. vom ukrainischen Volk gespannt verfolgt. Längst erhoffte es sich eine Trennung von den russischen und österreichischen Metropolen, verbunden mit einer souveränen Weiterentwicklung. Die Zukunft dieser Hoffnungen war allerdings tragisch. Zwar entstand der ukrainische Staat auf der europäischen Karte. Seine Existenz war jedoch durch eine ganze Reihe von geschichtlichen Ereignissen gefährdet und endete nur wenige Jahre danach.[1]

---

1 Ausführlich zur Darstellung der Staatswerdung in den west-, zentral- und ostukrainischen Gebieten siehe etwa *Kulčyc'kyj V.S./Tyščyk B.J.*: Geschichte des Staates und des Rechts der Ukraine (ukr.), Kyiv, 2007, S. 252 ff.; einen Überblick zu den Ursachen des Mißerfolgs bietet *Andreas Kappeler*, Kleine Geschichte der Ukraine, 4., überarb. und aktualisierte Aufl., München, 2014, S. 183 ff.

Ob friedlich oder kämpferisch, der Verlauf der ukrainischen Staatswerdung war stets mit einer rechtlichen Komponente verbunden. Sowohl dem Ausruf der Unabhängigkeit als auch der Ankündigung der Entwicklungsrichtungen lagen gezielte Rechtsakte zugrunde. Eine rechtliche Analyse dieser Zeitdokumente vervollständigt die Darstellung der ukrainischen Staatswerdung und erklärt u.a. die damals damit verbundenen (Miss)-Erfolge.

Die Zeit von 1917 bis 1919 betrachtet ein Großteil der modernen ukrainischen Historiographie – neben der Zeit der Kyiver Rus', des Kosakenstaates und der modernen Ukraine, – als eine der vier Perioden ukrainischer Unabhängigkeit.[2] Die früher zum Russischen Reich gehörenden zentral- und ostukrainischen Gebiete riefen im Jahr 1917 die Ukrainische Volksrepublik (im Weiteren – UNR[3]) aus. Wenig später im Jahr 1918 erklärten die westukrainischen Gebiete die Unabhängigkeit von der Habsburgermonarchie und konstituierten die Westukrainische Volksrepublik (im Weiteren – ZUNR[4]). Die beiden ukrainischen Staaten strebten eine Vereinigung an und konnten diese auch am 22.01.1919 realisieren.[5]

---

2 Vgl. *Tryhub P.M.*, Die Etappen ukrainischer Staatlichkeit: Autorenblick auf die Problemfrage, Zeitschrift „Wissenschaftliche Werke der Petro-Mohyla-Universität", Reihe „Politikwissenschaften", (ukr.) 2007, Bd. Nr. 69, S. 126; *Makarenko O.M.*, Geschichte der Staatlichkeit als Faktor der Staatswerdung in der Ukraine (ukr.), Zeitschrift „Theorie und Praxis der Staatsverwaltung", 2015, Bd. Nr. 2(49), S. 4 f.

3 Die Abkürzung „UNR" kommt von der ukrainischen Bezeichnung „Ukraïns'ka Narodna Respublika". Sie hatte einen offiziellen Charakter und wurde selbst von dem nationalen Gesetzgeber häufig verwendet, vgl. etwa §§ 2, 4, ff. der Verfassung der UNR vom 29.04.1918.

4 Der Abkürzung „ZUNR" lag die ukrainische Bezeichnung „Zahidnoukraïns'ka Narodna Respublika" zugrunde. Von einer Verwendung dieser Abkürzung in der Rechtsordnung der ZUNR sah der nationale Gesetzgeber allerdings ab.

5 Zu den Voraussetzungen der Vereinigung s. *Sen'kiv M.V.*, Aus der Geschichte der Unabhängigkeit ukrainischer Gebiete (zum 95. Jubiläum der Vereinigung der UNR und ZUNR), Zeitschrift „Wissenschaftliche Werke der Historischen Fakultät der Nationaluniversität Zaporižžâ" (ukr.), 2013, Bd. 37, S. 93 ff.

B Ukrainische Volksrepublik

Zu den wichtigsten Rechtsakten der UNR gehören vier Manifeste (Universaly[6]) des Ukrainischen Zentralrates[7] aus den Jahren 1917–1918 sowie die Verfassung der UNR[8] vom 29.04.1918.

Die Verabschiedung aller vier Manifeste erfolgte in zügigem Tempo. Das I. Manifest wurde am 10.06.1917 verabschiedet.[9] In weniger als einem Monat, am 03.07.1917, erließ das Parlament das II. Manifest.[10] Der Nachfolgeakt, das III. Manifest, wurde am 07.11.1917 beschlossen.[11] Das letzte, IV. Manifest, erließ das Parlament bereits am 09.01.1918.[12] Die Geschwindigkeit, mit welcher man die Nachfolgemanifeste verabschiedete, wurde u.a. durch dauernde Auseinandersetzungen und Kriege der UNR mit Russland verursacht.[13] Um diesen Entwicklungen Rechnung zu tragen, machte Gesetzgeber häufig von solchen beschleunigten

---

6 Der Begriff „Universal" stammt aus dem XVII. Jahrhundert der ukrainischen Geschichte. Mit diesem Begriff bezeichnete man damals die Willensakte des Oberhauptes (Het'man) des ukrainischen Kosakenstaates. Eine erneute Verwendung dieser Bezeichnung sollte u.a. den Zusammenhang zwischen dem Kosakenstaat und der UNR als seinem Rechtsnachfolger dokumentieren, s. *Hryševskyj M.S.*, in: *Smolij V.A.*, Historische Lehren der ukrainischen Revolution: zum 80. Jubiläum des IV. Manifestes der UNR, Sammelband „Geschichte der Ukraine: Wenigbekannte Namen, Ereignisse, Fakten" (ukr.), Kyiv, 1999, Nr. 5, S. 5; *Malûta P.S.* in: *Humenâk V.O.*, Sprache und Stil der Verfassungsakte in der Zeit des Ukrainischen Zentralrates, Zeitschrift „Blatt der Vasyl-Karazin-Nationaluniversität Kharkiv, Reihe „Philologie" (ukr.), 2014, Bd. Nr. 70, S. 10; *Bohuc'kyj P.P.*, Die Manifeste des Hetmans als historische Urkunden des ukrainischen Militärrechts, Zeitschrift „Aktuelle Problemfragen des Staates und des Rechts" (ukr.), 2009, Bd. Nr. 48, , S. 162 ff.

7 S. https://en.wikipedia.org/wiki/Central_Council_of_Ukraine.

8 Die vollständige Bezeichnung der Verfassung der UNR vom 29.04.1918 lautete „Verfassung der Ukrainischen Volksrepublik (Statut über die Staatsordnung, Rechte und Freiheiten der UNR)".

9 Im Internet zugänglich unter <http://gska2.rada.gov.ua/site/const/universal-1.html>, zuletzt abgerufen am 26.05.2018.

10 Im Internet zugänglich unter <http://gska2.rada.gov.ua/site/const/universal-2.html>, zuletzt abgerufen am 26.05.2018.

11 Im Internet zugänglich unter <http://gska2.rada.gov.ua/site/const/universal-3.html>, zuletzt abgerufen am 26.05.2018.

12 Im Internet zugänglich unter <http://gska2.rada.gov.ua/site/const/universal-4.html>, zuletzt abgerufen am 26.05.2018.

13 Z.B. verdankt man die eilige Verabschiedung des IV. Manifestes dem bolschewikischen Sturm auf Kyiv sowie der bevorstehenden Verhandlungen mit Deutschland und seinen Verbündeten über den Brotfrieden, s. *Orenčuk O. Ju./Nahirnâk A. Ja.*, Brotfrieden und seine Bedeutung in der Geschichte der Ukrainischen Staatswerdung (ukr.),

Verfahren Gebrauch. Selbst die Verfassung der UNR vom 29.04.1918 wurde vom Parlament am letzten Tag seiner Legislatur verabschiedet.[14] Angesichts der bevorstehenden Entwicklungen waren ihre Regelungen eher als eine Botschaft über die zukünftige Struktur und Rechtsordnung des ukrainischen Staates gedacht und richteten sich an den Rechtsnachfolger der UNR.[15]

I Überblick

Die Rechtsnatur der Manifeste ist fraglich. Diese wurden vom Ukrainischen Zentralrat als republikanischem Parlament verabschiedet. Formell gestaltete der Gesetzgeber die Manifeste zwar als Aufrufe mit einer starken verfassungsrechtlichen Komponente. Der verbindliche Charakter, ihr umfangreicher Regelungsgegenstand und die Ergänzung durch weitere Gesetze sprechen aber dafür, dass diese Dokumente nur am Rande einen Informations- bzw. Agitationszweck verfolgten. Vielmehr sollten die Manifeste eine feste Rechtsgrundlage für den künftigen Aufbau der Republik schaffen.[16] Demzufolge kann man annehmen, dass es sich bei diesen Manifesten um Rechtsakte handelte, welche Verfassungsgesetzen nahe standen.[17] Die Verfassung der UNR galt stattdessen – bereits kraft ihrer Bezeichnung – als Grundordnung über den Staatsaufbau, die Rechte und Freiheiten der UNR.

Keines der Manifeste hatte einen strukturierten Aufbau. Die Dokumente sind in Form eines Fließtextes[18] geschrieben worden. Daher fehlt es an einer

Zeitschrift der Nationaluniversität „L'vivs'ka politechnika", Reihe „Staat und Armee", 2007, Nr. 584, S. 95.

14 Im Internet zugänglich unter <http://zakon3.rada.gov.ua/laws/show/n0002300-18>, zuletzt abgerufen am 26.05.2018.

15 *Jakovlêv A.A.*, Verfassungsakte des Anfangs des XX. Jahrhunderts in der Geschichte des Verfassungsverfahrens der Ukraine, Zeitschrift „Blatt der Nationalen Rechtswissenschaftsakademie der Ukraine" (ukr.), 2016, Nr. 4 (87), S. 99.

16 *Myronenko O.M.*, Manifeste des Ukrainischen Zentralrates, Enzyklopädie der Rechtswissenschaften (ukr.), 2004, Bd. 6, S. 212.

17 *Jaroš D.V.*, Manifeste des Ukrainischen Zentralrates – Verfassungsakte der ukrainischen Staatlichkeit in den Jahren 1917–1918: deren Änderungen und historische Bedeutung, Zeitschrift der Nationaluniversität Chmelnyc'kyj (ukr.), 2006, Nr. 33-4 (19–20), S. 43; *Kulčyc'kyj S.V.*, Erklärung der Unabhängigkeit der UNR, Sammelband „Geschichte der Ukraine: Wenigbekannte Namen, Ereignisse, Fakten" (ukr.), Kyiv, 1999, Nr. 5, S. 12.

18 Die Literatur spricht zum Teil sogar von der „lebendigen Sprache", die u.a. das Interesse der Bevölkerung an dem Regelungsinhalt der jeweiligen Dokumente bestärken sollte, so *Nahurnâk L.M.*, Historische Evolution von Angaben der vier Manifeste des ukrainischen Zentralrates, Zeitschrift der Nationaluniversität „Ostroz'ka Akademiâ", Reihe „Kultur und soziale Kommunikation" (ukr.), 2010, Nr. 2, S. 104.

Gliederung in Kapitel oder Artikel bzw. Paragraphen. Ebenso findet man in keinem der Manifeste einen ausdrücklichen Hinweis auf den Zeitpunkt ihres Inkrafttretens. Dieser lässt sich allerdings aufgrund der Einzelformulierungen vermuten. So verwendet der Gesetzgeber an mehreren Stellen in den Manifesten die Begriffe „ab heute“, „ab diesem Tag“, „gleich“, was wohl für den sofortigen Geltungsbeginn der jeweiligen Regelung spricht. Lediglich das I. Manifest vom 10.06.1917 enthält eine Vorschrift, die das Inkrafttreten ausdrücklich statuiert. Es handelt sich um Abs. 35 des I. Manifestes, wonach zum 01.07.1917 eine Sondersteuer eingeführt werden sollte.[19]

Offen ist, ob das Inkrafttreten eines nachfolgenden Manifestes eine Aufhebung bzw. Parallelgeltung seines Vorgängers zur Folge hatte. Für das – zumindest teilweise – Außerkrafttreten des vorherigen Manifestes spricht zunächst, dass sich im ukrainischen Parlament im Laufe der Erarbeitung der Nachfolgemanifeste immer deutlicher Unabhängigkeitsstimmungen herauskristallisierten. Während man sich etwa am Anfang ein föderales Verhältnis zu Russland wünschte, waren die späteren Bestrebungen diametral entgegengesetzt. Eine Geltung der Manifeste mit widersprechenden Inhalten nebeneinander wäre hier unmöglich gewesen.[20] Ein weiteres Argument für das teilweise Außerkrafttreten ist, dass der Gesetzgeber für den Fall, dass er bestimmte Altregelungen behalten wollte, deren Weitergeltung im Nachfolgeakt bestätigte. Solch eine Bestätigung sah insbesondere Abs. 26 des IV. Manifestes vor. Danach sollten die im III. Manifest verankerten Grundrechte sowie die autonome Stellung einzelner Minderheiten auch nach der Verabschiedung des Nachfolgemanifestes weiterhin in Kraft bleiben.[21]

Im Gegensatz zu den Manifesten weist die Verfassung vom 29.04.1918 eine übersichtliche und geordnete Struktur auf. Sie besteht aus acht Kapiteln, die insgesamt 83 Paragraphen[22] umfassen. Allerdings legt die Verfassung keinen Zeitpunkt des eigenen Inkrafttretens fest. Sie enthält auch keinerlei Regelungen, aus denen sich die Zukunft der früheren Manifeste klar ergibt. Aufgrund ihres Vorrangs sollten die Manifeste entweder im Einklang mit der Verfassung gebracht oder aufgehoben werden.

---

19 Dazu unten Abschnitt B. IV. 8.

20 *Staruh O.V.*, Manifeste des Zentralrates: zwischen Träumen und Realität, Sammelband „Geschichte der Ukraine: Wenigbekannte Namen, Ereignisse, Fakten“ (ukr.), Kyiv, 1999, Nr. 5, S. 156.

21 Siehe Abschnitt B. IV. 6.

22 Die Paragraphenzeichen wurden im Text der Verfassung nicht verwendet; dennoch sind unter den Nummerierungen der jeweiligen Absätze die Paragraphennummern zu verstehen, so ausdrücklich der Gesetzgeber etwa in den § 19, § 26 S. 2, § 36 der Verfassung vom 29.04.1918.

II Persönlicher Anwendungsbereich

Jedes der Manifeste enthielt ausdrückliche Regelungen zum persönlichen Anwendungsbereich. Im I. Manifest wurde dieser von dem Gesetzgeber sogar in die Bezeichnung des Manifestes aufgenommen.

Der persönliche Anwendungsbereich der vier Manifeste ist unterschiedlich formuliert. Der persönliche Geltungsbereich des I. Manifestes umfasste das ukrainische Volk in der Ukraine und im Ausland[23]. Im II. Manifest wählte der Gesetzgeber eine präzisere Formulierung. Hier umfasste der persönliche Anwendungsbereich Staatsbürger des ukrainischen Landes, wobei in dem Manifest selbst genau wie in dem Vorgängerakt die Staatsangehörigkeit ungeregelt blieb.[24] Im III. Manifest griff der Gesetzgeber erneut zu einer allgemein gefassten Formulierung, dehnte jedoch den persönlichen Anwendungsbereich ausdrücklich aus. Danach galt das III. Manifest für das ukrainische Volk und alle in der Ukraine lebenden Völker. Der persönliche Schutzbereich des letzten, IV. Manifestes umfasste das Volk der Ukraine.

Die Unterschiede zwischen den Formulierungen des persönlichen Anwendungsbereichs einzelner Manifeste vermitteln auf den ersten Blick einen irreführenden Eindruck. So können die von dem nationalen Gesetzgeber im I. und im II. Manifest verwendeten Begriffe zunächst signalisieren, dass er zwischen den Ukrainer/Ukrainerinnen und Zugehörigen anderer Völkergruppen unterscheidet und damit den Schutzbereich dieser Dokumente nur an die Ersten richten wollte. Dagegen spricht jedoch, dass der Gesetzgeber in den beiden Manifesten nicht nur an das ukrainische Volk, sondern auch an die anderen Völker appellierte. So sprach er ausdrücklich über die eigene Verpflichtung aller Völker in der Ukraine zum Staatsaufbau (Abs. 25 des I. Manifestes) und rief diese zum gemeinsamen Staatsaufbau auf (Abs. 30 f. des I. Manifestes, Abs. 7 f. des II. Manifestes). So betrachtete der Gesetzgeber auch diese Völker als zukünftige Mitgestalter des neuen Staates. Dies betonte er ausdrücklich im Nachfolgemanifest, indem er sonstige Völker der Ukraine in den Adressatenkreis dieses Dokumentes aufnahm. Endgültig verzichtete der Gesetzgeber auf diese unpräzisen Formulierungen

23 Hiermit waren auch diejenigen ukrainischen Volkszugehörigen umfasst, die sich in den anderen, teilweise ukrainisch besiedelten Gebieten (wie etwa Krim/Krym und Kuban') aufhielten.

24 Ein gesondertes Staatsangehörigkeitsgesetz wurde in der UNR erst am 02.03.1918 verabschiedet, s. *Kolomijec' Ju.S.*, Das Gesetz „Über die Staatsangehörigkeit in der UNR", Sammelband „Geschichte der Ukraine: Wenigbekannte Namen, Ereignisse, Fakten" (ukr.), Kyiv, 1999, Nr. 5, S. 113 ff.

im IV. Manifest, nachdem er einen sprachlich und rechtlich weiten Begriff des „Volk[es] der Ukraine“ für die Festlegung des persönlichen Anwendungsbereichs wählte. Dieser Lösung folgte er auch in der Verfassung vom 29.04.1918. Ihr persönlicher Anwendungsbereich umfasste das Volk und die in der Ukraine lebenden Nationen, wobei unter dem Begriff des „Volkes der Ukraine“ alle Staatsbürger zu verstehen waren (§ 2 in Verbindung mit § 6 der Verfassung).

III Räumlicher Anwendungsbereich

Die einzige Regelung zum räumlichen Anwendungsbereich der Manifeste traf der Gesetzgeber im III. Manifest. Diese formulierte er mit Rücksicht auf zwei Aspekte. Zum einem waren für die Festlegung des räumlichen Anwendungsbereichs des Manifestes die international anerkannten Grenzen der UNR ausschlaggebend. Zum anderen war die Besiedlung bestimmter Gebiete – vor allem in Grenzregionen – durch die Bevölkerung ukrainischer Nationalität von Relevanz. Demzufolge erstreckte sich der räumliche Anwendungsbereich des III. Manifestes auf insgesamt neun Regionen: Kyiv, Chernihiv, Poltava, Kharkiv, Katerynoslav, Khreson, Podillya, Volyn und Tavriya (ohne die Halbinsel Krim/Krym[25]).

25 Nach dem Zerfall des Russischen Reichs stand die Krim zunächst unter dem Einfluß-Einfluss der Bolschwiken. Wenige Monate danach, im Dezember 1917, wurde auf der Halbinsel die krimtatarische Volksrepublik Krim ausgerufen, wobei diese Republik in kurzer Zeit eine Kooperation mit der UNR einrichtete. Allerdings konnte der krimtatarische Staat der bolschewikischen Offensive nicht lange widerstehen und ging bereits Anfang 1918 unter. Mit der Transformation der UNR in einen souveränen Staat und der gleichzeitigen Entstehung der bolschewikischen Angriffsgefahr von Süden modifizierte sich auch die Wahrnehmung der Krimfrage. Im Laufe der Verhandlungen der Ukraine insbesondere mit Deutschland, wurde u.a. auch die Frage der Zugehörigkeit der Halbinsel Krim zu der UNR thematisiert, s. etwa *Perepadâ V.V.*, Krimproblem in den Jahren 1917–1918, Südukraine im XX. Jahrhundert, Zeitschrift „Notizen der Staatsuniversität Zaporižžâ“ (ukr.), 1998, Nr. 1 (4), S. 128 f., *Hedin M.S.*, Problem der Krim vor und im Laufe der Regierungszeit von Pavlo Skoropads'kyj, Zeitschrift „Blatt der Nationalen linguistischen Universität Kyiv“, Reihe „Geschichte, Wirtschaft und Philosophie“ (ukr.), 2014, Bd. Nr. 19, S. 69; *Stopčak M.*, Krimmarsch der Armee der UNR im Jahr 1918 in der Bewertung der ukrainischen Historiographie, a.a.O. (ukr.), 2012, Bd. Nr. 17, S. 243; *Ivanec' A.V.*, Krimfrage in der Politik der UNR in der Zeit der Direktoriums (Ende des Jahres – 1918–1920) (ukr.), Kyiv, 2016, S. 171; *Kerstin Susanne Jobst*, Im Spiel mit großen Mächten? Nationale Konflikte nach dem Zerfall des Zarenreichs bis zum Beginn des Russischen Bürgerkriegs 1918/19 auf der Halbinsel Krym in: *Philipp Ther/Holm Sundhaussen (Hg.)*, Nationalitätenkonflikte im 20. Jahrhundert. Ursachen von inter-ethnischer Gewalt im Vergleich, Wiesbaden, 2001, Forschungen zur Osteuropäischen Geschichte, Bd. Nr. 59, S. 96 f.

Diese Regionen stellten zusammen das Hoheitsgebiet der UNR dar. Einzelne Grenzregionen mit einem großen Teil ukrainischsprachiger Bevölkerung wurden nicht in das Hoheitsgebiet der Republik aufgenommen. Es handelte sich um Grenzregionen der Nachbarstaaten, insbesondere. Russlands (Kurs'k und Voronezh mit Umgebung) sowie Polens (Chełm/Cholm, Peremyšl'/Przemyśl und das Sangebiet). In der Verfassung blieb die Frage des Hoheitsgebietes der UNR ungeregelt.

IV Sachlicher Anwendungsbereich

Sowohl die Manifeste als auch die Verfassung der UNR regelten eine ganze Reihe von Fragen öffentlich-, zivil- und strafrechtlicher Natur.

1 Rechtsstatus der Ukrainischen Volksrepublik

Einer der zentralen Aspekte war der Rechtsstatus der UNR. In jedem der Manifeste wurden dieser Frage ausführliche Regelungen gewidmet. Dabei wichen diese Regelungen zum Teil erheblich voneinander ab.

Das I. Manifest definierte die Ukraine als „ein freies Land". Damit war allerdings keine Unabhängigkeit der Ukraine von Russland gemeint. Vielmehr verstand der Gesetzgeber unter diesem Begriff eine Autonomie des Landes und betonte dies immer wieder im Text des Manifestes.[26] Danach sollte die Ukraine sich nicht von Russland trennen und die Verbindung mit dem russischen Staat nicht auflösen.

Dem Gedanken der Autonomie blieb das II. Manifest treu. Der Gesetzgeber bestätigte den Willen, mit Russland verbunden zu bleiben. Vielmehr verzichtete man in dem Dokument freiwillig auf einen selbstständigen Aufbau der ukrainischen Autonomie, solange die Allrussische Konstituierende Versammlung nicht einberufen wurde.[27]

---

26 Sogar die Verabschiedung des I. Manifestes empfand der Zentralrat als eine Notlösung, denn er bevorzugte eine Zusage der Autonomie seitens der Provisorischen Regierung in Petrograd und führte mit ihr – allerdings vergeblich – die Verhandlungen darüber, s. *Parkhomenko V.A.*, Ukrainischer Zentralrat auf dem Weg zu der Autonomie (April – Mai 1917): Bewertungen in den Memoiren, Zeitschrift „Wissenschaftliche Notizen der Volodymyr-Vynnyčenko-Universität Kirovohrad", Reihe „Geschichtswissenschaften" (ukr.), 2012, Nr. 15, S. 231.

27 *Rumjancev V./Strahov N.*, Recht in der Zeit der ukrainischen Revolution, Zeitschrift „Recht der Ukraine" (ukr.), 2013, Nr. 1, S. 284.

Das III. Manifest hielt zwar weiterhin an der Idee einer autonomen Ukraine fest[28], diese Idee begann jedoch langsam, sich in Richtung der Souveränisierung der Ukraine zu entwickeln. Dafür verankerte der Gesetzgeber zum einen die offizielle Benennung des Landes – diese lautete nunmehr „Ukrainische Volksrepublik" (UNR). Zum anderen legte er die Staatsgrenzen der UNR fest.[29] Letztlich forderte er Russland zu der Umwandlung in eine Föderation gleichgestellter und freier Völker auf.

Wohl der größte Schritt in Richtung der Unabhängigkeit wurde mit der Verabschiedung des IV. Manifestes gemacht. In Abs. 9 dieses Manifestes rief der Gesetzgeber die UNR ausdrücklich als souveränen Staat aus. Sich auf diese Regelung stützend, vertritt die moderne ukrainische Wissenschaft überwiegend, dass das IV. Manifest einer der abschließenden Bausteine der Unabhängigkeit der UNR geworden ist.[30] Übersehen wird allerdings, dass dieses Dokument in seinem Abs. 27 eine weitere, für den Rechtsstatus der UNR relevante Regelung vorsah. Danach beschloss der Gesetzgeber die Einberufung des neuen Parlamentes und kündigte an, dass dieses Parlament über die föderale Verbindung mit den Volksrepubliken des ehemaligen russischen Staates entscheiden soll. Somit handelte es sich auch bei dem Ausruf der Unabhängigkeit nach dem IV. Manifest offensichtlich nur um einen Zwischenschritt.[31] Eine zukunftsorientierte Lösung über die Art und Weise der Kooperation zwischen der UNR und anderen Volksrepubliken sollte erst später herausgearbeitet werden.

Eine endgültige Entscheidung über den Rechtsstatus der UNR wurde erst in der Verfassung vom 29.04.1918 statuiert. Die Verfassung erklärte die UNR zu einem souveränen und unabhängigen Staat (§ 1), wobei von einer föderalen Verbindung mit anderen Volksrepubliken gar keine Rede war.

---

28 Teilweise wird in der Literatur vertreten, dass bereits das III. Manifest – ohne dies allerdings ausdrücklich geregelt zu haben – eine Verabschiedung vom Autonomiegrundsatz dokumentierte, s. *Zakharčenko P.P.*, Das III. Manifest des ukrainischen Zentralrates als Akt über die Erklärung der staatlichen Unabhängigkeit der Ukraine, Zeitschrift der Mykhailo-Drahomanov-Nationaluniversität, Reihe „Wirtschaft und Recht" (ukr.), 2013, Nr. 23, S. 114.

29 Siehe dazu oben Abschnitt B. III.

30 *Bews T.*, Transformation der Machtvertikale, Zeitschrift „Notizen des Kuras-Instituts für politische und ethnonationale Analysen" (ukr.), 2006, Bd. Nr. 32, S. 82.

31 So auch *Soldatenko V.F.*, Das III. Manifest des Zentralrates und die Pläne zur Reform des Föderalismus Russlands (ukr.), Ukrainische Historische Zeitschrift, 2003, Nr. 4, S. 10.

2 Legislative

Die Funktion des Gesetzgebers erfüllte in der UNR der Ukrainische Zentralrat. Der Zentralrat agierte zunächst lediglich als Vertreter politischer Parteien und gesellschaftlicher Organisationen. Bereits am 8. (21.) April 1917 nahmen deren Delegierte jedoch am Allukrainischen Nationalkongress in Kyiv teil und beschlossen die Umwandlung des Zentralrates in das republikanische Parlament. Allerdings sollte dem Ukrainischen Zentralrat diese Funktion nur vorübergehend zustehen.[32] Bereits das I. Manifest stellte in Abs. 8 fest, dass die Allukrainische Volksversammlung als zukünftiges ukrainisches Parlament agieren sollte. Die Regelung blieb in der Verfassung vom 29.04.1918 unberührt (§ 23).

Ferner enthielten das I. Manifest und die Verfassung wertvolle Regelungen, die – wenn auch verallgemeinert – das Wahlverfahren zur Allukrainischen Volksversammlung als republikanischem Parlament und ihre Kompetenzen normierten. Gemäß Abs. 5 des I. Manifestes sollten die Abgeordneten in allgemeinen, gleichen, unmittelbaren und geheimen Wahlen gewählt werden. Die Volksversammlung sollte über ein ausschließliches Recht auf Verabschiedung von Gesetzen mit Geltung innerhalb der Ukraine verfügen. Gleichzeitig erkannte das I. Manifest die Befugnis des Allrussischen Parlaments zur Verabschiedung von Gesetzen mit Geltung innerhalb des gesamten russischen Staates an. Die Verfassung vom 29.04.1918 erweiterte die Liste der Wahlgrundsätze um einen weiteren Grundsatz. Gemäß § 27 sollten die Wahlen proportional stattfinden. Angesichts der souveränen Stellung der UNR lag die Gesetzgebungskompetenz nun aber ausschließlich bei dem nationalen Gesetzgeber (§ 23 der Verfassung).[33] Dabei sprach § 27 der Verfassung von der „höheren“ Gesetzgebungskompetenz des nationalen Gesetzgebers und verstand darunter die Gesetzgebungskompetenz des Bundes.[34] Hiermit sollten auch die Regionen der UNR Gesetze erlassen könnten.[35] Allerdings sah die Verfassung diesbezüglich keine weiteren Regelungen vor.

---

32 *Jermolajev V. M.*, Ukrainischer Zentralrat – das erste ukrainische Parlament, Zeitschrift der Kharkiv-Universität des Innern (ukr.), 2004, N 25, S. 221.

33 *Mostipan O.M.*, Gestaltung effektiver Wahlsystemen in der ukrainischen politischen Meinung (ukr.), Humanitäre Zeitschrift, 2013, Nr. 3, S. 105.

34 So wohl *Lohvynenko I.A.*, Die Verfassung der UNR von 1918: Geschichte der Erarbeitung, Verabschiedung und Bewertung in der Historiographie, Zeitschrift „Recht und Sicherheit“ (ukr.), 2017, Nr. 1 (64), S. 38.

35 A.A. *Jaroš D.V.*, Die Regelungen der Verfassung der UNR von 1918 über die Staatsorgane der Ukraine: Historische Erfahrung und die Gegenwart, Zeitschrift der Nationaluniversität Chmelnyc'kyj (ukr.), 2005, Nr. 11–2 (13–14), S. 53.

Die Abgrenzung der Kompetenzen zwischen den ukrainischen und russischen Gesetzgebern normierte das I. Manifest nur am Rande. Es legte u.a. fest, dass die Gesetze mit innerukrainischer Geltung vom nationalen Parlament auszuarbeiten und durch die Allrussische Konstituierende Versammlung als supranationales Parlament zu genehmigen sind (Abs. 32). Einen detaillierten Katalog ausschließlicher und konkurrierender Gesetzgebungskompetenzen beider Parlamente enthielt das I. Manifest nicht. Lediglich im Bereich des Bodenrechts – aufgrund der großen politischen, wirtschaftlichen und sozialen Bedeutung dieses Teilbereichs der nationalen Rechtsordnung – unternahm der ukrainische Gesetzgeber den Versuch einer Kompetenzabgrenzung.[36] Danach sollte die gesamtrussische Konfiszierung von Grund und Boden der Gutsherrn, des Fiskus und der Klöster vom Allrussischen Parlament angeordnet werden (Abs. 8). Die Verfügungsbefugnisse über den ukrainischen Grund und Boden sollten stattdessen dem ukrainischen Parlament eingeräumt werden. Für den Fall von Normenkollisionen zwischen dem supranationalen allrussischen und dem autonomen ukrainischen Recht sah das I. Manifest keine Lösungen vor.

Weder das I. Manifest noch das II. Manifest regelten ausdrücklich den Wahltermin zur ersten Allukrainischen Volksversammlung. Auch der Beginn ihrer Legislaturperiode war in den beiden Dokumenten nicht festgelegt. Lediglich im III. Manifest traf der Gesetzgeber eine entsprechende Regelung zu den beiden Aspekten. Gemäß Abs. 27 sollten die Wahlen am 27.12.1917 stattgefunden haben, während das neu gewählte Parlament zum 09.01.1918 zusammentreffen sollte. Wegen der Anfang Januar 1918 begonnenen Offensive der Bolschewiken konnten diese Vorhaben jedoch nicht realisiert werden.[37] In dieser politisch unstabilen Lage wurde der Ukrainische Zentralrat als „vorübergehender" Gesetzgeber dazu gezwungen, auf weitere Versuche der Wahldurchführung zu verzichten. In Abs. 11 des IV. Manifestes erklärte sich der Zentralrat zum vorübergehend bevollmächtigten Parlament der UNR – bis in der Zukunft die Allukrainische Volksversammlung einberufen würde. Von der Möglichkeit, den Termin der Volksversammlungswahl in der Verfassung vom 29.04.1918 zu regeln, machte der Gesetzgeber aber keinen Gebrauch.

---

36 Siehe unten Abschnitt B. IV. 9.

37 *Jaroš D.V.*, Regelungen der Verfassung der UNR von 1918 über die Allukrainische Volksversammlung als höchstes Gesetzgebungsorgan: historische Erfahrung und das moderne Verfassungsverfahren (ukr.), Zeitschrift der Nationaluniversität Chmelnyc'kyj, 2009, Nr. 4 (32), S. 8.

3 *Exekutive*

Das I. Manifest kannte keine Regelungen über die Regierung der UNR. Der Grund dafür war, dass die erste ukrainische Regierung der UNR erst nach der Verabschiedung des I. Manifestes zustande kam.[38] Alle drei Nachfolgemanifeste sahen – i.d.R. ganz allgemeine – Regelungen über die Bildung und Befugnisse der zukünftigen Regierung vor. Inhaltlich wichen diese Regelungen voneinander teilweise erheblich ab.

Übereinstimmend regelten das II. Manifest und das III. Manifest, dass die ukrainische Regierung vom Generalsekretariat wahrzunehmen ist. Sein Zustandekommen war Regelungsgegenstand des Abs. 5 des II. Manifestes. Danach sollte das Generalsekretariat vom Zentralrat gebildet und der russischen Provisorischen Regierung zur Genehmigung vorgestellt werden. Zu den Rechtsfolgen einer Verweigerung einer solchen Genehmigung äußerte sich der Gesetzgeber kaum.[39] Er listete in dem Manifest keine präzise formulierten Kompetenzen des Generalsekretariats auf, sondern erteilte dem Sekretariat verallgemeinert alle Rechte und Mittel für die Organisation und Einrichtung des Lebens im ganzen Land. Kurz danach, am 16. (29.) Juli 1917, wurde die Satzung des Generalsekretariats verabschiedet und dadurch eine grundlegende Basis für die Tätigkeit der ukrainischen Regierung geschaffen.[40] Offensichtlich aus diesem Grund ging der Gesetzgeber mit Regelungen zur Rechtsstellung des Generalsekretariats auch im III. Manifest sparsam um. Außer der Definition des Generalsekretariats als ukrainischer Regierung normierte das Dokument fragmentarisch die Tätigkeit der vier von zwölf Ministerien, insbesondere des Ministeriums für Gerichtsangelegenheiten, des Ministeriums für Landangelegenheiten, des Innenministeriums und des Ministeriums für nationale Angelegenheiten.

---

38 *Lebedjeva I.M.*, Informationsquellen zur Bildung der Regierungsvertikale der UNR in der Zeit des Zentralrates (ukr.), auf der Webseite des Staatlichen Archivdienstes der Ukraine im Internet zugänglich unter <http://www.archives.gov.ua/Publicat/Researches/MaterialyConfer_10.php#Lebedeva>, zuletzt abgerufen am 27.05.2018.

39 Allerdings war eine solche Genehmigung eher provisorischer Natur, denn auch ohne diese hat das Generalsekretariat – allerdings unter parlamentarischer Aufsicht – erfolgreich funktioniert, s. *Hrebenjuk O.*, Probleme der Rechtslage des Generalsekretariats, Zeitschrift „Notizen der Volodymyr-Vynnyčenko-Universität Kirovograd", Reihe „Geschichtswissenschaften" (ukr.), 2012, Nr. 16, S. 86.

40 Im Internet zugänglich unter <http://zakon5.rada.gov.ua/laws/show/n0003300-17>, zuletzt abgerufen am 27.05.2018.

Eine grundlegende Neuerung der Rechtsstellung der ukrainischen Regierung brachte das IV. Manifest.[41] Das Dokument änderte zum einen die Bezeichnung des obersten Organes der Exekutive. Als Nachfolger des Generalsekretariats trat der Rat der Volksminister ein (Abs. 11). Zum anderen wurde das Verfahren der Regierungsbildung reformiert, indem die frühere Genehmigung durch die russische Regierung aufgehoben wurde. Auch nach der Verfassung vom 29.04.1918 gehörte der Rat der Volksminister zur Exekutive der UNR (§ 24).

4 Judikative

Im Vergleich zu einem breiten Komplex von Regelungen über die gesetzgebende und die vollziehenden Gewalt sind die Vorschriften über die Judikative in den Manifesten deutlich knapper gefasst. Lediglich im III. Manifest sah der Gesetzgeber vor, dass die Gerichte der UNR gerecht und volksverbunden funktionieren sollten. Zwecks einer inhaltlichen Ausfüllung dieses Grundsatzes sollten zukünftig weitere Gesetze verabschiedet werden. Wegen des Zeitmangels schaffte man jedoch nur die Rechtsgrundlagen für die obergerichtliche Judikative.[42]

Wenig ausführlicher wurde die Judikative in der Verfassung vom 29.04.1918 normiert. Als Oberstes Gericht der UNR und gleichzeitig als Revisionsinstanz galt das Generalgericht (§ 25 und § 67). Die Amtszeit der Richter des Generalgerichts betrug fünf Jahre (§ 66). Neben dem Generalgericht sollten Gerichte erster und zweiter Instanz eingerichtet werden. Die Verhandlungen vor jedem Gericht waren grundsätzlich öffentlich und mündlich (§ 61).

5 Kommunale Selbstverwaltung

Nicht nur eine strukturierte und effektiv funktionierende Zentralgewalt war die Voraussetzung für die Entwicklung der UNR. Eine große Rolle spielte für den jungen Staat – vor allem in den ersten Monaten der Umbruchzeit – die Zuneigung der Bevölkerung. In Kyiv wurde man sich der Tatsache bewusst, dass dieses Ziel u.a. durch die Einsetzung der Selbstverwaltung zu erreichen war. Denn bereits im Russischen Reich wurde die kommunale Selbstverwaltung zu einem Sprachrohr der Zentralregierung und informierte die Bevölkerung über die

---

41 *Kudlaj O.*, Rat der Volksminister der Ukrainischen Volksrepublik (in der Zeit des Zentralrates): Personalbestand, Zeitschrift „Problemfelder der Ukrainischen Revolution in den Jahren 1917–1921" (ukr.), 2012, Nr. 7, S. 243.

42 *Romanûk Ja./Ivančenko I.*, Generalgericht der UNR: Im Namen der Ukrainischen Volksrepublik, Zeitschrift des Obersten Gerichts der Ukraine, 2015, Nr. 12 (184), S. 41 f.

Entscheidungen der Zentralgewalt.[43] Gleichzeitig berichtete sie in der Hauptstadt über die regionalen Stimmungen und trug hiermit zur Korrektur der Staatspolitik bei. Der Bedeutung der kommunalen Selbstverwaltung Rechnung tragend, hat der nationale Gesetzgeber so gut wie in jedem der Manifeste diesbezüglich Regelungen getroffen.

Das I. Manifest verankerte in seinem Abs. 28 den Aufruf an die bereits amtierende Selbstverwaltung zur engsten Zusammenarbeit mit der Zentralregierung. Abgesehen von diesem politischen Ansatz enthält diese Regelung auch eine rechtliche Komponente. Sie stellt den unmittelbaren Adressatenkreis des Aufrufes fest und durchleuchtet dadurch – wenn auch nur teilweise – die Struktur der kommunalen Selbstverwaltung in der Anfangszeit der UNR. Danach galten die Gemeinden, Gemeindeverbände und Kreise als kommunale Verwaltungsträger. Im II. Manifest schwieg der Gesetzgeber dazu.

Relativ ausführliche Regelungen zur kommunalen Selbstverwaltung sind aber in den Nachfolgemanifesten zu finden. In Abs. 21 des III. Manifestes verpflichtete der Gesetzgeber das Innenministerium zur Gewährleistung der Selbstverwaltung und Erweiterung ihrer Kompetenzen. In Abs. 17 des IV. Manifestes regelte er die Organisation der Lokalwahlen, wobei der Wortlaut dieser Regelung darüber hinaus die Struktur der kommunalen Selbstverwaltung andeutete. Danach gehörten zur kommunalen Selbstverwaltung Gemeinden, Städte und Kreise. Eine vergleichbare Struktur der kommunalen Selbstverwaltung sahen auch § 5 und § 26 S. 1 der Verfassung vom 29.04.1918 vor. Danach galten die Länder, Kreise und Gemeinden als Träger der kommunalen Selbstverwaltung. Von großer Relevanz war dabei die Verankerung des Grundsatzes der Dezentralisierung in § 5 der Verfassung.[44] Zwar wurde der Grundsatz weder präzisiert noch in der Praxis umgesetzt.[45] Immerhin dokumentierte dieser Grundsatz jedoch den Willen des Gesetzgebers zur Erweiterung der Kompetenzen der kommunalen Verwaltungsträger.

---

43 *Kondratjuk S. V.*, Kommunale Selbstverwaltung in den westukrainischen Gebieten als Rechtsquelle des ukrainischen Parlamentarismus, Zeitschrift „Blatt der Verwaltungsakademie des Innenministeriums“ (ukr.), 2010, Nr. 2 (14), S. 94 f.

44 Zu den Schwerpunkten der Dezentralisation in der modernen Ukraine s. einen Überblick auf der Webseite des ukrainischen Ministerkabinetts im Internet unter <https://www.kmu.gov.ua/ua/diyalnist/reformi/reforma-decentra-lizaciyi>, zuletzt abgerufen am 26.05.2018.

45 *Kasynjuk L.A.*, Erfahrung und Probleme der Reform der kommunalen Selbstverwaltung in der Ukraine: philosophisch-rechtlicher Aspekt, Humanitäre Zeitschrift (ukr.), 2016, Nr. 3, S. 51.

6 *Grundrechte*

Erst im III. Manifest verankerte der Gesetzgeber eine ganze Reihe von Grundrechten. Eine Aufteilung in Jedermann- und die Ukrainer/Innen Grundrechte kannte das Manifest nicht. Der abschließende Grundrechtekatalog wurde in Abs. 23 des Manifestes aufgeführt. Die Regelung verankerte die Grundrechte der Meinungsfreiheit, Pressefreiheit, Glaubensfreiheit, Versammlungsfreiheit, Vereinigungsfreiheit, Parteifreiheit, Streikfreiheit, Unversehrtheit der Person und der Wohnung sowie das Recht auf Verwendung regionaler Sprachen im Kontakt mit Behörden. Darüber hinaus gewährleistete Abs. 24 des III. Manifestes allen in der UNR existierenden Minderheiten das Recht auf eine Nationalautonomie. Diese Bestimmungen blieben wegen ihrer positiven Wahrnehmung durch die Minderheiten auch nach dem Inkrafttreten des Nachfolgemanifestes unberührt (Abs. 26 des IV. Manifestes).[46]

Auch die Verfassung vom 29.04.1918 enthielt einen ganzen Komplex grundrechtlicher Regelungen. Diese wurden im II. Kapitel der Verfassung „Rechte der Staatsbürger der Ukraine" zusammengefasst. Trotz dieser Formulierung der Kapitelüberschrift lässt sich dem Inhalt der einzelnen Regelungen entnehmen, dass ihr Gegenstand auch Jedermann-Grundrechte waren. Als Grundrechte der Staatsbürger der Ukraine galten etwa die politischen Rechte (§ 11), insbesondere aktives und passives Wahlrecht (§ 20). Als Jedermann-Grundrechte wurden insbesondere die Unversehrtheit der Person und der Wohnung (§ 13 und § 15), die Meinungsfreiheit, Pressefreiheit, Glaubensfreiheit, Versammlungsfreiheit, Streikfreiheit (§ 17) und Freizügigkeit (§ 18) gestaltet. Mit einer Sonderregelung in § 11 S. 2 der Verfassung statuierte der Gesetzgeber zudem die Gleichberechtigung von Man und Frau. Dem Schutz der Minderheiten in der UNR wurde ein gesondertes, VII. Kapitel der Verfassung gewidmet. Dreien davon – den russischen, jüdischen und polnischen Minderheiten – wurde das Recht auf eine Nationalautonomie kraft Verfassung zugesprochen (§ 70 der Verfassung).[47] Für die anderen Minderheiten, u.a. auch die deutsche Minderheit, bestand die

46 *Kryvošyj H.F.*, Das Verhältnis der jüdischen Nationalminderheit zur Erklärung über die Unabhängigkeit der UNR, Sammelband „Geschichte der Ukraine: Wenig bekannte Namen, Ereignisse, Fakten" (ukr.), Kyiv, 1999, Nr. 5, S. 120 f. Die Regelung sollte weiterhin die Kooperation mit der polnischen Minderheit fördern, dies scheiterte aber an der Unterzeichnung des für das polnische Volk ungünstigen Brotfriedens, s. *Kalakura O. Ja.*, Verhältnis der polnischen Minderheit zur UNR, Sammelband „Geschichte der Ukraine: Wenig bekannte Namen, Ereignisse, Fakten" (ukr.), Kyiv, 1999, Nr. 5, S. 127 ff.

47 Gesonderte Schutzregelungen zum Rechtsstatus einzelner Minderheiten und Volksgruppen kennen auch moderne Rechtsordnungen. Einen ähnlichen Weg ging etwa der

Möglichkeit einer Anerkennung auf Grundlage eines Antrags.[48] Der Staat garantierte eine breite verwaltungsrechtliche und finanzielle Unterstützung für alle anerkannten Minderheiten (§§ 71 – 71–78 der Verfassung).

7 *Steuerrecht*

Das I. Manifest führte zum 01.07.1917 eine neue Sondersteuer ein. Diese hatte die Finanzierung eigener Angelegenheiten zum Ziel und sollte offensichtlich eine Finanzbasis für den Aufbau der nationalen Autonomie schaffen. Als Steuersubjekt wurde verallgemeinert die Gesamtbevölkerung definiert. Das Dokument bestimmte weder das Steuerobjekt noch die Bemessungsgrundlage und den Steuersatz. Die Nachfolgemanifeste sahen keine steuerrechtlichen Regelungen vor.[49] Lediglich in der Verfassung vom 29.04.1918 wurde die Einführung jeglicher Steuer als Kompetenz des Parlaments definiert.

8 *Staatliche Monopole*

Solange die Ukraine sich als eine Autonomie positionierte, wurde die wirtschaftliche Monopolstellung des russischen Staates auf nationaler Ebene auch nicht thematisiert. Mit der Verabschiedung des IV. Manifestes fühlte sich aber der ukrainische Gesetzgeber dafür zuständig und sogar dazu gezwungen.[50] Er erklärte deswegen die zentralen Wirtschaftssegmente unverzüglich zu

---

schleswig-holsteinische Gesetzgeber, indem er die dänische Minderheit, die Minderheit der deutschen Sinti und Roma sowie die friesische Volksgruppe durch Sonderregelungen in der Landesverfassung (Fassung vom 02.12.2014) schützt; der Text der Verfassung ist im Internet zugänglich unter <www.landtag.ltsh.de/export/sites/landtagsh/downloads/info material/kurzinfos/10_verfassung_2014.pdf>, zuletzt abgerufen am 26.05.2018.

48 Kritisch zu dieser Regelung wegen ihres „diskriminierenden" Charakters mit Rücksicht auf § 70 der Verfassung der UNR vgl. *Ustymenko V. M.*, Bildung der Rechtsgrundlagen für die Regelung zwischenethnischer Beziehungen in der Zeit des ukrainischen Zentralrates, Ukrainische Historische Zeitschrift (ukr.), 2012, Nr. 1, S. 88.

49 *Nečaj N. V.*, Finanz- und Steuerpolitik in der Zeit der ukrainischen Staatswerdung, Zeitschrift „Blatt des ukrainischen Fiskaldienstes" (ukr.), 2011, Nr. 1111–23, o.S., im Internet zugänglich unter <http://www.visnuk.com.ua/ua/pubs/id/1702>, zuletzt abgerufen am 26.05.2018; s. auch *o. V.*, Ukrainischer Zentralrat und seine Steuer- und Zollpolitik, a.a.O., 2013, Nr. 9, o.S., im Internet zugänglich unter <http://www.visnuk.com.ua/ua/pubs/id/5021?issue=113>, zuletzt abgerufen am 26.05.2018.

50 Denn die Einkünfte aus staatlichen Monopolen spielten eine wichtige wirtschaftliche Rolle, z.B. als Sicherungsmittel der republikanischen Währung, s. *Dmytrijenko M.F.*, Finanzsystem der UNR: Versuch des Beschlusses des staatlichen Haushalts,

staatlichen Monopolen. Dafür legte er im IV. Manifest einen nicht abgeschlossenen Katalog von Monopolbereichen fest. Als Kriterium für die Aufnahme galt die Leistungsfähigkeit des jeweiligen Wirtschaftssegmentes und damit dessen wirtschaftliche Relevanz. Im Endeffekt wurde die Monopolstellung des Staates in der Banken-, Eisen-, Kohlen-, Leder- und Tabakindustrie eingeführt. In der Verfassung vom 29.04.1918 hat der Gesetzgeber von solchen Regelungen zwar abgesehen. Eine zukünftige gesetzliche Monopolisierung einzelner Wirtschaftszweige war aufgrund der instabilen Situation in der Republik jedoch nicht auszuschließen.

9 Eigentum am Grund und Boden

Ein der zentralen Themen der russischen Revolutionen war die Frage des Eigentums an Grund und Boden. Die neuen Machteliten waren sich der Tatsache bewusst, dass die Loyalität der Bevölkerung eine – zumindest nach außen – sozial gerechte Verteilung dieser Güter voraussetzte.[51] Das von W. Lenin in Russland ausgearbeitete Dekret „Über Grund und Boden" vom 28.11.1917[52] war innerhalb des osteuropäischen Raums nicht der einzige Versuch zur Regelung dieses gesellschaftlich relevantesten Themas. Auch der ukrainische Gesetzgeber traf diesbezügliche Regelungen in seinen Manifesten. Gleich im I. Manifest verankerte er den Aufruf an die Allrussische Konstituierende Versammlung, die gesamtrussische Konfiszierung des Grund und Bodens der Gutsherren und der Klöster zu vollziehen (Abs. 8). Darüber hinaus wurde der allrussische Gesetzgeber zur Übertragung der Verfügungsbefugnisse über die ukrainischen Gründe und Böden an das ukrainische Parlament aufgerufen.

Während das II. Manifest zur Frage des Eigentums an Grund und Boden schwieg, stellten das III. und das IV. Manifest eine Grundlage für die Wende auf diesem Gebiet dar. In beiden Dokumenten verzichtete der ukrainische Gesetzgeber auf weitere Versuche, in Abstimmung mit dem russischen Gesetzgeber eine Kompromisslösung zur Eigentumsfrage zu finden. Er beschloss deswegen selbst

---

Sammelband „Geschichte der Ukraine: Wenig bekannte Namen, Ereignisse, Fakten" (ukr.), Kyiv, 1999, Nr. 5, S. 59.

51 *Hrycenko A.P.*, Zuspitzung der politischen Lage in der Ukraine zum Zeitpunkt der Verkündigung des IV. Manifestes, Sammelband „Geschichte der Ukraine: Wenigbekannte Namen, Ereignisse, Fakten" (ukr.), Kyiv, 1999, Nr. 5, S. 45.

52 Veröffentlicht im Blatt des Zentralen Vollzugsausschusses und des Petrograder Rates der Arbeiter- und Soldatendeputierten, 1917, Nr. 209, o.S., abrufbar in der Datenbank „Consultant" unter <http://www.consultant.ru/cons/cgi/online.cgi?req=doc&base=ESU&n=2926#08494373585114572>, zuletzt abgerufen am 26.05.2018.

über die Konfiszierung des innerukrainischen Grund und Bodens der Gutsherren, des Fiskus und der Klöster (Abs. 10 des II. Manifestes).[53] Darüber hinaus verkündete er die Nationalisierung von Grund und Boden mit einer weiteren Übergabe dieser Güter an die Bevölkerung.

Das IV. Manifest modifizierte und erweiterte die Rechtsgrundlagen der Nationalisierung. Zunächst stellte das Dokument den zeitlichen Anwendungsbereich der Übergabe von Grund und Boden an die Bevölkerung fest (Abs. 18). Diese sollte spätestens zum Anfang des II. Quartals 1918 stattgefunden haben. Zum anderen traf der Gesetzgeber Erklärungen über die Nationalisierung der Wälder, Gewässer und Bodenschätze in der UNR.

Im Gegensatz zu den meisten Manifesten verzichtete der Gesetzgeber auf die Regelungen zum Eigentum an Grund und Boden in der Verfassung vom 29.04.1918. Das Grundgesetz der UNR deutete inhaltlich an, dass es die Festlegung der öffentlich-rechtlichen Konturen der UNR zum primären Ziel hatte. Stattdessen wurden die anderen – selbst die wirtschaftlichen bzw. sozialrelevanten – Themenfelder entweder nur am Rande oder kaum geregelt. Man könnte annehmen, dass man dadurch einen gewissen Spielraum für die zukünftigen Eigentumsregelungen schaffen wollte.[54] Darunter ist allerdings eine relativ entfernte Perspektive zu verstehen, da das Parlament bereits wenige Stunden nach der Verabschiedung der Verfassung aufgelöst wurde.

10 Arbeits- und Sozialrecht

Neben den politisch- bzw. wirtschaftlich bedeutsamen Themen konnte der nationale Gesetzgeber auch die sozial relevanten Fragen nicht außer Acht lassen. Allerdings wurden die darauf gerichteten Regelungen eher in bescheidenem Umfang formuliert. Ihre Bedeutung war dagegen enorm. Mit dem III. Manifest führte der Gesetzgeber insbesondere republikweit einen achtstündigen Arbeitstag ein (Abs. 12).[55] Darüber hinaus verpflichtete er das Ministerium für

53 *Vivčarenko O.A.*, Stand und Probleme der Untersuchungen über den Bodenschutz in der Ukraine, Zeitschrift „Aktuelle Probleme der Rechtswissenschaft“ (ukr.), 2016, Nr. 3 (7), S. 52.

54 *Rumjancev V.O.*, Die Verfassung der UNR von 1918 – ein wichtiger Schritt in der Entwicklung der ukrainischen Verfassungsgesetzgebung, Zeitschrift „Staatsaufbau und kommunale Selbstverwaltung“ (ukr.), 2006, Nr. 11, S. 174.

55 Eine ähnliche Regelung wurde wenige Tage zuvor in Russland mit dem Dekret des Rates der Volkskommissare vom 29.10.1917 (11.11.1917) eingeführt, zugänglich in der Datenbank „Garant“ im Internet unter <http://constitution.garant.ru/history/act1600-1918/5306>, zuletzt abgerufen am 26.05.2018.

Landangelegenheiten zur Qualitätskontrolle der landesweit herstellenden Produktion. Trotz ihrer sozialen Bedeutung wurden diese Regelungen im Nachfolgemanifest nicht angeführt und erst später in einem Sondergesetz teilweise wiedergegeben.[56] Das IV. Manifest verankerte lediglich die der republikanischen Regierung auferlegte Verpflichtung zur Bekämpfung der Arbeitslosigkeit und zum Schutz der Kriegsopfer.

Im Vergleich zu diesen Manifesten enthielt die Verfassung vom 29.04.1918 noch spärlichere Regelungen arbeits- bzw. sozialrechtlicher Natur. Wie bereits erwähnt[57], gewährleistete § 17 der Verfassung als Jedermann-Grundrecht u.a. die Streikfreiheit. Darüber hinaus lässt sich der strafprozessualen Regelung zur Beschlagnahme (§ 21 S. 2 der Verfassung) entnehmen, dass Personen mit geistigen Behinderungen einen Anspruch auf Betreuung hatten.

11 Straf- und Strafprozessrecht

Weder das I. Manifest noch das II. Manifest sahen straf- bzw. strafprozessrechtliche Regelungen vor. Einen Durchbruch auf diesem Gebiet kennzeichnete erst der Nachfolgeakt. Im III. Manifest beseitigte der Gesetzgeber zunächst die Todesstrafe (Abs. 17)[58]. Darüber hinaus kündigte er eine vollständige Amnestie für alle aus politischen Gründen Festgenommenen bzw. Verhafteten an. Ein Sondergesetz dazu wurde wenige Tage danach, am 19.11.1917, verabschiedet.[59] Das letzte, IV. Manifest nahm die beiden Novellierungen nicht wieder auf, es erweiterte in Abs. 26 lediglich den objektiven Tatbestand des Hochverrats. Danach sollte auch bestraft werden, wer zum Aufstand gegen die UNR oder zur Wiederherstellung der früheren Staatsordnung aufrief.

Viel umfangreicher waren die straf- und strafprozessrechtlichen Regelungen in der Verfassung vom 29.04.1918. Zum einen statuierte der Gesetzgeber in diesem Dokument ein ausdrückliches Verbot der Körper- und Todesstrafe

56 *Dobrâns'ka I.V.*, Entwicklung des Arbeitsrechts in der Zeit des Ukrainischen Zentralrates, Zeitschrift der Mykhailo-Drahomanov-Nationaluniversität (ukr.), Reihe „Wirtschaft und Recht", 2015, Nr. 27, S. 173.

57 Siehe Abschnitt B. IV. 6.

58 In Russland schaffte man die Todesstrafe zunächst im März 1917 ab; kurz danach wurde diese jedoch erneut eingeführt und wieder aufgehoben, einen Überblick dazu s. bei *Toskina H.N.*, Evolution des Instituts der Todesstrafe in der RSFSR und in der USSR (1917–1926), Zeitschrift „Lex Russica" (russ.), 2016, Nr. 12 (121), S. 107 f.

59 *Kolos M.I.*, Verfassungsrechtliche Grundlagen der Strafrechtspolitik der Ukrainischen Volksrepublik, Zeitschrift „Blatt des Verfassungsgerichts der Ukraine", 2016, Nr. 22–3, S. 219.

innerhalb der Republik. Ferner schaffte er die Konfiszierung des Vermögens als strafrechtliche Sanktion ab (§ 14). Zum anderen definierte der Gesetzgeber in § 13 die Voraussetzungen für die Jedermann- und Hoheitsfestnahme. Die Regelung stellte fest, dass eine festgenommene Person spätestens nach 24 Stunden freizulassen ist, es sei denn, dass das Gericht eine Untersuchungshaft angeordnet hat. Darüber hinaus wurde in der Verfassung das Verfahren bei der Durchsuchung (§ 15) und bei der Beschlagnahme von Briefen (§ 16) geregelt.

C Westukrainische Volksrepublik

Dem Prozess der Staatswerdung in den westukrainischen Gebieten lagen hauptsächlich zwei Rechtsakte zugrunde. Der eine Akt war die Proklamation des Ukrainischen Nationalrates vom 19.10.1918[60], während der andere das vorläufige Grundgesetz über die staatliche Unabhängigkeit ukrainischer Gebiete der ehemaligen Österreichisch-Ungarischen Monarchie vom 13.11.1918 etablierte[61]. Beide Dokumente unterscheiden sich von den Manifesten der UNR – sowohl hinsichtlich des Umfanges als auch inhaltlich – teilweise erheblich. Vergleichbar waren allerdings die Schnelligkeit, mit welcher man die Nachfolgeakte verabschiedete, und auch die Gründe dafür. Wie auch für die UNR waren für die ZUNR die kriegerischen Auseinandersetzungen mit Nachbarstaaten, vor allem mit Polen, ein Ansporn für zügige Überlegungen bezüglich eigener Entwicklungsperspektiven. Dies hatte etwa zur Folge, dass das in Pkt. 4 der Proklamation angekündigte Vorhaben des Parlaments der ZUNR zur Erarbeitung des Grundgesetzes in weniger als einem Monat realisiert wurde.

I Überblick

Die Proklamation vom 19.10.1918 ist ihrer Rechtsnatur nach keine rein informative Bekanntmachung. Vielmehr handelte es sich bei dieser um einen parlamentarischen Rechtsakt mit einer klaren verfassungsrechtlichen Komponente, welcher die Rechtsgrundlage für den Aufbau der ZUNR schaffen sollte. In diesem Dokument konstituierte der Gesetzgeber die Staatsgrenze, regelte die bevorstehenden Parlamentswahlen und legte die Rahmenbedingungen für die

60 Im Internet zugänglich unter <http://zakon0.rada.gov.ua/laws/show/n0007300-18>, zuletzt abgerufen am 26.05.2018

61 Im Internet zugänglich unter <http://zakon3.rada.gov.ua/laws/show/n0009300-18>, zuletzt abgerufen am 26.05.2018. Über das Spezifika sowie die damit verbundene Verwendung dieser Fassung des Grundgesetzes s. unten die Fn. 70.

Außenpolitik der Republik fest. Die Proklamation ist daher mit einer parlamentarischen Verordnung verbindlicher Natur vergleichbar.

Das vorläufige Grundgesetz über die staatliche Unabhängigkeit ukrainischer Gebiete der ehemaligen Österreichisch-Ungarischen Monarchie vom 13.11.1918 war seiner Rechtsnatur nach – wie bereits aus seiner Überschrift folgt – eine Verfassung der ZUNR.[62] Dafür spricht auch Pkt. 4 der Proklamation vom 19.10.1918. Die Regelung verankerte ein ausdrückliches Vorhaben des Parlaments, für die ZUNR eine Verfassung auszuarbeiten.

Fraglich ist der Grund, aus welchem der Gesetzgeber bei der Verabschiedung der Verfassung auf eine unmittelbare Anwendung dieses Begriffs verzichtete. Teilweise beantwortete der Gesetzgeber diese Frage selbst, indem er vom „vorläufigen" Grundgesetz sprach. Man könnte hiermit annehmen, dass er damit eine lediglich provisorische Geltung des Grundgesetzes bezweckte – solange, bis die ZUNR sich mit der UNR zu einem einheitlichen ukrainischen Staat vereinigt hat.[63]

Sowohl die Proklamation als auch das vorläufige Grundgesetz weisen im Vergleich zu den Manifesten der UNR eine deutlich bessere und übersichtlichere Struktur auf. Die Proklamation gliedert sich insgesamt in sechs nummerierte Punkte, während das Grundgesetz aus fünf Artikeln mit amtlichen Überschriften besteht.

Offen ließ der Gesetzgeber die Frage des Inkrafttretens beider Rechtsakte. Dieser Zeitpunkt lässt sich keinem der Dokumente ausdrücklich entnehmen. Allerdings könnte der bereits erwähnte Abs. 4 der Proklamation andeuten, dass zumindest diese Proklamation am Tag der Veröffentlichung oder spätestens kurz danach in Kraft treten sollte. Denn die Verabschiedung eines Grundgesetzes – selbst mit lediglich fünf Artikeln – setzte ein unverzügliches Inkrafttreten derjenigen Dokumente voraus, welche die Erarbeitung des Grundgesetzentwurfes eröffnen sollte. Vor allem dann, wenn so ein Grundgesetz bereits am 13.11.1918 veröffentlicht wurde.

---

62 *Nazarov I.V.*, Verfassungsregelungen über die Judikative (historischer Aspekt), Zeitschrift „Staatsaufbau und kommunale Selbstverwaltung" (ukr.), 2006, Nr. 11, S. 92; *Luckyj M.I.*, Informationsquellen zum Rechtssystem der ZUNR, Zeitschrift „Informationsblatt der Danylo-Halyckyj-Universität" (ukr.), 2015, Nr. 11, S. 34.

63 Es ergibt sich dadurch eine gewisse Parallele mit dem deutschen GG, dessen Bezeichnung als „Grundgesetz" durch seine zunächst als provisorisch gedachte Geltung wegen der Teilung Deutschlands gewählt wurde, s. dazu *Hesse*, Grundzüge des Verfassungsrechts der Bundesrepublik Deutschland, 1999, S. 34; *Zippelius*, Quo vadis Grundgesetz?, NJW, 1991, 23.

II Persönlicher Anwendungsbereich

Weder die Proklamation noch das Grundgesetz der ZUNR enthalten die mit den entsprechenden Normen der Manifeste vergleichbaren Regelungen zum persönlichen Anwendungsbereich. Lediglich die einzelnen Vorschriften dieser Akte stellten einen eigenen, normenspezifischen Adressatenkreis fest. So regelte etwa Pkt. 4 der Proklamation die Beteiligung der Minderheiten an den parlamentarischen Wahlen und fand dabei auf alle konstituierten Minderheiten des Landes Anwendung. In Art. 4 des Grundgesetzes wurde z.B. der Grundsatz der Volkssouveränität statuiert, wonach die Staatsgewalt im Namen der ZUNR vom gesamten Volk ausgeübt wurde.

III Räumlicher Anwendungsbereich

Der räumliche Anwendungsbereich ist sowohl in der Proklamation als auch im Grundgesetz der ZUNR normiert. Gemäß Pkt. 1 der Proklamation umfasste ihr räumlicher Anwendungsbereich das gesamte ethnographische[64] ukrainische Gebiet der Österreichisch-Ungarischen Monarchie. Danach erstreckte sich die Geltung der Proklamation auf Ostgalizien mit der Grenze am Fluss Saan, auf die Gebiete Lemkivshchyna, Nordwestbukowina sowie auf den ukrainischen Nordosten Ungarns. Eine vergleichbare Regelung sah auch das Grundgesetz vor. Nach Art. 2 des Grundgesetzes galt es auf dem ethnographischen ukrainischen Gebiet des Königreichs Galizien und Lodomerien, Bukowinas sowie Ungarns.[65]

IV Zentrale Fragen

Im Gegensatz zu den Manifesten der UNR enthalten die Proklamation und das Grundgesetz der ZUNR nur wenige bescheidene öffentlich-rechtliche Regelungen, wobei diese inhaltlich fast übereinstimmen. Der Gegenstand dieser Regelungen war u.a. der Rechtsstatus der ZUNR, ihre Grenzen, die Gewaltenteilung in der Republik, die Rechtstellung der Minderheiten sowie die Vertretung der Republik nach außen. Nicht thematisiert wurden in den beiden Rechtsakten einige Bereiche, welche in den Manifesten der UNR vorrangig geregelt wurden,

64 Dazu unten im Abschnitt C. IV. 2.

65 Hiermit wurde der räumliche Anwendungsbereich der Proklamation und des Grundgesetzes u.a. auf einige Gebiete erweitert, welche Nachbarstaaten der ZUNR als eigene betrachteten, während die österreichische Regierung davon Abstand nahm, *Cependa I.Je./Kuhutâk M.V.*, Ukrainische Nationaldemokratie in der Zeit der national-demokratischen Revolution von 1918 in den westukrainischen Gebieten, Zeitschrift „Halyčyna“ (ukr.), 2014, Nr. 2525–26, S. 32.

wie etwa das Eigentum an Grund und Boden, die Grundrechte und die staatlichen Monopole. Der Gesetzgeber der ZUNR ging hiermit einen ähnlichen Weg wie der Gesetzgeber der UNR bei der Verabschiedung der Verfassung vom 29.04.1918. Dieser Vorgehensweise lag nicht nur der Wunsch zugrunde, vorrangig die Rechtsgrundlagen für den Aufbau staatlicher Strukturen in der ZUNR zu schaffen. Vielmehr wurden zwecks Regelung einzelner Wirtschaftsbereiche, u.a. des Bodenmarktes, gesonderte Gesetze bevorzugt.[66] Darüber hinaus fand in bestimmten Wirtschaftsbereichen vorläufig das ehemalige österreichische Recht Anwendung, solange es der aktuellen Staatsordnung der ZUNR nicht widersprach.[67]

1 Rechtsstatus der Westukrainischen Volksrepublik

Abweichend von den Manifesten der UNR wurde in der Proklamation und im Grundgesetz der Rechtsstatus der ZUNR von Anfang an eindeutig formuliert. Bezug nehmend auf das Selbstbestimmungsrecht der Völker wurde die ZUNR als Staat ausgerufen (Pkt. 2 der Proklamation). Wegen der Einzelheiten verwies die Vorschrift auf das Grundgesetz, welches in seinen Art. 1 und Art. 3 die ZUNR als einen souveränen Staat ausdrücklich definierte.

2 Staatsgrenzen

Sowohl die Proklamation als auch das Grundgesetz enthielten ausführliche Regelungen über die Grenzlinien der ZUNR. Wie bereits erwähnt,[68] umfasste das Hoheitsgebiet der ZUNR das gesamte ethnographische ukrainische Gebiet der ehemaligen Habsburgermonarchie. Der Begriff „ethnographisches ukrainisches Gebiet“ blieb in der Proklamation unerläutert. Erst in Art. 2 des Grundgesetzes wurde dieser legal definiert. Darunter war ein, als solches auf der ethnographischen Karte der österreichischen Monarchie[69] gekennzeichnetes Territorium zu verstehen.

---

66 *Klymûk M.*, Gesellschaftlich-politische Tätigkeit von Lev Bačynskkyj im Ukrainischen Nationalrat der ZUNR, Zeitschrift „Blatt der Karpatenvorland-Universität“ (ukr.), Reihe „Geschichte“, 2010, Nr. 17, S. 164.

67 Z.B. im Bereich der Privatversicherung, s. *Panych*, Schadensversicherung im ukrainischen Recht, Diss., Mohr Siebeck, 2016, S. 12 f.

68 Siehe Abschnitt C. III.

69 *Karl Freiherr von Czörnig*, Ethnographische Karte der oesterreichischen Monarchie, Wien, 1855.

3 *Gewaltenteilung*

In Art. 4 S. 2 des vorläufigen Grundgesetzes verankerte der Gesetzgeber die Abgrenzung zwischen der Legislative und der Exekutive. Als Parlament der ZUNR galt vorläufig der Ukrainische Nationalrat. Nach der Durchführung von Neuwahlen sollten seine Funktionen von der Konstituierenden Versammlung der ZUNR übernommen werden. Die Funktion der Exekutive erfüllte das Staatssekretariat.

4 *Rechtstellung der Minderheiten*

Wie das Recht der UNR konnte auch das Recht der ZUNR die Frage der Minderheiten nicht ungeregelt lassen. Deswegen sahen Art. 4–5 der Proklamation die Vertretung der Minderheiten im Parlament sowie deren Einbindung in die Regierung ausdrücklich vor. Darüber hinaus hatten die Minderheiten das Recht auf eigene Nationalautonomie. Im Grundgesetz wurden diese Regelungen teilweise durch die Verankerung des Grundsatzes allgemeiner, gleicher, unmittelbarer, geheimer und proportionaler Wahlen in Art. 4 S. 1 ersetzt. Die anderen Rechte der Minderheiten wurden durch Regelungen der Spezialgesetze geschützt.[70]

5 *Vertretung in der Außenpolitik*

Lediglich die Proklamation verankerte in Pkt. 5 den Aufruf des Parlaments zur Organisation der Vertretung der ZUNR nach außen. Gemeint war damit lediglich die Beteiligung des Staates durch seine Vertreter an den (zukünftigen) Friedenskonferenzen. Nachdem aber die republikanische Regierung gebildet wurde, erschien dieser Aufruf entbehrlich. Für außenpolitische Beziehungen wurde das Außenministerium der ZUNR als allein zuständig erklärt.

6 *Wappen und Flagge*

Die Sonderregelung des Art. 5 des Grundgesetzes über das Staatswappen und die gelb-blaue Staatsflagge als Regalien eines unabhängigen Staates vervollständigten

---

70 Wie etwa im § 3 des Gesetzes „Über die Staatssprache" vom 15.02.1919, das das Recht der Minderheiten auf eine freie Verwendung eigener Sprache in Schrift und Wort in der Korrespondenz mit staatlichen und anderen Einrichtungen gewährleistete; der Gesetzestext zugänglich im Internet unter <http://www.hai-nyzhnyk.in.ua/doc2/1919%20(02)%2015.%20zakon%20pro%20movu.php>, zuletzt abgerufen am 11.05.2018.

den Gedanken an die Souveränität der ZUNR.[71] Der auf dem Wappen abgebildete goldene Löwe sollte wohl auf eine Rechtsnachfolge des früheren Fürstentums Galizien-Wolynien verweisen.[72]

D Vereinigung der Ukrainischen Volksrepublik und der Westukrainischen Volksrepublik

Mit der Gewinnung der eigenen Unabhängigkeit gaben sich die ukrainischen Gebiete nicht zufrieden. Die Erfahrung aus dem Ersten Weltkrieg und der Nachfolgezeit zeigte, dass man damals auf die Interessen kleinerer bzw. neugebildeter Staaten wenig oder kaum Rücksicht nahm. Eigene Sicherheit oder sogar ein Überleben der beiden ukrainischen Republiken setzten deswegen eine Union oder zumindest eine enge Partnerschaft untereinander voraus. Hinzu kam die Identifizierung beider ukrainischer Staaten als Teile einer Gesamtheit, die in der Vergangenheit gegen ihren eigenen Willen geteilt wurden.[73] Diesen Tatsachen Rechnung tragend, einigten sich die beiden Volksrepubliken am 22.01.1919 über eine Vereinigung.

Dem Zusammenschluss ging der Vorvertrag über die zukünftige Vereinigung vom 01.12.1918 voraus.[74] Gegenstand des Vorvertrags war de jure eine

---

71 An dieser Stelle wird die Fassung des Grundgesetzes auf der Webseite des ukrainischen Parlaments außer Acht gelassen, stattdessen wird nur der in der Fachliteratur zitierte Originaltext berücksichtigt. Der Grund dafür ist, dass im Originaltext des Grundgesetzes vom 13.11.1918 die Überschrift des Art. 5 mit dessen Inhalt übereinstimmt. Ein späterer Nachdruck des Grundgesetzes (u.a. auch in der Fassung auf der Webseite des ukrainischen Parlaments) enthält einen Widerspruch: während die Überschrift des Art. 5 des nachgedruckten Grundgesetzes weiterhin als „Wappen und Flagge" formuliert ist, regelt der Artikel das Wappen und das Siegel der ZUNR, nicht aber die Flagge der ZUNR, s. *Čubata M.V.*, Verfassungsgesetzgebung der ZUNR: Zur Frage authentischer und nichtauthentischer Texte des Vorläufigen Grundgesetzes vom 13.11.1918, Zeitschrift der Kyiver Rechtsuniversität (ukr.), 2014, Nr. 3, S. 49.

72 *Rzaêva N.S.*, Herkunft des Staatswappens als des Nationalsymbols des ukrainischen Volkes, Zeitschrift „Blatt des Staatsuniversität Mariupol" (ukr.), Reihe „Philosophie, Kulturwissenschaften, Soziologie", 2014, Nr. 7, S. 128.

73 *Soldatenko V.F.*, Ukrainische Souveränität: die Idee und Erfahrung ihrer Realisierung im Jahr 1919 in der modernen wissenschaftlichen Analyse, Zeitschrift „Ukraine in der Weltgeschichte" (ukr.), 2014, Nr. 1, S. 112; *Rejent O.P.*, Ausruf der ZUNR: Problem der Legitimation, Zeitschrift „Ukraine: Kulturerbe, nationales Bewußtsein, Staatlichkeit" (ukr.), 2009, Nr. 18, S. 12.

74 Im Internet zugänglich unter <http://zakon1.rada.gov.ua/laws/show/n0011300-18>, zuletzt abgerufen am 26.05.2018.

bevorstehende „Vereinigung" („zluka"), weil die beiden Volksrepubliken den Willen zur Vereinigung erklärt haben.[75] De facto handelte es sich jedoch um einen Beitritt, nämlich jenen der ZUNR zu der UNR. Denn dem Beitrittswillen der ZUNR (Pkt. 1 des Vorvertrags) stand das Einverständnis zur Aufnahme seitens der UNR (Pkt. 2 des Vorvertrags) entgegen. Darüber hinaus erklärte die ZUNR ihre eigene Auflösung als Staat, behielt sich aber gleichzeitig in Pkt. 4 des Vorvertrags den Rechtsstatus einer territorialen Autonomie in der vereinigten UNR vor.

Die allgemein formulierten Regelungen des Vorvertrags sollten in einem von beiden Volksrepubliken gemeinsam ausgearbeiteten Vereinigungsvertrag präzisiert werden. Allerdings wurde dies auf eine unbestimmte Zeit verschoben. Zwar ratifizierte das Parlament der ZUNR den Vorvertrag mit eigenem Beschluss vom 03.01.1919.[76] Darüber hinaus bevollmächtigte er die nationale Regierung zu den Verhandlungen mit der UNR über die Endfassung des Vereinigungsvertrags (Abs. 2 des Beschlusses). Dazu äußerte sich die UNR in ihrem Ratifizierungsbeschluss vom 22.01.1919[77] allerdings nicht. Gemäß Abs. 3 des Beschlusses sagte sie lediglich dem Beitritt der ZUNR zu. Zwar ist nicht auszuschließen, dass die Erarbeitung eines Vereinigungsvertrags finaler Fassung denkbar wäre. Wegen der Gefährdung von außen hatten die beiden Volksrepubliken jedoch kaum Gelegenheit für den erfolgreichen Abschluss dieses Vorhabens. In den 1920er Jahren des 20. Jahrhunderts zerfielen die beiden ukrainischen Staaten.

E Zusammenfassung und Ausblick

Die Zeit von 1917 bis 1920 war für die ukrainische Staatswerdung in vielerlei Hinsicht schicksalhaft. Die Aufteilung ukrainischer Gebiete zwischen dem Königreich Polen (später von Österreich übernommen) und dem Russischem Reich hatte nicht nur deren geographische Gliederung zur Folge. Vielmehr führte diese Aufteilung zu den folgenschweren innerlischen Divergenzen. Die habsburgische und russische Herrschaft haben vor allem die staatsrechtliche, religiöse und sprachliche Weltanschauung des ukrainischen Volkes beeinflusst.

---

75 Vgl. die Bezeichnung des Vorvertrags sowie die Regelungen der Pkt. 1–2, welche eine Vereinigung beider ukrainischer Staaten in eine „staatliche Einheit" zum Regelungsgegenstand hatten.

76 Im Internet zugänglich unter <http://unr.memory.gov.ua/documents/ukhvala-ukrainskoi-natsionalnoi-radi-zunr-pro-ukladennya-akta-zluki-z-unr-3-sichnya-1919-r>, zuletzt abgerufen am 26.05.2018.

77 Im Internet zugänglich unter <https://constituanta.blogspot.com/2012/09/blog-post.html>, zuletzt abgerufen am 26.05.2018.

Dies erschwerte in Zukunft den Aufbau eines einheitlichen ukrainischen Staates erheblich.

Der durch die UNR und die ZUNR vorgenommene Vereinigungsversuch war zwar nur kurzzeitig erfolgreich. Dieser Versuch vergegenständlichte aber die Idee der Vereinigung in einer ganzen Reihe von Rechtsakten und dokumentierte gleichzeitig die wichtigsten demokratischen und rechtlichen Errungenschaften der ukrainischen Volksrepubliken. Mehrere fortschrittliche Regelungen, wie etwa zum Achtstundentag oder die Abschaffung der Todesstrafe, wurden in den Gesetzen der UNR und der ZUNR als Standards verankert. Bis heute bleiben solche Regelungen ein Vorbild für die Rechtsordnungen mehrerer europäischer Staaten, darunter die der Ukraine.[78]

Die Gesetzgebungsakte der beiden ukrainischen Volksrepubliken wurden anfangs im Wesentlichen als politische Ausrufe mit einer rechtlichen Komponente gestaltet. Mit der Zeit entwickelte sich jedoch die Gesetzgebungstechnik sowohl in der UNR als auch in der ZUNR. Der nationale Gesetzgeber befreite eigene Texte von überflüssiger Pathetik und bevorzugte stattdessen qualitative Regelungen in den aktuellen Bereichen des Rechtslebens. Demzufolge näherten sich solche Nachfolgeakten inhaltlich und sinnlich modernen Rechtsakten an.

78 *Hlamazda P. V.*, Die Stellung und Rolle des Instituts der Staatsanwaltschaft im Laufe der ukrainischen Staatswerdung in den Jahren 1917–1921, Zeitschrift „Forum des Rechts" (ukr.), 2011, Nr. 2, S. 157; *Kravčuk M. V.*, Ukrainischer Zentralrat als Grundlage der ukrainischen Staatswerdung im XX. Jahrhundert, Sammlung wissenschaftlicher Arbeiten vom 10–11. März 2017 (ukr.), Ternopil, 2017, S. 218.

Paul Srodecki

Die polnische Minderheit in den USA und die Polenfrage zu Beginn des Ersten Weltkriegs im Spiegel der Emigrantenzeitschrift Free Poland

Abstract: Die polnische Frage stieg bereits kurz nach Ausbruch des Ersten Weltkriegs im Sommer 1914 zu einem der Hauptanliegen der kriegsführenden Mächte wie auch der polnischen Unabhängigkeitsbewegung auf. Im Mittelpunkt des Beitrags steht das in Chicago von polnischen Emigranten ins Leben gerufene Exilblatt Free Poland, das von der ersten Ausgabe an (September 1914) die Wiederherstellung eines souveränen polnischen Staates propagierte.

Keywords: Erster Weltkrieg, Polen, Bolschewiki, Polenfrage, Diaspora, Exilblatt, Freiheitskampf, Russland, Krieg, Alliierten, Unabhängigkeit, USA

Mit dem Ausbruch des Ersten Weltkriegs im Sommer 1914 kam ein Stein ins Rollen, der a posteriori betrachtet die politische Karte weiter Teile Europas neu gestalten sollte. Der Zusammenbruch des Russländischen Kaiserreichs im Herbst 1917 mit seinen anschließenden Revolutionswirren, aus denen schließlich die Bolschewiki als Sieger hervorgehen sollten, die Kapitulation der Mittelmächte im November 1918 und die darauffolgende Friedenskonferenz von Paris, an deren Ende der Friedensvertag von Versailles von 1919 stehen sollte, hatten die Entstehung zahlreicher neuer Staaten im östlichen Mitteleuropa, im Baltikum und in Südosteuropa zur Folge. Der größte und seiner regionalpolitischen Bedeutung nach wichtigste dieser Staaten war zweifelsohne Polen, das nach 123 Jahren wieder seine Unabhängigkeit erringen konnte. Die Causa Polen war allerdings bereits kurz nach Kriegsausbruch 1914 zu einer der wichtigsten Fragen des Krieges aufgestiegen. Sowohl die Entente als auch die Mittelmächte zeichneten hierbei von Anfang an verschiedene Entwürfe einer Nachkriegsordnung, in der ein restituierter polnischer Staat – ob souverän oder als Vasall einer übergeordneten Macht – eine gewichtige Rolle spielen sollte.[1] Die Polenfrage

1 Siehe hierzu einführend Kwestia polska w propagandzie w okresie pierwszej wojny światowej, hg. v. Witold Molik, Tomasz Schramm u. Damian Szymczak, Poznań 2018; Tomasz Nałęcz, Polska i sprawa polska w I wojnie światowej, in: Polski wiek XX. Dwudziestolecie, hg. v. Krzysztof Persak u. Paweł Machcewicz, Warszawa 2009, S. 27–48; Andrzej Leon Sowa, Sprawa polska w okresie I wojny światowej – stan badań,

hatte insbesondere in den zahlreichen polnischen Unabhängigkeitsaktivisten im Inland wie im Ausland (hier allem voran in Frankreich)[2] eine große Lobby gefunden, die den beteiligten Konfliktparteien oder solchen, die es noch werden sollten, die Bedeutung der Wiedererrichtung eines polnischen Staates wiederholt und unermüdlich ins Gedächtnis riefen.

Ein Werbeblatt der polnischen Unabhängigkeitsbewegung

Auch in den Vereinigten Staaten von Amerika wurde die polnische Diaspora aktiv und machte eifrig Werbung für einen unabhängigen polnischen Staat.[3] Wie bereits in Frankreich und Großbritannien erachteten die polnischen Exilaktivisten den Ausbruch des Krieges zwischen den europäischen Mächten als die große Chance für die Wiederherstellung der Rzeczpospolita. Stellvertretend hierfür kann die zweiwöchentlich erscheinende Zeitschrift „Free Poland" stehen, die nicht zufällig von September 1914 bis 1919 in Chicago als der Stadt mit der größten polnischsprachigen Bevölkerung außerhalb Polens publiziert worden

---

in: Przemyskie Zapiski Historyczne 16–17 (2006–2009), S. 39–57; Marian Leczyk, Wielkie mocarstwa a sprawa polska w czasie I i II wojny światowej. Próba paraleli, in: Studia Podlaskie 8 (1998), S. 5–18; Wiesław Śladkowski, Uwagi o polityce Francji wobec sprawy polskiej w latach I wojny światowej, in: Powrót Polski na mapę Europy. Sesja naukowa poświęcona 70 rocznicy Traktatu Wersalskiego, hg. v. Czesław Bloch u. Zygmunt Zieliński, Lublin 1995, S. 73–80; ders., Opinia publiczna we Francji wobec Polski w latach 1914–1918, Wrocław 1976; Stanisław Sierpowski, Benedykt XV i sprawa polska w latach „wielkiej wojny", in: Kwartalnik Historyczny 97,3–4 (1990), S. 123–136; Aleksandr Łuczak, Sprawa polska w czasie I wojny światowej. Bd. 1: Drogi do niepodległości, in: Polska, ostatnie pół wieku, hg. v. dems. u. Andrzej Skrzypek, Warszawa 1986, S. 25–31; Jerzy Tomaszewski, Kwestia polska w polityce Bułgarii w latach 1916–1918, in: Zeszyty Naukowe Instytutu Nauk Politycznych 10 (1984), S. 7–18.

2 Vgl. Paul Srodecki, Le Rempart de l'Europe. Kwestia polska i wizerunek Polski jako przedmurza Europy w publicystyce francuskojęzycznej w okresie I wojny światowej, in: Kwestia polska w propagandzie (wie Anm. 1), S. 225–242; Tomasz Schramm, Stosunki polsko-francuskie przed odrodzeniem państwa polskiego w roku 1918, in: Ideologie, poglądy, mity w dziejach Polski i Europy XIX i XX wieku. Studia historyczne, hg. v. Jerzy Topolski, Witold Molik u. Krzysztof Makowski, Poznań 1991, S. 233–242; Wiesław Śladkowski, Emigracja polska we Francji 1871–1918, Lublin 1980, S. 272–316.

3 Zur polnischen Diaspora in den Vereinigten Staaten von Amerika vgl. Krzysztof Groniowski, Świadomość chłopskiej emigracji w Stanach Zjednoczonych do roku 1918, in: Acta Universitatis Lodziensis. Folia Historica 45 (1992), S. 157–165; Polonia amerykańska. Przeszłość i współczesność, hg. v. Hieronim Kubiak, Eugeniusz Kusielewicz u. Tadeusz Gromada, Wrocław 1988; Studia nad organizacjami polonijnymi w Ameryce Północnej, hg. v. Grzegorz Babiński, Wrocław 1988.

war (Abb. 1).[4] Herausgegeben von Francis J. Medwecki, Charles Wachtel, Thomas T. Lasecki, Frank S. Barc, John Skibiński, Felix Ładon und Stanisław Osada vom Polish National Council of America stand der Untertitel des Blattes fast schon programmatisch hinter den selbstauferlegten inhaltlichen Vorgaben: Ziel des Blattes sei es, der US-amerikanischen Leserschaft „die Wahrheit über Polen und sein Volk" mitzuteilen.[5] Die polnische Frage stand für die Urheber der Zeitschrift, deren Herausgabe bereits am 17. August 1914, also unmittelbar nach Julikrise und Kriegsausbruch in Europa beschlossen worden war,[6] nicht nur im Mittelpunkt des Journals. Vielmehr bedeutete die Wiederherstellung eines polnischen Staates für sie einen der Schlüsselmomente des freilich noch zu auszufechtenden Konfliktes, der in Europa seinen Ausgang genommen hatte: *The Polish question is a timely one throughout the world. The contents of this publication will furnish, we hope, adequate material for use at opportune moments.*[7]

Mit diesem inhaltlichen Grundsatzprogramm bedienten die Herausgeber nicht nur die mit einem großen europäischen Krieg – allem voran einem Krieg zwischen den Teilungsmächten – gehegten Hoffnungen der weltweit verstreuten polnischen Diaspora auf einen unabhängigen polnischen Staat. Sie bewiesen mit ihm auch einen erstaunlichen Weitblick, sollte doch die polnische Frage recht schnell zu einem der wichtigsten Anliegen sowohl der Entente als auch der Mittelmächte werden. Hatten insbesondere die Teilungsmächte noch vor 1914 die polnische Frage mit größter Achtsamkeit behandelt und mit der Bewahrung des Status quo und der entschiedenen Bekämpfung jeglicher Unabhängigkeitsbestrebungen verbunden,[8] so bildeten schon kurz nach Kriegsausbruch die Polen

---

4 Vgl. Iwona Leonowicz-Bukała, Media polonijne w USA, in: Kwartalnik Internetowy Komunikacja Społeczna 4 (2012), S. 40–67; Grzegorz Babiński, Prasa polonijna w Stanach Zjednoczonych Ameryki, in: Polonia amerykańska. Przeszłość i współczesność, hg. v. Hieronim Kubiak, Eugeniusz Kusielewicz u. Tadeusz Gromada, Wrocław 1988, S. 239–260; Andrzej Paczkowski, Prasa polonijna w latach 1870–1939. Zarys problematyki, Warszawa 1977; Józef Skrzypek, Czasopiśmiennictwo polskie w Stanach Zjednoczonych Ameryki Północnej pod koniec XIX wieku (1866–1900). Przegląd bibliograficzno-materiałowy, in: Rocznik Historii Czasopiśmiennictwa Polskiego 3,1 (1963), S. 126–169.

5 Free Poland. A Semi-Monthly. The Truth About Poland and Her People, Vol. 1,1, September 1, 1914, S. 1

6 Ebd., Foreword, S. 2.

7 Ebd., To Editors and Publishers.

8 Vgl. Armin Mitter, Das „Phantom" Polen – die „polnische Frage" in den Beziehungen zwischen den Teilungsmächten vom Ende der 1880er Jahre bis 1914, in: Fragmentierte Republik. Das politische Erbe der Teilungszeit in Polen 1918–1939, hg. Michael G. Müller u. Kai Struve, Göttingen 2017, S. 223–254; Krzysztof Rzepa, Niemiecka socjaldemokracja a tzw. kwestia polska przed rokiem 1914, in: Studia Historica Slavo-Germanica 27 (2006/2007), S. 185–216.

Abb. 1: Free Poland. A Semi-Monthly. The Truth About Poland and Her People, Vol. 1,1, September 1, 1914, S. 1. Online unter: https://hdl.handle.net/2027/uiug.30112118004560?urlappend=%3Bseq=7 [aufgerufen am: 08.12.2019], Lizenz: Public Domain, Google-digitized, online unter: https://www.hathitrust.org/access_use#pd-google [aufgerufen am: 08.12.2019].

selbst ein jetzt eifrig umworbenes Ziel der jeweiligen Kriegsparteien. Die Neue Zürcher Zeitung merkte hierzu bereits am 8. August 1914 treffend an: *Die Polen sind über Nacht lieb Kind bei allen kriegführenden Nationen geworden.*[9] Das Journal de Genève ergänzte diese Meinung am 6. September desselben Jahres: Die Polen hätten *rien à perdre et tout à gagner.*[10] In der Erstausgabe des Free Poland bedienten sich die Autoren ähnlicher Worte. So seien „Grenzposten zwar von Menschenhand errichtet," in der Liebe eines Volkes zu seinem Land wie auch in seinem Drang nach Freiheit spiegele sich aber göttlicher Wille wider. Hier sei daher der Hauptgrund dafür zu suchen, „weshalb Polen – dieses mächtige Polen des 15. und 16. Jahrhunderts, renommiert aufgrund seiner Kultur und des politischen Prestiges –" erneut zu den „Hauptfragen" bei Kriegsausbruch gezählt worden sei.[11]

Der in Europa ausgebrochene Krieg, der durch die kolonialen Verflechtungen der europäischen Mächte schnell globale Züge angenommen hatte, habe die Polenfrage zu einem der Hauptanliegen der „zivilisierten Welt" gemacht. Weltweit werde sie sowohl in der Politik – ob öffentlich oder hinter verschlossenen Türen in privaten Hinterzimmern – als auch in den Medien heiß diskutiert:

> *The European war has put the Polish question on the lips of the civilized world. It is the subject of the private conversations of statesmen and the formal discussions of chancelleries and cabinets. It is reported in the new, columns and discussed in the editorials of the press throughout the world. In a word, it has again become a burning question of the present moment.*[12]

Dieses globale Interesse an der Polenfrage, so das bemühte Fazit des Free Poland, könne nur eine Schlussfolgerung zulassen: „Die Welt brauche ein freies Polen." Es sei ein humanitäres Grundbedürfnis einer zivilisierten Welt. Die Herausgeber der Zeitschrift gingen hierbei sogar noch einen Schritt weiter und verbanden ein restituiertes unabhängiges Polen mit der Einhaltung eines weltweiten Friedens. Die Teilungen Polens im ausgehenden 18. Jahrhundert hätten das Gleichgewicht der europäischen Ordnung aufgehoben. Für dieses Unrecht würden

9 Zititert nach Alfred Erich Senn, The Entente and the Polish Question 1914–1916, in: Jahrbücher für Geschichte Osteuropas 25,1 (1977), S. 21–33, hier S. 21.

10 Ebd.

11 Free Poland 1,1, S. 2: *„Empires are fragile, but nations are indestructible", said a prominent British journalist, recently commenting on the Polish question. Border posts are erected by the hand of man, but affections are implanted in the soul by the hand of God. That is the reason why Poland, – that mighty Poland of the XV and XVI centuries, renowned for its culture and political prestige, is again a prime question of the present day.*

12 Ebd., S. 4.

die Teilungsmächte jetzt mit dem aufkommenden Krieg bezahlen; die Wiederherstellung eines souveränen Polens sei somit auch eine Wiederherstellung der Gerechtigkeit, ohne die „ein universeller Frieden nur eine wunderschöne aber inexistente und unrealisierbare Illusion sein" würde.[13]

Polnische Freiheitsliebe und polnischer Freiheitskampf

Zwei von Anfang an immer wieder in der Zeitschrift verwendete und miteinander verwobene Topoi waren die Freiheitsliebe und der Freiheitskampf der Polen.[14] In der Erstausgabe wurde hierfür ein ursprünglich am 3. August 1914 in polnischer Sprache im „Dziennik Chicago[w]ski", der größten polnischsprachigen Tageszeitung in den USA, erschienener Text des Publizisten Stanislaus Szwajkart ins Englische übersetzt und so dem nichtpolnischen oder der polnischen Sprache nicht mächtigen Publikum zugänglich gemacht. Szwajkart fasste dabei die mit dem Ausbruch des Krieges verbundenen Hoffnungen der Polen zusammen. So wünschten letztere allem voran ein freies und unabhängiges Polen, das alle seine historischen Landschaften zusammenfassen würde. Die polnische Freiheitsliebe spiegele sich aber Szwajkart zufolge ebenso in dem altruistischen Wunsch der Polen wider, panslawistischen Traditionen folgend auch für die Unabhängigkeit weiterer slawischer Völker einzustehen.[15] Interessant ist hierbei Szwajkarts Forderung nach einem föderalistisch organisierten slawischen Staatenbündnis frei nach dem Vorbild der Vereinigten Staaten von Amerika oder des Deutschen Bundes. Solch ein Zusammenschluss mehrerer Völker zu einem Staatenblock würde „die Koalition oder Föderation der slawischen Nationen zum mächtigsten, für einen Universalfrieden in Europa arbeitenden

13 Ebd., S. 4: *The world needs a free Poland. Humanity asks for it. Civilization calls for it. Universal peace is impossible without it. Justice demands it. The threefold crime, perpetrated by three powers more than a hundred years ago, is ineffaceable blot on the escutcheon of justice and before the court of civilization and humanity an everlasting reminder of unrepaired wrongs. Until restitution shall have been granted to the dismembered nation of its priceless freedom, any plan for a universal peace will be but a mirage, beautiful but nonexistent and unrealizable.*

14 Vgl. Zbigniew Drozdowicz, Essays on European Liberalism. History and Ideology, Berlin 2013 (Devolpment in Humanities, 13), S. 83–96; Maciej Janowski, Polish Liberal Thought before 1918, Budapest u. New York 2004; Włodzimierz Bernacki, Liberalizm polski 1815–1939. Studium doktryny politycznej, Kraków 2004.

15 Siehe hierzu Jerzy Skowronek, Panslawizm I więzi słowiańskie w warunkach tworzonych przez rozbiory Polski, in: Przegląd Humanistyczny 40,1 (1996), S. 193–199.

Faktor" aufsteigen lassen.[16] Damit knüpfte Szwajkart an zahlreiche Vorüberlegungen zu einem völkerübergreifenden Staatenbündnis aus dem 19. Jahrhundert an, wie sie etwa Adam Jerzy Czartoryski formuliert hatte.[17]

Dass die Polen und die polnische Kultur im Generellen wie auch der polnische Freiheitskampf im Speziellen unter den US-amerikanischen aber auch britischen Eliten bereits seit Längerem gewisse Sympathien genossen, sollten zahlreiche Verweise auf die polnischen Nuancen im Œuvre verschiedener angelsächsischer Schriftsteller und Dichter wie etwa in Alfred Tennysons während des polnischen Novemberaufstands 1830–1831 verfassten Sonett „Poland" unterstreichen.[18] Zugleich diente das Blatt von der ersten Ausgabe an als ein Organ zur Propagierung der Höherwertigkeit polnischer Kultur – als Antwort auf die zumeist in deutschsprachiger Presse verbreiteten Topoi vom „slawischen Barbarentum". Artikel wie „Evidences of Polish Culture" oder „Some Phases of Polish Culture", die mit einer Auflistung berühmter polnischer Gelehrten und Künstler aufwartete, oder „Momentous Events in the History of Poland", das Polens Rolle

---

16 Stanisław Szwajkart: The Attitude of the Poles toward the European War, in: Free Poland 1,1, S. 5: *1. The first and most important desire of every Pole is a free and independent Poland, embracing all of its ancient lands. 2. His next desire is that an equal freedom and independence be secured by all the other Slavic nations. With a free Poland there should likewise be a free Ruthenia, a free Servia [sic!], a free Bulgaria, a free Croatia, a free Czech-Moravian state, etc. 3. Irrespective of the forms of governments in these free Slavic nations, whether they will be republics, or co[n]stitutional [sic!] monarchies, or possess some other new form of government, it is desirable that all the Slavic nations be bound by an inseparable tie in form similar to that of the United States of America, or the German Bund, or some other form, as long as it will be permanent and by all means not headed by an autocrat, an emperor or a czar. 4. Regardless of the manner in which the Slavic, Germanic and the other isolated nations, such as the Hungarians, Lithuanians, and Rumanians would be grouped, such a coalition or federation of Slavic nations would be the most powerful factor working for universal peace in Europe.*

17 Vgl. Ryszard Stemplowski, Föderalismus als Taktik? Hypothese über die Politik von Adam Czartoryski, Władysław Sikorski, Edvard Beneš und Milan Hodža, in: Deutschlands östliche Nachbarschaften. Eine Sammlung von historischen Essays für Hans Henning Hahn, hg. v. Edmund Dmitrów u. Tobias Weger, Frankfurt a. M. u. a. 2009 (Die Deutschen und das östliche Europa. Studien und Quellen, Bd. 4), S. 75–90; Przemysław Damski, Federacyjne koncepcje księcia Adama Jerzego Czartoryskiego w memoriale O systemie politycznym, który winna stosować Rosja,in: Iuvenilia 2 (2007), S. 89–100; Jerzy Łukaszewski, Adam Jerzy Czartoryski – prekurator zjednoczonej Europy, in: Czartoryscy – Polska – Europa. Historia i współczesność, hg. v. Zbigniew Baran, Kraków 2003, S. 15–23.

18 Alfred Tennyson, Poland, in: Free Poland 1,1, S. 3.

als „Bollwerk der Christenheit“ innerhalb der europäischen Geschichte hervorhob, sollten die amerikanische Leserschaft für die polnische Sache vereinnahmen und zugleich Polens Europäizität Ausdruck verleihen.[19]

John Skibinski rühmte in seinem Gedicht „Sarmatia“ Polens Verdienste als Vormauer des christlichen Europa und beweinte das Schicksal des geteilten Landes seit dem späten 19. Jahrhundert.[20] In einem weiteren Artikel wurde Polen nicht nur als „Bollwerk Europas gegen die Barbarei des Ostens“, sondern ebenso als ein Vorkämpfer für Freiheit und Gerechtigkeit beschrieben. Polen – und hier wird bewusst auf das Selbstbild der Vereinigten Staaten von Amerika als Zufluchtsort der Verfolgten und Ausgestoßenen angeknüpft – habe den verfolgten Minderheiten Europas in seiner langen Geschichte immer Zuflucht geboten:

> *Poland has always championed the cause of freedom and justice; we say of freedom, inasmuch as she was the bulwark of Europe against the barbarism of the East, because she received the Jews, the Hussites and emigrants of the Thirty Years' War when all the rest of the world would have non of them, and because she has ever held up high the torch of idealism; and we say of justice, because she has never believed in force and violence, while her greedless policy as carried towards her neighbors, is unparalleled, with perhaps one exception, in the history of the world.*[21]

Aus einem Bollwerk gegen die vermeintliche Barbarei des Ostens sei im Verlaufe der Zeit eine Vormauer der Liberalität geworden. Unter Anknüpfung an den oben erwähnten Topos der Polen als der freiheitsliebenden Nation par excellence zog Skibinski unterschwellig Parallelen zu der US-amerikanischen Erinnerungskultur, baut doch diese bis in die heutige Zeit unverändert auf den Mythen der *free and independent nation* als die sich die Vereinigten Staaten von Amerika seit der Unabhängigkeitserklärung 1776 gerne sehen. So habe der Gerechtigkeits- und Freiheitssinn der Polen sie zugleich an mehreren Freiheitskämpfen und Revolutionen teilnehmen lassen:

> *The Polish heroes fought for independence and helped the Colonies to form a more perfect union, establish justice, insure domestic tranquility, provide for the common defence, promote the general welfare, and secure the blessings of liberty.*[22]

---

19 Evidences of Polish Culture. Compiled for “Free Poland”, in: Free Poland, 1,1, S. 11–12; John Skibinski, Momentous Events in the History of Poland, in: Free Poland 1,1, S. 13–15; Max A. Drezmal, Some Phases of Polish Culture, in: Free Poland 1,3, 17.10.1914, S. 3–4. Zum polnischen Bollwerkstopos vgl. Paul Srodecki, Antemurale Christianitatis. Zur Genese der Bollwerksrhetorik im östlichen Mitteleuropa an der Schwelle vom Mittelalter zur Frühen Neuzeit, Husum 2015.

20 John Skibinski, Sarmatia, in: The Polish Question, in: Free Poland 1,3, 17.10.1914, S. 10.

21 To the People of the United States, Free Poland 1,4, 01.11.1914, S. 3–4, hier S. 3.

22 Ebd.

Zwischen Russophobie und Russophilie

Stanislaus Szwajkart unterstrich in seinem oben zitierten Memorandum die eher reservierte Haltung der Polen gegenüber den verschiedenen Konfliktparteien. Die polnischen Sympathien gälten vielmehr anderen slawischen Völkern aber auf gar keinen Fall „der russischen Regierung und noch weniger den preußischen und österreichischen Regierungen oder irgendeinem ihrer Alliierten."[23] Damit wandte sich Szwajkart gezielt gegen die auch noch im frühen 20. Jahrhundert seit Jahrzehnten weitverbreitete Russophilie unter den (auch polnischen) Panslawisten, die im Russländischen Imperium und dem Zaren das politische Heil aller slawischen Nationen erachteten und auch noch nach Kriegsausbruch 1914 eine feste Anbindung eines restituierten polnischen Staates an Sankt Petersburg/Petrograd befürworteten.[24] Dementsprechend unterstrich der Publizist am Ende seines Artikels noch einmal - neben seinem dezidierten Unwillen den Mittelmächten gegenüber - seine eindeutig antirussische Haltung:

> *And now we should answer the questions mentioned at the beginning of this article, and others which are put to the Poles by other Slavs, mostly by the admirers of Russia. Are we with Russia or with Austria? - The answer: we are AGAINST the governments of Russia, Prussia and Austria. We desire THE FREEDOM OF ALL THE SLAVIC NATIONS.*[25]

---

23 Ebd., S. 5–6: *The Poles cannot sympathize with any of the governments embroiled in the present conflict across the ocean. They do sympathize with the NATIONS, and above all with the Slavic nations, and the latter they wish an early emancipation [...], but they cannot sympathize with the Russian government and even less with the Prussian and the Austrian governments or with any of their allies.*

24 Vgl. Dariusz Tarasiuk, Wpływ uchodźstwa na świadomość narodową ludności polskiej w Cesarstwie Rosyjskim w latach I wojny światowej, in: Migracje a tożsamość narodowa mieszkańców Europy Wschodniej w XIX i na początku XX wieku, hg. v. Dorota Michaluk, Ciechanowiec 2016, S. 179–188; ders., Polski obóz narodowy w Rosji w latach 1917–1918, Lublin 2014; Mariusz Korzeniowski/Marek Mądzik/Dariusz Tarasiuk, Tułaczy los. Uchodźcy polscy w imperium rosyjskim w latach pierwszej wojny światowej, Lublin 2007; Władysław Bułhak, Dmowski - Rosja a kwestia polska. U źródeł orientacji rosyjskiej obozu narodowego 1886–1908, Warszawa 2000; Zbigniew Opacki, Wizerunek Rosji w publicystyce politycznej Romana Dmowskiego do 1914 roku, in: Przegląd Humanistyczny 34 (1990), S. 65–74; Teodor Mistewicz, Kwestia polska na tle kryzysu politycznego Rosji w publicystyce Romana Dmowskiego z lat 1903–1909, in: Dzieje Najnowsze 15,4 (1983), S. 3–30; Irena Spustek, Polacy w Piotrogrodzie, 1914–1917, Warszawa 1966.

25 Szwajkart, The Attitude of the Poles (wie Anm. 16), S. 6.

So wurde tatsächlich das Werben Russlands um die polnische Bevölkerung nicht nur in Polen selbst, sondern auch von einem durchaus nicht geringen Anteil der US-amerikanischen Polonia mit Argwohn beobachtet. Die rigorose und kompromisslose Niederschlagung der Aufstände der Jahre 1830–1831 und 1863–1864, die darauffolgenden russischen Repressalien und Deportationen der polnischen Aufständischen und Dissidenten nach Sibirien sowie schließlich die harte Russifizierungspolitik Sankt Petersburgs hatte tiefe Wunden im polnischen Kollektivgedächtnis hinterlassen und bleibenden Einfluss auf die Mentalität und antirussische Haltung großer Teile der polnischen Intellektuellen wie etwa Adam Jerzy Czartoryski, Maurycy Mochnacki oder Władysław Studnicki ausgeübt.[26] Der Anfang des 20. Jahrhundert auch innerhalb der US-amerikanischen Polonia wohl bekannte und weitverbreitete Topos des „Moskowiters" beziehungsweise des Russen als Sinnbild eines grausamen, quasi asiatischen Barbaren und „Feindes der Christenheit" (*inimicus Christianitatis*) aus der Zeit der frühneuzeitlichen Rzeczpospolita wurde von den polnischen Unabhängigkeitsaktivisten als ein wichtiger Bestandteil antirussischer Propaganda instrumentalisiert.[27]

Auch das Emigrantenblatt Free Poland schloss sich diesem Diskurs an. Dem an die polnische Bevölkerung gerichteten Manifest des Oberbefehlshabers der russischen Streitkräfte Nikolaj Nikolajevič Romanov vom 14. August 1914 begegnete die Mehrheit der polnischen Eliten sowohl in Polen als auch im weltweiten Ausland mit großem Misstrauen. Letzterem zufolge sollten in einem siegreichen Krieg gegen die Mittelmächte alle polnischen Gebiete „unter dem Zepter des russischen Kaisers" wiedervereinigt und so als „ein in seinem

26 Vgl. Andrzej Nowak, Kto powiedział, że Moskale są to bracia nas, Lechitów... Szkice z historii wyobraźni politycznej Polaków, Kraków 2016; Aleksandr Szyriniancl/Anna Myrikowa, „Wewnętrzna" rusofobia i „kwestia polska" w Rosji w XIX w., in: Politeja 34,2 (2015), S. 233–246; Piotr Kimla, Antyrosyjskość myśli politycznej Władysława Studnickiego (1867–1953) na tle teraźniejszej polskiej polityki wschodniej, in: Politeja 4 (2005), S. 480–487; Marek Figura, Odwieczny antagonista. Miejsce Rosji w myśli politycznej i publicystyce Władysława Studnickiego do roku 1918, in: Europa a Rosja. Opinie, konflikty, współpraca. Studia, hg. v. Zbigniew Anculewicz u. Jan Sobczak, Olsztyn 2003, S. 225–244; Włodzimierz Suleja, Rusofobia po polsku, in: Zagadnienie rosyjskie. Myślenie o Rosji. Oglądy i obrazy spraw rosyjskich, Kraków 2000, S. 11–22; Przemysław Matusik, Polska i Europa w polskiej myśli katolicko-konserwatywnej w latach 1845–1865 (ze szczególnym uwzględnieniem poglądów poznańskich ultamontanów), in: Ideologie, poglądy, mity w dziejach Polski (wie Anm. 2), S. 279–288.

27 Srodecki, Antemurale Christianitatis (wie Anm. 19), S. 292–303 u. 339–344.

Glauben, seiner Sprache und Selbstverwaltung freies Polen wiedergeboren“ werden.[28] Die polnischen Vorbehalte gegenüber den Polenplänen Sankt Peterburgs (ab dem 18. August 1914 in Petrograd umbenannt) fasste das Emigrantenblatt Free Poland mit einem Verweis auf die bitteren Erfahrungen aus der polnisch-russischen Geschichte zusammen und erinnerte hierbei an das in Polen weitverbreitete Bild Russlands als das eines verräterischen Nachbarn, der Versprechen und Abmachungen schon des Öfteren gebrochen habe und dem demnach kein Glaube zu schenken sei:

> *Russia, the archbreaker of pledges, is dangling before the Poles another bait. Many a student of history wonders at the myopia of Russian bureaucrats. The deeds of Catharine are notorious. The czars had the temerity to violate the sacred pledges of the Congress of Vienna. The causes of the uprising of 1863 are well known to every Pole. And again for the fourth time – in 1905 – the tantalizing vision of autonomy was finished before the eyes of the freedom-starved people. Is the promise of 1914 another tantalizing vision?*[29]

Ein ähnliches Bild zeichnete ebenfalls Stanislaus Osada in seinem Aufsatz „Why Poles Distrust Russia“.[30] In Free Poland wurden aber auch russlandfreundliche Ansichten zugelassen. So verwies Anthony Czarniecki beispielsweise darauf, dass in der Vergangenheit durchaus je nach tagespolitischen Konstellationen immer wieder Versprechungen der jeweiligen Teilungsmächte bezüglich eines unabhängigen polnischen Staates gemacht und anschließend nicht eingehalten worden seien. Ähnliche neue Verlautbarungen dürften somit auch 1914 nur mit Vorsicht genossen werden. Dennoch sollte Czarniecki zufolge Russland die Möglichkeit geboten werden, seinen Plan eines freien polnischen Staates durchzuführen, wozu die alliierten Franzosen und Briten als Bürgen hinhalten sollten:

---

28 Die Rede findet sich auf der dem Vorkriegswarschau gewidmeten Website „Fundacja Warszawa 1939“, URL: http://www.warszawa1939.pl/muzeum/84/pocztowka-propagandowa-z-listopada-1914-roku [13.12.2018]. Vgl. Nadija Szczerbak, „Kwestia polska“ w polityce caratu na Ukrainie Prawobrzeżnej w XIX i na początku XX w., in: Nowa Ukraina. Zeszyty historyczno-politologiczne 5/6,1–2 (2008), S. 9–16; Leszek Jaśkiewicz, Carat i kwestia polska na początku XX wieku, in: Przegląd Historyczny 86,1 (1995), S. 29–46; Aleksander Achmatowicz, Sprawa polska w polityce rosyjskiej w okresie Wielkiej Wojny. Rok pierwszy (1 VIII 1914 – sierpień 1915), in: Wiadomości Historyczne 25,3 (1982), S. 371–399; Paweł Piotr Wieczorkiewicz, Sprawa polska w rosyjskiej opinii politycznej w przededniu I wojny światowej, in: Pamiętnik Słowiański 30 (1980), S. 155–172; Wiesław Toporowicz, Sprawa polska w polityce rosyjskiej 1914–1917, Warszawa 1973.

29 Free Poland 1,1, S. 2.

30 Stanislaus Osada, Why Poles Distrust Russia, in: Free Poland 1,2, S. 12–13.

Although history shows that those in power when in fear or in need of the Polish nation have excited the Polish people's hopes for home rule and freedom, oftentimes without having any intention of realizing those hopes, there are my at present who are willing to give Russia an opportunity to prove that the proclamation at this time is not a heartless trifling with the most sacred feelings of human nature, but a pledge which will be kept. [...] By issuing similar proclamation pledges or by joining and subscribing to the proclamation made heretofore by Russia, the governments and people of France and England would help the cause of liberty and progress. Further, a joint pledge and promises of all three allies would remove doubts of the good faith and sincerity of the proclamation and pledge which some people and some nations even might in the light of past history be entertaining at present.[31]

Das Deutsche Reich als der wahre Hauptfeind

Tatsächlich überwog in Free Poland von der Erstausgabe an aber ein eher antideutscher Ton. Ein restituierter polnischer Staat müsse vor allem seine Westgrenze gegenüber dem Deutschen Reich sichern und eventuell auch durch zahlreiche Gebietsansprüche in Schlesien, Pommern, Pommerellen und Ostpreußen ausweiten, so das vorherrschende Bild unter den vom sogenannten Westgedanken beseelten polnischen Unabhängigkeitsaktivisten.[32] Helena Piotrkowska sah in ihrer Abhandlung „The Polish Question" Deutschland als den gefährlichsten Gegner polnischer Unabhängigkeitsbestrebungen und nicht etwa Russland mit „all seinem Verrat und seiner primitiven Brutalität": *With all her treachery and primitive brutality Russia has never been so dangerous to the Poles as Germany. The higher civilization of the latter made her not more humane, but more efficient as a jailer.*[33] Diese Vorstellung wurde auch von Anthony Karabasz geteilt, der offen Partei für Russland und seine Alliierten Frankreich und Großbritannien ergriff:

It is true that the Russians have proved criminal in their relation to Poland, but their crimes have been those of the barbarian, while Prussia has been boasting of her supreme culture and accentuating it with unspeakable atrocities. The Prussians have met with universal condemnation, and the world at large expects them to go down

31 Anthony Czarniecki, Freedom of Poland World's Need. Allies Must Guarantee Russia's Pledge, in: Free Poland 1,1, S. 7–8, hier: 7–8.

32 Vgl. hierzu Roland Gehrke, Der polnische Westgedanke bis zur Wiedererrichtung des polnischen Staates nach Ende des Ersten Weltkrieges. Genese und Begründung polnischer Gebietsansprüche gegenüber Deutschland im Zeitalter des Nationalismus, Marburg 2001 (Materialien und Studien zur Ostmitteleuropa-Forschung, Bd. 8).

33 Helena Piotrkowska, The Polish Question, in: Free Poland 1,3, 17.10.1914, S. 10–13, hier S. 13.

in defeat. That is the reason the Poles should take sides with Russia, France and England in their efforts to destroy the militarism of Prussia. [...] Instinctively Poland feels that it is not the Russians that are the greatest enemy of her interests. It was Prussia that spread throughout the 19th century its baneful influence on the politics of Russia. It was Prussia that kept Russia from granting home rule to Poland.[34]

Karabasz sah den Hauptgrund für die starke Stellung des vereinigten Deutschen Kaiserreichs unter preußischer Führung in der Tatenlosigkeit der übrigen europäischen Mächte im späten 18. Jahrhundert, als Preußen als der vermeintliche Drahtzieher im Hintergrund die Teilungen Polens initiiert habe. Tatsächlich kennzeichnete von Anfang an ein starker antipreußischer Grundton, der immer wieder das Bild des preußischen Expansionismus und Militarismus bemühte, die polnische Auswandererzeitschrift.[35] Nur ein unabhängiges Polen könne, so Karabasz, als unumgänglicher Stabilitätsfaktor ein erneutes europäisches Mächtegleichgewicht wiederherstellen und so für dauerhaften Frieden sorgen. Nicht zuletzt deswegen aber auch aufgrund des auf die Fahnen geschriebenen Kampfes für die „kleineren Nationen" und gegen Unterdrückung und Tyrannei sei es die Pflicht der Alliierten, sich für einen freien polnischen Staat einzusetzen:

Europe has at last recognized the fact that the dismemberment of Poland gave rise to a mighty foe, and even at the cost of millions of soldiers, it is bent upon subduing that archenemy of peace and civilization. The Allies claim that among others they are fighting to liberate the smaller nationalities hitherto kept in oppression and tyranny. Surely, then, they must make Poland free and independent. [...] We can rest assured that there shall be no lasting peace in Europe without Poland's obtaining her full freedom and independence.[36]

Dieses Bild wurde auch von Anthony Czarniecki geteilt, der in einem unabhängigen Polen einen wichtigen Faktor des europäischen Gleichgewichts sah, auf den sich die Nachkriegsordnung stützen sollte:

[…] Poland is a necessary element of the new European equilibrium and that if any profit is to be drawn from the operations of the present war for humanity, for Europe and for the belligerents themselves, it must be based upon making Poland rise, and risen to maintain herself in the rank of independent nations. [...] It is an admission that Poland's re-establishment is absolutely indispensable as a guaranty for the security of the future peace of Europe and is consequently a condition sine qua non of

34 Anthony Karabasz, Poland – The Mary Stuart of Nations, in: Free Poland 1,4, S. 4–6, hier S. 5.

35 Thomas T. Lasecki, Mr. Churchill on the Terms of Peace, in: Free Poland 1,2, 01.10.1914, S. 3–4.

36 Karabasz, Poland (wie Anm. 34), S. 6.

any definite treaty following the present war which would really seek to re-establish order and peace as well as harmony among the peoples and countries of Europe.[37]

Die USA als der neue Hoffnungsträger

Wenn aber weder den Mittelmächten noch Russland Vertrauen in der Polenfrage geschenkt werden könne, wem mochten die Polen sich in ihrem Streben nach einem unabhängigen Staat dann nur zuwenden? Für die Autoren der Zeitschrift Free Poland konnten diese Rolle nur die Vereinigten Staaten von Amerika ausfüllen.[38] Fast schon prophetisch – bedenkt man zumindest den rasanten Aufstieg der USA im 20. Jahrhundert zur unangefochtenen Weltmacht – konstatierte das Blatt, dass letztere als „die mächtigste der neutralen Nationen" in der Zukunft einen immer stärkeren Einfluss auf die Weltgeschicke nehmen würden. Der „größte Krieg der Menschheitsgeschichte" werde – und hier bewies Free Poland erneut Weitblick – eine neue Weltordnung herbeiführen. Diese werde umgekehrt eine allgemeingültige Bühne für „eine universelle Gerechtigkeit" erfordern, auf der die Hauptgründe für „Rassenhass" beseitigt würden und ohne die ein Streben nach „einer weltumfassenden Abrüstung und einem weltweiten Frieden nur eine Verschwendung von Energie" seien. Während also die Mehrheit der US-amerikanischen Bevölkerung hinter Woodrow Wilsons Neutralitätsbekundungen gestanden habe, glaubte die polnische Minderheit in den Vereinigten Staaten von Amerika fest daran, dass die USA mit Fortlauf des Krieges ihrer genuinen Rolle als Anwalt der „versklavten Völker" und Beschützer ihrer nicht eingehaltenen Rechte nachkommen würden.[39]

Tatsächlich seien die USA angesichts ihrer demokratisch-liberalen politischen Ordnung, ihres freiheitsliebenden Volkes und ihrer unabhängigen Presse wie

37 Czarniecki, Freedom (wie Anm. 31), S. 7.

38 Vgl. Piotr Stefan Wandycz, The United States and Poland, Cambridge (Massachusetts) u. London 1980, S. 104–169.

39 Free Poland 1,1, Comment, S. 2: *The most powerful of the neutral nations, the United States is destined to play a part of increasing importance in the future course of world events. The greatest war in the history of the world is by many thinkers thought to portend the realization of the most magnificent ideals and aspirations of mankind. While undoubtedly all the citizens of the United States uphold the hands of President Wilson in preserving the absolute neutrality of this country, thus giving the best leverage to his efforts to restore the peace, the Poles in particular believe steadfastly that in the final settlement this Republic will take an unyielding stand for the recognition of the rights of enslaved nations. The prime causes of racial hatreds must be removed. Without universal justice the striving toward universal disarmament and peace is a waste of energy.*

kein anderer Staat dazu prädestiniert, sich für ein unabhängiges Polen einzusetzen.[40] Diese postulierte Anlehnung der polnischen Unabhängigkeitsbewegung an die Vereinigten Staaten von Amerika wurde auch im Grundsatzprogramm der Zeitschrift verankert. So sollte eines der bereits in der Erstausgabe formulierten Hauptziele des Blattes – unter dem Deckmantel der Stärkung und Ausweitung der Freundschaft zwischen den US-Amerikanern und den Polen – eine dezidierte Öffentlichkeitsarbeit sein, die das Streben des polnischen Volkes nach Unabhängigkeit und Selbstbestimmung weiten Teilen der US-amerikanischen Öffentlichkeit näher bringen würde.[41]

Fazit

Das in den USA herausgegebene Free Poland dient als ein bemerkenswerter Spiegel der in sich heterogenen polnischen Unabhängigkeitsbewegung des frühen 20. Jahrhunderts. Das Blatt fasste gleich bei Kriegsausbruch das Sammelsurium der verschiedensten Optionen zusammen, unter welchen Umständen und in welcher außenpolitischen Einbettung ein restituierter polnischer Staat seine Souveränität wiedererlangen sollte. Interessant ist hierbei, dass die räumliche Entfernung der Diversität der polnischen Unabhängigkeitsbewegung keinen Abbruch tat. So finden sich bereits in der Erstausgabe der Zeitschrift Artikel, die offen prorussische wie antirussische, den Mittelmächten gegenüber neutrale oder auch explizit gegen sie gerichtete Stellungsnahmen kundtun. Damit wird das gesamte Spektrum der klassischen polnischen Unabhängigkeitsbewegung des 19. und frühen 20. Jahrhunderts abgedeckt. Die nach außen postulierte Neutralität der USA bei Kriegsausbruch im Sommer 1914 spiegelte sich

40 Free Poland 1,1, Foreword, S. 4: *No nation in the world probably can render better moral support to the cause of a free Poland than the American people and its press. The deep sense of justice and fair play, the splendid motto of "live and let live" as evidenced in the private and public life of this people, the warm welcome accorded to exile and victims of economic and political conditions in their native countries who seek and find here a chance to live and think, are grounds for the belief that Poland and her cause have nowhere more sincere friends than in the United States.*

41 Ebd., Foreword, S. 4: *To cement and give a firmer footing to the friendship between the United States and the Polish nation; to give wider publicity to those facts and reasons on which Poles base their demand for a political independence; to furnish more evidence of the vigorous cultural life of the Polish nation; to develop such an attitude in the justice-loving American nation and when the noble efforts of this government for peace will be crowned with success, to secure such action from it at the critical moment as will prevent any possible shelving of the demands and rights of the Polish nation.*

also auch in den Artikeln der Emigrantenzeitschrift Free Poland wider. Dies ist insofern bemerkenswert, da in zeitgleich publizierten Printmedien der polnischen Unabhängigkeitsbewegung – sei es in den jeweiligen zum Deutschen Reich, zu Österreich-Ungarn oder zu Russland gehörenden polnischen Gebieten oder im französischen oder britischen Exil – fast ausschließlich einseitige Positionen abgedruckt wurden, die das Gegenüber als Kriegsgegner in einem a priori durchwegs negativen Bilde darstellten. Nach dem Kriegseintritt der Vereinigten Staaten von Amerika 1917 sollte sich die neutrale Ausrichtung des Blattes Free Poland freilich auch ändern und überwiegend in den Mittelmächten den Hauptgegner einer polnischen Unabhängigkeit erachten.

Neu war – zumindest gegenüber anderen zeitgleich in Europa publizierten Zeitungen und Zeitschriften der polnischen Unabhängigkeitsaktivisten – auch der von Anfang an offensichtlich proamerikanische Grundton von Free Poland, der die Restitution eines souveränen polnischen Staates dezidiert mit einer festen Anbindung der Polen an die Vereinigten Staaten von Amerika verknüpfte und der sich im Verlauf des Krieges noch um Einiges verstärken sollte. Einzig hierin ist auch der Grund für die Herausgabe eines in englischer Sprache publizierten Blattes zu sehen. Polenfreundliche Essays, die neben dem polnischen Liberalismus auch die polnische Geschichte und Kultur in den Fokus rückten, sollten auch der der polnischen Sprache nicht mächtigen US-amerikanischen Leserschaft die Bedeutung der Wiederherstellung eines unabhängigen Polens näherbringen.

Quellen

Anonym: Comment, in: Free Poland 1,1, 01.09.1914, S. 2.

Anonym: Evidences of Polish Cutlure. Compiled for “Free Poland”, in: Free Poland 1,1, 01.09.1914, S. 11–12.

Anonym: Foreword, in: Free Poland 1,1, 01.09.1914, S. 2.

Anonym: To Editors and Publishers, in: Free Poland 1,1, 01.09.1914, S. 2.

Anonym: To the People of the United States, Free Poland 1,4, 01.11.1914, S. 3–4.

Czarniecki, Anthony: Freedom of Poland World’s Need. Allies Must Guarantee Russia’s Pledge, in: Free Poland 1,1, 01.09.1914, S. 7–8.

Drezmal, Max A.: Some Phases of Polish Culture, in: Free Poland 1,3, 17.10.1914, S. 3–4.

Karabasz, Anthony: Poland – The Mary Stuart of Nations, in: Free Poland 1,4, 01.11.1914, S. 4–6.

Lasecki, Thomas T.: Mr. Churchill on the Terms of Peace, in: Free Poland 1,2, 01.10.1914, S. 3–4.

Osada, Stanislaus: Why Poles Distrust Russia, in: Free Poland 1,2, 01.10.1914, S. 12–13.

Piotrkowska, Helena: The Polish Question, in: Free Poland 1,3, 17.10.1914, S. 10–13.

Skibinski, John: Momentous Events in the History of Poland, in: Free Poland 1,1, 01.09.1914, S. 13–15.

Skibinski, John: Sarmatia, in: The Polish Question, in: Free Poland 1,3, 17.10.1914, S. 10.

Szwajkart, Stanisław: The Attitude of the Poles toward the European War, in: Free Poland 1,1, 01.09.1914, S. 5.

Tennyson, Alfred: Poland, in: Free Poland 1,1, 01.09.1914, S. 3.

Sekundärliteratur

Achmatowicz, Aleksander: Sprawa polska w polityce rosyjskiej w okresie Wielkiej Wojny. Rok pierwszy (1 VIII 1914 – sierpień 1915), in: Wiadomości Historyczne 25,3 (1982), S. 371–399.

Babiński, Grzegorz: Prasa polonijna w Stanach Zjednoczonych Ameryki, in: Polonia amerykańska. Przeszłość i współczesność, hg. v. Hieronim Kubiak, Eugeniusz Kusielewicz u. Tadeusz Gromada, Wrocław 1988, S. 239–260.

Babiński, Grzegorz: Studia nad organizacjami polonijnymi w Ameryce Północnej, Wrocław 1988.

Bernacki, Włodzimierz: Liberalizm polski 1815–1939. Studium doktryny politycznej, Kraków 2004.

Bułhak, Władysław: Dmowski – Rosja a kwestia polska. U źródeł orientacji rosyjskiej obozu narodowego 1886–1908, Warszawa 2000.

Damski, Przemysław: Federacyjne koncepcje księcia Adama Jerzego Czartoryskiego w memoriale O systemie politycznym, który winna stosować Rosja,in: Iuvenilia 2 (2007), S. 89–100.

Drozdowicz, Zbigniew: Essays on European Liberalism. History and Ideology, Berlin 2013 (Devolpment in Humanities, 13), S. 83–96.

Figura, Marek: Odwieczny antagonista. Miejsce Rosji w myśli politycznej i publicystyce Władysława Studnickiego do roku 1918, in: Europa a Rosja. Opinie, konflikty, współpraca. Studia, hg. v. Zbigniew Anculewicz u. Jan Sobczak, Olsztyn 2003, S. 225–244.

Gehrke, Roland: Der polnische Westgedanke bis zur Wiedererrichtung des polnischen Staates nach Ende des Ersten Weltkrieges. Genese und Begründung polnischer Gebietsansprüche gegenüber Deutschland im Zeitalter des Nationalismus, Marburg 2001 (Materialien und Studien zur Ostmitteleuropa-Forschung, Bd. 8).

Groniowski, Krzysztof: Świadomość chłopskiej emigracji w Stanach Zjednoczonych do roku 1918, in: Acta Universitatis Lodziensis. Folia Historica 45 (1992), S. 157–165.

Janowski, Maciej: Polish Liberal Thought before 1918, Budapest u. New York 2004.

Jaśkiewicz, Leszek: Carat i kwestia polska na początku XX wieku, in: Przegląd Historyczny 86,1 (1995), S. 29–46.

Kimla, Piotr: Antyrosyjskość myśli politycznej Władysława Studnickiego (1867–1953) na tle teraźniejszej polskiej polityki wschodniej, in: Politeja 4 (2005), S. 480–487.

Korzeniowski, Mariusz/Mądzik, Marek/Tarasiuk, Dariusz: Tułaczy los. Uchodźcy polscy w imperium rosyjskim w latach pierwszej wojny światowej, Lublin 2007.

Kubiak, Hieronim/Kusielewicz, Eugenius/Gromada, Tadeusz (Hgg.): Polonia amerykańska. Przeszłość i współczesność, Wrocław 1988.

Leczyk, Marian: Wielkie mocarstwa a sprawa polska w czasie I i II wojny światowej. Próba paraleli, in: Studia Podlaskie 8 (1998), S. 5–18.

Leonowicz-Bukała, Iwona: Media polonijne w USA, in: Kwartalnik Internetowy Komunikacja Społeczna 4 (2012), S. 40–67.

Łuczak, Aleksandr: Sprawa polska w czasie I wojny światowej. Bd. 1: Drogi do niepodległości, in: Polska, ostatnie pół wieku, hg. v. dems. u. Andrzej Skrzypek, Warszawa 1986, S. 25–31.

Łukaszewski, Jerzy: Adam Jerzy Czartoryski – prekurator zjednoczonej Europy, in: Czartoryscy – Polska – Europa. Historia i współczesność, hg. v. Zbigniew Baran, Kraków 2003, S. 15–23.

Matusik, Przemysław: Polska i Europa w polskiej myśli katolicko-konserwatywnej w latach 1845–1865 (ze szczególnym uwzględnieniem poglądów poznańskich ultamontanów), in: Ideologie, poglądy, mity w dziejach Polski (wie Anm. 2), S. 279–288.

Mistewicz, Teodor: Kwestia polska na tle kryzysu politycznego Rosji w publicystyce Romana Dmowskiego z lat 1903–1909, in: Dzieje Najnowsze 15,4 (1983), S. 3–30.

Mitter, Armin: Das „Phantom" Polen – die „polnische Frage" in den Beziehungen zwischen den Teilungsmächten vom Ende der 1880er Jahre bis 1914, in:

Fragmentierte Republik. Das politische Erbe der Teilungszeit in Polen 1918–1939, hg. Michael G. Müller u. Kai Struve, Göttingen 2017, S. 223–254.

Molik, Witold/Schramm, Tomasz/Szymczak, Damian (Hgg.): Kwestia polska w propagandzie w okresie pierwszej wojny światowej, Poznań 2018.

Nałęcz, Tomasz: Polska i sprawa polska w I wojnie światowej, in: Polski wiek XX. Dwudziestolecie, hg. v. Krzysztof Persak u. Paweł Machcewicz, Warszawa 2009, S. 27–48.

Nowak, Andrzej: Kto powiedział, że Moskale są to bracia nas, Lechitów... Szkice z historii wyobraźni politycznej Polaków, Kraków 2016.

Opacki, Zbigniew: Wizerunek Rosji w publicystyce politycznej Romana Dmowskiego do 1914 roku, in: Przegląd Humanistyczny 34 (1990), S. 65–74.

Paczkowski, Andrzej: Prasa polonijna w latach 1870–1939. Zarys problematyki, Warszawa 1977.

Rzepa, Krzysztof: Niemiecka socjaldemokracja a tzw. kwestia polska przed rokiem 1914, in: Studia Historica Slavo-Germanica 27 (2006/2007), S. 185–216.

Schramm, Tomasz: Stosunki polsko-francuskie przed odrodzeniem państwa polskiego w roku 1918, in: Ideologie, poglądy, mity w dziejach Polski i Europy XIX i XX wieku. Studia historyczne, hg. v. Jerzy Topolski, Witold Molik u. Krzysztof Makowski, Poznań 1991, S. 233–242.

Senn, Alfred Erich: The Entente and the Polish Question 1914–1916, in: Jahrbücher für Geschichte Osteuropas 25,1 (1977), S. 21–33.

Sierpowski, Stanisław: Benedykt XV i sprawa polska w latach „wielkiej wojny", in: Kwartalnik Historyczny 97,3–4 (1990), S. 123–136.

Skowronek, Jerzy: Panslawizm I więzi słowiańskie w warunkach tworzonych przez rozbiory Polski, in: Przegląd Humanistyczny 40,1 (1996), S. 193–199.

Skrzypek, Józef: Czasopiśmiennictwo polskie w Stanach Zjednoczonych Ameryki Północnej pod koniec XIX wieku (1866–1900). Przegląd bibliograficzno-materiałowy, in: Rocznik Historii Czasopiśmiennictwa Polskiego 3,1 (1963), S. 126–169.

Śladkowski, Wiesław: Emigracja polska we Francji 1871–1918, Lublin 1980.

Śladkowski, Wiesław: Opinia publiczna we Francji wobec Polski w latach 1914–1918, Wrocław 1976.

Śladkowski, Wiesław: Uwagi o polityce Francji wobec sprawy polskiej w latach I wojny światowej, in: Powrót Polski na mapę Europy. Sesja naukowa poświęcona 70 rocznicy Traktatu Wersalskiego, hg. v. Czesław Bloch u. Zygmunt Zieliński, Lublin 1995, S. 73–80.

Sowa, Andrzej Leon: Sprawa polska w okresie I wojny światowej – stan badań, in: Przemyskie Zapiski Historyczne 16–17 (2006–2009), S. 39–57.

Spustek, Irena: Polacy w Piotrogrodzie, 1914–1917, Warszawa 1966.

Srodecki, Paul: Antemurale Christianitatis. Zur Genese der Bollwerksrhetorik im östlichen Mitteleuropa an der Schwelle vom Mittelalter zur Frühen Neuzeit, Husum 2015.

Srodecki, Paul: Le Rempart de l'Europe. Kwestia polska i wizerunek Polski jako przedmurza Europy w publicystyce francuskojęzycznej w okresie I wojny światowej, in: Kwestia polska w propagandzie w okresie pierwszej wojny światowej, hg. v. Witold Molik, Tomasz Schramm, Damian Szymczak, Poznań 2018, S. 225–242.

Stemplowski, Ryszard: Föderalismus als Taktik? Hypothese über die Politik von Adam Czartoryski, Władysław Sikorski, Edvard Beneš und Milan Hodža, in: Deutschlands östliche Nachbarschaften. Eine Sammlung von historischen Essays für Hans Henning Hahn, hg. v. Edmund Dmitrów u. Tobias Weger, Frankfurt a. M. u. a. 2009 (Die Deutschen und das östliche Europa. Studien und Quellen, Bd. 4), S. 75–90.

Suleja, Włodzimierz: Rusofobia po polsku, in: Zagadnienie rosyjskie. Myślenie o Rosji. Oglądy i obrazy spraw rosyjskich, Kraków 2000, S. 11–22.

Szczerbak, Nadija: „Kwestia polska" w polityce caratu na Ukrainie Prawobrzeżnej w XIX i na początku XX w., in: Nowa Ukraina. Zeszyty historyczno-politologiczne 5/6,1–2 (2008), S. 9–16.

Szyriniane, Aleksandr/Myrikowa, Anna: „Wewnętrzna" rusofobia i „kwestia polska" w Rosji w XIX w., in: Politeja 34,2 (2015), S. 233–246.

Tarasiuk, Dariusz: Polski obóz narodowy w Rosji w latach 1917–1918, Lublin 2014.

Tarasiuk, Dariusz: Wpływ uchodźstwa na świadomość narodową ludności polskiej w Cesarstwie Rosyjskim w latach I wojny światowej, in: Migracje a tożsamość narodowa mieszkańców Europy Wschodniej w XIX i na początku XX wieku, hg. v. Dorota Michaluk, Ciechanowiec 2016, S. 179–188.

Tomaszewski, Jerzy: Kwestia polska w polityce Bułgarii w latach 1916–1918, in: Zeszyty Naukowe Instytutu Nauk Politycznych 10 (1984), S. 7–18.

Wandycz, Piotr Stefan: The United States and Poland, Cambridge (Massachusetts) u. London 1980, S. 104–169.

Wiesław Toporowicz, Sprawa polska w polityce rosyjskiej 1914–1917, Warszawa 1973.

Wieczorkiewicz, Paweł Piotr: Sprawa polska w rosyjskiej opinii politycznej w przededniu I wojny światowej, in: Pamiętnik Słowiański 30 (1980), S. 155–172.

Frank Golczewski

Zwischen Hochverrat und Nationalheldentum. Die Nutzung von Kriegsgefangenen durch die Mittelmächte im Ersten Weltkrieg

Abstract: Beschrieben wird die unterschiedliche Rezeption des Ersten Weltkriegs im Hinblick auf seine langfristigen Auswirkungen durch die verschiedenen Staaten Mittel- und Osteuropas. Dabei wird insbesondere auf den Umgang mit Kriegsgefangenen durch das Deutsche Reich als Teil einer Taktik zur Umsetzung eigener Kriegsinteressen eingegangen.

Stichworte: Erster Weltkrieg, Nationalismus, Befreiungsaufrufe, österreichisch-ungarische Monarchie, Russland, Deutschland, Kriegsgefangene, Februar-Revolution, Propaganda, Ukraine, Georgische Legion, muslimische Brigade, Entente

Die Einordnung des Ersten Weltkriegs in die Gesamtsicht der historischen Entwicklung ist nicht eindeutig, auch wenn immer wieder der Versuch einer einheitlichen Sicht unternommen wurde. George Kennans Satz, er habe erkannt, dass der Erste Weltkrieg „*the* seminal catastrophe of this century" sei,[1] prägt weiterhin das Geschichtsbild, das sich in den letzten Jahren nach den Veröffentlichungen von Herfried Münkler[2] und Christopher Clark[3] wieder verstärkt in der Diskussion befindet. Im Deutschen wurde aus Kennans Formulierung die „Urkatastrophe", welche Wolfgang J. Mommsen in seinem Gebhardt-Beitrag auf eine „deutsche Urkatastrophe" reduzierte[4] – bei Kennan ging es noch um die ganze „Western civilization"[5] – jedenfalls aber um eine negative Interpretation, die wir normalerweise gern nachempfinden, weil schließlich jeder Krieg mit seinen Toten und Verwundeten als eine negative Erscheinung empfunden werden sollte.

---

1 George F. Kennan, The Decline of Bismarck's European Order: Franco-Russian Relations 1875–1890. Princeton NJ 1981, S. 3.

2 Herfried Münkler, Der Große Krieg. Die Welt 1914–1918. Berlin 2013.

3 Christopher Clark, Die Schlafwandler. Wie Europa in den Ersten Weltkrieg zog. München 2013.

4 Wolfgang J. Mommsen, Die Urkatastrophe Deutschlands. Der Erste Weltkrieg 1914–1918. Stuttgart 2002.

5 Kennan, Decline, S. 4.

Allerdings schwingt bei Kennan mit der Trauer um die „Western civilization", die er mit der Gesellschaft vor 1914 verband, auch eine zumindest gefühlsmäßige Abneigung gegen die Modernismen mit, für die der Erste Weltkrieg die Bahn gebrochen hat. Und – bei Kennan eigentlich eher unerwartet – es handelt sich um eine weitgehende Konzentration auf eine sehr westzentrierte Sicht.

Während nämlich in den west- und mitteleuropäischen Staaten nach den ersten euphorischen Kriegsjahren eine allgemeine Friedenssehnsucht die Oberhand gewann, die sich in der „Nie wieder Krieg"-Bewegung niederschlug, war in Osteuropa die Sicht auf diesen Krieg ganz anders. Den Zusammenbruch der vier Imperien (Deutsches Reich, Österreich-Ungarn, Russland, Osmanisches Reich) feierten die bis dahin stets oder zeitweise staatslosen Völker Osteuropas als einen neuen Gründungsmythos, damit also nicht als „Katastrophe", sondern im Gegenteil als den Beginn einer neuen Ära der nationalen Befreiung.

Das Ende des Ersten Weltkriegs wird in der Historiographie der betroffenen Länder als Beginn einer neuen Ära verstanden – in Polen religiös verklärt als „Auferstehung" (zmartwychwstanie), in der Tschechoslowakei als Anbruch eines „neuen Tages".

Plakette in der Gemeinde Ochotnica Dolna im Pieniny-Vorland. http://www.ochotnica.pl/pl/11914/157498/Obchody_97._Rocznicy_Odzyskania_Niepodleglosci.html [03.01.2016]

Erste Briefmarkenausgabe der Tschechoslowakei 1918 nach einem Entwurf von Alfons Mucha (leider stellte sich heraus, dass die Sonne auf dem Bild unterging, daher wurde sie für spätere Ausgaben wegretuschiert). http://www.batz-hausen.de/mucha.htm http://stamps.postbit.com/upload/34/20120213/Hradcany-Castle-Stamp-by-Mucha-1918-1024-postbit-3082.jpg [04.01.2016]

Weniger bekannt ist, dass schon zu Beginn des Krieges und dann in seinem Verlauf zwar die hegemonialen Ziele der beteiligten Mächte das eigentliche Motiv waren, daneben aber der Versuch unternommen wurde, neue, passende ideologische Aspekte in den Kriegszieldiskurs zu integrieren. Nicht erst im Zeichen der Niederlage wurden die als „Völkergefängnisse" diffamierten Vielvölkerstaaten (natürlich nur diejenigen des jeweiligen Gegners) negativ dargestellt. Im Zeichen neuer politischer Inhalte nutzten die kriegführenden Mächte die neuen Strömungen, um den Gegner „aufzuwiegeln", wie dies in der Sprache der damaligen Politik hieß.

Neu waren in diesem Zusammenhang drei Herangehensweisen:

- Allgemein ging es um eine ideelle Modernisierung und Politisierung des Verhältnisses zu der eigentlich unbeteiligten Zivilbevölkerung, die erstmals unverstellt direkt angesprochen wurde. Zwar hat es seit den Napoleonischen Kriegen eine „ideologische Kriegführung" gegeben, die Intensität im Ersten Weltkrieg war jedoch neu. In unzähligen Broschüren und in der Presse wurden Kriegsziele diskutiert und eine alle betreffende Weltordnung für die Nachkriegszeit avisiert.
- Weitaus erstaunlicher war, dass die beteiligten Mächte (und zwar auch die zuvor eher autoritäreren) für sich einen nationalen Befreiungsauftrag in Anspruch nahmen. Russland, Deutschland und das Osmanische Reich der Jungtürken waren nicht die ersten, von denen man eine Förderung

nichtstaatlicher Völker erwartet hätte, und auch Österreich-Ungarn gestattete zwar mehr national-kulturelle Freiheiten, war aber durch gegenseitiges Ausspielen von Nationalitäten peinlich darauf bedacht, es nicht zu das Reich sprengenden Erscheinungen, wie man sie 1848/49 erfahren hatte, kommen zu lassen.

- Und ähnlich unerwartet war das Hantieren mit einem zweiten Instrument, das die geltende Staatenordnung zu sprengen drohte: mit der Förderung radikaler Bewegungen, durch die eine soziale Umgestaltung geschehen sollte.

Wohlgemerkt sollten die beiden letzteren Instrumente sich nur auf die jeweiligen Gegner auswirken, man erkannte sehr wohl, dass man hier – um in dem kriegerischen Bild zu bleiben – mit einem Sprengstoff umging, der natürlich nicht im eigenen Bereich hochgehen, sondern nur beim Feind entsprechenden Schaden anrichten sollte. Dass dies nicht gelingen könnte, befürchtete man anfangs noch nicht – und nach den ersten Kriegsjahren waren die einmal gestarteten Aktionen nicht mehr zu stoppen.

Die nationale und die soziale „Aufwiegelung unserer Feinde" waren zwei Felder einer ähnlich konstruierten Aktion: Da man sich dessen bewusst war, dass das Europa von 1914 von sozialen Missständen und darauf gründenden Unruhen geprägt war und dass es in allen Staaten nationale Gruppen gab, die mit der jeweiligen nationalen Dominanz nicht einverstanden waren, schien es naheзuliegen, diese beiden Phänomene in die Kriegführung einzubauen. Aber nur die „soziale Aufwiegelung" ist bisher umfassend aufgearbeitet worden. Sowohl die Finanzierung der russischen Sozialisten durch die deutsche Führung über Parvus Helphand[6] als auch die notorische Durchschleusung von über 400 seiner bolschewistischen Genossen aus der Schweiz durch Lenin von April bis Juni 1917 in das neutrale Schweden,[7] von wo aus sie in das schon revolutionierte,

6 Immer noch am besten: Winfried B. Scharlau/Zbynek A. Zeman, Freibeuter der Revolution. Köln 1964; sonst auch Elisabeth Heresch, Geheimakte Parvus. Die gekaufte Revolution. München 2000.

7 Erstmals durch den Mitreisenden Fritz Platten, Die Reise Lenins durch Deutschland im plombierten Wagen. Berlin 1924; Frankfurt/Main 1985; Werner Hahlweg, „Lenins Reise durch Deutschland im April 1917", Vierteljahrshefte für Zeitgeschichte 5 (1957), S. 307–333; Michael Pearson, The sealed train. London 1975; Viktor I. Kuznecov (Hg.), Tajna oktjabr'skogo perevorota. Nemecko-bol'ševistskij zagovor. Sankt-Peterburg 2001; sogar 1988 von Damiano Damiani verfilmt mit Ben Kingsley und Leslie Caron (Der Zug) und dann belletristisch aufgearbeitet von Yvonne Viehöver, Der Zug. München 1990.

aber noch am „Krieg bis zum Sieg“ festhaltende Russland reisen konnten, sind ausreichend erforscht worden. Weitaus weniger Interesse fand die „nationale“ Aufwiegelung.

Weltkrieg und Nationalismus

War der Erste Weltkrieg der erste Krieg, in dem nationale Befreiungsmotive verwandt wurden? Dies kann man gerade für Osteuropa nicht sagen, weil es seit dem Ende des 18. Jahrhunderts nach außen hin national motivierte Aktionen gegeben hat, die in ihrem Kern alles andere als ehrlich waren und letztlich nur die dazu verwendeten Soldaten motivieren sollten, sich für die Ziele der jeweiligen Organisatoren einzusetzen.

Das bekannteste Beispiel ist wahrscheinlich die Kreation der polnischen Legionen durch Napoleons Lombardische Republik im Jahre 1797. Die Soldaten wurden zumeist in Italien eingesetzt, auf Haiti verheizt, und nur ein kleiner Teil gelangte 1807, nun als „Légion de la Vistule“ der Truppen des Königreichs Westphalen unter Vermeidung der Bezeichnung „Polen“ bis in die Heimat, in der mit dem Herzogtum Warschau zwar ein polnischer napoleonischer Vasallenstaat gebildet wurde, der aber die eigentlich erwartete nationale Befreiung auch verbal peinlich vermied. Das einzige Relikt dieser Episode ist das Lied dieser Legion geblieben, das im 20. Jahrhundert zur polnischen Nationalhymne wurde.

Aber auch der Plan einer französisch-polnischen Legion an der Seite der Osmanen im Krimkrieg unter Adam Czartoryski (1770–1861) sowie ein ähnlicher Versuch der Briten mit dem polnischen General Władysław Zamoyski (1803–1868) kamen nicht zum Zuge, weil die beiden konservativen Polen sich nicht einigen konnten, und auch der Dichter Adam Mickiewicz, der nach Konstantinopel kam, um die Fraktionen zu versöhnen, konnte wegen seines baldigen Todes an der Cholera nichts mehr ausrichten. Der russisch-türkische Krieg von 1877/78 wurde zwar von russischen Nationalisten als Befreiungsfeldzug gegen die Osmanen gefeiert und eine Zeit lang nutzte das Zarenreich diese Begeisterung auch, aber als man sich dann zurückzog und die Nationalisten weiterkämpfen wollten, wandte sich die Politik gegen sie und zeigte, dass es eigentlich um die Beherrschung der Meerengen und nicht um die Befreiung der Bulgaren gegangen war.

Zu Beginn des Ersten Weltkriegs war dies nicht viel anders. Alle beteiligten Mächte hatten eigentlich imperialistische Ziele. Aber Österreich und Russland, nach einem gewissen Zögern auch Deutschland gaben sich als Befreier der vom jeweiligen Gegner „unterdrückten“ Völker aus. Ansatzweise glaubhaft war dies nur im Falle Österreichs. Die Habsburgermonarchie besaß mit dem Kronland Galizien Territorien, die als Teil eines nationalstaatlichen Polen oder einer nationalstaatlichen Ukraine gelten konnten. Da sowohl die polnische als auch die ruthenische (ukrainische) Nationalbewegung toleriert wurde, war Österreich das Rückzugs- oder Fluchtziel national orientierter Polen und Ukrainer aus den russisch beherrschten Teilen der jeweiligen Länder geworden.

Mit dem Historiker Mychajlo Hruševs'kyj, der aus Kiew auf den Lehrstuhl für osteuropäische Geschichte in Lemberg berufen worden war, besaß man den Begründer des nationalukrainischen antirussischen historischen Narratives, das bis zum heutigen Tag in der Ukraine Gültigkeit besitzt. Daneben waren vor allem links orientierte Intellektuelle aus der russischen in die österreichische Ukraine geflohen, wo sie jedoch von den dortigen „Ruthenen“ eher misstrauisch beäugt wurden. Immerhin plante der österreichische Generalstab ab April 1914 ihre Nutzung in einer Auseinandersetzung mit Russland ein, allerdings schafften es die Ostukrainer bis zum Kriegsausbruch nicht, eine Organisation zu bilden, die in Verhandlungen mit dem Militär hätte treten können.

Auch Polen, die in Russland aus kriminellen bzw. politischen Gründen straffällig geworden waren, wie der spätere Staatsführer Józef Piłsudski (1867–1935), der seit 1906 für die Österreicher Spionagedienste leistete, siedelten sich in Galizien an, wo Piłsudski von 1908 an den Verband des Aktiven Kampfes (Związek Walki Czynnej) gründete, der eine Wiederherstellung Polens mit Hilfe der Österreicher plante. Dieser Verband stützte sich bald auf die nun geschaffenen Schützen-Organisationen, die eine paramilitärische Ausbildung vermittelten und sich auf die Neugründung Polens ebenso vorbereiteten, wie parallele galizisch-ukrainische („ruthenische“) Organisationen (Sičovi Stril'ci – Sitsch-Schützen) in Anknüpfung an Kosaken-Traditionen von einer nationalstaatlichen Ukraine oder wenigstens von einem separaten ukrainischen Kronland in Österreich träumten.

Der Erste Weltkrieg war aber nicht als Befreiungskrieg gedacht. Auch wenn die Diskussion um „Kriegsschuld“ und Kriegsziele letztens wieder ausgebrochen ist, mit unserer Problematik hat sie nichts zu tun. Für sie ist klar, dass die Ziele aller kriegführender Mächte imperialistisch waren. Ob die Deutschen einen „Platz an der Sonne“ beanspruchten oder ein liberal-imperiales Mitteleuropa-Konzept unter deutschem Einschluss Belgiens und des Baltikums umsetzen wollten, die Österreicher die slawischen Mächte verstummen lassen wollten, die ihre Expansion (Bosnien) kritisierten, die Russen sich mit Serbien verbinden wollten, um den Mittelmächten den Weg über die Türkei nach Indien zu versperren und gleichzeitig selber nun endlich an ein „warmes Meer“ zu gelangen – die „kleinen Völker“ dieser Region waren nur im Diskurs von Bedeutung.

Die Befreiungsaufrufe

Ihre Förderung war kein Kriegsziel, wohl aber ein Kriegsmittel. Österreich erhoffte sich einen Volksaufstand in den zu erobernden Gebieten Russlands in Polen und der Ukraine und gewährte daher deren Nationalisten Unterstützung. Diese waren zwar dem Habsburgerreich in Maßen dankbar, funktionierten dies jedoch in Aufrufen so um, als ob es um die Schaffung völlig unabhängiger Nationalstaaten ginge. Piłsudskis Ansprache an seine erste Kompanie vom 3. August 1914 enthielt die Passagen:

„Ihr alle, die Ihr hier versammelt seid, seid polnische Soldaten. Euer einziges Zeichen ist von jetzt an der weiße Adler. [...] Soldaten, Euch wird die unermessliche Ehre zuteil, dass Ihr als erste die Grenze des russischen Teilungsbereichs überschreitet, als Spitzenkolonne der polnischen Armee, die für die Befreiung des Vaterlandes in den Kampf zieht.“[8]

Im Aufruf an das polnische Volk vom 6. August 1914 hieß es:

> „Von dem heutigen Tag an muss sich das ganze Volk in einem Lager unter der Führung der Nationalen Regierung vereinen.“[9]

Tatsächlich gab es keine „nationale Regierung“, die Einheit unter Piłsudskis Kommando bestand anfangs aus gerade einmal 164 Mann, und sie wurde keineswegs als Befreierin begrüßt – ihr Mythos entstand erst später, als sie als Beginn des „Ausmarsches zur Freiheit“ stilisiert wurde.

---

8 Józef Piłsudski, „Przemówienie do złączonych w I kompanię kadrową oddziałów Związków Strzeleckich i Polskich Drużyn Strzeleckich“, 03.08.1914, in: Józef Piłsudski, Myśli, mowy i rozkazy. Warszawa 1989 http://jpilsudski.org/przemowienia-odezwy-rozkazy/141-przemnie-ja-pissudskiego-do-i-kompanii-kadrowej-3-sierpnia-1914 [06.02.2016].

9 Józef Piłsudski, „Odezwa do narodu“, 06.08.1914, http://jpilsudski.org/przemowienia-odezwy-rozkazy/53-odezwa-jozefa-pilsudskiego-do-narodu-krakow-6-viii-1914 [06.02.2016].

Die letzte polnische Briefmarkenausgabe der Zwischenkriegszeit feierte am 6. August 1939 diesen „Ausmarsch“ als eine unendlich große Veranstaltung – ohne natürlich anzudeuten, dass es sich um eine österreichische Hilfstruppe gehandelt hat. http://katalogznaczkow.net/index.php?pokaz=znaczki/znaczki2&rok=1939 [12.3.2019]

Auch Russland wandte sich an die Polen. Der Oberkommandierende der russischen Armee, Großfürst Nikolaj Nikolaevič (1856–1929) erließ einen Aufruf, in dem es hieß:

ODEZWA

Naczelnego Głównodowodzącego wojskami

Jego Cesarskiej Wysokości Wielkiego Księcia

MIKOŁAJA MIKOŁAJEWICZA

DO POLAKÓW.

Polacy! Wybiła godzina, w której marzenie święte ojców waszych i dziadów może się urzeczywistnić. Półtora wieku temu żywe ciało Polski poszarpane zostało na kawałki, lecz dusza Jej nie umarła. Żyła Ona nadzieją, iż nadejdzie godzina zmartwychwstania narodu Polskiego i jego pogodzenia się braterskiego z Wielką Rosją.

Wojska rosyjskie niosą wam błogą wieść tego pogodzenia. Niech zatrą się granice, które rozdzieliły na kawałki naród Polski! Niech złączy się On w jedną całość pod berłem CESARZA ROSYJSKIEGO. Pod berłem tem odrodzi się Polska, wolna pod względem swej wiary, języka i samorządu.

[illegible] Rosja od was takiegoż poszanowania dla praw tych narodowości, z któremi związała was historja.

Z sercem otwartem i bratersko podaną dłonią idzie do was na spotkanie Wielka Rosja. Wierzy Ona, iż nie zardzewiał miecz, który rozgromił wroga pod Grunwaldem.

Od brzegów oceanu Spokojnego do mórz Północnych dążą hufce rosyjskie. Jutrzenka życia nowego świta dla was.

Niech zabłyśnie w tej jutrzence znamię krzyża, symbol cierpienia i zmartwychwstania narodów.

Naczelny Głównodowodzący,

Jenerał-Adjutant MIKOŁAJ.

[illegible]

„Polen!
Die Stunde hat geschlagen, in der sich der heilige Traum Eurer Väter und Großväter erfüllen kann. Vor anderthalb Jahrhunderten wurde der lebendige Leib Polens in Teile zerrissen, aber seine Seele ist nicht gestorben. Sie lebte in der Hoffnung, dass die Stunde der Auferstehung des polnischen Volkes und seiner brüderlichen Aussöhnung mit dem Großen Russland kommen würde.
Die russischen Truppen bringen Euch die frohe Botschaft dieser Aussöhnung. Mögen die Grenzen verschwinden, die die polnische Nation in Stücke teilten! Möge sie sich in ein Ganzes unter dem Zepter des Russischen Kaisers verbinden! Unter diesem Zepter wird Polen wiedergeboren werden, frei in seinem Glauben, der Sprache und der Selbstverwaltung.“[10]

10 „Odezwa Wielkiego Księcia Mikołaja Mikołajewicza do Polaków", 14.08.1914, in: Ludwik Bazylow (Hg.), Historia Dyplomacji Polskiej. Bd. 3, Warszawa 1982,

Natürlich hätte Russland schon jahrzehntelang Gelegenheit gehabt, Polen wiederentstehen zu lassen – es hat sich eher durch die versuchte Russifizierung des „Weichsellandes“ hervorgetan, dementsprechend wenig erfolgreich war dieser Aufruf. Nur die Nationaldemokraten Roman Dmowskis ergriffen, da sie stärker antideutsch als antirussisch waren, für Russland Partei, Dmowski begab sich nach Petrograd und war damit von Anfang an an der Seite der späteren Siegermächte.

Auch aus Deutschland kam ein Aufruf, den man kaum erwartet hätte. Die deutschen Zionisten gründeten im Sommer 1914 ein „Komitee zur Befreiung der russischen Juden“. Sie wandten sich an die nicht wegen ihres Philosemitismus bekannten deutschen Generäle Hindenburg und Ludendorff und trugen ihnen den Plan vor, die osteuropäischen Juden im deutschen Sinne zu agitieren, da diese die einzigen Bewohner der zu erobernden Gebiete seien, auf die sich die Deutschen verlassen könnten. Max Bodenheimer (1865–1940), der Präsident des Jewish National Fund, schrieb, nach einer Zerschlagung Russlands und der Bildung eines „Nationalitätenstaates“ aus dem Russland entrissenen Gebiet wären die „Juden gemeinsam mit den Deutschen [...] das Zünglein an der Waage gewesen“.[11]

Zwei Nummern einer auf Jiddisch und Hebräisch abgefassten Zeitschrift *Kol Mevasser* sollten über polnischen und russischen Städten abgeworfen werden.[12] Ob dies mit der ersten Ausgabe geschah, ist unsicher: Bodenheimer schrieb, fast die ganze Auflage sei nach dem deutschen Rückzug Ende Oktober 1914 vernichtet worden.[13] In der ersten Nummer sollte aber ein Aufruf verbreitet werden, der die Juden Osteuropas zur Zusammenarbeit mit den Deutschen motivieren sollte:

---

gegenüber von S. 784, auch: http://tnke.home.pl/armianiemiecka/Dokument/1914a.htm [08.02.2016].

11 Max Isidor Bodenheimer, So wurde Israel. Frankfurt/Main 1958, S. 184.

12 Kol mevasser. a zamelshrift fir veltnaies un fir judishe fragen in rusland. Berlin Nr. 11–2. – Faksimile nach dem Exemplar in der Staatsbibliothek zu Berlin – Preußischer Kulturbesitz, Signatur 4" Krieg 1914/25798.

13 Bodenheimer, Israel, S. 187, 200.

קול מבשר

מאסף
להרשות הזמן
ולשאלת היהודים ברוסיה

א זאמעלשריפט
פיר וועלטנייעס
און פיר יודישע פראגען אין רוסלאנד

No. 1 — אב־אלול תרע״ד — August-September 1914 — גליון א׳.

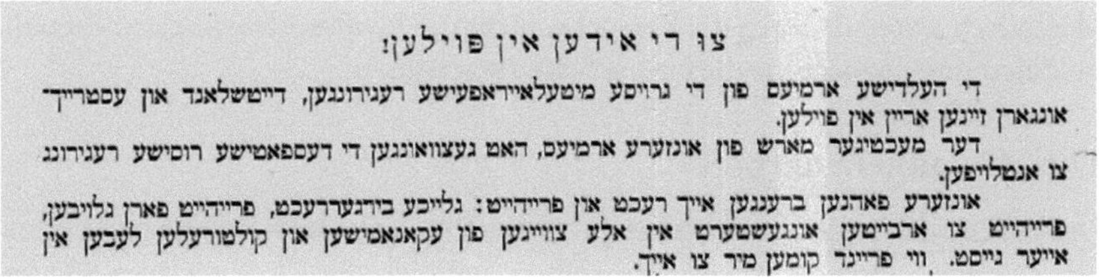

צו די אידען אין פוילען!

די העלדישע ארמיעס פון די גרויסע מיטעלאייראפעישע רעגירונגען, דייטשלאנד און עסטרייך־אונגארן זיינען אריין אין פוילען.

דער מעכטיגער מארש פון אונזערע ארמיעס, האט געצוואונגען די דעספאטישע רוסישע רעגירונג צו אנטלויפען.

אונזערע פאהנען ברענגען אייך רעכט און פרייהייט: גלייכע בירגערדעכט, פרייהייט פארן גלויבען, פרייהייט צו ארבייטען אונגעשטערט אין אלע צווייגען פון עקאנאמישען און קולטורעלען לעבען אין אייער גייסט. ווי פריינד קומען מיר צו אייך.

Faksimile nach dem Exemplar in der Staatsbibliothek zu Berlin – Preußischer Kulturbesitz, Signatur 4" Krieg 1914/25798. (s. Anm. 12)

> „An die Juden in Polen!
> Die heldenhaften Armeen der großen mitteleuropäischen Regierungen Deutschland und Österreich-Ungarn sind in Polen einmarschiert. Der mächtige Marsch unserer Armeen hat die despotische russische Regierung gezwungen zu fliehen. Unsere Fahnen bringen Euch Recht und Freiheit: Gleiches Bürgerrecht, Freiheit für den Glauben, Freiheit in Eurem Geiste in allen Zweigen des wirtschaftlichen und kulturellen Lebens zu arbeiten. Wie Freunde kommen wir zu Euch."

Die deutschen Zionisten erhofften sich von den Juden Osteuropas die Unterstützung der deutschen und österreichischen militärischen Anstrengungen. Nachdem jedoch die Mittelmächte im Winter 1914/15 auf die Polen zu setzen begannen, schwanden alle Hoffnungen auf eine vermittelnde Rolle der Juden. Da bald im deutschen Militär antijüdische Strömungen die Oberhand behielten, befasste man sich nun unter der zurückhaltenden Bezeichnung eines „Komitees für den Osten" mit einer Aufklärung der Deutschen über die Deutschfreundlichkeit der Juden. Letztlich war auch dieses Unterfangen ein Fehlschlag. Aber ob nun die russische Seite dieses Anlasses noch bedurft hätte oder nicht, in Russland galten fortan die Juden, die sich mit den Deutschen angesichts der Verwandtschaft der Sprachen leichter verständigen konnten und als Dolmetscher genutzt wurden, als der Zusammenarbeit mit dem Feind verdächtig. Das Ergebnis waren Deportationen aus den Frontgebieten, die zur Verschleppung zahlreicher jüdischer Bewohner Polens in die Tiefe des Russischen Reiches führten.[14]

An diesen drei Beispielen sollte zunächst nur gezeigt werden, dass schon bei Beginn des Ersten Weltkriegs die kriegführenden Mächte nicht nur mit militärischen Mitteln operierten, sondern auch mit Befreiungsversprechungen die staatenlosen Bewohner der gegnerischen Territorien zu einer Zusammenarbeit mit ihnen verleiten wollten. Diese politischen Versuche blieben wenig erfolgreich, sie richteten sich an die Menschen, die sich noch unter der Herrschaft des jeweiligen Gegners befanden. Rechtlich war dies unproblematisch. Nicht unproblematisch waren dagegen die Versuche, nicht die Zivilbevölkerung, sondern die Soldaten des Gegners für die eigene Seite zu gewinnen.

Die „Gefangenenarbeit"

Unter den weiter unten noch angesprochenen anderen Völkern, die zu nationalen Zwecken „umgedreht" werden sollten, nahmen die Ukrainer eine Sonderstellung ein. Auch heute noch halten viele Russen Ukrainer für eine russische Untergruppe, im Russischen Reich war bis 1905 die Publikation in ukrainischer Sprache verboten, eine ukrainische Sprache war nicht kodifiziert, in Österreich stritten sich verschiedene Fraktionen (Russophile und Ukrainophile) um die nationale Identität der dort „Ruthenen" genannten, der Historiker Mychajlo Hruševśkyj hatte gerade erst ein ukrainisches historisches Narrativ entwickelt und einen Staat mit dem Namen „Ukraine" hatte es bisher nie gegeben. Dagegen arbeiteten die ukrainischen Nationalisten in Russland mit der dortigen linken Opposition zusammen, da beide Gruppierungen gegen den reaktionären russischen Zentralismus der Zarenmacht waren.

In der österreichisch-ungarischen Monarchie entstanden in den ersten Jahren des 20. Jahrhunderts tschechische, slowenische, polnische und ukrainische Schützen- Pfadfinder- und Turnerbewegungen, die neben den vordergründigen Zielen vor allem das nationale Gemeinschaftsgefühl pflegten. Im März 1913 bildeten studentische Ukrainer eine ähnliche Organisation wie die Schützenverbände Piłsudskis, aus denen die Polnische Legion hervorging, die sie in

14 Näheres dazu bei Frank M. Schuster, Zwischen allen Fronten. Osteuropäische Juden während des Ersten Weltkrieges (1914–1919). Köln 2004; Egmont Zechlin, Deutsche Politik und die Juden im Ersten Weltkrieg. Göttingen 1969.

Anlehnung an die Kosakentradition „Ukrainischer Sič-Verband“ (Ukraïnśkyj Sičovyj Sojuz) nannten – unter seiner Ägide entstanden in Galizien über 50 paramilitärische Gruppen von „Sič-Schützen“ (Sičovi Stril'cy), aus denen die Österreicher im September 1914 die Bildung einer kleinen „Ukrainischen Legion“ (USS) zuließen.

Ziel der österreichischen Ukrainer war die Befreiung der in Russland auch nach einer partiellen Liberalisierung 1905 immer noch benachteiligten Landsleute. Die Österreicher rechneten damit, dass sie in die russländische „Große“ Ukraine vordringen würden. Auch ein aus sozialistisch eingestellten, russisch-ukrainischen Flüchtlingen gebildeter Bund zur Befreiung der Ukraine (Sojuz Vyzvolennja Ukraïny, BBU), konstituierte sich im August 1914 in Lemberg. Es kam allerdings anders: Im Herbst 1914 besetzten russische Truppen Ostgalizien und rückten bis in die Mitte Westgaliziens vor. Der eingesetzte russische Generalgouverneur Georgij Bobrinskij (1863–1928) begann sofort mit einer „Rerussifizierung“ Galiziens.

Hatten die österreichischen Militärs noch im Sommer 1914 vor, mit der Ukrainischen Legion die russländische Ukraine aufzumischen und die besetzten Gebiete mit russischen aus der Ukraine stammenden Kriegsgefangenen für sich zu gewinnen, so war nun daran nicht mehr zu denken. Die Pläne zur Nutzung russischer Kriegsgefangener ließen den österreichischen Ukrainern jedoch keine Ruhe. Da Österreich nun deutlich desinteressiert war, wandten sie sich an die deutsche Regierung, die mit den Plänen, Russland nicht nur in Finnland und im Baltikum, sondern auch im Süden „national zu revolutionieren“ leichter geködert werden konnte.

Das Auswärtige Amt und das deutsche Militär stellten Mittel zur Verfügung, um pro-ukrainische Propaganda in Deutschland und pro-deutsche Propaganda unter den Ukrainern in der Emigration zu finanzieren. Letzteres war kaum nötig, weil sowohl die Emigranten aus Russland, als auch die ukrainischen Galizier sich verstanden fühlten und sich dabei engagierten, eine Reihe von Broschüren über die Chancen einer pro-deutschen Ukraine zu veröffentlichen. Erstmals wurde somit 1915 die Ukraine zu einem Thema des deutschen Diskurses.

Daneben gab es aber auch einen „praktischen“ Teil. Am prägnantesten hat seine Ziele Paul Rohrbach formuliert, der 1915 für die Auslandspressepropaganda der Deutschen zuständig war:

> „Man brauchte [...] nur einige tausend ukrainische Kriegsgefangene in Deutschland und Österreich-Ungarn zu präparieren und sie beim Einmarsch in das eigentliche

ukrainische Gebiet mit dem Auftrage zu den Ihrigen zu schicken, die Landzuweisung an die Bauern zu verkünden. Die Durchführung einer solchen Agrar-Reform würde ohne weiteres die Möglichkeit geben, die Ukraine nachher vom übrigen Rußland getrennt politisch zu organisieren."[15]

Schon aus dieser kurzen Passage wird die Verbindung von nationaler und sozialer „Aufwiegelung" deutlich, auch das Ziel der Aufteilung Russlands und der Unterstellung der Ukraine unter ein deutsches Protektorat. Die Sache hatte nur einen Haken. Die langen Jahre der Russifizierung hatten in der russländischen Ukraine dazu geführt, dass es – von wenigen Intellektuellen und nationalen Aktivisten abgesehen – kaum engagierte, ukrainische Nationalisten gab. Mit dem Aufstieg im Militär ging eine pro-russische Ausrichtung einher, die meisten Unteroffiziere waren russifiziert und unter den Mannschaften hatten diejenigen, die überhaupt Lesen und Schreiben konnten, dies auf Russisch gelernt.

Sowohl Österreich als auch Deutschland entschlossen sich nach den ersten Kriegsmonaten, separate Kriegsgefangenenlager für Ukrainer aus der russischen Armee einzurichten. Die anfängliche Zielsetzung der österreichischen Ruthenen, die dieses Projekt betrieben, bestand darin, diese Soldaten „umzudrehen" und in den Kampf gegen Russland zu schicken. Auch den Deutschen schlug Oleksandr Skoropys-Joltuchovśkyj (1880–1950), einer der Gründer des BBU, vor,

„unsere gefangenen Landsleute mit Waffen zu versehen [und] zur Befreiung ihrer Heimat vom moskowitischen Joch gemeinsam mit den Truppen der Verbündeten heranzuziehen [...]".[16]

Dies war insofern problematisch, als Deutschland eine der Signatarmächte der im Januar 1910 in Kraft getretenen Haager Landkriegsordnung von 1907[17] war, deren Art. 23 verfügte:

Den Kriegführenden ist [...] untersagt, Angehörige der Gegenpartei zur Teilnahme an den Kriegsunternehmungen gegen ihr Land zu zwingen.

15 Paul Rohrbach, „Bemerkungen über Rußland", 19.10.1915, zit. nach Frank Golczewski, Deutsche und Ukrainer 1914–1939. Paderborn 2010, S. 108.

16 Skoropys-Joltuchovśkyj (BBU) an Auswärtiges Amt und Generalstab, 21.02.1915, Politisches Archiv des Auswärtigen Amtes, Weltkrieg 11a Ukraine, Bd. 3, Bl. 116.

17 Abkommen betreffend die Gesetze und Gebräuche des Landkriegs, Abgeschlossen in Den Haag am 18. Oktober 1907, https://www.admin.ch/opc/de/classified-compilation/19070034/index.html [09.02.2016].

Zwar war in dem Abkommen von Zwang die Rede, aber man hatte in Deutschland und in der Folge auch in Österreich bei der Auslegung dieses Begriffes doch mehr Befürchtungen, als dies zunächst schien. Da man zudem den vollmundigen Versprechungen der ukrainischen Patrioten nicht völlig traute, kam man zunächst überein, auch in Deutschland separate Kriegsgefangenenlager für Ukrainer einzurichten.

Am 23. April 1915 trafen 23 Mann ukrainisches Betreuungspersonal (Galizier und einige Ost-Ukrainer des BBU) in Deutschland ein. Im Mai 1915 wurden in Rastatt, im September in Wetzlar-Büblingshausen und im November 1915 in Salzwedel „Ukrainerlager" ausgewiesen. Ende 1916 kam ein Offizierslager in Hann. Münden dazu. Die ukrainischen Funktionäre bereisten daraufhin deutsche Lager, um unter den russischen Kriegsgefangenen für die Ukrainerlager zu werben. Vermutlich warb man mit einer besseren Versorgung, denn es meldeten sich ca. 50.000 Gefangene, die sich in die neuen Lager verlegen ließen.

Das eigentliche Ziel blieb geheim, und damit war das erste Fiasko vollendet. Die ukrainischen „Betreuer" sollten nämlich die so versammelten Gefangenen zu Ukrainern „ausbilden", ihnen also ihr verschüttetes, ukrainisches Volkstum nahebringen und sie so motivieren, sich militärisch für eine Befreiung ihrer Heimat gegen Russland zu engagieren.

In dem einzigen authentischen Erfahrungsbericht aus dem Lager Rastatt schrieb einer der dortigen Ausbilder, der Hruševśkyj-Schüler Omeljan Terlećkyj (1873–1958), dass sich nur eine kleine Minderheit (14%) für den angebotenen Unterricht interessierte – die russlandfreundlichen Unteroffiziere, die man mitgenommen hatte, bedrohten potentielle Interessenten, andere waren von sich aus desinteressiert.

Umschlag des Arkas-Buches von 1908
https://nashformat.ua/products/istoriya-ukrainy-rusi-z-malyunkamy-501173 [12.3.2019]

Nationalismus ist ein pädagogisches Projekt: Insofern waren die Organisatoren der Ukrainerlager durchaus auf einem aktuellen Stand. Sie sahen nicht in einer simplen „Befreiung" der Ukrainer einen Weg, deren Nationalgefühl zu sensibilisieren, sondern waren sich dessen bewusst, dass hierzu die gezielte und bewusst gemachte Vermittlung von Inhalten und Fertigkeiten gehörte. Zu den Inhalten gehörte die ukrainische Geschichte – in der Version, die das Hruševśkyj-Narrativ inzwischen ukrainischen Nationalisten nahegebracht hatte. Gestützt auf die bebilderte Geschichte der Ukraine des Generals Mykola Arkas, in der die Nachfolger der ukrainischen Ritter in ihren Kämpfen gegen Russen, Polen, Türken und Tataren plastisch präsentiert wurden (dieses ursprünglich in

Petersburg 1908 erschienene Buch wurde 1912 in Krakau leicht verändert nachgedruckt – war also erhältlich)[18], sollten die Soldaten ein neues Nationalgefühl entwickeln. Daneben erhielten sie ukrainischen Sprachunterricht, aber auch Lektionen in ukrainischer Volkskunst und Musik. Auch die deutsche Sprache wurde gelehrt, denn schließlich sollten die „neuen Ukrainer" ja in „Anlehnung" an die Deutschen organisiert werden und sich – in Abkehr von den Russen – nach Mitteleuropa hin ausrichten.

Hier traf dieses Projekt auf ein neuerliches Hindernis. Zwar waren einige der „Schüler" durchaus am Sprach- und Geschichtsunterricht interessiert – der spätere Kommandeur der von den Deutschen 1918 kurzfristig zusammengestellten Division, Generalmajor Viktor Zelinśkyj (1864–1940), erinnerte sich etwa daran, dass er sich durch das Arkas-Buch als „Nachfolger der ukrainischen Ritter" bestätigt sah[19] – die meisten Gefangenen hatten jedoch an diesen theoretischen Fragen wenig Interesse.

Man stellte also das Unterrichtsprogramm um: In den Vordergrund rückten nun Fachkurse zur Landwirtschaft und zu handwerklichen Fertigkeiten, auch zum Umgang mit der neumodischen Photographie. Daran hatten die einfachen Soldaten Interesse, kamen sie doch aus einer landwirtschaftlichen Umgebung und sahen so eine Möglichkeit, aus der Gefangenschaft moderne Techniken nach Hause mitbringen zu können.

Konsekutiv wurden die russlandtreuen Unteroffiziere aus den Lagern abgezogen, neben den Fachkursen gab es etwa auch Lese- und Schreibunterricht für Analphabeten – und über diese Texte und in einer Verknüpfung verschiedener Inhalte kam so auch wieder der Geschichts- und Nationalunterricht, eine kulturelle Ukrainisierung, in den Lehrplan zurück. Er stand nun nicht mehr im direkten Gegensatz zur Loyalität der Gefangenen, sondern entwickelte sich aus den anderen Inhalten heraus.

Weitaus spannender war jedoch die Verknüpfung nationaler mit sozialrevolutionären Inhalten. Den Gefangenen wurde zugestanden, sich auch politisch zu betätigen und ihnen wurde die Freiheit einer politischen Selbstorientierung geboten. In Rastatt gab es eine „nationale Sektion" zur „Heranbildung von politischen und nationalen Agitatoren und Organisatoren" und eine „soziale Sektion", für „diejenigen, die in Russland einer sozialistischen Partei angehörten": Ihr

---

18 Mykola Arkas, Istorija Ukraïny-Rusi z majunkamy. Kraków ²1912. – Eine Faksimile-Ausgabe der Petersburger Ausgabe erschien in L'viv 1993.

19 Viktor Zelinśkyj, Sin'ožupannyky. Berlin 1938, S. 8–9.

Zweck war die „Gewinnung der sozialistischen Elemente für die nationale Sache".[20]

Im Mai 1916 wurde die Verantwortung für den Lehrplan und die Organisation des Unterrichts den eher konservativen Galiziern entzogen und dem BBU übergeben, weil die BBU-Unterrichtsausschüsse über eine bessere Kenntnis vom „innersten Wesen, Gefühlsleben und der Aufnahmefähigkeit des aufzuklärenden Volkes" verfügten.[21] Die Publikationen, die in den Lagern erschienen, motivierten mit Titeln wie „Freies Wort" in Salzwedel, sich politisch zu positionieren.

Die politische Motivierung funktionierte so gut, dass sich in einigen Lagern eine wachsende Unzufriedenheit mit den sich als „Lageraristokratie" gebärdenden Lehrern zu „Lagerrevolutionen" führte, gegen die die Deutschen nicht viel einzuwenden hatten. Mitte 1916 wurde der „autoritäre" Unterrichtsausschuss in Wetzlar durch eine eher politische Vertretung, die *Heneral'na Staršyna*, ersetzt, an deren Spitze man im November 1916 einen Gefangenen wählte. Die Gefangenen waren also schon vor den revolutionären Ereignissen des Jahres 1917 so antiautoritär, dass sie sich ihre Repräsentanten selber wählten. In Rastatt wurde eine Lagerverfassung verabschiedet, die einen Generalrat zur „höchsten gesetzgebenden Körperschaft im Lager" erklärte,[22] und die Deutschen folgten den Stimmungen unter den Gefangenen: Kritisierte Lehrer schickten sie nach Österreich zurück.[23]

Stand bei den „sozialen Sektionen" anfangs noch die Werbung der Sozialisten im Vordergrund, kam ihnen etwa in Salzwedel Anfang 1917 die Aufgabe zu, „soziale Ideen unter den Gefangenen des Lagers zu verbreiten und ihre Mitglieder im Klassen- und proletarischen Geist für die künftige Selbständigkeitsarbeit zu erziehen".[24]

---

20 „Arbeits- und Organisationsprogramm des ukrainischen Unterrichtsausschusses des BBU in Rastatt", Januar 1916, PAAA, Weltkrieg 11a Ukraine, Bd. 10, Bl. 13–15.

21 Friedrich, „Richtlinien für die Aufklärungstätigkeit in den Ukrainerlagern", Mai 1916, PAAA, R20959, zit. nach Claus Remer, „Das Ukrainerlager Wetzlar-Büblinghausen (1915–1918) – ein besonders Lager?", Mitteilungen des Wetzlarer Geschichtsvereins, Heft 37, Wetzlar 1994, S. 77–116, hier S. 92.

22 Omeljan Terlećkyj, Istorija ukraïns'koï hromady v Raštati 1915–1918. Kyïv/Ljajpcig 1919, S. 295–297.

23 Von Lübbers an Kriegsministerium, 12.02.1917, PAAA, Weltkrieg 11a Ukraine, Bd. 11, Bl. 5.

24 Ihor Sribnjak, Poloneni Ukraïnci v Avstro-Uhorščyni ta Nimeččyni (1914–1920 rr.). Kyïv 1999, S. 125.

Heikel war die Frage der militärischen Ausbildung. Anders als im Zweiten Weltkrieg, als die Verwendung „fremdvölkischer“ Verbände auf allen Seiten üblich wurde, hatte man im Ersten dann doch noch Bedenken. In den Ukrainerlagern schufen die Deutschen daher zunächst einmal verschiedene „Turnvereine“, die aber praktisch paramilitärische Übungen abhielten und sich auch als Sič-Vereine auf die Zaporoger militärischen Kosakentraditionen beriefen. Die Deutschen förderten die Sič und schrieben, sie sei

> „von der Militärbehörde zu einer besonderen Verwendung ausersehen. Die Leute sollen gegebenenfalls der fechtenden Truppe unmittelbar folgen und im Etappengebiet in ihrer Heimat Verwendung finden. [...] Amtlich weiß man nichts von einer solchen Verwendung! Oberst Friedrich [...] legt den größten Wert darauf, daß selbst der Schein einer späteren militärischen Verwendung vermieden würde.“[25]

Während man eine militärische Verwendung also verbarg, dachte man an eine propagandistische Nutzung, die allerdings auch ein Problem darstellte. In Deutschland war die Ausbildung fremder Gefangener geheim, nicht einmal die Einwohner der Orte, in denen die Lager waren, wussten vor 1918 davon. Die pro-deutschen Gefangenen sollten allerdings auf ihre Landsleute einwirken und dafür mussten sie im besetzten Gebiet sichtbar werden. Diese Verwendung blieb allerdings auf ganz wenige zuverlässig erscheinende Gefangene beschränkt.

Im Januar 1916 erwogen Generalstab und Kriegsministerium, „20 in den hiesigen Ukrainerlagern ausgesuchte, vertrauenswürdige und unterrichtete Ukrainer [...] nach Südrussland (Ukraina) zu entsenden[,] um zuverlässige Nachrichten über die Stimmung in ihrem Heimatlande einzuholen, ihren Landsleuten die gute Behandlung der ukrainischen Kriegsgefangenen bekannt zu geben und das Interesse Deutschlands an der Wiedererrichtung der selbständigen Ukraina zu verbreiten.“[26]

Daraus wurde aber nichts, erst ein Jahr später kamen die deutschen Organisatoren wieder darauf zurück, dass man sich von den ausgebildeten Ukrainern irgendeinen Nutzen erhoffte. Man verhandelte also mit dem „Kommandeur“ der im Lager Rastatt gebildeten Sič, Mykola Šapoval (1886–1948).[27]

---

25 von Schwerin, „Bericht über die Verwendung der Geldmittel“, 06.07.1916, PAAA, Weltkrieg 11a Ukraine, Bd. 10, Bl. 21–24, hier S. 23.

26 Kriegsministerium (Friedrich) an AA (von Bergen), 06.01.1916, PAAA, Weltkrieg 11a Ukraine Bd. 8, Bl. 101.

27 Mykola Šapoval geriet als Unterleutnant in die Gefangenschaft. Nach dem Krieg kommandierte er eine Armeegruppe der UNR, und gelangte über Polen und die ČSR nach Frankreich. Er bezeichnete sich als Ukrainischer Sozialrevolutionär und war 1929–1948 Vorsitzender der Ukraïnśka Hromada in Frankreich. Da er sich im Zweiten

Die Ukrainer schlugen vor, 20 Mann aus drei Lagern unter der Führung Šapovals in der Uniform der österreichischen Ukrainischen Legion an die Ostfront zu verlegen, um dort Propaganda „im ukrainischen Geiste" unter Soldaten und Einheimischen zu betreiben. Deutsche und Ukrainer hatten dabei divergierende Ziele: Den ukrainischen Vertretern war an der Entlassung aus der Kriegsgefangenschaft gelegen, Šapoval sollte der militärische Vorgesetzte sein, und die Stellung der Soldaten sollte derjenigen der Ukrainer im k.u.k. Heer angeglichen werden. Außerdem legte Šapoval darauf wert, dass die Ukrainer zwar für die „Erkundung" zu verwenden seien, jedoch nicht „als Spione für deutsche Ziele": Die ukrainische Einheit solle als Vertretung des ukrainischen Volkes auftreten, das gegen den Moskauer Staat kämpfe. Die deutsche Seite meinte dagegen, die Ukrainer müssten ihren Gefangenenstatus behalten, und erklärte auch, dass die Deutschen „zu gewissenhaft seien, um Hoffnungen zu wecken und etwas zu versprechen, was durch die Kriegslage derzeit nicht gerechtfertigt sei". Es sei keine Aussage über den künftigen Status der Ukraine erwünscht: Man wolle nur die Ukrainer „vorzeigen" und die Phantasie der Betrachter dadurch anregen.[28]

Am 12. Januar 1917 fand in Rastatt die Vereidigung unter der Regimentsflagge des 1. Sič-Schützen-Regiments „Taras Ševčenko" statt: Die Freiwilligen gelobten in ukrainischer Sprache:

> „Vor Dir, Ukraine, und dem ganzen ukrainischen Volk, schwören wir nach altem kosakischem Brauch, ehrlich, treu und tapfer Dir, Ukraine, unter dieser Fahne zu dienen, Dich unter ihr mit allen Kräften zu verteidigen, diese Fahne in keinem Falle zu verlassen, mit den Feinden niemals in eine Absprache zu treten, sondern sie vielmehr immer erbittert zu bekämpfen und sich insgesamt so zu führen, wie es einer ruhmreichen Sič-Gesellschaft zu leben und zu handeln gebührt, und ehrenvoll zu sterben. So helfe uns Gott und das ganze ukrainische Volk!"[29]

Es folgte jedoch kein militärischer Einsatz. Šapoval und 27 andere Soldaten aus Rastatt wurden Ende Januar in den Osten gebracht. Zunächst wollte man sie im österreichisch verwalteten Kovel' verwenden, wo es aber bald zu Reibereien mit den Österreichern kam, welche die Polen förderten. Daher wurden die Ukrainer im März 1917 nach Biała Podlaska verlegt, wo sie als „Bildungstruppe" eingesetzt wurden. In den folgenden Monaten kamen noch zwei Ukrainergruppen

---

Weltkrieg weigerte, eine ukrainische Einheit unter deutschem Kommando zu übernehmen wurde er interniert.

28 Gesprächsprotokoll des BBU, 09.12.1916, National Archives Canada, MG 30, C167, vol. 22, file 31.

29 Text in Terlećkyj, Istorija, S. 311–312. – Partiell auch bei Sribnjak, Poloneni, S. 143.

aus Rastatt nach Biała, sodass schließlich etwa 170 Mann zusammenkamen. Sie halfen in dem polnisch-ukrainischen Mischsiedlungsgebiet bei der Einrichtung ukrainischer Schulen und gaben 28 Nummern einer ukrainischen Zeitschrift *Ridne Slovo* heraus.

Biała Podlaska lag im Generalgouvernement Warschau, dem deutschen Besetzungsgebiet des russischen Teilungsgebiets Polens. Dass die Deutschen hier die Ukrainer förderten, führte angesichts des großen Anteils polnischer Bevölkerung zu Unruhe. Da die Deutschen auf den von ihnen eingesetzten polnischen Regentschaftsrat angewiesen waren und wegen der Verweigerung der Eidesleistung durch die Polen schon genug Ärger hatten, wurden die Ukrainer nach dem Abschluss des Brester Friedensvertrags vom 09. 02. 1918 mit der Ukraine, der die Beziehungen zu den Polen noch weiter verschärfte, abgezogen.

Bereits seit der Februar-Revolution 1917 in Russland, die zur Bildung des ukrainischen Selbstverwaltungsorgans der Centralna Rada führte, hatte sich die Haltung der Ukrainer in den Lagern verändert. Für Terlećkyj war die Revolution der Anfang vom Ende der „Gefangenenarbeit": Berlin und der BBU waren nunmehr nicht mehr die einzigen Bezugspunkte einer ukrainisch-nationalen Orientierung. Kiew kam als neuer und interessanterer Faktor hinzu, und die Nachricht von der Revolution traf auf Männer, die fast zwei Jahre lang in nationalem Geiste trainiert worden waren.[30]

Hatte es vorher für die ukrainisch eingestellten Gefangenen keine politischen Gründe gegeben, sich an Russland zu orientieren, war dies nun anders. Sie wollten am nationalen und demokratischen Aufbau in der Ukraine mitwirken.

Inzwischen gab es auch einen wirtschaftlichen Appetit auf die Ukraine. Von den Schilderungen der ukrainischen Propagandisten beeindruckt, hatten deutsche Wirtschaftsführer neben anderen ähnlichen Organisationen auch einen „Verband deutscher Förderer der ukrainischen Freiheitsbestrebungen ‚Ukraine'" gegründet, der die Aufteilung der ukrainischen Wirtschaft unter die Deutschen plante.[31] Diese Planungen weckten auch das Interesse der Politik und des Militärs.

Die OHL versuchte, sich im Sommer 1917 von Reichskanzler Georg Michaelis (1857–1936) Propagandarichtlinien absegnen zu lassen, wonach eine Besetzung der Ukraine „nicht aus Eroberungssucht [...], sondern zum Schutz unseres Landes und als notwendige Vergeltung für den russischen Angriffsversuch zur Eroberung Lembergs" unternommen und auf Annexionen ausdrücklich

30 Terlećkyj, S. 341, 343: „Vid ceï chvyli perestav žyty tabor svoïm žyttjam".

31 Näheres dazu vgl. Golczewski, Deutsche und Ukrainer 1914–1939, S. 152–163.

verzichtet werde. Man habe auch nicht vor, einen „künftigen ukrainischen Staat in politische Abhängigkeit von uns zu bringen", sondern stehe nur „der nationalen Entwicklung der Ukraine mit Wohlwollen gegenüber". Die Behandlung der ukrainischen Gefangenen habe den „ehrlichen Wunsch der Zentralmächte" belegt, „mit dem künftigen ukrainischen Staate in freundschaftlichen Beziehungen zu stehen und ihm bei dem Wiederaufbau seines wirtschaftlichen Wohlstandes zu helfen".[32] Dazu aber sei eine Unabhängigkeit der Ukraine erforderlich.

Dieser Gedanke bewegte die deutschen Stellen also im Sommer 1917 und dominierte auch die Friedensverhandlungen, die nach der Oktoberrevolution nicht nur mit den Sowjetrussen, sondern auch mit einer ukrainischen Delegation geführt wurden. Nachdem die Ukraine, von einem bolschewistischen Einmarsch noch schneller in die Arme der Deutschen getrieben, sich für unabhängig erklärt, den Brester „Brotfrieden" mit den Mittelmächten geschlossen und die Deutschen um Hilfe gegen die Bol'ševiki gebeten hatte, setzten nun die Deutschen die Kriegsgefangenen tatsächlich erstmals in bewaffneten Verbänden ein.

Hierzu wurden Truppen gebildet, die nach ihren blauen Uniformen „Syn'ožupannyky", auf Deutsch „Blauröcke" benannt wurden. Ihrem Kommandeur Zelinśkyj wurde schon ein wenig mulmig. Er wischte seine Bedenken jedoch beiseite:

> „Deutschland mag vielleicht verborgene Absichten hinsichtlich der Ukraine hegen, aber es gibt nun das Gewehr in die Hand des ukrainischen Soldaten, was die beste Garantie der Stärke ist. Eine starke Armee, das ist die Garantie eines starken Staates".[33]

Nur wollte eben Deutschland keine „starke Armee" – und noch weniger einen „starken Staat". In Holoby bei Kovel' in Wolhynien wartete die aus 5 Regimentern bestehende 1. Division der „Blauröcke". Die Hoffnung, man werde sie als erste nach dem kampflosen Abzug der Bol'ševiki in Kiew einmarschieren lassen, erfüllte sich nicht.

Immerhin ließen die Deutschen diese Truppen in einer Stärke von etwa 5000 Mann am 26. März 1918 in Kiew auf dem Sophienplatz paradieren: Man demonstrierte so, dass weder die Zuverlässigkeit der Truppen an sich infrage

---

32 Lersner an Reichskanzler über AA, 18.08.1917, PAAA, Weltkrieg 11a Ukraine, Bd. 15, Bl. 88–89.

33 Viktor Zelin'skyj, Syn'ožupannyky. Berlin 1938, S. 32–33.

stand, noch der Wille, den Einmarsch als eine ukrainisch-nationale Angelegenheit darzustellen. Noch legte man großen Wert darauf, als Befreier zu erscheinen.

Allerdings hatten die Deutschen nicht vor, Risiken einzugehen. Der Stabschef der Deutschen, General Wilhelm Groener (1867–1939), berichtete sarkastisch über dieses „meines Erachtens höchst unnötige[.] Unternehmen", wobei er es für „noch unnötiger" hielt, „sie [überhaupt] nach Kiew zu bringen".[34]

Den Ukrainern wurde aber vorgespielt, Deutschland unterstütze nicht nur die Ukraine, sondern schaffe ihr auch eine echte nationale Armee. Zelinśkyj organisierte auch einen Auftritt von Divisionsvertretern in der Rada.[35]

Parade der Truppen mit General Zelins'kyj in Kiew am 26.03.1918. http://g.io.ua/img_aa/large/3292/73/32927391.jpg [16.03.2016]

34 Wilhelm Groener, Lebenserinnerungen, Göttingen 1957, S. 393–394.
35 Vgl. Zelin'skyj, Syn'ožupannyky, S. 51–54.

http://www.encyclopediaofukraine.com/pic%5CU%5CN%5CUNR%20Army%20 Bluecoats%20%281918%20photo%29.jpg [14.02.2016]

Hier muss man aber jetzt die politische Lage in Kiew berücksichtigen: Die in Kiew an der Macht befindlichen Politiker gehörten im März/April 1918 durchweg linken Parteien an, sie standen den in Deutschland aufgestellten Truppen eher kritisch gegenüber. Vor allem hielten sie sie für ein Hindernis bei einer geplanten Einigung mit Russland, auf die viele immer noch hofften. Und auch die Deutschen waren – hatten sie einmal in der Ukraine Fuß gefasst – an einer „partnerschaftlichen" oder „nationalen" Lösung nicht mehr interessiert. Schließlich hatten sie ja zum Ziel, die wirtschaftlichen Ressourcen der Ukraine für die Mittelmächte zu verwenden.

Und ein weiteres kam hinzu: Man hatte den Gefangenen ja die „nationale" und die „sozialistische" Agitation gestattet oder sogar erst beigebracht, damit sie damit das Russische Reich zersetzten. Nun hatte man aber diese „national-sozialistischen" und durchaus selbstbewussten Truppen im eigenen Herrschaftsbereich und dort konnte man sie nicht gebrauchen.

Am 29. April 1918 unterstützten die Deutschen den Sturz der sozialistischen UNR-Regierung, mit der sie alle Verträge geschlossen hatten, und protegierten die Einsetzung des Generals Pavlo Skoropadśkyj (1873–1945) als Het'man der Ukraine in einem nun nicht mehr demokratischen und antisozialistischen „Ukrainischen Staat", dessen Führung zudem russlandfreundlich war.

Eine der letzten Amtshandlungen des im März erst eingesetzten Militärministers der UNR, Oleksandr Žukovśkyj (1884–?), war der Befehl zur Auflösung der von den Deutschen aufgestellten Truppen. Aber bevor dieser Befehl umgesetzt werden konnte hatten die Deutschen bereits am 27. April 1918 die Division in Kiew entwaffnet und entlassen. Auch die 2. Division, die noch im Westen der Ukraine stand, wurde parallel aufgelöst. Die Deutschen konnten so Skoropadśkyj einsetzen, ohne einen Widerstand der von ihnen selber „angeschärften" Truppen befürchten zu müssen.

Auch die Österreicher haben aus Kriegsgefangenen einen Verband aufgestellt, der wegen der grauen österreichischen Uniform „Syrožupannyky" („Graurö-cke") genannt wurde. In Österreich war die „sozialistische" Ausrichtung nicht im gleichen Maße vorhanden, sodass man diese Truppen nach dem Het'man-Putsch in die Ukraine führen konnte. Allerdings war auch deren Aktivität ein Fiasko: Zum einen durfte der Het'man nicht offiziell das Kommando über die Truppe übernehmen, bis zum Sommer 1918 desertierte etwa die Hälfte der Soldaten und der Rest verweigerte, als der Het'man im Herbst einen Feldzug gegen die Bol'ševiki starten wollte, den Gehorsam.

Die nach Hause geschickten und die desertierten Soldaten, aber auch die Reste der dem Het'man zugeordneten Truppen bildeten dann einen Teil der Truppen, die nach der deutschen Niederlage bis 1920/21 einen Bürgerkrieg gegeneinander und gegen bolschewistische und zarentreue Soldaten führten. Insofern hatte die Ausbildung der ukrainischen Kriegsgefangenen in Deutschland und Österreich doch noch eine Auswirkung auf die Entwicklung in der Ukraine. Die Politiker, die sie veranlasst hatten, konnten davon jedoch nicht mehr profitieren.

Der Het'man und österreichische Offiziere mit den Syrožupannyky. http://www.encyclopediaofukraine.com/pic%5CS%5CK%5CSkoropadsky%20Pavlo%20with%20Graycoats%20troops%201918.jpg [14.02.2016]

In dieser letzten Phase wurde deutlich, dass die Unabhängigkeit der Ukraine für die Deutschen kein Kriegsziel war, die Nutzung der ukrainischen Unabhängigkeitsbewegung jedoch ein durchaus auch anfangs halbwegs erfolgreiches Kriegsmittel. Zwar ist der zeitweilige Durchbruch des ukrainischen Unabhängigkeitsstrebens keineswegs auf diese Maßnahmen zurückzuführen, aber die deutschen Maßnahmen leisteten ukrainischen Nationalisten zeitweise eine gewisse Unterstützung. Vor allem, wenn man berücksichtigt, dass für die UNR die von Deutschen und Österreichern ausgebildeten Truppen 1919 die einzigen verlässlichen Stützen waren, erfasst man die Auswirkungen dieser Maßnahmen (s. unten).

Wie haben uns mit der deutschen „Gefangenenarbeit" mit den Ukrainern hier ausführlich beschäftigt, weil die Beschäftigung der Deutschen mit den Ukrainern wohl am intensivsten war und auch sonst die größte Aktualität besitzt. Bis heute werfen Gegner der ukrainischen Unabhängigkeit den Deutschen (zu Unrecht) vor, die Ukrainer erst „erfunden" zu haben, um Russland zu schaden.

Die Organisation polnischer Verbände in Österreich und dann auch in Russland hatte eine andere Basis, denn sie geschah auf Wunsch der polnischen Nationalisten und in einem Spannungsverhältnis mit den dahinterstehenden kriegführenden Staaten. Aber es gab neben den Ukrainern durchaus auch noch weitere Versuche, nationale Minderheiten gegen ihre Staaten zu organisieren.

Die georgische Legion

Relativ bekannt geworden ist die „Georgische Legion", die von den Deutschen zunächst in der Türkei aus Kriegsgefangenen zusammengestellt wurde, obwohl bisher nur Bihl und Allen etwas umfassender über sie geschrieben haben.[36] Deren Archivalien im Politischen Archiv des Auswärtigen Amtes harren noch der genaueren Auswertung.

Der erste Versuch bestand in der durch Oberstleutnant Stange mit muslimischen Georgiern (Lasen und Adžaren) im November/Dezember 1914 unternommenen Offensive gegen Ardahan, die nach der Einnahme der Stadt abgebrochen werden musste. Im Spätsommer 1915 stellte man dann in Trabzon eine Georgische Legion auf.[37]

Die Initiative ging von Friedrich-Werner Graf von der Schulenburg (1875–1944), der bis 1914 deutscher Konsul in Tiflis gewesen war und nun deutscher

36 Wolfdieter Bihl, Die Kaukasus-Politik der Mittelmächte. Bd. 1, Wien 1975, S. 74–82; William E. D. Allen/Paul Muratoff, Caucasian battlefields. Cambridge GB 1953.

37 Vgl. Bihl, Kaukasus-Politik, S. 74.

Verbindungsoffizier zur Osmanischen Armee, schließlich dann auch Führer der Georgischen Legion wurde. Ähnlich wie im Falle der Ukrainer hatte sich in Deutschland ein Komitee für die Unabhängigkeit Georgiens unter Petre Surguladze und Miheil Zereteli (1878–1965) gebildet, das auf einem 1908 in Istanbul gegründeten Vorgänger basierte.[38] Das Komitee stellte schließlich mit Generalmajor Leo Kereselidze (1885–1944) den ranghöchsten Offizier der nunmehr gemischten christlich-muslimischen Legion.

Analog der Behandlung der Ukrainer und Muslime wurde ein Sonderlager für georgische Gefangene zunächst in Zossen (Weinberglager), dann in Grünthal-Sagan (Żagań) eingerichtet. Die christlichen Georgier waren allerdings kaum zu motivieren, in eine Legion in der Türkei einzutreten. Unter über 200 georgischen Gefangenen, die von Harald Cosack (1880–1960), dem Beauftragten der Nachrichtenstelle für den Orient und Leiter der russischen Abteilung des Deutschen Orient-Instituts, im November/Dezember 1914 aufgesucht wurden, fanden sich gerade einmal 10 Freiwillige.[39] Auch später hatte die Werbung nur immer mal wieder einstellige Ergebnisse.

Im Laufe des Jahres 1916 trafen zunächst Offiziere und Unteroffiziere, dann auch Mannschaften aus deutschen Kriegsgefangenenlagern in Trabzon, Samsun und Giresun ein, die Zahl blieb jedoch sehr überschaubar. Im März 1916 war ein Höchststand von 1200 Mann erreicht, der aber bald wieder durch Krankheiten und Desertion stark reduziert wurde.

Auch wenn die Soldaten hier und da militärisch eingesetzt wurden, ihre Bedeutung war eher symbolisch und politisch. Kereselidze schlug Ende 1916 Otto Günther von Wesendonk (1885–1933) von der die Legion finanzierenden Nachrichtenstelle für den Orient vor, einen Teil der Legion an die deutsch-russische Front zu verlegen. Darüber wurden nun lange Verhandlungen zwischen dem Auswärtigen Amt, dem Georgischen Komitee und dem Osmanischen Reich geführt, die letztlich zur Auflösung der Legion in der Türkei und der Überstellung von wenigen Freiwilligen nach Deutschland führte, die aber nicht mehr zum Einsatz kommen konnten.

Als sich im Mai 1918 Georgien für unabhängig erklärte, ein Abkommen mit dem Deutschen Reich schloss und schließlich deutsche Truppen als Sicherung

38 Levan Urushadze, Kartuli Idea – The Georgian Idea. Tbilisi 2008, S. 8–9 https://archive.org/stream/KartuliIdea-TheGeorgianIdea/KartuliIdea-TheGeorgianIdea_djvu.txt [01.03.2016].

39 Cosack-Bericht, 18.11–06.12.1914, PAAA, Weltkrieg 11d secr., Bd. 2, nach Bihl, Kaukasus-Politik, S. 97.

gegen die Bol'ševiki wie auch ein faktisches deutsches Protektorat in Kauf nahm, spielten die Legionäre keine Rolle mehr.

Die muslimische Brigade

Nach dem Kriegseintritt des Osmanischen Reiches 1914 erklärte der Sultan seinen Krieg gegen die Briten und Franzosen zum Jihad und rief islamische Soldaten dazu auf, sich gegen ihre Kolonialherren zu wenden. Partiell schlossen sich die Deutschen dem an.[40] Das war insofern wenig erfolgreich, als die arabischen Untertanen des Sultans ihrerseits eher auf die Europäer hofften, um der Unterstellung unter die Türken zu entgehen. Wie die Geschichte des Lawrence of Arabia (1888–1935) zeigt, waren nationale Motive (Araber gegen Türken) relevanter als religiöse. Zudem wandte sich eine Reihe von nationalistischen Journalisten mit dem Blick auf die Entente-Kolonialtruppen dagegen, Nicht-Weiße in europäischen Kriegen einzusetzen. Da aber das Osmanische Reich zum Verbündeten geworden war, verlagerte man die Aversion von der religiösen Komponente auf eine rassistische und richtete die Propaganda vorwiegend gegen dunkelhäutige Soldaten des Feindes. Die Deutschen visierten nun eine Revolutionierung der Moslems an, was sich zunächst in einer Denkschrift Max von Oppenheims (1860–1946) im September 1914 ausdrückte.[41] Ab März 1915 publizierte dann die dem Auswärtigen Amt unterstehende Nachrichtenstelle für den Orient eine Zeitschrift unter dem Titel El Dschihad in sechs Sprachen (Hindi, Urdu, Georgisch, Arabisch, Tatarisch, Russisch).[42]

40 Ted Norris, German Attempts to incite insurgency among the Muslims of French and British colonies during the First World War. Berlin 1991.

41 Tim Epkenhans, „Geld darf keine Rolle spielen", Archivum Ottomanicum 19 (2001), S. 121–63, darin: Max von Oppenheim, Denkschrift betreffend die Revolutionierung der islamischen Gebiete unserer Feinde.

42 Vgl. Wolfdieter Bihl, Die Kaukasus-Politik der Mittelmächte. Bd. 1, Wien 1975, S. 89.

Zeitschrift El Dschihad, publiziert durch die Nachrichtenstelle für den Orient ab dem 1. März 1915. http://www.openbookpublishers.com/htmlreader/TPOMVO/chapter05.html [15.02.2016]

Am 14. November 1914 wurde in Konstantinopel der Heilige Krieg feierlich ausgerufen, wobei die Deutschen die treibende Kraft und die Organisatoren der Feierlichkeiten waren.[43] Tatsächlich war aber dieser Revolutionierungsversuch

43 Christiaan Snouck Hurgronje, The Holy War 'Made in Germany'. New York 1915.

ein Fiasko – wohl aus den oben angesprochenen Gründen.[44] Dennoch kann man Max von Oppenheim, den katholisch getauften Bankierssohn jüdischer Herkunft, als eine Parallelfigur zu Lawrence of Arabia ansehen – er versuchte, allerdings vergeblich, die Araber zu einer Hilfeleistung für die Osmanen gegen die Briten in Ägypten zu motivieren. Sowohl Max von Oppenheim als auch Thomas E. Lawrence sind Beispiele für die national-religiösen Revolutionierungsversuche im Umfeld des osmanischen Herrschaftsgebiets.

Die Zusammenfassung von islamischen Kriegsgefangenen in Sonderlagern und deren bessere Behandlung gingen für die Deutschen aber weiter. Auch hier wirkte Max von Oppenheim als Stichwortgeber, nicht ohne den Hinweis, man solle sich vorwiegend auf türkischstämmige und indische Moslems konzentrieren, während Schwarzafrikaner und russische Moslems sich eher nicht eigneten.[45] Ende 1914 wurden schließlich Nordafrikaner und indische Moslems, dann aber auch russische Moslems ohne Offiziere in zunächst separaten, dann zusammengefassten Lagern in Wünsdorf (Halbmondlager, für französische und indische Gefangene) sowie in Zossen-Weinberge (Weinberglager, für russische Moslems) untergebracht. Im Ersteren waren 1916 4000, im letzteren 12.000 Gefangene untergebracht. Höpp hat ermittelt, dass die Zahl der Gefangenen jedoch bald danach auf ca. 1000 sank, weil es Verlegungen und Abordnungen in Arbeitskommandos gab.[46]

In den Lagern fanden Ausbildungen statt, es gab Lehrwerkstätten und Sprachkurse (Deutsch, Russisch und Arabisch), deren Teilnehmerzahlen sich im zwei- bis dreistelligen Bereich bewegten. Den russischen Gefangenen wurde auch Literatur über den Kampf der Tataren gegen die Russen zur Verfügung gestellt. [47] Anders als bei den Ukrainern waren die Sonderlager nicht völlig geheim. Es wurden zivile Besucher zugelassen, die Lager wurden schon 1915 in Publikationen erwähnt,[48] und es gab Ausflüge der Gefangenen in das nahe Berlin.

Ein militärischer Einsatz war nicht geplant. Hauptzweck der Sonderlager war es jedoch, eine möglichst komfortable Propaganda **unter den Gefangenen selbst** zu ermöglichen, weswegen sie schon beizeiten, vermutlich seit Oktober

44 Vgl. hierzu Bihl, Kaukasus-Politik, S. 83–101; Gerhard Höpp, Muslime in der Mark. Berlin 1997, S. 22.

45 Vgl. ebd., S. 38.

46 Vgl. ebd., S. 44–45.

47 Vgl. ebd., S. 54

48 Vgl. ebd., S. 69. – Leo Frobenius, Der Völkerzirkus unserer Feinde. Berlin 1917.

1915, auch als „Propagandalager“ bezeichnet wurden. Zwar strebte man eine „militärische Verwendung […] im Orient“ an, wichtiger war jedoch, dass sie nach Kriegsende als „Anhänger Deutschlands“ in die Heimat zurückkehrten.[49]

Ab 1915 wurden einzelne Gefangene in das Osmanische Reich verbracht und dort als Propagandisten, Dolmetscher o.ä. verwendet.[50] Die Deutschen legten jedoch Wert darauf, dass die Übergabe an die Osmanen völlig freiwillig erfolgte, dass sie nicht in der Nähe ihrer Heimat eingesetzt würden (russische Muslime gegen die Briten in Ägypten, englische und französische gegen Russland) und nach dem Krieg Land zur Ansiedlung bekommen sollten, was Enver Paşa (1881–1922), der osmanische Kriegsminister, auch zusagte.[51] Während die Osmanen zunächst nur an der Übernahme von Tataren interessiert waren, wollten sie aus naheliegenden Gründen keine arabischen Gefangenen in ihre Truppen eingliedern und waren daher bezüglich des Einsatzes der Gefangenen sehr zurückhaltend.[52] 1916 schlug Enver Paşa vor, die Kriegsgefangenen nur noch als Bahnarbeiter einzusetzen.[53] Nach mehreren Notenwechseln wurden schließlich im Februar 1916 die ersten Gefangenen in die Türkei geschickt. Nach Höpps Zählung dürften 1100 tatarische, 1084 arabische und 49 indische Muslime aus den Sonderlagern in das osmanische Heer eingetreten sein. Die Reaktionen waren unterschiedlich: Einerseits gab es Propagandabriefe, wie gut man es getroffen habe, andererseits aber auch Verweigerungen wegen schlechter Behandlung durch die türkischen Offiziere und Desertionen zu den Briten im Irak. Die Überstellung von Gefangenen an die Türken wurde daraufhin eingestellt.[54] Rudolf Nadolny (1873–1953), der von Seiten des Auswärtigen Amts die Sonderlager betreute, wies am 24. April 1916 die Propagandisten an, die „Aufklärungstätigkeit“ künftig darauf zu beschränken, „die Sympathien und Interessen der Leute für Deutschland und seine Verbündeten, insbesondere die Türkei, so weit zu wecken, daß sie ihre Heimat mit guten Eindrücken aus Deutschland zurückkehren bzw. sich zur Ansiedlung in der Türkei bereit erklären“.[55] Auch die Entlassung zur Ansiedlung in der Türkei wurde bald eingestellt, und nach Höpp kam die Propagandatätigkeit insgesamt zum Erliegen – nach

49 Höpp, Muslime, S. 70.
50 Vgl. ebd., S. 78.
51 Vgl. Bihl, Kaukasus-Politik, S. 94.
52 Vgl. Höpp, Muslime, S. 79.
53 Vgl. Bihl, Kaukasus-Politik, S. 95.
54 Höpp, Muslime, S. 83–85.
55 „Richtlinien für die Propagandalager in Zossen“, zit. nach Bihl, Kaukasus-Politik, Bd. 1, S. 86–87; vgl. auch Höpp, Muslime, S. 86.

der Februarrevolution sollte sie auch bei den Tataren nicht mehr ausgesprochen russenfeindlich sein.[56]

https://moscheestrasse.files.wordpress.com/2014/07/3_moschee.jpg [16.02.2016]

Als Relikt der Dschihad-Propaganda und der Sonderlager blieb die im Juli 1915 eingeweihte Moschee in Wünsdorf zurück, die ein beliebtes Propagandamotiv wurde, bei dem man auch nicht versäumte, darauf hinzuweisen, dass es in Frankreich und Großbritannien Probleme bei der Baugenehmigung von Moscheen gegeben habe.[57] Sie wurde nach dem Krieg anfangs noch von den verbliebenen tatarischen Gefangenen benutzt, die bis 1921 in Deutschland bleiben mussten. Danach benutzte man sie noch zu den Feiertagen, und dachte daran sie zu erhalten. Schließlich geriet die Moschee zu einem Streitpunkt zwischen verschiedenen islamischen Gruppen, die finanziellen Mittel fielen aus und in Wilmersdorf wurde zwischen 1924 und 1928 eine repräsentativere Moschee erbaut. Die Wünsdorfer Moschee verfiel und wurde schließlich 1930 abgerissen.[58] Die Geschichte der beiden Lager und der Moschee wird heute im Garnisonsmuseum

56 Ebd., S. 87–88.

57 Vgl. ebd., S. 118–121.

58 Vgl. ebd., S. 140–150. Vgl. auch Gerhard Höpp, „Die Wünsdorfer Moschee: Eine Episode islamischen Lebens in Deutschland, 1915–1930“ Die Welt des Islam 36 (1996), S. 204–218.

Wünsdorf dokumentiert. Auch das Land Brandenburg hat die Thematik entdeckt und eine Diareihe mit Begleitheft hierzu gefördert.[59]

https://upload.wikimedia.org/wikipedia/de/thumb/f/f2/Wuensdorf_Holzmoschee.jpg/300px-Wuensdorf_Holzmoschee.jpg [16.02.2016]

Die finnischen Jäger

Die bekannteste Nutzung feindlicher Staatsangehöriger betrifft die Finnen. Sie unterschied sich dadurch von den anderen hier behandelten Fällen, dass es sich bei der in Deutschland aufgestellten Einheit in erster Linie nicht um übergelaufene Kriegsgefangene handelte, sondern um Freiwillige, die sich aus ihrem Lande selber zum Dienst in der deutschen Armee gemeldet hatten.

59 Als weitere Literaturposition wichtig Margot Kahleyss, Muslime in Brandenburg. Kriegsgefangene im Ersten Weltkrieg. Ansichten und Absichten. Berlin 1998; ²2000. Margot Kahleyss/Michael Kaden, Halbmond über der Mark. Muslimische Kriegsgefangene im Ersten Weltkrieg. Begleitheft zur Diareihe. Potsdam 1997.

Finnland war als Großfürstentum ein dem Russischen Reich angeschlossener Staat (der Zar war auch der Großfürst), der eine Reihe von Privilegien genoss, allerdings vor allem in der letzten Phase des russischen Imperiums mit der Gefahr konfrontiert war, ohne weitere Unterschiede dem Reich angeschlossen zu werden.

Da man sich Deutschland als einem potentiellen Kriegsgegner Russlands mehr verbunden fühlte als dem eigenen Oberherrn, meldeten sich vor allem national gesinnte Studenten in Deutschland zum Wehrdienst, später wurde auch im Geheimen in Finnland für die finnischen Truppen geworben. Da die Geschichte der finnischen Hilfstruppen, des Preußischen Reserve-Jägerbataillons 27, das gleichzeitig als der Nukleus einer finnischen Armee in die Geschichte eingegangen ist, gut bearbeitet ist,[60] werden hier nur rudimentäre Informationen gegeben.

Finnische Jäger in Lockstedt 1916. http://hohenlockstedt.info/assets/images/080225_Finnische_Jager_Lockstedter_Lager_89.jpg [02.03.2016]

60 Agilolf Keßelring, Des Kaisers ‚finnische Legion'. Berlin 2005.

Der Verband wurde im Februar 1915 auf dem Truppenübungsplatz Lockstedter Lager im Holsteiner Landkreis Steinburg unter großer Geheimhaltung zunächst als Pfadfinder-Ausbildungskurs aufgestellt. Bis 1916 kamen 2000 Mann zusammen. Ab Mai 1916 wurde das Bataillon in Kurland eingesetzt und nach der finnischen Unabhängigkeitserklärung im Dezember 1917 nach Finnland überstellt, wo es den Kern der „weißen" Finnlandarmee unter General Mannerheim im finnischen Bürgerkrieg bildete.[61]

Neben den Polen, die jedoch in Österreich und Preußen als Bürger in ihren eigenen Armeen ausgebildet waren, sind damit die Finnischen Jäger die einzigen gewesen, die infolge ihrer Ausbildung durch den „Feind" tatsächlich militärisch zum Erwerb oder Erhalt ihrer Unabhängigkeit beitragen konnten.

Russlanddeutsche in Rastatt

Im Russischen Heer dienten nicht nur Ukrainer, Finnen und Muslime, sondern auch Deutsche aus dem Baltikum, aus Polen und aus den Einwanderungsgebieten des 18. und 19. Jahrhunderts (Wolgagebiet, Schwarzmeergebiet, Bessarabien, Wolhynien). Für etwa 18.000 Gefangene aus dieser Gruppe gab es ein Sonderlager in Rastatt und erleichterte Arbeitsbedingungen, wenn sie in anderen Lagern verblieben.

Ungeachtet des großen Interesses, das Russlanddeutsche auf anderen Gebieten genießen, ist über deren Behandlung in Gefangenschaft im Ersten Weltkrieg bisher kaum etwas bekannt.

1918 gab es einen Erlass, der diesen Gefangenen auf Antrag die Möglichkeit bot, die deutsche Staatsangehörigkeit zu erwerben.[62] Jürgen Oltmer, der hierüber in seinem Buch berichtete, war aber über die Migrationsprozesse nach dem Krieg auf dieses Phänomen gestoßen. In seinem Artikel über Kriegsgefangene in Deutschland geht es fast nur um deren Arbeitsbedingungen; die Problematik der „nationalen" Nutzung wird in der Einführung auf knapp einer Seite angesprochen.[63]

---

61 Glismann, H. A., Die Geschichte des Truppenübungsplatzes Lockstedter Lager und seine Entwicklung zum Industrieort Hohenlockstedt. Itzehoe 1962.

62 Jochen Oltmer, Migration und Politik in der Weimarer Republik. Göttingen 2005, S. 155.

63 Jochen Oltmer, „Unentbehrliche Arbeitskräfte. Kriegsgefangene in Deutschland 1914–1918", in: ders. (Hg.), Kriegsgefangene im Europa des Ersten Weltkriegs. Paderborn 2006, S. 67–96, Oltmer, „Einführung", ebd., S. 11–23, hier S. 16.

Deutschland versuchte auch, westeuropäische Kriegsgefangene gegen ihre jeweiligen Heimatländer und für eine deutschfreundliche Unabhängigkeitsbewegung zu motivieren, allerdings nahezu erfolglos. Wir führen diese Beispiele an, um gerade diese Differenz aufzuzeigen.

Das Flamen-Lager in Göttingen

Während die Historie der ukrainischen Gefangenen inzwischen halbwegs aufgearbeitet ist und man sich in Wünsdorf an die Zeit der Moslem-Lager erinnert, sind die anderen deutschen Versuche, Unterstützung bei Feinden seiner Feinde zu finden, weitgehend unbekannt.

Im Ebertal bei Göttingen wurde im August 1914 ein großes Kriegsgefangenenlager angelegt, dessen Baracken auch noch im Zweiten Weltkrieg genutzt wurden. Dort sammelte man Flamen aus dem belgischen Heer, von denen man hoffte, sie würden einer Aufteilung Belgiens und einem Anschluss des flämischen Teils an Deutschland zustimmen.

Carl Stange (1870–1959), Professor für Systematische Theologie an der Göttinger Universität, übernahm die Ausbildung der flämischen Soldaten. 135 von ihnen wurden für die „Aufklärungsarbeit" ausgebildet, die sie ihren Kameraden, dann aber auch der flämischen Bevölkerung nahebringen sollten. Diese flämischen Gefangenen konnten an Sprachkursen und Seminaren zur Geographie und Geschichte teilnehmen sowie Vorlesungen zur Kunstgeschichte, Philosophie, Rechtskunde und zu Natur- und Handelswissenschaften besuchen. Von 1915 bis 1918 erschienen in Göttingen 163 Nummern einer Wochenzeitschrift *Onze taal* (Unsere Sprache), die bisher nicht ausgewertet wurde.[64]

Das Projekt erwies sich als ein Fehlschlag. Die Flamen waren weder gewillt, sich von den Deutschen vereinnahmen zu lassen, noch gegen Belgien vorzugehen. Die Animositäten gegenüber den Wallonen sollen sogar nachgelassen haben.[65] Der überwiegende Teil der flämischen Gefangenen ließ sich 1918 nach Frankreich gegen deutsche Gefangene austauschen.[66]

---

64 Onze taal: weekbladje voor de vlaamschsprekende krijgsgevangenen. Göttingen 1915–1918.

65 Vgl. dazu auch Karolien Cool, Het leven van de Vlaamse krijgsgevangenen in Duitsland in de Eerste Wereldoorlog. Brussel 2002.

66 Vgl. FritzHasselhorn, „Göttingen 1917/18–1933", in: Rudolf von Thadden u.a. (Hg.), Göttingen. Geschichte einer Universitätsstadt. Bd. 3, Göttingen 1999, S. 63–126, hier S. 64.

Die Irische Brigade

Weitaus besser ist der ebenso folgenlose deutsche Versuch erforscht, sich in den irischen Unabhängigkeitskampf einzuschalten. Die starke irische Loslösungsbewegung von Großbritannien führte zu dem fehlgeschlagenen Osteraufstand von 1916, letztlich dann aber zur schrittweisen Erlangung der Unabhängigkeit. Da Iren im britischen Heer kämpften, wollte Deutschland wie bei den Ukrainern die Aversionen der Independentisten zur Mobilisierung irischer Kriegsgefangener und schließlich auch zu dem Ziel nutzen, mit einer irischen Brigade die Gegner der Briten aktiv in den Kampf einzubinden.

Der britische Diplomat Roger Casement (1864–1916) zog sich 1912 aus dem britischen Dienst zurück und engagierte sich fortan für die irische Unabhängigkeitsbewegung. Als der Erste Weltkrieg ausbrach, reiste er über die USA nach Deutschland und führte hier Verhandlungen darüber, wie man den Krieg für die Iren nutzen könnte.

Deutschland stellte es Casement frei, eine „Irische Brigade" aufzustellen und sie gegen England einzusetzen. Ansonsten waren die Deutschen zurückhaltend – aber sie gaben am 20. November 1914 eine irlandfreundliche Erklärung „zur Zukunft Irlands im Falle eines deutschen Sieges" ab und stellten Casement Waffen und Geld zur Verfügung, die im Osteraufstand eine Rolle spielen sollten. Aufgrund der Aufdeckung seiner Gespräche, zahlreicher Missverständnisse und Fehlorganisationen scheiterte das ganze Unterfangen. Das Schiff mit den Waffen wurde aufgebracht (und versenkte sich selber), Casement 1916 hingerichtet.[67]

Am 28. Dezember 1914 schloss Casement mit dem Auswärtigen Amt einen geheimen Vertrag über die Bildung einer Irischen Brigade.[68] Bereits im Dezember 1914 wurden irische Kriegsgefangene in das Gefangenenlager Limburg/Lahn gebracht, um Casement die Möglichkeit zu geben für seine irische Brigade zu werben. Dabei wurde Limburg ausgewählt, weil es in einer katholischen Gegend lag und nach den Berichten als ein Musterlager in Bezug auf die sanitären und allgemeinen Bedingungen galt. Erst als die Werbung für die Irische Brigade scheiterte, haben die Deutschen die Essenrationen reduziert, einige Baracken versperrt und es zu einer Überbelegung kommen lassen.[69]

67 Hierzu Karin Wolf, Sir Roger Casement und die deutsch-irischen Beziehungen. Berlin 1972, S. 42–47; Oliver Herrmann, Die ‚Libau'-Unternehmung. Deutsche Waffen für den irischen Osteraufstand 1916. Magisterarbeit Hamburg 2001; WilfriedPott, Auf der Suche nach Unterstützung für Irland. Roger Casements Wirken in Deutschland und die deutsche Unterstützung des Osteraufstandes. München 2011.

68 Wortlaut in Wolf, Casement, S. 31–34.

69 XVIIIth Army Corps. Limburg-on-the-Lahn, Limburg Camp reports at Kew http://www.irishbrigade.eu/camps/limburg/kew/kew-limburg.html [18.02.2016]. Die Website wird verwaltet von David Grant aus Newquay, Cornwall.

Casement legte Wert darauf, nur katholische Iren nach Limburg zu bringen, was zu ersten Reibereien mit den Deutschen führte, die die Britentreue der irischen Protestanten nicht kannten. 2200 irische Gefangene wurden schließlich in Limburg im Januar 1915 untergebracht, Casement konnte bis Mai 1915 aber nur gerade einmal 56 für seine irische Brigade werben. Wie bei den Ukrainern waren die Unteroffiziere gegen die eidesbrüchige Rekrutierung und sie schrieben den Deutschen, „*in addition to being Irish Catholics, we have the honour to be British soldiers*“ [70]. Im Juli 1915 wurde daher die Werbetätigkeit zunächst eingestellt.[71] Die Freiwilligen wurden nach Zossen gebracht, wo die Brigade gebildet werden sollte. Neue Werbungsversuche im Laufe des Jahres blieben erfolglos.

Die irischen Freiwilligen waren in Zossen nicht zufrieden: Zunächst protestierten sie dagegen, mit den Moslems in ein Sonderlager gesperrt zu werden. Nach einem Bericht des deutschen Verbindungsoffiziers Hauptmann Hans Böhm (1873–1959) an den Generalstab vom 24.09.1915 waren sie undiszipliniert und arbeitsunwillig. Da es keine irischen Offiziere gab, die das Kommando hätten übernehmen können, wurde ein ehemaliger britischer Korporal, der angab, Hauptfeldwebel (Sergeant-Major) gewesen zu sein, Robert Monteith, gewonnen, der unter Vermittlung der Irischen Republikaner über die USA (die noch neutral waren) nach Deutschland kam. In Deutschland wurde er als Feldwebel-Leutnant eingeordnet (vergleichbar dem Offizier des militärfachlichen Dienstes).[72]

Das Kriegsgefangenenlager Limburg, im Hintergrund der Dom.
http://www.irishbrigade.eu/camps/limburg.html [18.02.2016]

70 Irish Prisoners of War in Limburg Camp, http://www.irishbrigade.eu/camps/limburg.html [18.02.2016].

71 Vgl. Wolf, Casement, S. 35.

72 http://www.irishbrigade.eu/recruits/monteith.html [18.02.2016].

NCOs of Casements Irish Brigade in Zossen, Germany in 1915. From left: Cpl Peter Golden, Sgt Major Keogh, Cpl O'Mahoney, Sgt Daniel Julien Bailey (alias Beverley), Interpreter Zerhussen, Cpl Kavanagh, Cpl O'Callaghan, QMS H Quinlisk (MS18081)

Als im Zusammenhang mit dem Aufstand Casement verhaftet wurde, ein Kampfeinsatz nicht möglich schien und auch das Munitionsschiff verloren ging, erlahmte das deutsche Interesse an den Iren. Sie wurden im Juni 1916 in das Gefangenenlager Danzig-Troyl geschickt und von dort aus zu für Kriegsgefangene übliche Arbeiten in Stolp, Danzig und Dirschau eingesetzt. Sie trugen die speziell für sie angefertigten grünen Uniformen, die Unteroffiziere durften Waffen führen und das Lager frei verlassen. Im November 1918 erhielten sie falsche deutsche Papiere und wurden entlassen. Einige blieben in Deutschland, andere kehrten nach Großbritannien zurück, wo sie unter eine Amnestie fielen.[73]

73 http://www.irishbrigade.eu/index.html [18.02.2016].

Analoge Handlungen der Entente

Auch wenn es den Rahmen dieses Aufsatzes sprengen würde, die Nutzung von Kriegsgefangenen durch die Entente in ähnlich ausführlicher Weise darzustellen, muss doch darauf verwiesen werden, dass es keineswegs allein die Mittelmächte waren, die Kriegsgefangene gegen ihre militärischen und politischen Gegner einsetzen wollten. Am bekanntesten sind wahrscheinlich die Einsätze der Polen durch Frankreich. Aber auch Italien und Russland stellten Verbände aus Kriegsgefangenen der Mittelmächte auf.

Die blaue Armee

Am 21. August 1914 erklärte sich die französische Regierung mit der Bildung polnischer Formationen im Rahmen der französischen Fremdenlegion aus in Frankreich lebenden polnischen Emigranten, Polen aus den Übersee-Emigrationsländern und Kriegsgefangenen der Mittelmächte einverstanden. Als aber der russische Verbündete (trotz dem Aufruf des Großfürsten Nikolaj) dagegen protestierte, wurden, nachdem die meisten Polen dieser Einheit gefallen waren, weitere Bewerber nur in die reguläre französische Armee eingegliedert.

Erst nach der russischen Februarrevolution kehrte Frankreich zur Idee eigener polnischer Truppen zurück. Im Januar 1918 war ein 1. Polnisches Schützen-Regiment unter Oberst Jasieński einsatzbereit. Die Truppen wurden in den letzten Kriegsmonaten in der Champagne und den Vogesen eingesetzt, es handelte sich jedoch primär um Polen aus den USA. Am 28. September 1918 übernahm das Polnische Nationalkomitee unter Roman Dmowski den Oberbefehl und im Oktober 1918 wurde der französische Kommandant durch den polnischen General Józef Haller ersetzt.

Etwa 25.000 polnischstämmige Kriegsgefangene der österreichisch-ungarischen Armee schlossen sich nach Kriegsende der in französische blaue Uniformen eingekleideten Armee an, die daraufhin als „Blaue Armee" (Błękitna Armia) in die polnischen Annalen einging. Im Frühjahr 1919 waren die Truppen 68.000 Mann stark und wurde per Eisenbahn durch Deutschland in das unabhängige Polen befördert, wo sie sofort in die an der Ostfront laufenden polnisch-russischen Kämpfe eingriffen. Entgegen den Abmachungen setzte Polen die Truppe aber auch gegen die Westukrainer ein, was zu einer Vertreibung der Politiker und Truppen der Westukrainischen Volksrepublik über den Zbruč, die alte österreichisch-russische Grenze, führte.[74]

---

74 Literatur dazu: Grzegorz Cisak, Hallerczycy. Walka – niepodległość – pamięć. Łowicz 2011; Dariusz Radziwiłłowicz. Błękitna Armia. W 80 rocznicę utworzenia. Warszawa 1997.

Die tschechoslowakische Legion

Tschechen und Slowaken waren wohl die militantesten Gegner der Habsburgermonarchie, was von deren Gegnern auch benutzt wurde. Wie im Falle der Polen stellte Frankreich auch für Tschechen und Slowaken im Rahmen der Fremdenlegion einen kleinen Verband auf, der in Schlachten gegen die Deutschen im Jahre 1915 bei Arras fast ganz aufgerieben wurde, aber ähnlich wie die Piłsudski-Legionen in den Pantheon des tschechischen Nationalismus einging. 1918 wurde eine Tschechoslowakische Brigade aufgestellt, die im Oktober 1918 bei Vouziers kämpfte.

Auch Italien stellte aus an der Isonzo-Front gefangen genommenen Tschechen und Slowaken einen kleinen Verband auf, der im August 1918 bei Doss Alto gegen Habsburg eingesetzt wurde.

Tschechoslowakische Briefmarken der Jahre 1935 und 1938 zum 20. Jahrestag der Schlachten von Arras, Bachmač, Vouziers und Doss Alto
www.infofila.cz © 2002 - 2019 Zdeněk Jindra ISSN 1214-4223

Die ersten tschechischen Truppen, die in Russland aufgestellt wurden, waren aus tschechischen Exulanten zusammengesetzt – in die 1914 aufgestellte Česká družina wurden keine Kriegsgefangenen aufgenommen. Nach der Februarrevolution wurden dann 68.000 Kriegsgefangene in einer neugebildeten Legion aufgestellt, die im März 1918 bei Bachmač in der Ukraine gegen die Deutschen eingesetzt wurde.

Als danach die Verhältnisse in Russland unübersichtlich wurden, die Bol'ševiki faktisch an der Seite der Mittelmächte standen, zog man die Tschechoslowakische Legion, die sich fiktiv als Teil der französischen Armee verstand und damit als „weiß" galt, ab und versuchte, sie aus Russland herauszuführen. Da dies im Westen nicht möglich war, gestatteten die Bol'ševiki zunächst den Abtransport über die Transsibirische Eisenbahn, an der entlang sich die Legion verteilte. Nachdem es in Čeljabinsk im Mai 1918 zu einem Zwischenfall kam, setzten Kämpfe ein, und die Legion wurde faktisch ein Teil der „Weißen" im Russischen Bürgerkrieg, während ein Teil von ihr sich den „Roten" anschloss.

Nach dem Kriegsende in Europa erklärte sich die Legion nach längeren Wirren zu einem Teil der Armee der neuen Tschechoslowakei und erreichte schließlich von den Bol'ševiki die Genehmigung, im Laufe des Jahres 1920 Russland über Vladivostok zu verlassen.[75]

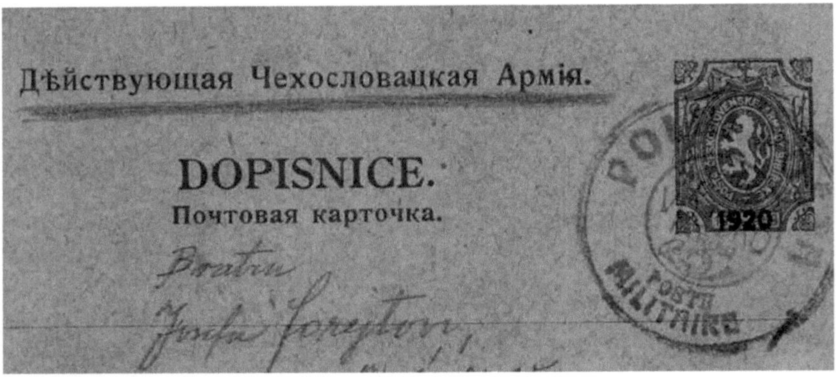

Ausschnitt einer Postkarte der Militärpost der Tschechoslowakischen Legion aus dem Jahre 1920. http://csol-mb.net/images/fotoclanky/znamky/znamka8.jpg [14.03.2016]

Die Sičovi Stril'ci

Russland fing auch erst nach der Februarrevolution 1917 an, ukrainische Kriegsgefangene aus dem Habsburgerreich gegen Österreich-Ungarn in Stellung zu bringen, hatte die Überzeugung, Ukrainer seien eigentlich ja Russen, doch bis dahin überragende Geltung. Der gefangene Offizier Jevhen Konovaleć (1891–1938) soll erst im Sommer 1917 dem Generalsekretariat der um Autonomie ringenden Ukraine dann die Aufstellung eines Freiwilligen-Verbands vorgeschlagen haben. Ende Oktober 1917 soll er dazu aufgerufen haben,

75 Literatur dazu Gerburg Thunig-Nittner, Die tschechoslowakische Legion in Russland. Wiesbaden 1970; zu allen tschechoslowakischen Legionen: Brent Mueggenberg, The Czecho-Slovak Struggle for Independence 1914–1920. Jefferson NC 2014.

„westukrainische Militäreinheiten für den Kampf gegen Österreich und für den Anschluss der westukrainischen Gebiete an die Ukraine zu bilden".[76] Während die Deutschen Bedenken hatten, die kriegsgefangenen Ukrainer gegen ihr bisheriges Land in den Krieg zu schicken, hatte Konovaleć diese Bedenken nicht. Am 12. November erklärte sich das Generalsekretariat (Regierung) der UNR mit der Aufstellung eines Verbands aus österreichischen Kriegsgefangenen einverstanden, es entstand das „Galizisch-bukowinische Bataillon der Sitsch-Schützen" (Halyćkobukovynśkyj Kurin' Sičovych Stril'civ), das anfangs gerade einmal 60–80 Mann zählte, aber schnell stärker wurde.

Anfang 1918 wurden gefangen genommene Offiziere der USS, wie die Leutnante Andrij Mel'nyk (1890–1964), Vasyl' Kučabśkyj (1895–1971) und Roman Suško (1894–1944) zu den neu aufgestellten Gefangenen-Truppen gelassen.[77] Eine zweite Kompanie aus Galiziern wurde unter Osyp Dumin (1893–1945) aus Gefangenen, die zur Zwangsarbeit in Bergwerken eingesetzt gewesen waren, gebildet.[78]

Der Verband nannte sich nun „1. Bataillon der Sitsch-Schützen" (Peršyj Kurin' Sičovych), stellvertretender Kommandeur war Mel' nyk, die erste Kompanie führte Roman Suško, Personen die später als leitende Persönlichkeiten der Organisation Ukrainischer Nationalisten bekannt werden sollten. Unter ihren österreichischen Offizieren verteidigten die SS Poltava und Kiew gegen die vorrückenden Bol'ševiki, sie schlugen am 1. Februar den bolschewistischen Aufstand in Kiew nieder, waren die einzig verlässliche „Garde" der nach Žytomyr und Sarny geflohenen Rada-Regierung und kehrten mit ihr am 3. März 1918 nach Kiew zurück, wo der Verband vergrößert wurde und nun aus 3000 Mann bestand. Konovaleć wurde Regimentskommandeur, Mel'nyk sein Stabschef; beide wurden zu Obersten (polkovnyk) befördert. Die „Elitetruppe" der Rada war also eine schnell aufgestellte Truppe aus kriegsgefangenen Soldaten und Offizieren des bisherigen Gegners, die allerdings im Unterschied zu den chaotischen russischen Verbänden die österreichische Disziplinarordnung wiedereingeführt hatte. Am 1. Mai 1918, im Anschluss an den Skoropadśkyj-Putsch, wurden die SS ebenso wie die deutschen Kriegsgefangenen-Truppen aufgelöst und entwaffnet, da sie als nationalbewusste Truppe den Besatzern nicht

76 Dmytro Herčanivśkyj, „Z Jevhenom Konoval'cem za deržavnu nezaležnist' Ukraïny (1917–1919 r.)", in: Jurij Bojko (Hg.), Jevhen Konovaleć ta joho doba. München 1974, S. 178–226, hier S. 183–194.

77 Stepan Ripećkyj, Ukraïn'ske Sicˇove Strilectvo. L'viv 1995 (New York 11956), S. 160–161, 223–224.

78 Istorija Ukraïnśkoho Vijśka. L'viv [4]1992 ([1]1936), S. 386.

zuverlässig erschienen. Die SS liefen auseinander; sie durften frei die Kaserne an der verlassen, die Offiziere sogar mit Handfeuerwaffen, und gingen zum Teil zu den österreichischen Sitsch-Schützen, die in Aleksandrovsk (Zaporižžja) standen, zum Teil aber auch zum ukrainischen Zaporoger Korps, wo Roman Suško Bataillonskommandeur wurde.[79]

Fassen wir zusammen: Alle kriegführenden Staaten versuchten im Ersten Weltkrieg, kriegsgefangene Soldaten des Gegners unter Nutzung von Unabhängigkeitsbestrebungen gegen ihre früheren Heimatstaaten zu verwenden. Mal hatten sie damit mehr Erfolg, mal weniger; nur in wenigen Fällen kamen die so ausgebildeten Truppen tatsächlich zu einem Kriegseinsatz – entscheidend war er nie. Einige der aufgestellten Verbände (die Finnen, die Polen und bis zu einem gewissen Punkt die Ukrainer in Russland) konnten nach dem „offiziellen" Kriegsende die neu entstandenen Staaten militärisch unterstützen. Ihr Einsatz im Krieg lohnte sich für ihre Förderer nicht.

Er offenbart jedoch ein Paradoxon, das bei der Beurteilung des Krieges stärker berücksichtigt werden sollte: Auch wenn man ohne Weiteres mittragen kann, dass alle gegeneinander kämpfenden Staaten auf die eine oder andere Weise imperialistische Ziele hatten, so haben sie doch die nationale „Befreiungsstimmung" in Europa und im Nahen Osten nicht nur wahrgenommen, sondern es auch für möglich gehalten, sie für ihre imperialistischen Ziele nutzen zu können. Das war zwar kurzsichtig und letztlich erfolglos, zeigte jedoch, dass die militärischen und politischen Führer die politische Stimmung durchaus wahrgenommen hatten. Sie handelten also sonst nicht in Unkenntnis des „Freiheitsstrebens" ihrer Untertanen, sondern bewusst dagegen, hoffend, für sich selber dieselben Strömungen, die sie gegen andere nutzen wollten, ignorieren zu können. Wir können auch feststellen, dass den Kriegsmächten die kriegsrechtlichen Bestimmungen, wonach man Kriegsgefangene nicht gegen ihr eigenes Land einsetzen dürfe, zunächst einmal gleichgültig waren, auch wenn es noch gewisse Skrupel gab, sie ohne weiteres an der Front einzusetzen. Die schlechte Beurteilung, die die Kriegsverantwortlichen verdienten, wird somit um eine zusätzliche negative Note vermehrt.

79 Vgl. Ripećkyj, Strilectvo, S. 244. – Auf diese Kontinuität legte man später in Nationalistenkreisen großen Wert, vgl. etwa Tymiš Omel'čenko, „Poklin pamjati Voždja", Ukraïnśkyj Vistnyk 3 (1938), Nr. 6 (14) Juni 1938, S. 2.

Claudia Radünzel

„Verzögerung bedeutet den Tod!" Eine Analyse ausgewählter Schriften Lenins aus der Zeit der Oktoberrevolution

Abstract: Die Abhandlung analysiert verschiedene Schriften Lenins aus der Zeit der Oktoberrevolution aus einer sprachwissenschaftlichen Perspektive. Untersucht werden die sprachlichen Mittel und Gestaltungsmöglichkeiten, welcher sich Lenin bediente, um während eines historischen Umbruchs seine politischen Vorstellungen darzulegen, sich mit Andersdenkenden auseinanderzusetzen und in seinem Sinne auf die Rezipienten einzuwirken.

Keywords: Lenin, Oktoberrevolution, Russland, Reden, Bolschewiki, Sprache, Schriften, Aufstand, Machtübernahme, Revolutionäre, Proletariat, Sowjets

1 Einleitung

Die Bedeutung Vladimir Il'ič Ul'janovs (1870–1924), bekannt unter seinem Pseudonym Lenin, für die Oktoberrevolution von 1917 kann nicht hoch genug eingeschätzt werden. Der führende Politiker und Stratege der Sozialdemokratischen Arbeiterpartei Russlands (Bolschewiki) stand an der Spitze der Bewegung, die nach der Abdankung des Zaren im März 1917 und dem Scheitern der Provisorischen Regierung unter Aleksandr F. Kerenskij in den folgenden Monaten schließlich durch einen bewaffneten Aufstand die Macht in Russland übernahm und die Geschicke des Landes in völlig neue Bahnen lenkte. Er wurde zum Begründer der Sowjetunion, die sich in den folgenden Jahrzehnten zu einem wichtigen Akteur auf der internationalen Bühne entwickelte. Seit dem Beginn seiner politischen Tätigkeit legte Lenin in zahlreichen Schriften seine Ideen dar und trat als Redner auf Kongressen, Parteiversammlungen usw. in Erscheinung. Auch in der Zeit der Oktoberrevolution wandte er sich immer wieder mit Reden und Schriften an die Mitglieder und Gremien seiner Partei und an die Öffentlichkeit, um den Fortgang der Ereignisse in seinem Sinne zu beeinflussen.

Schon Zeitgenossen zeigten sich von der Wortgewaltigkeit Lenins beeindruckt. „Er rührte an den Schlaf der Welt mit Worten, die Blitze waren", heißt es in einem von Hanns Eisler vertonten Gedicht Johannes R. Bechers. Auch von wissenschaftlicher Seite wandte man sich früh seinen Werken zu. Erste Analysen der Sprache Lenins wurden bereits in den 20er Jahren vorgenommen. So erschien beispielsweise in der von Vladimir V. Majakovskij herausgegebenen Literaturzeitschrift „Lef" (1(5)/1924) eine Sammlung von Aufsätzen der wichtigsten Vertreter des Formalismus zu diesem Thema (deutsche Übersetzungen in Mierau 1970). Außerdem war eine Reihe von Arbeiten der Entwicklung der russischen Sprache nach der Oktoberrevolution gewidmet; als Autoren seien exemplarisch S. I. Karcevskij (1923), A. M. Seliščev (1928) und L. V. Uspenskij (1931, vgl. auch den dortigen Überblick über die bis dahin erschienene Literatur) genannt. In den folgenden Jahrzehnten wurden Sprache und Stil Lenins in diversen Untersuchungen unter verschiedenen Aspekten betrachtet (u.a. Cejtlin 1969, Voronov 1971, Vorob'ev/Sirotina 1973, Berežnoj 1975, Denisov 1984, Bajramova/Denisov 1991, Hubenschmid 1998[1]). Nach Ansicht von M. Hubenschmid (1998: 9) hatte Lenin noch einen Individualstil; er fungierte als Vorbild und beeinflusste die weitere Entwicklung der politischen Sprache in der Sowjetunion.[2]

Im Folgenden werden ausgewählte Schriften Lenins aus der Zeit der Oktoberrevolution vorgestellt. Das zugrunde gelegte Materialkorpus beinhaltet sechs Texte mit einem Gesamtumfang von 3424 Wörtern, die im Zeitraum vom 24.10. (6.11.) bis zum 5./6.11. (18./19.11.) des Jahres 1917 verfasst wurden. Die Analyse der Dokumente erfolgt aus einer sprachwissenschaftlichen Perspektive, d.h., es geht um ihre sprachliche Gestaltung, nicht aber um geschichts- oder politikwissenschaftliche Fragen. Die Texte, die den Gesammelten Werken des Autors entnommen wurden (siehe Literaturverzeichnis), können als markante Beispiele dafür gelten, zu welchen sprachlichen Mitteln und Gestaltungsmöglichkeiten Lenin griff, um während eines historischen Umbruchs seine politischen Vorstellungen darzulegen, sich mit Andersdenkenden auseinanderzusetzen und in seinem Sinne auf die Rezipienten einzuwirken.

---

1 Der Autor präsentiert eine detaillierte Analyse dreier Reden Lenins aus dem Zeitraum 1917/18.

2 Später galt es als typisch für die sowjetische Politsprache, dass auf einen eigenen Personalstil verzichtet wurde (Weiss 1986: 279, Zybatow 1995: 211). Nach Ansicht von D. Weiss (1995: 385) konstituierten die Schriften Lenins einen Individualstil, wogegen sich die eigentliche Propagandasprache nach 1917 teilweise in Anlehnung daran als „überindividuelle Sprachform" entwickelt habe. Die sowjetische Politsprache, der sogenannte Newspeak, ist in einer Reihe von Arbeiten umfassend beschrieben worden, vgl. z.B. Seriot 1985, Zemcov 1985, Weiss 1986, Weiss 1995, Weiss 2000, Mokienko/Nikitina 2005, Zemcov 2009; zur Sprachkultur in der Sowjetunion z.B. Gorham 2003.

2 Analyse des Textmaterials

2.1 Brief an die Mitglieder des Zentralkomitees (Pis'mo členam CK)

Dieser Brief, der nach Angabe seines Verfassers (435) am Abend des 24.10. (d.h. des 6.11. nach dem neuen Kalender) geschrieben wurde, ist mit 337 Wörtern der kürzeste Text des untersuchten Korpus. Lenin schrieb diese Zeilen in einem kritischen Moment, in dem sich das Schicksal der Revolution und damit der weiteren Entwicklung Russlands entschied. Die schwierige Lage und die Überzeugung des Autors von der Notwendigkeit eines unverzüglichen bewaffneten Aufstands durchziehen den gesamten Text. Bereits im ersten Satz wird die Lage als „äußerst kritisch" charakterisiert („положение *донельзя* критическое", 435). Besonders eindrücklich ist die Formulierung im zweiten Satz, eine Verzögerung des Aufstandes komme dem Tode gleich, die am Schluss des Textes wiederholt wird und diesen somit gleichsam umrahmt[3]: „*Яснее ясного*, что теперь, уже *поистине*, *промедление* в восстании *смерти подобно*." („*Es ist sonnenklar*, dass eine *Verzögerung* des Aufstandes jetzt schon *wahrhaftig den Tod bedeutet*." (wörtlich „dem Tode gleichkommt"), 435).[4] Die als Polyptoton gestaltete Formulierung „яснее ясного" (die Lenin häufig gebraucht, vgl. Bajramova/Denisov 1991: 349) und das Adverb „поистине" unterstreichen die Auffassung Lenins, zu einem sofortigen Aufstand gebe es keine Alternative – eine Haltung, die zum damaligen Zeitpunkt durchaus nicht von allen seinen Kampfgefährten geteilt wurde. „Промедление", das noch zweimal vorkommt, ist das negativ konnotierte Schlüsselwort des Briefes. Es wird am Beginn und am Ende des Textes prägnant mit dem Tod gleichgesetzt. Die Vorstellung von einer Verzögerung wohnt auch dem Verb „ждать" („warten") inne, das im Text viermal auftritt und ebenso negativ besetzt ist, da mit ihm die Gefahr verbunden wird, möglicherweise alles zu verlieren: „(...) что *ждать* нельзя. Надо, *во что бы то ни стало*, сегодня вечером, сегодня ночью арестовать правительство, обезоружив (победив, если будут сопротивляться) юнкеров и т. д. Нельзя *ждать*!! Можно *потерять все*!!" („(...) dass man nicht *abwarten* darf. Man muss, *koste es, was es wolle*, heute Abend, heute Nacht die Regierung verhaften,

3 Zum Vergleich als sprachlichem Mittel bei Lenin ausführlich B. Kazanskij (1924: 124–135), A. G. Cejtlin (1969: 202ff.) und Ju. S. Voronov (1971: 77–88). Die Formulierung „Промедление смерти подобно" entstammt ursprünglich einem Brief des Zaren Peter I. an den Senat und kommt in Lenins Werken insgesamt achtmal vor (Bajramova/Denisov 1991: 221).

4 Alle Übersetzungen der Textauszüge sowie Hervorhebungen durch Kursivdruck stammen von mir – C.R.

nachdem die Offiziersschüler usw. entwaffnet (nachdem sie besiegt, wenn sie Widerstand leisten werden) worden sind. Man darf nicht *abwarten*!! Es kann *alles verlorengehen*!!", 435), „*История* не простит *промедления* революционерам, которые могли *победить сегодня* (и наверняка *победят сегодня*), рискуя *терять много завтра*, рискуя *потерять все*." („Eine *Verzögerung* wird die *Geschichte* den Revolutionären nicht verzeihen, die *heute siegen* können (und sicher *heute siegen werden*), während sie *morgen* riskieren, *vieles zu verlieren*, während sie riskieren, *alles zu verlieren*.", 436). Im zweiten Textbeispiel sind die beiden Alternativen eines heutigen Sieges und des Risikos eines morgigen Verlustes (verbunden noch mit einer Steigerung „vieles" – „alles") einander antithetisch gegenübergestellt. Die nach Lenin richtige Wahl wird zudem dadurch gestützt, dass die gleichsam personifizierte Geschichte als Richterin auf den Plan tritt, die den Revolutionären eine falsche Entscheidung nicht verzeihen wird. In diesem Rückgriff klingen Vorstellungen des Marxismus-Leninismus an, nach denen die Geschichte nach bestimmten Gesetzmäßigkeiten abläuft.

Als positiver Gegenentwurf zur Verzögerung und zum Abwarten erscheint die sofortige Machtübernahme, versprachlicht durch die Schlüsselwörter „взятие власти" („Machtergreifung", dreimal belegt) und „взять власть" („die Macht ergreifen", 2x). Die Dringlichkeit dieses Vorgehens wird durch Formulierungen wie „во что бы то ни стало" („koste es, was es wolle"; häufig bei Lenin belegt, vgl. Bajramova/Denisov 1991: 33) unterstrichen, etwa in dem oben zitierten Textabschnitt, dessen Inhalt Lenin gegen Ende seines Briefes noch einmal aufgreift: „Правительство колеблется. Надо добить его во что бы то ни стало!" („Die Regierung wankt. Man muss ihr den Rest geben, koste es, was es wolle!", 436). Besonders auffällig ist ferner, dass der Autor die Machtübernahme durch einen bewaffneten Aufstand als solche propagiert, unabhängig von der Frage, wer genau dies denn nun tun solle und mit welchem Ziel: „Кто должен *взять власть*? Это сейчас неважно: пусть ее возьмет Военно-революционный комитет ‚или другое учреждение', которое заявит, что сдаст власть только *истинным* представителям *интересов* народа, *интересов* армии (предложение *мира* тотчас), *интересов* крестьян (*землю взять* должно тотчас, *отменить частную собственность*), *интересов* голодных." („Wer soll die *Macht übernehmen*? Das ist jetzt unwichtig: Soll sie das Revolutionäre Militärkomitee übernehmen ‚oder eine andere Institution', die erklären wird, dass sie die Macht nur den *wahren* Vertretern *der Interessen* des Volkes, *der Interessen* der Armee (ein sofortiges *Friedens*angebot), *der Interessen* der Bauern (der *Grund und Boden* muss sofort *übernommen*, das *Privateigentum abgeschafft* werden), *der Interessen* der Hungernden übergeben wird.", 435), „*Взятие власти* есть дело восстания; его политическая цель выяснится после *взятия*." („Die *Machtergreifung* ist Sache des Aufstandes; ihr politisches Ziel wird nach der *Übernahme* deutlich werden.", 436). Als Perspektive scheint im ersten Textausschnitt die spätere Machtübernahme durch „wahre Vertreter" (wer genau dies sein soll, bleibt ungesagt) der verschiedenen Interessengruppen (man beachte die rhetorische Gestaltung mit der vierfachen Anapher[5] „интересов") Volk, Armee, Bauern und Hungernde auf, wobei die erstgenannte die übrigen drei im Grunde einschließt. Marker wie „истинный" („wahr, echt") dienen – ebenso wie das oben verwendete Adverb „поистине" – in der Politsprache häufig dazu, eigene Vorstellungen von umstrittenen Begriffen, Sachverhalten o.Ä. zu kennzeichnen (vgl. Zybatow 1995: 149). Zugleich werden zwei zentrale Ziele benannt, die für zwei der erwähnten Gruppen von besonderem Interesse sind: ein sofortiges Friedensangebot sowie die Abschaffung des Privateigentums und die Übergabe des Landes an die Bauern, die zur damaligen Zeit einen Großteil der Bevölkerung ausmachten. Es handelt sich hierbei um Ziele, die nach der Revolution durch das „Dekret über den Frieden" und das „Dekret über den Grund und Boden" verwirklicht wurden. Im zweiten Textbeispiel ist die Aussage frappierend, das politische Ziel werde sich gleichsam *nach* dem Schaffen von Fakten herausstellen, während man erwarten könnte, dass Ziele *vorher* formuliert werden, um die Mitglieder des Zentralkomitees von dem Aufstandsplan zu überzeugen.

Alternativen zum unverzüglichen bewaffneten Aufstand, etwa dem Abwarten von Besprechungen und Abstimmungen, wird eine klare Absage erteilt: „(…) что на очереди стоят вопросы, которые не *совещаниями* решаются, не *съездами* (хотя бы даже *съездами* Советов), а *исключительно народами, массой, борьбой вооруженных масс*." („(…) dass Fragen auf der Tagesordnung stehen, die nicht durch *Konferenzen* entschieden werden, nicht durch *Kongresse* (nicht einmal durch Sowjet*kongresse*), sondern *ausschließlich* durch die *Völker*, durch die *Masse*, durch den *Kampf der bewaffneten Massen*.", 435), „Было бы *гибелью* или *формальностью ждать* колеблющегося голосования 25 октября, *народ вправе и обязан* решать подобные вопросы *не голосованиями, а силой*; *народ вправе и обязан* в критические моменты революции *направлять своих представителей, даже своих лучших представителей, а не ждать их*." („Es wäre *verderblich* oder eine *Formalität*, die unsichere Abstimmung am 25. Oktober *abzuwarten*, *das Volk hat das Recht und die Pflicht*, derartige Fragen *nicht durch Abstimmungen, sondern durch Gewalt* zu entscheiden; *das Volk hat*

5 Zur sprachlichen Gestaltung und Rolle von Wiederholungen in den Werken Lenins ausführlich B. Kazanskij (1924: 114–124) und Ju. S. Voronov (1971: 101–106).

das Recht und die Pflicht, in kritischen Momenten der Revolution *seine Vertreter, sogar seine besten Vertreter, in eine bestimmte Richtung zu lenken und nicht auf sie zu warten.*", 436). Im ersten Textbeispiel werden Konferenzen bzw. Beratungen und Kongresse (wozu explizit die Sowjetkongresse gezählt werden) antithetisch den Kräften gegenübergestellt, die tatsächlich entscheiden müssen (der Marker „исключительно" unterstreicht die Alternativlosigkeit) und deren Aufzählung eine Steigerung beinhaltet: die Völker verbinden sich zu einer Masse, die schließlich den bewaffneten Kampf aufnimmt, den Lenin im gesamten Brief als den einzig möglichen Weg darstellt. Im zweiten Textauszug wird das Warten auf eine Abstimmung als verderblich bzw. als Formalität abgetan. Ihm wird das Recht und die Pflicht des Volkes (man beachte die Anapher „народ вправе и обязан"), mittels Gewalt Entscheidungen herbeizuführen und seine Repräsentanten zu lenken, gegenübergestellt. Dass das Volk hierzu berechtigt und sogar verpflichtet ist, wird behauptet, jedoch nicht begründet. In der rhetorischen Gestaltung fallen neben der Anapher die antithetische Gegenüberstellung von Abstimmungen und Gewalt („не голосованиями, а силой") sowie von zwei Verhaltensweisen gegenüber Vertretern (sie zu lenken, anstatt auf sie zu warten – „направлять своих представителей, (...) а не ждать их") ins Auge, wobei dies ausdrücklich auch die besten Vertreter einschließt. Hierbei hatte Lenin vermutlich diejenigen unter den Adressaten seines Schreibens im Sinn, die seine Pläne für einen bewaffneten Aufstand nicht vorbehaltlos unterstützten.

Im Anschluss daran wird der oben schon thematisierte Bezug auf die Geschichte noch einmal aufgenommen: „Это *доказала история всех* революций, и *безмерным* было бы *преступление* революционеров, если бы они упустили момент, зная, что от них зависит *спасение* революции, предложение *мира*, *спасение* Питера, *спасение* от голода, *передача земли крестьянам.*" („Das *hat die Geschichte aller* Revolutionen *bewiesen*, und *maßlos* wäre das *Verbrechen* der Revolutionäre, wenn sie den Moment verpassten, trotz des Wissens, dass von ihnen die *Rettung* der Revolution abhängt, das *Friedens*angebot, die *Rettung* Petrograds, die *Rettung* vor dem Hunger, die *Übergabe des Landes an die Bauern.*", 436). Der Verweis auf die (angebliche) Beweiskraft der Geschichte ist ein beliebtes rhetorisches Mittel, da er sich kaum treffend widerlegen lässt. Druck auf die Gegner des Aufstandsplans entsteht durch das negativ konnotierte Wort „преступление" („Verbrechen"), verstärkt durch den Intensifikator „безмерный" („unermesslich, maßlos"), sowie durch den Hinweis auf positive Folgen einer erfolgreichen Machtübernahme: Dreimal geht es um Rettung („спасение"), außerdem um die bereits vorher erwähnten zentralen Ziele der Bolschewiki, den Friedensschluss und die Übergabe des Bodens an die Bauern. Auffällig an der sprachlichen Gestaltung ist, dass der Intensifikator

„безмерный" hier auf eine negative Erscheinung bezogen wird. In Bildungen mit den Präfixen „не-" oder „без-" kam der für den Newspeak typische sprachliche Extremismus zum Ausdruck, der sich später für gewöhnlich in positiver Weise auf die eigene Gruppe bezog (vgl. Weiss 1986: 275f., Zybatow 1995: 203).

2.2 Sitzung des Petrograder Sowjets der Arbeiter- und Soldatendeputierten vom 25. Oktober (7. November) 1917 (Zasedanie petrogradskogo soveta rabočich i soldatskich deputatov 25 oktjabrja (7 nojabrja) 1917 g.)

Die Machtübernahme, zu der Lenin in seinem eben analysierten Brief massiv aufgerufen hatte, vollzog sich am 25.10. (7.11.). Nach dem Sturm auf den Winterpalast und der Absetzung der Provisorischen Regierung trat in Petrograd der Sowjet der Arbeiter- und Soldatendeputierten zusammen. Der im Folgenden vorgestellte Text mit einem Gesamtumfang von 451 Wörtern besteht aus zwei Teilen, einer Rede über die Aufgaben der Sowjetmacht (Zeitungsbericht) und einer Resolution. Zu Beginn des ersten Teils verkündet Lenin den Vollzug der Arbeiter- und Bauernrevolution, deren Bedeutung in der Errichtung der Sowjetmacht liege und die zum Sieg des Sozialismus führen werde: „(…) данная, третья русская *революция* должна в своем конечном итоге привести к победе *социализма.*" („(…) diese, die dritte russische *Revolution* muss im Endeffekt zum Sieg des *Sozialismus* führen.", 2). „Революция" ist das zentrale Schüsselwort des Textes; es kommt insgesamt neunmal vor, daneben einmal das zugehörige Adjektiv „революционный". In dem eben zitierten Beispiel verbindet sich „революция" mit dem zweiten wichtigen Schlüsselwort „социализм" (viermal belegt, daneben zweimal das Adjektiv „социалистический"). Diese Verknüpfung kommt besonders prägnant in dem Ausruf „Да здравствует *всемирная социалистическая революция*!" („Es lebe die *sozialistische Weltrevolution*!", 3) am Ende des Zeitungsberichts zum Ausdruck. Hier wird die Revolution außerdem mit dem Attribut „всемирный" („*Welt*revolution") charakterisiert. Lenin verweist auf die sich entwickelnde weltweite Arbeiterbewegung (2) und die kommende Weltrevolution: „У *нас* имеется та сила массовой организации, которая победит *все* и доведет пролетариат[6] до *мировой революции.*" („*Wir* haben die Kraft einer Massenorganisation, die *alles* besiegen und das Proletariat zur *Weltrevolution* führen wird.", 3). Das „wir" in diesem Satz bleibt – wie häufig in der Politsprache jeglicher Richtung zu beobachten – unbestimmt; es ist nicht

6 Zu „пролетариат" und damit verwandten Begriffen in der sowjetischen Politsprache vgl. Mokienko/Nikitina 2005: 338f.

klar, ob er hier den Sowjet der Arbeiter- und Soldatendeputierten, die Arbeiter und Bauern insgesamt, die Partei der Bolschewiki oder eine sonstige Gruppe meint. Deutlich wird jedoch die Stärke der Massenorganisation, die *alles* besiegen werde (man beachte den Allquantor „все").

Auf das Proletariat wird noch in anderen Zusammenhängen Bezug genommen. Es werden die beiden wesentlichen Ziele der Bolschewiki erwähnt, die schon im ersten Text eine zentrale Rolle gespielt haben – die Übergabe des Bodens an die Bauern und der sofortige Friedensschluss: „*Справедливый, немедленный мир*, предложенный нами международной *демократии*, *повсюду* найдет *горячий* отклик в международных пролетарских массах." („Der *gerechte, sofortige Frieden*, der der internationalen *Demokratie* von uns vorgeschlagen wird, wird *überall* ein *leidenschaftliches* Echo bei den internationalen proletarischen Massen finden.", 2f.). Das Leitwort[7] „Frieden" ist begleitet von dem Attribut „немедленный" („sofortig, unverzüglich"), das hier einen intensivierenden Charakter trägt, sowie von dem Attribut „справедливый" („gerecht"), das einen weiteren Leitwert beinhaltet. Dieser ist auf der einen Seite geeignet, dem Textverfasser die Zustimmung der Rezipienten zu sichern, da sich schwerlich jemand gegen einen „gerechten Frieden" aussprechen wird, bleibt auf der anderen Seite aber vage, da nichts darüber ausgesagt wird, wie ein solcher gerechter Frieden konkret aussieht. Interessant ist ferner, dass die „internationale Demokratie" als Adressat des Friedensangebots genannt wird. In der Rückschau erscheint „Demokratie" oft als *der* zentrale Wert der westlichen Welt, zu beachten ist jedoch, dass er immer zwischen verschiedenen politischen Lagern umkämpft war.[8] Das positive Echo bei den internationalen proletarischen Massen wird durch den Allquantor „повсюду" („überall") und den Intensifikator „горячий" („leidenschaftlich, heiß", dazu Mokienko/Nikitina 2005: 99, zu „горячий отклик" Zemcov 1985: 112, Zemcov 2009: 114f.)

7 Der Begriff „Leitwort" bzw. „Mirandum" wird in diesem Beitrag in Anlehnung an G. Strauß und G. Zifonun (1986: 100ff.) benutzt, die darunter Wörter verstehen, die in unterschiedlichen politisch-ideologischen Systemen mit übereinstimmend positiver Evaluation verwendet werden. Ihre deskriptive Bedeutung ist dabei nicht oder nur teilweise identisch, d.h., sie enthalten neben übereinstimmenden auch sich unterscheidende Bedeutungskomponenten. Somit meinen verschiedene politische Gruppen etwas Unterschiedliches, wenn sie etwa von „Freiheit" oder „Demokratie" sprechen, wobei jede von ihnen für sich beansprucht, den „wahren" Wert zu vertreten. Aus diesem Grund sind Leitwörter von jeher Gegenstand politischer Auseinandersetzungen.

8 Eine ausführliche Analyse des Begriffs „демократия" im russischen politischen Sprachgebrauch des 20. Jahrhunderts bietet J.-M. Becker (2001: 169–233).

unterstrichen.[9] Die zahlreichen Attribute und Adverbien belegen die „generelle Tendenz zur *Zwei- und Mehrgliedrigkeit* von Syntagmen", die Ausdruck der syntagmatischen Formelhaftigkeit der sowjetischen Politsprache war. Es zeigte sich ein „eigentümlicher syntaktischer horror vacui", d.h., Substantive oder Verben traten kaum allein auf, sondern wurden von Attributen bzw. Adverbien begleitet, die oft eine Intensivierung beinhalteten (Weiss 1986: 273f., kursiv im Original, vgl. auch Zybatow 1995: 198ff.).

Der Resolutionsteil des Textes beginnt mit der Aussage, der Petrograder Sowjet begrüße die siegreiche Revolution (4). Im Anschluss wird der Überzeugung Ausdruck verliehen, eine Arbeiter- und Bauernregierung werde den Weg zum Sozialismus beschreiten: „(...) что это правительство *твердо* пойдет к *социализму*, *единственному* средству *спасения* страны от *неслыханных* бедствий и ужасов *войны*." („(...) dass diese Regierung *unbeirrt* zum *Sozialismus* schreiten wird, dem *einzigen* Mittel zur Rettung des Landes vor den *beispiellosen* Nöten und Schrecken des Krieges.", 4). Das Fahnenwort[10] „Sozialismus" steht hier dem Anti-Mirandum[11] „Krieg" gegenüber, das durch die Substantive

9 Zur Funktion der Allquantoren und der ihnen gegenüberstehenden Existenzquantoren in der sowjetischen Politsprache ausführlich D. Weiss (2000: passim). Sie dienten dem Ausdruck der Opposition Totalität vs. Partialität, die eng mit der Freund-Feind-Polarisierung („good guys" vs. „bad guys") verknüpft war, die ihrerseits eine zentrale Rolle spielte (dazu auch Weiss 1986: 282ff.).

10 Fahnenwörter werden im Unterschied zu Leitwörtern bzw. Miranda nicht in verschiedenen politisch-ideologischen Systemen, sondern nur von manchen Gruppen in einem positiven Sinne gebraucht, von anderen dagegen negativ bewertet. Bei ihnen besteht „deskriptive und evaluative Varianz zwischen den Gruppen/Parteien bei besonders positiver Evaluation seitens e i n e r Gruppe/Partei" (Strauß/Zifonun 1986: 73, gesperrt im Original). „Sozialismus" ist ein klassisches Fahnenwort des früheren sozialistischen Lagers. Von der Gegenseite wurde es einerseits bei Bezug auf das tatsächlich existierende System in den sozialistischen Ländern als Stigmawort gebraucht, andererseits von bestimmten Gruppen aber auch als Fahnenwort im Sinne eines angestrebten demokratischen Sozialismus (a.a.O.: 108ff., 141f.). Manche Begriffe des Marxismus-Leninismus wurden nur einseitig als Fahnenwörter (z.B. „Proletariat" oder „Klassenkampf", die im Textkorpus belegt sind) oder Stigmawörter (z.B. „Bourgeoisie") benutzt, während die Gegenseite sie als unvereinbar mit ihrer politischen Theorie oder ungeeignet zur Beschreibung gesellschaftlicher Verhältnisse ablehnte und ihren Gebrauch daher vermied (a.a.O.: 114ff., 143f.).

11 Anti-Miranda sind gleichsam das Gegenstück zu Miranda bzw. Leitwörtern. Sie werden von allen Seiten mit übereinstimmend negativer Evaluation gebraucht, wobei ihre deskriptive Bedeutung nicht oder nur teilweise identisch ist (vgl. Strauß/Zifonun 1986: 104ff.).

„бедствия" („Nöte, Leiden") und „ужасы" („Schrecken, Gräuel") verstärkt wird, die ihrerseits mit dem Intensifikator „неслыханный" („unerhört, beispiellos") kombiniert sind. Die Bedeutung des Sozialismus kommt in der Formulierung, er sei das „einzige Mittel zur Rettung", klar zum Ausdruck. Es folgen Ankündigungen zur Umsetzung der zentralen Ziele: „Новое рабочее и крестьянское правительство *немедленно* предложит *справедливый демократический мир* всем воюющим народам. Оно *немедленно* отменит помещичью собственность на землю и передаст землю крестьянству." („Die neue Arbeiter- und Bauernregierung wird allen am Krieg beteiligten Völkern *unverzüglich* einen *gerechten demokratischen Frieden* anbieten. Sie wird *unverzüglich* das Eigentumsrecht der Gutsbesitzer an Grund und Boden aufheben und das Land der Bauernschaft übergeben.", 4). In der sprachlichen Gestaltung wiederholen sich die Intensivierung durch das Adverb „немедленно" („unverzüglich, sofort") sowie die Verknüpfung des Leitwortes „Frieden" mit den Vorstellungen von Gerechtigkeit und Demokratie. Markant von der Formulierung her ist der Aufruf, der den letzten Teil der Resolution einleitet: „Петроградский Совет рабочих и солдатских депутатов призывает *всех* рабочих и *все* крестьянство *со всей энергией беззаветно* поддержать рабочую и крестьянскую революцию." („Der Petrograder Sowjet der Arbeiter- und Soldatendeputierten ruft *alle* Arbeiter und die *gesamte* Bauernschaft dazu auf, die Arbeiter- und Bauernrevolution *mit ganzer Energie grenzenlos* zu unterstützen.", 4f.). Die Häufung von Allquantoren und Intensifikatoren[12], die sogar noch kombiniert sind („со всей энергией" – „mit ganzer Energie"), unterstreicht das Dramatische des Appells. Der Text schließt mit einer erneuten Erwähnung des Fahnenwortes „Sozialismus": „Совет убежден, что пролетариат западноевропейских стран поможет нам довести дело *социализма* до *полной* и *прочной* победы." („Der Sowjet ist überzeugt, dass uns das Proletariat der westeuropäischen Länder helfen wird, die Sache des *Sozialismus* zu einem *vollständigen* und *dauerhaften* Sieg zu führen.", 5). Der in Aussicht gestellte Sieg des Sozialismus wird sowohl vom Umfang her („полный" – „vollständig") als auch in zeitlicher Hinsicht („прочный" – „dauerhaft") als absolut charakterisiert.

Die hier ausgedrückte Überzeugung vom Sieg des Sozialismus und der Hilfe des Proletariats anderer Länder wurde bald überschattet von Differenzen innerhalb der Partei der Bolschewiki und ihrer Führungsriege bezüglich des Vorgehens zur Erreichung der politischen Ziele. Dies zeigte sich bereits in einer Resolution, die nur wenige Tage später verfasst wurde.

---

12 Zu dem Adverb „беззаветно" vgl. Mokienko/Nikitina 2005: 38.

2.3 Die Resolution des ZK der SDAPR(B) zur Frage der Opposition innerhalb des ZK vom 2. (15.) November 1917 (Rezoljucija CK RSDRP(b) po voprosu ob oppozicii vnutri CK 2 (15) nojabrja 1917 g.)

Die Resolution, die mit „Lenin" unterzeichnet ist, umfasst 465 Wörter und legt Zeugnis ab von den Zwistigkeiten, die schon kurz nach der siegreichen Revolution innerhalb des Zentralkomitees zutage traten. Die Auseinandersetzung mit der Opposition durchzieht den ganzen Text und kann deshalb hier nicht in ihrer Gesamtheit dargestellt werden. Besonders markant sind die ersten drei Punkte der Resolution, die bei ihrer Veröffentlichung in der „Pravda" Nr. 180 vom 4.(17.)11.1917 weggelassen und erst 1932 in den Gesammelten Werken Lenins mit abgedruckt wurden. Bereits im ersten Punkt wird der Opposition die Abkehr von grundlegenden Prinzipien der Revolution vorgeworfen: „Центральный Комитет признает, что сложившаяся внутри ЦК оппозиция *целиком* отходит от *всех* основных позиций *большевизма* и *пролетарской классовой борьбы вообще*, повторяя *глубоко немарксистские* словечки о невозможности *социалистической революции* в России, о необходимости уступить ультиматумам и угрозам уйти со стороны заведомого меньшинства советской организации, *срывая* таким образом волю и решение II Всероссийского съезда Советов, *саботируя* таким образом начавшуюся *диктатуру пролетариата* и беднейшего крестьянства." („Das Zentralkomitee konstatiert, dass die Opposition, die sich innerhalb des ZK gebildet hat, *vollkommen* von *allen* grundlegenden Positionen des *Bolschewismus* und des *proletarischen Klassenkampfes generell* abweicht, indem sie das *zutiefst unmarxistische* Gerede von der Unmöglichkeit einer *sozialistischen Revolution* in Russland wiederholt, von der Notwendigkeit, den Ultimaten und Rücktrittsdrohungen von Seiten der bewussten Minderheit der Sowjetorganisation nachzugeben, wodurch sie den Willen und den Beschluss des II. Allrussischen Sowjetkongresses *hintertreibt* und die begonnene *Diktatur des Proletariats* und der ärmsten Bauernschaft *sabotiert.*", 44). Zu diesen Prinzipien gehören der Bolschewismus, der proletarische Klassenkampf, der Marxismus, die Respektierung von Beschlüssen der Sowjetkongresse und die Diktatur des Proletariats. Die mehrfache Verwendung von Allquantoren („*целиком* отходит" – „weicht *vollkommen* ab", „от *всех* основных позиций" – „von *allen* grundlegenden Positionen", „вообще" – „generell") und intensivierenden Adverbien („*глубоко* немарксистский" – „*zutiefst* unmarxistisch") macht das Ausmaß und damit die Gefährlichkeit des Vorgehens der Opposition aus der Sicht des Verfassers deutlich, negativ konnotierte Verben wie „срывать" („hintertreiben, unterminieren") und „саботировать“ („sabotieren“) evozieren die Ablehnung des Geschilderten beim Leser. Auch hier fällt auf, dass Allquantoren und Intensifikatoren, die in der sowjetischen Politsprache später eng mit der eigenen Gruppe verknüpft sind, sich auf negativ bewertete Erscheinungen beziehen.[13]

Im zweiten Punkt weiten sich die Vorwürfe an die Opposition bis zur Behinderung der revolutionären Arbeit aus: „Центральный Комитет возлагает *всю* ответственность за *торможение революционной работы* и за *преступные* в данный момент *колебания* на эту оппозицию, приглашает ее перенести свою дискуссию и свой скептицизм в печать, отстранившись от практической работы, в которую они не верят. Ибо в этой оппозиции, кроме запуганности буржуазией[14] и отражения настроения *усталой (а не революционной)* части населения, нет ничего.“ („Das Zentralkomitee weist dieser Opposition die *volle* Verantwortung für die *Behinderung der revolutionären Arbeit* und für die zum gegebenen Zeitpunkt *verbrecherischen Schwankungen* zu, es fordert sie auf, ihre Diskussion und ihren Skeptizismus in die Presse zu verlagern und sich von der praktischen Arbeit zurückzuziehen, an die sie nicht glauben. Denn in dieser Opposition gibt es nichts außer der Einschüchterung durch die Bourgeoisie und der Widerspiegelung der Einstellung *des schwachen (und nicht des revolutionären)* Teils der Bevölkerung.“, 44). Auch in diesem Textabschnitt verstärken Allquantoren („*всю* ответственность“ – „die *volle* Verantwortung“) und negativ konnotierte Attribute („*преступные* колебания“ – „*verbrecherische* Schwankungen“) die Vorwürfe an die Opposition. Die Darstellung, sie beteilige sich an einer Arbeit, an die sie nicht glaube, und sei durch die Bourgeoisie eingeschüchtert, erweckt zudem den Eindruck von Scheinheiligkeit und Feigheit. Die Antithese „*усталой (а не революционной)* части населения“ („*des schwachen (und nicht des revolutionären)* Teils der Bevölkerung“) schafft einen Gegensatz zwischen revolutionärem Schwung und Schwäche bzw. Ermüdung, der einen Bogen zu dem Vorwurf schlägt, die Opposition bremse die revolutionäre Arbeit aus.

Im Punkt 3 schließlich wird erklärt, der Verzicht auf eine rein bolschewistische Regierung komme einem Verrat an der Sowjetmacht gleich (44f.): „Центральный Комитет подтверждает, что без *измены* лозунгу Советской власти, нельзя отказываться от чисто большевистского правительства (…)“ („Das

13 L. Pöppel hat bei einer Untersuchung von Slogans und Überschriften in Ausgaben der „Pravda“ von 1917, 1918, 1923 und 1933 festgestellt, dass der Allquantor „весь“ hier noch in positiven und negativen Kontexten gebraucht wurde, jedoch mit einer Verteilung von 96:10 schon eine deutliche Tendenz erkennen ließ (Pöppel 2007: 94).

14 Zu dem Lexem „буржуазия“ und seiner Entwicklung vgl. Becker 2001: 236–241.

Zentralkomitee bekräftigt, dass man ohne einen *Verrat* an der Losung der Sowjetmacht nicht auf eine rein bolschewistische Regierung verzichten kann (…)“). Dies bedeutet nochmals eine heftige Stigmatisierung, da Verrat – ganz gleich, ob in politischen oder persönlichen Beziehungen – wohl überall als verwerflich empfunden wird.

Von der Begrifflichkeit her interessant ist ferner der fünfte Punkt der Resolution, in dem es heißt: „Центральный Комитет подтверждает, что уступки ультиматумам и угрозам меньшинства Советов равносильны *полному* отречению не только от *Советской власти*, но и от *демократизма*, ибо такие уступки равносильны *боязни* большинства использовать свое большинство, равносильны *подчинению анархии* и повторению ультиматумов со стороны любого меньшинства.“ („Das Zentralkomitee bekräftigt, dass Zugeständnisse an Ultimaten und Drohungen der Minderheit der Sowjets einer *völligen* Absage nicht nur an die *Sowjetmacht*, sondern auch an den *Demokratismus* gleichkommen, denn solche Zugeständnisse sind gleichbedeutend mit der *Angst* der Mehrheit, ihre Mehrheit zu nutzen, sind gleichbedeutend mit einer *Unterwerfung unter die Anarchie* und einer Wiederholung von Ultimaten seitens jeder beliebigen Minderheit.“, 45). Neben Allquantoren wie „*полное* отречение“ („*völlige* Absage“) rücken Wörter bzw. Formulierungen wie „Angst“ und „Unterwerfung unter die Anarchie“ die Opposition in ein schlechtes Licht. Als positiver Wert, von dem sich die Opposition (angeblich) lossagen will, tritt neben die Sowjetmacht der „Demokratismus“ („демократизм“), ein Anklang an den Begriff der Demokratie („демократия“) im vorher behandelten Text.[15] Die Auseinandersetzung mit der Opposition bzw. Minderheit bleibt im gesamten Text insofern unkonkret, als keine Personen beim Namen genannt werden. Zwar war den Mitgliedern des ZK mit Sicherheit klar, um wen es sich handelte, jedoch muss es schon in Bezug auf die zeitgenössischen Leser der „Pravda“ als fraglich gelten, wer sich genau mit den Interna dieses Gremiums auskannte. Die betreffende Auseinandersetzung wurde am darauffolgenden Tag in einem Ultimatum fortgesetzt, das als Nächstes betrachtet wird.

---

15 Zu „демократизм“ vgl. Becker 2001: 211f. Nach Darstellung des Autors bezeichnet dieser Begriff nicht die Volksherrschaft als solche, sondern ein bestimmtes Prinzip des zwischenmenschlichen und gesellschaftlichen Zusammenlebens.

2.4 Das Ultimatum der Mehrheit des ZK der SDAPR(B) an die Minderheit (Ul'timatum bol'šinstva CK RSDRP(b) men'šinstvu)

Wenngleich sich Lenin in dem eben analysierten Text explizit gegen Ultimaten der Opposition gewandt hatte, stellte die Mehrheit des ZK am 3.(16.)11. ihrerseits ein Ultimatum an die Minderheit (Umfang: 480 Wörter), das erstmals 1922 in der Zeitschrift „Proletarskaja Revoljucija" abgedruckt wurde. Hierin erklärt die Mehrheit die am Vortag verabschiedete Resolution zur Grundlinie („основная линия") der Politik der Partei der Bolschewiki, die ihrerseits das revolutionäre Wesen des Bolschewismus („революционная сущность большевизма") ausmache und für alle Parteimitglieder – insbesondere für die Minderheit des ZK – bindend sei (47). Ausgehend davon werden Vorwürfe gegen die Minderheit erhoben, eine Politik zu betreiben, die sich gegen diese Grundlinie richte: „(…) представители меньшинства (…) *вели и ведут* политику, *явно* направленную против основной линии нашей партии и *деморализующую* наши собственные ряды, поселяя *колебания* в тот момент, когда необходима *величайшая твердость и неуклонность*." („(…) die Vertreter der Minderheit (…) *betrieben und betreiben* eine Politik, die *offenkundig* gegen die Grundlinie unserer Partei gerichtet ist und die unsere eigenen Reihen *demoralisiert*, indem sie *Schwankungen* in einem Augenblick verursacht, in dem *größte Standhaftigkeit und Unbeirrtheit* unabdingbar sind.", 47). Die Politik der Minderheit wird diskreditiert durch Vorwürfe wie Demoralisierung der eigenen Reihen und Verursachung von Schwankungen, die der eigentlich notwendigen Festigkeit antithetisch gegenübergestellt sind. Diese Festigkeit wird versprachlicht durch die Wortreihung[16] „твердость и неуклонность" („Standhaftigkeit und Unbeirrtheit"), die durch den Superlativ[17] „величайшая" („größte") intensiviert ist.

16 Zu koordinativen Konstruktionen („coordination") in der sowjetischen Politsprache ausführlich P. Seriot (1985: 57–123). Typisch waren lange Ketten von Begriffen wie „партия" („Partei") – „народ" („Volk") – „ЦК" („ZK") – „правительство" („Regierung") usw., die gleichsam als Synonyme erschienen (a.a.O.: 95).

17 In der häufigen Verwendung von Superlativen und Elativen zeigte sich der sprachliche Extremismus des Newspeak, der seinerseits dem Ausdruck der Stabilität und der Totalität diente. Eine Stabilitätssemantik weisen z.B. im Textkorpus verwendete Lexeme wie „неуклонный", „неуклонно", „неуклонность" auf, Totalität kommt durch Allquantoren wie „все", „всецело", „полный" usw. oder Substantive wie „единство" zum Ausdruck (Weiss 1986: 275f., Zybatow 1995: 202ff., Weiss 2000: passim). Hierdurch betonte man die Kontinuität des politischen Kurses und die Geschlossenheit der eigenen Reihen. Zu „неуклонный" vgl. Mokienko/Nikitina 2005: 259, Zemcov 1985: 244, Zemcov 2009: 288, zu „единство" Mokienko/Nikitina 2005: 136. Zum Gigantismus in der Sprache der Revolution vgl. Seliščev 1928: 127ff.

Das Verderbliche der angeprangerten Politik wird des Weiteren betont durch das Adverb „явно" („offenkundig") sowie durch den Tempuswechsel „вели и ведут" („betrieben und betreiben"), der zum Ausdruck bringt, dass die Minderheit ihren falschen Kurs stetig verfolgt. Eine solche Variation des Tempus, durch die eine Art „Totalität auf der Zeitachse" entstand, war in der sowjetischen Politsprache ein beliebtes Mittel zum Ausdruck von Stabilität bzw. Kontinuität (Zybatow 1995: 204, dazu schon Kazanskij 1924: 118, vgl. auch Weiss 1986: 275, Weiss 2000: 269). Während sie dort jedoch dazu diente, die Kontinuität der eigenen positiv eingeschätzten Politik zu unterstreichen, wird hier ausdrücklich auf die Opposition Bezug genommen, die von ihrem zerstörerischen Treiben nicht ablässt.

Als Beispiel dafür verweist man auf eine Sitzung des Zentralen Exekutivkomitees vom Vortage, in der die bolschewistische Fraktion, zu der auch Vertreter der Minderheit gehörten, offen gegen einen Beschluss des ZK zu einer Frage der Regierungszusammensetzung stimmte. Dieses Verhalten wird wie folgt interpretiert: „Такое *неслыханное нарушение дисциплины*, совершенное членами ЦК *за спиной* ЦК после многочасовых прений в ЦК, вызванных этими же самыми представителями оппозиции, делает для *нас* очевидным, что оппозиция намерена *брать партийные учреждения измором*, *саботируя* работу партии в такой момент, когда от ближайшего исхода этой работы зависит *судьба партии, судьба революции.*" („Ein solch *unerhörter Bruch der Disziplin*, begangen von Mitgliedern des ZK *hinter dem Rücken* des ZK nach stundenlangen Debatten im ZK, die von genau diesen Vertretern der Opposition verursacht wurden, macht es für *uns* offensichtlich, dass die Opposition beabsichtigt, *die Parteigremien zu zersetzen*, indem sie die Arbeit der Partei in einem Augenblick *sabotiert*, in dem von dem unmittelbaren Ergebnis dieser Arbeit *das Schicksal der Partei, das Schicksal der Revolution* abhängt.", 48). Der Vorwurf des Disziplinbruchs, verstärkt durch den schon besprochenen Marker „неслыханный" („unerhört, beispiellos"), wird flankiert von der Aussage, die Minderheit habe hinter dem Rücken des ZK gehandelt, was den Eindruck von Unehrlichkeit und Feigheit vermittelt. In der Interpretation der Mehrheit („для нас") beabsichtigt die Opposition wiederum Sabotage und die Zersetzung der Parteigremien („брать измором" bedeutet im militärischen Sinne, etwas durch Aushungern einzunehmen, im weiteren Sinne, etwas durch zermürbende Zudringlichkeit zu erreichen; zu diesem Phraseologismus bei Lenin vgl. Bajramova/Denisov 1991: 23); die Gefährlichkeit dieses Handelns wird dadurch unterstrichen, dass nicht nur das Schicksal der Partei, sondern darüber hinaus das der Revolution insgesamt auf dem Spiel steht.

Nach der Erklärung, man könne und wolle für eine solche Sachlage nicht die Verantwortung tragen, wird von der Minderheit eine schriftliche Erklärung gefordert, ob sie sich der Parteidisziplin fügen und die in der Resolution festgelegte Politik umsetzen werde (48). Für den Fall einer ablehnenden oder unbestimmten Antwort wird ein Antrag an verschiedene Parteigremien angekündigt, der zwei Alternativen enthält: Die erste besteht darin, dass die Partei die Opposition mit der Bildung einer neuen Regierung beauftragt, der sich die Mehrheit dann nicht verpflichtet fühlen wird. Die zweite Alternative, deren Bevorzugung durch die Verfasser deutlich zum Ausdruck kommt, wird folgendermaßen beschrieben: „Либо – *в чем мы не сомневаемся* – партия одобрит *единственно возможную революционную линию*, выраженную во вчерашнем решении ЦК и тогда партия должна *решительно* предложить представителям оппозиции перенести свою *дезорганизаторскую работу* за пределы нашей партийной организации. *Иного исхода нет и быть не может*. Разумеется, раскол был бы фактом *крайне* прискорбным. Но *честный и открытый* раскол сейчас *несравненно* лучше *внутреннего саботажа*, *срывания* своих собственных решений, *дезорганизации* и *прострации*. *Мы*, во всяком случае, *ни на минуту не сомневаемся* в том, что вынесение на суд масс наших разногласий (…) обеспечит за нашей политикой *безусловную и самоотверженную* поддержку революционных рабочих, солдат и крестьян и *в кратчайший срок* обречет *колеблющуюся оппозицию* на *изоляцию бессилия*.“ („Oder – *woran wir nicht zweifeln* – die Partei wird *die einzig mögliche revolutionäre Linie*, die in dem gestrigen Beschluss des ZK zum Ausdruck gebracht wurde, billigen, und dann muss die Partei die Vertreter der Opposition *entschieden* auffordern, ihre *desorganisierende Arbeit* außerhalb unserer Parteiorganisation zu verlegen. *Einen anderen Ausweg gibt es nicht und kann es nicht geben*. Selbstverständlich wäre eine Spaltung eine *außerordentlich* bedauerliche Tatsache. Aber eine *ehrliche und offene* Spaltung ist jetzt *unvergleichlich* besser als *innere Sabotage*, als das *Hintertreiben* eigener Beschlüsse, als *Desorganisation* und *Kraftlosigkeit*. *Wir zweifeln* jedenfalls *keine Minute* daran, dass das Vorgehen, dass wir unsere Meinungsverschiedenheiten den Massen zur Entscheidung vorlegen (…), unserer Politik die *unbedingte und selbstlose* Unterstützung der revolutionären Arbeiter, Soldaten und Bauern sichern und *in kürzester Frist* die *schwankende Opposition* zur *Isolation der Kraftlosigkeit* verdammen wird.“, 48f.).

Auch hier wird die Opposition wiederum mit negativ konnotierten Begriffen wie „desorganisierende Arbeit“ („дезорганизаторская работа“),

„innere Sabotage" („внутренний саботаж")[18], „Hintertreiben eigener Beschlüsse" („*срывание* своих собственных решений"), „Desorganisation" („дезорганизация") und mit der Vorstellung von Schwankungen und Schwäche („прострация", „колеблющийся", „изоляция бессилия") in Verbindung gebracht. Die angestrebte Unterstützung der revolutionären Gruppen für die eigene Politik wird dagegen mit den positiven Attributen „безусловный и самоотверженный" („unbedingt und selbstlos", zu Letzterem vgl. Mokienko/Nikitina 2005: 374, Zemcov 1985: 353f., Zemcov 2009: 411f.) versehen. Die Wahl der zweiten aufgezeigten Möglichkeit erscheint als sicher („единственно возможная революционная линия", „Иного исхода нет и быть не может."), die eigene Überzeugung davon als fest („в чем мы не сомневаемся", „Мы ... ни на минуту не сомневаемся"). Die Bezeichnung der möglichen Spaltung als „честный и открытый" („ehrlich und offen") lässt sie als eine akzeptable Alternative zum gegenwärtigen Zustand mit dem unehrlichen und zermürbenden Vorgehen der Opposition erscheinen. Bei der sprachlichen Gestaltung fallen außerdem wieder die vielen intensivierenden Adverbien und Formulierungen ins Auge („*решительно* предложить" – „*entschieden* auffordern", „*крайне* прискорбный" – „*außerordentlich* bedauerlich", „*несравненно* лучше" – „*unvergleichlich* besser", „*в кратчайший срок*" – „in kürzester Frist"), die die Heftigkeit der innerparteilichen Auseinandersetzung verdeutlichen. Diese Heftigkeit sollte sich in der Folge noch steigern, was später an einem weiteren Textbeispiel gezeigt wird.

2.5 An die Bevölkerung (K naseleniju)

Während die beiden eben behandelten Texte eher von innerparteilicher Relevanz sind, ist der nun thematisierte Aufruf an die gesamte Bevölkerung gerichtet. Der 517 Wörter umfassende Text enthält die Datums- und Ortsangabe 5. November 1917, Petrograd, beginnt mit der Anrede „Товарищи рабочие, солдаты, крестьяне, все трудящиеся!" („Genossen Arbeiter, Soldaten, Bauern, alle Werktätigen!") und ist mit „Председатель Совета Народных Комиссаров В. Ульянов (Ленин)" („Der Vorsitzende des Rates der Volkskommissare V. Ul'janov (Lenin)") unterzeichnet. Der Aufruf wurde in der Abendausgabe der „Pravda" vom 6. (19.) November veröffentlicht. Er verkündet den Sieg der Arbeiter- und Bauernrevolution in Petrograd und Moskau, der dadurch gesichert sei, dass sich die Mehrheit des Volkes für diese Revolution ausgesprochen

18 Zu dem Substantiv „саботаж" und davon abgeleiteten Wörtern vgl. Mokienko/Nikitina 2005: 372.

habe (65). Lenin geht auf den Widerstand gegen die Revolution ein, der erwartbar gewesen sei und durch den sich die werktätigen Klassen nicht einschüchtern lassen würden. Er nennt in diesem Zusammenhang Gruppen wie „Gutsbesitzer und Kapitalisten, leitende Angestellte und Beamte, die eng mit der Bourgeoisie verbunden sind, mit einem Wort, alle Reichen und ihre Speichellecker" („помещики и капиталисты, высшие служащие и чиновники, тесно связанные с буржуазией, одним словом, все богатые и тянущие руку богатых"), deren Widerstand man brechen werde (65f.). Die Unterstützung für den revolutionären Umsturz erscheint als gewaltig: „*За нами большинство* народа. *За нами большинство* трудящихся и угнетенных во *всем* мире. *За нами* дело *справедливости*. Наша победа обеспечена. (...) Во имя этих *справедливых* требований *громадное большинство* народа *сплотилось* вокруг временного рабочего и крестьянского правительства." („*Hinter uns* steht die Mehrheit des Volkes. *Hinter uns* steht die Mehrheit der Werktätigen und der Unterdrückten in der *ganzen* Welt. Unsere Sache ist *gerecht*. (wörtlich: *Hinter uns* steht die Sache der *Gerechtigkeit*.) Unser Sieg ist gesichert. (...) Im Namen dieser *gerechten* Forderungen hat sich die *gewaltige* Mehrheit des Volkes um die provisorische Arbeiter- und Bauernregierung *zusammengeschlossen*.", 66). Dies wird durch die dreifache Anapher „За нами ..." („Hinter uns ..."), die dreifache Verwendung des Substantivs „большинство" („Mehrheit"), das einmal durch das Attribut „громадное" („gewaltig") verstärkt wird, und die Formulierung „во *всем* мире" („in der *ganzen* Welt"), die einen Allquantor enthält und den Blick über die Grenzen Russlands richtet, erreicht. Diese Unterstützung wird ohne eine Begründung oder die Nennung von Beispielen konstatiert. Eine solche Behauptung hätte sich schwer belegen, aber ebenso schwer widerlegen lassen, da niemand in der Lage gewesen wäre, mit Sicherheit festzustellen, wie die Mehrheit des russischen Volkes oder die Mehrheit der Werktätigen und der Unterdrückten auf der Welt zur Oktoberrevolution stand. Die allgemein anerkannten Leitwerte „справедливость" und „справедливый" („Gerechtigkeit" und „gerecht") charakterisieren die eigene Sache, das Verb „сплотиться" („sich zusammenschließen, sich vereinigen") betont die Geschlossenheit der eigenen Gruppe. Es gehörte zu den typischen Merkmalen des Newspeak, das eigene politische Lager als einig und geschlossen, den Gegner dagegen als zersplittert und zerstritten darzustellen (dazu ausführlich Weiss 2000: passim).

Nach der Wiederholung der Anrede „Товарищи трудящиеся!" („Genossen Werktätige!") richtet der Verfasser eine Reihe von Appellen an die Leser, die dahin gehen, dass sie nun selbst die Verwaltung des Staates in die Hand nehmen und aktiv für die Durchsetzung der neuen Ordnung eintreten sowie gegen deren Feinde vorgehen müssten, z.B.: „*Сплотитесь* вокруг своих Советов. *Укрепите* их. *Беритесь* сами за дело снизу, никого не дожидаясь. *Установите строжайший* революционный порядок, *беспощадно подавляйте* попытки *анархии* со стороны *пьяниц*, *хулиганов*, *контрреволюционных юнкеров*, *корниловцев* и тому подобное.“ („*Schließt* euch um eure Sowjets *zusammen*. *Stärkt* sie. *Nehmt* die Sache selbst von unten her in Angriff, ohne auf jemanden zu warten. *Führt* die *strengste* revolutionäre Ordnung ein, *unterdrückt erbarmungslos* Ansätze der *Anarchie* von *Trunkenbolden*, *Rowdys*, *konterrevolutionären Offiziersschülern*, *Kornilov-Anhängern* und dergleichen.“, 66). Die Appelle werden durch Imperative zu Beginn der Sätze bzw. Teilsätze ausgedrückt, von denen „сплотитесь“ („schließt euch zusammen“) und „укрепите“ („stärkt“) wiederum den Eindruck von (erwünschter) Einigkeit und Festigkeit der eigenen Gruppe vermitteln, und durch intensivierende Superlative und Adverbien („*строжайший* революционный порядок“ – „*strengste* revolutionäre Ordnung“, „*беспощадно* подавляйте“ – „unterdrückt *erbarmungslos*“)[19] verstärkt. Der Einigkeit und Festigkeit ist die Anarchie gegenübergestellt, die durch verschiedene Gruppen verursacht wird. Hierzu gehören einerseits politisch motivierte Gegner der proletarischen Revolution wie die konterrevolutionären[20] Offiziersschüler („контрреволюционные юнкера“) und die Anhänger des früheren Oberbefehlshabers der Armee, Lavr G. Kornilov, der im September 1917 nach seiner Absetzung gegen die Provisorische Regierung geputscht hatte („корниловцы“). Andererseits nennt Lenin auch Säufer („пьяницы“) und Raufbolde („хулиганы“), denen man nicht unbedingt politische Motive unterstellen kann, sondern die negative Charaktereigenschaften haben, ein schlechtes Beispiel geben, in jeder Gesellschaft Unfrieden stiften und die Ordnung stören bzw. für sie zumindest nicht von Nutzen sind.

Es folgen Aufforderungen, die strengste Kontrolle über die Produktion einzuführen und jeden vor ein revolutionäres Volksgericht zu stellen, der der Sache des Volkes durch Sabotage oder sonstigen Widerstand schadet (66f.). Im letzten Absatz verbinden sich diese Appelle mit der Vision von einer glorreichen Zukunft (67): „Товарищи рабочие, солдаты, крестьяне и все трудящиеся! *Берите всю* власть в руки своих Советов. *Берегите*, *храните*, как зеницу ока, землю, хлеб, фабрики, орудия, продукты, транспорт – *все* это отныне будет *всецело* вашим, *обще*народным достоянием. Постепенно, с согласия и одобрения большинства крестьян, по указаниям практического опыта их

19 Zu „беспощадный“ vgl. Mokienko/Nikitina 2005: 42.

20 Zu diesem Adjektiv und verwandten Begriffen vgl. Mokienko/Nikitina 2005: 197, Zemcov 1985: 207–209, Zemcov 2009: 224f.

и рабочих, *мы* пойдем *твердо и неуклонно* к победе *социализма*, которую закрепят передовые[21] рабочие наиболее цивилизованных стран и которая даст народам; [sic!] *прочный мир* и *избавление* от *всякого гнета* и от *всякой эксплуатации*." („Genossen Arbeiter, Soldaten, Bauern und *alle* Werktätigen! *Nehmt* die *ganze* Macht in die Hände eurer Sowjets. *Schützt*, *hütet* wie euren Augapfel den Boden, das Getreide, die Fabriken, die Werkzeuge, die Erzeugnisse, das Verkehrswesen – *all* das wird von nun an *gänzlich* euer Besitz, der Besitz des *ganzen* Volkes sein. Allmählich, mit dem Einverständnis und der Billigung der Mehrheit der Bauern, auf der Grundlage der praktischen Erfahrung von ihnen und den Arbeitern, werden wir *fest und unbeirrt* zum Sieg des *Sozialismus* schreiten, den die fortschrittlichen Arbeiter der zivilisiertesten Länder sichern werden und der den Völkern *dauerhaften Frieden* und die *Befreiung* von *jeglicher Unterdrückung* und *jeglicher Ausbeutung* schenken wird."). Die Appelle werden hier wieder durch Imperative realisiert. Ihre Eindringlichkeit verfehlt nicht ihre Wirkung auf den Textrezipienten, was schon von Zeitgenossen festgehalten wurde. Der Literaturwissenschaftler Boris V. Kazanskij schrieb in seiner Analyse der Sprache Lenins von 1924, diese kämpfe gleichsam mit dem Zuhörer, zwinge ihn zu aktiver Entscheidung und treibe ihn in die Enge: „Его речь (...) борется со слушателем, вынуждая его к активному решению, и для этого припирает его к стене. ‚Ни с места. Руки вверх. Сдавайся'. – Вот характер ленинской речи. Она не допускает выбора." (1924: 124) („Seine Sprache (…) kämpft mit dem Zuhörer, sie zwingt ihn zu einer aktiven Entscheidung, und dafür treibt sie ihn in die Enge. ‚Keine Bewegung. Hände hoch. Ergib dich.' Das ist der Charakter der leninschen Sprache. Sie lässt keine Wahl.").

Bezüglich der rhetorischen Gestaltung fallen des Weiteren die Allquantoren ins Auge. Sie verdeutlichen zunächst die Absolutheit der Machtübernahme bzw. die Vollständigkeit der Umwälzung der gesellschaftlichen Verhältnisse („*всю* власть" – „die *ganze* Macht", „*все* это" – „*all* das", „будет *всецело* вашим" – „wird *gänzlich* euer", „*обще*народное достояние" – „Besitz des *ganzen* Volkes"). Dabei fasst die Formulierung „all das" die vorherige Aufzählung zusammen. In der sowjetischen Politsprache waren Aufzählungen ein beliebtes Mittel, um durch Nennung einzelner Bestandteile den Eindruck von Totalität zu erzeugen (vgl. Weiss 1986: 277, Weiss 2000: passim, Zybatow 1995: 209f.; zu Aufzählungen bei Lenin Voronov 1971: 69–75). Im letzten Satz markieren die Allquantoren die Totalität des Sieges des Sozialismus, der die Befreiung von

---

21 Zu dem Adjektiv „передовой" und damit zusammenhängenden Begriffen in der sowjetischen Politsprache vgl. Mokienko/Nikitina 2005: 301.

jeglicher Unterdrückung und *jeglicher* Ausbeutung bringen werde (man beachte hier die Kombination der Allquantoren mit den Anti-Miranda „гнет“ und „эксплуатация“, bekannten Vorwürfen des sozialistischen an das kapitalistische Lager).[22] Hinzu tritt gleichsam die Totalität auf der Zeitachse durch die Attribuierung des Leitwortes „Frieden“ als „dauerhaft“ („прочный мир“). Die Ankündigung „*мы* пойдем *твердо и неуклонно* к победе социализма“ bezieht durch das „wir“ die kurz zuvor noch einmal direkt angesprochenen Arbeiter, Soldaten, Bauern und Werktätigen insgesamt für den avisierten Sieg des Sozialismus mit ein, die Standhaftigkeit der eigenen Gruppe wird durch die Reihung der Adverbien „твердо и неуклонно“ („fest und unbeirrt“) hervorgehoben. In dem Bezug auf die Unterstützung durch die „fortschrittlichen Arbeiter der zivilisiertesten Länder“ (welche Länder dies genau sind, bleibt ungesagt) klingt die zu diesem Zeitpunkt noch erhoffte Weltrevolution an, von der man in der historischen Rückschau weiß, dass sie nicht eintreten sollte.

2.6 Vom Zentralkomitee der Sozialdemokratischen Arbeiterpartei Russlands (Bolschewiki). An alle Parteimitglieder und an alle werktätigen Klassen Russlands (Ot Central'nogo komiteta Rossijskoj Social-Demokratičeskoj Rabočej Partii (Bol'ševikov). Ko vsem členam partii i ko vsem trudjaščimsja klassam Rossii)

Der letzte und längste der hier betrachteten Texte macht mit einem Umfang von 1174 Wörtern mehr als ein Drittel des Gesamtkorpus aus. Er wurde am 5./6.11. (bzw. 18./19.11.) geschrieben und am 7.(20.)11. in der Zeitung „Pravda“ veröffentlicht. Der Text beginnt mit der Anrede „Товарищи!“ („Genossen!“) und trägt keine Unterschrift. Das Besondere dieses Zeitdokuments liegt darin, dass die innerparteiliche Auseinandersetzung, die bereits in den Texten 3 und 4 augenfällig wurde, hier in markanter Weise fortgesetzt wird. Schon aufgrund der Länge des Textes würde es den Rahmen dieses Artikels sprengen, ihn in allen Einzelheiten zu analysieren. Es sollen vielmehr einige Punkte herausgegriffen werden, die deutlich machen, wie sich die politische Auseinandersetzung so

22 Die Verwendung von „всякий“ in der sowjetischen Propagandasprache zeigt ein differenziertes Bild. Es wurde einerseits als Allquantor im positiven Sinne auf die eigene Gruppe bezogen, trat andererseits aber auch in axiologisch neutralen sowie in pejorativen Kontexten auf. Letzteres erklärt D. Weiss (2000: 254) damit, dass dieses Adjektiv nicht nur eine referentielle, sondern auch eine qualifizierende Bedeutung aufweisen könne (vgl. ferner Weiss a.a.O.: 264f.).

kurz nach der Revolution innerhalb weniger Tage zuspitzte und wie dies sprachlich realisiert wird.

Im ersten Teil des Textes wird die Maxime „Alle Macht den Sowjets!" („Вся власть Советам!") zum Grundprinzip der gerade vollzogenen Revolution erklärt, woraus folge, dass es in Russland keine andere Regierung als eine Sowjetregierung geben dürfe. Da der Zweite Allrussische Sowjetkongress (der kurz zuvor stattgefunden hatte) der Partei der Bolschewiki die Mehrheit gebracht habe, sei nur eine Regierung aus Vertretern dieser Partei eine Sowjetregierung (72). Im Anschluss wird auf das Angebot des ZK der Partei der Bolschewiki an die Gruppe der linken Sozialrevolutionäre verwiesen, sich an der neuen Regierung zu beteiligen, das von diesen abgelehnt wurde. Im Unterschied zu den früheren Texten werden hier Namen genannt, wodurch klar ist, gegen wen sich die Vorwürfe richten: „(…) трех виднейших членов группы левых эсеров, товарищей Камкова, Спиро и Карелина" („(…) drei sehr angesehene Mitglieder der Gruppe der linken Sozialrevolutionäre, die Genossen Kamkov, Spiro und Karelin", 72). Diese Ablehnung bewertet das ZK wie folgt: „(…) мы считаем их отказ недопустимым для революционера и сторонника трудящихся (…)" („(…) wir halten ihre Absage für unzulässig für einen Revolutionär und Interessenvertreter der Werktätigen (…)", 73). Diese Wertung bleibt unbegründet. Sie erscheint aus heutiger Sicht als befremdlich, da zum einen niemand verpflichtet ist, überhaupt in einer Regierung tätig zu werden, und man es den linken Sozialrevolutionären zum anderen viel eher als Heuchelei und Machthunger hätte auslegen können, wenn sie sich an einer Regierung beteiligt hätten, mit der sie nicht einverstanden waren. Weiterhin wird noch einmal bekräftigt, nur eine bolschewistische Regierung könne zum gegenwärtigen Zeitpunkt als Sowjetregierung anerkannt werden, da der Zweite Allrussische Sowjetkongress eine rein bolschewistische Regierung gebilligt habe (ebd.). Anderslautende Erklärungen (die nicht genauer spezifiziert werden) werden als „absolut verlogen" gebrandmarkt, ihre Urheber als Feinde des Volkes und der Sowjetmacht: „Поэтому *абсолютно лживы*, и только от *врагов народа*, только от *врагов* Советской власти *исходят и могут исходить обманные* заявления, (…)" („Deshalb sind *betrügerische* Erklärungen (…) *absolut verlogen*, und sie *gehen* nur von *Feinden des Volkes*, nur von *Feinden* der Sowjetmacht *aus* und *können* nur von diesen *ausgehen.*", ebd.). Der Vorwurf der Lüge wird durch die Adjektive „лживый" (verstärkt durch den Totalitätsmarker „абсолютно") und „обманный" sprachlich umgesetzt, die Formulierung „исходят и могут исходить" unterstreicht die Nachdrücklichkeit der eigenen Darstellung. Der Begriff „враг народа" („Volksfeind") diente in der Sowjetunion zur Stigmatisierung von wie auch immer gearteten Gegnern des politischen Systems. Nach Angabe von V. M.

Mokienko und T. G. Nikitina (2005: 75f.) reicht sein Gebrauch bis in die Antike zurück (z.B. „hostis populi Romani" bei Cicero), lässt sich später während der Französischen Revolution beobachten und kommt in der russischen Presse erstmals bei Lenin vor. Später wurde dieser Begriff u.a. von Feliks Ė. Dzeržinskij, dem Begründer der ČK („Всероссийская чрезвычайная комиссия по борьбе с контрреволюцией и саботажем" – „Allrussische Außerordentliche Kommission zum Kampf gegen Konterrevolution und Sabotage"), des Vorläufers des KGB, sowie von Iosif V. Stalin benutzt (ebd., vgl. dazu ferner Zemcov 2009: 84–88).[23]

Im zweiten Teil des Textes geht es um den Rücktritt der namentlich genannten Parteimitglieder Kamenev, Zinov'ev, Nogin, Rykov und Miljutin aus dem Zentralkomitee bzw. aus dem Rat der Volkskommissare am 4.(17.)11. Dieses Verhalten wird auf das schärfste verurteilt. Heißt es zunächst noch, „einzelne Genossen" hätten sich im Kampf gegen die Feinde des Volkes als nicht genügend standhaft und fest erwiesen („(…) не могло не оказаться *отдельных* товарищей, недостаточно *стойких и твердых* в деле борьбы с *врагами народа.*", 73) und einige Parteimitglieder seien aus den Reihen weggelaufen („(…) *несколько* членов нашей партии (…) *бежали* из нашей среды", ebd.), weitet sich dies dann zum Vorwurf der Desertion aus, der große Teile des Textes durchzieht. Existenzquantoren wie „отдельные" und „некоторые" dienten im Newspeak dazu, feindliche Elemente im Unterschied zur Größe und Geschlossenheit der eigenen Gruppe als vereinzelt erscheinen zu lassen (vgl. Weiss 1986: 282ff., Zybatow 1995: 208).[24] Fünfmal fällt der Begriff „дезертиры" („Deserteure"), außerdem kommen je einmal das Substantiv „дезертирство" und das Adjektiv „дезертирский" vor, z.B.: „Ушедшие товарищи поступили, как *дезертиры* (…) Мы *решительно* осуждаем это *дезертирство*. Мы *глубоко* убеждены, что *все* сознательные[25] рабочие, солдаты и крестьяне, принадлежащие к

23 Dass missliebige Gruppen in der politischen Debatte bis heute als „Volksfeinde" diffamiert werden können, belegt die Auseinandersetzung des US-Präsidenten Donald Trump mit kritischen Medien, die er nicht nur als „fake news", sondern auch als „the enemy of the people" bezeichnete (vgl. exemplarisch https://www.whitehouse.gov/the-press-office/2017/02/24/remarks-president-trump-conservative-political-action-conference, aufgerufen am 25.2.2017).

24 „Отдельный" wurde im negativen Sinne auf vereinzelte Gegner bzw. negative Erscheinungen im eigenen Lager bezogen, konnte jedoch auch auf positive Elemente im gegnerischen Lager verweisen (Weiss 1986: 290, Fußnote 73, vgl. Beispiele bei Zemcov 1985: 265 und Zemcov 2009: 323, ferner Weiss 2000: 247f., 265f.).

25 Zu dem Adjektiv „сознательный", hier übersetzt mit „klassenbewusst", im sowjetischen Sprachgebrauch vgl. Seliščev 1928: 48 und Mokienko/Nikitina 2005: 399. Laut

нашей партии или сочувствующие ей, так же *решительно* осудят поступок *дезертиров*. Но мы заявляем, что *ни на минуту и ни на волос дезертирский* поступок *нескольких* человек из верхушки[26] нашей партии не поколеблет *единства* масс, идущих за нашей партией, и, следовательно, не поколеблет нашей партии." („Die zurückgetretenen Genossen haben wie *Deserteure* gehandelt (...) Wir verurteilen diese *Desertion entschieden*. Wir sind *zutiefst* überzeugt, dass *alle* klassenbewussten Arbeiter, Soldaten und Bauern, die unserer Partei angehören oder mit ihr sympathisieren, die Handlungsweise der *Deserteure* ebenso *entschieden* verurteilen werden. Wir erklären jedoch, dass die *Desertion einiger* Männer aus unserer Parteispitze *nicht für einen Augenblick und nicht um Haaresbreite* die *Einheit* der Massen, die unserer Partei folgen, erschüttern wird und dass sie folglich auch unsere Partei nicht ins Wanken bringen wird.", 74). Hier fallen wiederum intensivierende Adverbien („*решительно* осуждать" – „*entschieden* verurteilen", „*глубоко* убеждены" – „*zutiefst* überzeugt") auf, die gewünschte Einheit wird durch das entsprechende Substantiv „единство", den Allquantor „все" und die Formulierung „ни на минуту и ни на волос" versprachlicht. Letztere enthält gewissermaßen eine zeitliche („Augenblick") und eine räumliche („Haaresbreite") Dimension und betont die Absolutheit dadurch umso stärker. Es ist frappierend, wie klar der Rückzug der benannten Parteimitglieder als Desertion verurteilt wird und keine andere Interpretationsmöglichkeit offenlässt. Ganz abgesehen von der Tatsache, dass es jedermann freistehen sollte, nicht nur in einem Gremium tätig zu werden, sondern es auch wieder zu verlassen, hätte man den Schritt der angesprochenen Personen, bei denen es sich schließlich um enge Kampfgefährten handelte, auch als Ausdruck von Ehrlichkeit bzw. Konsequenz würdigen oder zumindest verstehen können, da sie offensichtlich nicht gegen ihre Überzeugung weiter im ZK bzw. im Rat der Volkskommissare mitarbeiten wollten. Immerhin hätte die von ihnen favorisierte Bildung einer Regierung aus allen im Sowjetkongress vertretenen Parteien insofern eine Berechtigung gehabt, als man die Macht damit auf mehr politische Gruppen verteilt und sich deren Unterstützung gesichert hätte. Es entsteht der Eindruck von einer Einheit um jeden Preis, die offenbar auch dann aufrechterhalten werden sollte, wenn sie den tatsächlichen Überzeugungen einiger zuwiderlief.

S. I. Karcevskij (1923: 15 und 24) ist der Begriff „сознательный и организованный рабочий" eine Kalkierung des französischen „ouvrier conscient et organisé".

26 Das Lexem „верхушка" wird hier – wie auch in den 20er Jahren – in Bezug auf die eigene Parteiführung benutzt. Später bekam es einen abwertenden Beiklang und verwies auf gegnerische Regierungen (Weiss 1986: 261); zu „верхушка" auch Seliščev 1928: 141f., Mokienko/Nikitina 2005: 62f., Zemcov 1985: 71f., Zemcov 2009: 66f.

Im Folgenden wird der Vorwurf der Desertion gegen Lev B. Kamenev und Grigorij E. Zinov'ev zusätzlich dadurch untermauert, dass ihrem Handeln gleichsam eine (negativ bewertete) Kontinuität bescheinigt wird, da sie auf einer Sitzung des ZK am 10. (bzw. 23.) Oktober gegen den bewaffneten Aufstand gestimmt und auch noch später dagegen agitiert hätten: „Припомните, товарищи, что двое из *дезертиров*, Каменев и Зиновьев, уже перед восстанием в Петрограде выступили, как *дезертиры* и как *штрейкбрехеры* (…) Но *жизнь опровергла быстро ложь и клеветы* одних, *сомнения, колебания* и *трусость* других. ‚Буря', которую хотели поднять по поводу шагов Каменева и Зиновьева к *срыву* петроградского восстания, оказалась бурей в стакане воды[27], и *великий* подъем *масс, великий героизм миллионов* рабочих, солдат и крестьян в Питере и Москве, на фронте, в окопах и в деревнях, отодвинул *дезертиров* с такой же легкостью, с какой железнодорожный поезд отбрасывает щепки." („Erinnert euch daran, Genossen, dass zwei der *Deserteure*, Kamenev und Zinov'ev, schon vor dem Aufstand in Petrograd als *Deserteure* und als *Streikbrecher* aufgetreten sind (…) Aber das *Leben* hat die *Lügen* und die *Verleumdungen* der einen, die *Zweifel*, die *Schwankungen* und den *Kleinmut* der anderen *rasch* widerlegt, der ‚Sturm', den man aus Anlass der Schritte Kamenevs und Zinov'evs zur *Vereitelung* des Petrograder Aufstands entfachen wollte, erwies sich als Sturm im Wasserglas, und die *gewaltige* Erhebung der *Massen*, der *gewaltige Heroismus* von *Millionen* von Arbeitern, Soldaten und Bauern in Petrograd und Moskau, an der Front, in den Schützengräben und in den Dörfern hat die *Deserteure* mit derselben Leichtigkeit beiseite geschoben, mit der ein Eisenbahnzug Späne zur Seite schleudert.", 74). Das Anti-Mirandum „дезертиры" („Deserteure") wird hier durch „штрейкбрехеры" („Streikbrecher") flankiert. Es ist keinerlei Verständnis für die abweichende Meinung Kamenevs und Zinov'evs und für die Suche nach einem alternativen Weg zu erkennen. Wie jeder bewaffnete Aufstand, so barg auch dieser die Gefahr des Scheiterns und des Blutvergießens auf beiden Seiten in sich, sodass es dem unvoreingenommenen Betrachter als verständlich erscheint, wenn jemand zögerte oder andere Wege der Machtübernahme, beispielsweise durch Wahlen, ausloten wollte. Die von Lenins Vorstellungen abweichende Haltung wird jedoch als „Zweifel", „Schwankungen" und „Kleinmut" diffamiert, mit „Lügen" und „Verleumdungen" sind Teile der Presse gemeint. Die Verwendung des Lexems „срыв" („Vereitelung, Hintertreibung") legt sogar den Verdacht nahe, Kamenev

---

27 Zu dem Phraseologismus „буря в стакане воды" bei Lenin vgl. Bajramova/Denisov 1991: 25.

und Zinov'ev hätten ein Scheitern des Aufstands angestrebt, was ein noch viel gewichtigerer Vorwurf ist als eine fehlende Zustimmung. Die Berechtigung des tatsächlich erfolgreichen Aufstands wird aus der Rückschau als eine Entscheidung des Lebens selbst dargestellt; mithilfe sprachlicher Mittel wie „великий подъем масс, великий героизм миллионов" („*gewaltige* Erhebung der *Massen*, der *gewaltige Heroismus* von *Millionen*")[28], mit den Aufzählungen und dem eindrücklichen Vergleich mit dem Zug, der Späne hinwegfegt, wird ein grandioses Bild gezeichnet, das alle Zweifler umso kleinmütiger erscheinen lässt. Der Verweis auf „das Leben selbst" war typisch für die sowjetische Politsprache (dazu Weiss 2000: 256). Die Stigmatisierung eigener Kampfgefährten so kurz nach der Revolution ist im historischen Rückblick auch deshalb bemerkenswert, als von den hier namentlich Genannten sowohl Lev B. Kamenev und Grigorij E. Zinov'ev als auch Aleksej I. Rykov und Vladimir P. Miljutin später im Zuge der stalinistischen Schauprozesse der 30er Jahre hingerichtet wurden.

Nach diesen Angriffen auf prominente Mitglieder der eigenen Parteispitze führt das ZK nochmals aus, es sei nicht schuld an der Ablehnung der Regierungsbeteiligung durch die linken Sozialrevolutionäre und habe sogar Teilen der Petrograder Stadtduma, eines „Nests der Kornilov-Anhänger" („этого гнезда корниловцев"), die auch als Halunken bezeichnet werden („негодяи-корниловцы"), Zugeständnisse gemacht (75). Dies sei von Hintermännern der linken Sozialrevolutionäre als Schwäche ausgelegt und für neue Forderungen ausgenutzt worden, die man abgelehnt habe (ebd.). Interessant ist die Bezeichnung der Kreise, die nach Ansicht der Textverfasser hinter den linken Sozialrevolutionären stehen und durch diese im Interesse der Bourgeoisie tätig sind: „те *господа*, которые стоят за спиной левых эсеров и действуют через них в интересах буржуазии" („die *Herrschaften*, die hinter dem Rücken der linken Sozialrevolutionäre stehen und durch sie im Interesse der Bourgeoisie agieren", 75). An zwei weiteren Stellen werden konkret „die *Herren* Abramovič und Martov" („*господа* Абрамович и Мартов", ebd.)[29] genannt. Das Lexem „господин" bildet einen deutlichen Gegensatz zum in Bezug auf die eigene Gruppe verwendeten „товарищ" („Genosse, Kamerad") (zu diesem vgl. Karcevskij 1923: 24f. und 38f., Seliščev 1928: 193, Comrie/Stone 1978: 194ff., Zybatow 1995: 190ff.,

28 In ihrer Untersuchung zu Leitartikeln der „Pravda" hat L. Pöppel festgestellt, dass Attribute wie „великий" und „величайший", die später als typische positive Marker zur Charakterisierung der eigenen Seite bekannt sind, anfänglich auch oder sogar überwiegend in negativen Kontexten verwendet wurden (Pöppel 2007: 147ff.).

29 Gemeint sind Rafail A. Abramovič und Julij O. Martov, führende Vertreter der Menschewiki.

Comrie/Stone/Polinsky 1996: 275ff., Kronhaus 1997: 72f., Krongauz 1999: passim, Becker 2001: 251ff.). Es ist heute ganz neutral dem deutschen „Herr" vergleichbar, etwa in der Anrede „господин Президент" („Herr Präsident") (dazu ausführlich Radünzel 2010: 209–214). Dies war früher jedoch keineswegs der Fall. In der UdSSR wurde „господин" vorrangig in Bezug auf Ausländer benutzt, während man innerhalb der sowjetischen Gesellschaft Anredelexeme wie „товарищ" oder „гражданин" („Bürger") verwendete. Besonders unter den Revolutionären war „господин" verpönt bzw. in seinem Gebrauch eingeschränkt: „The Bolsheviks in particular applied господин to their enemies and they continue to do so.", urteilten B. Comrie und G. Stone (1978: 196) treffend (vgl. auch Comrie/Stone/Polinsky 1996: 278, zu „господин" ferner Seliščev 1928: 120 und 192f., Zybatow 1995: 190ff., Kronhaus 1997: 71ff., Krongauz 1999: passim, Pöppel 2007: 182).[30] O. A. Mizin, der den Gebrauch von Anredeformen in Lenins Werken speziell untersucht hat, verweist auf dessen bewusste Abgrenzung von „господин" und „товарищ", die besonders in Textpassagen zum Ausdruck kommt, in denen er Überlegungen anstellt, welche der beiden Bezeichnungen für bestimmte Personen angemessen sei (Mizin 1975: 29). „Товарищ(и)", das sowohl an Gleichgesinnte als auch an die Massen gerichtet ist, macht über die Hälfte aller in den Werken Lenins vorkommenden Anredeformen aus; in Bezug auf die Menschewiki wird regelmäßig „господин" benutzt (a.a.O.: 30).

Die Minderheit in den Sowjets wird ferner dadurch diskreditiert, dass sie als von der Bourgeoisie eingeschüchtert und als „Intellektuellengrüppchen" oder Marionette der Kornilov-Anhänger und anderer Gegner der Revolution bezeichnet wird: „(…) меньшинства, давшего себя запугать буржуазии и *фактически, на деле*, вопреки своим ‚благим намерениям', выступающего, как *кукла в руках корниловцев.* (…) Но никаким ультиматумам *интеллигентских группок*, за коими *массы* не стоят, за коими *на деле* стоят только *корниловцы*, *савинковцы*, *юнкера* и пр., мы не подчинимся." („(…) einer Minderheit, die sich von der Bourgeoisie einschüchtern ließ und die *faktisch, in der Tat* entgegen ihren eigenen ‚guten Absichten' als *Marionette in den Händen der Kornilov-Anhänger* fungiert. (…) Aber wir werden uns keinerlei Ultimaten von *Intellektuellengrüppchen* beugen, hinter denen nicht die *Massen* stehen, hinter denen *in Wirklichkeit* nur die Anhänger Kornilovs

30 Zum Problem der Anredeformen bzw. Anredenormen im Russischen seit der Oktoberrevolution vgl. u.a. Comrie/Stone 1978: 172–199, Comrie/Stone/Polinsky 1996: 249–282, Kronhaus 1997, Krongauz 1999.

und Savinkovs[31], die Offiziersschüler und dgl. stehen.", 76). Der Unterschied zwischen den angeblichen „guten Absichten" der Minderheit (die Anführungszeichen markieren gleichsam ein zumindest unterstelltes Zitat aus dem Diskurs der Gegenseite[32]) und ihrem tatsächlichen Verhalten wird durch die Synonymkopplung „фактически, на деле" („faktisch, in der Tat") unterstrichen. Das „на деле" wiederholt sich in der Folge in Bezug auf die Unterstützer der kritisierten „Intellektuellengrüppchen", bei denen es sich nicht um die Massen handelt, sondern in Wirklichkeit um konterrevolutionäre Gruppen, von denen drei konkret genannt werden. Die Diminutivform „Grüppchen" schafft zudem einen besonderen Kontrast zu den Massen, die „Intellektuellen"[33] sind den im Text mehrfach erwähnten Arbeitern, Soldaten und Bauern gegenübergestellt, wobei außer Acht bleibt, dass sich unter den führenden Revolutionären zahlreiche Intellektuelle befanden. So entstammte Lenin selbst der Familie eines Lehrers und Schulinspektors und hatte ein Jurastudium absolviert.

An mehreren Textstellen wird die Geschlossenheit der Partei und darüber hinaus der revolutionären Massen unterstrichen, z.B.: „*Ни тени* колебаний в массах петроградских, московских и других рабочих и солдат нет. Наша партия стоит *дружно и твердо, как один человек*, на страже Советской власти, на страже интересов *всех* трудящихся, прежде всего рабочих и беднейших крестьян!" („Es gibt *keine Spur* von Schwankungen in den Massen der Petrograder, Moskauer und der anderen Arbeiter und Soldaten. Unsere Partei steht *einmütig und fest, wie ein Mann*, auf der Wacht für die Sowjetmacht, auf der Wacht für die Interessen *aller* Werktätigen, vor allem der Arbeiter und der ärmsten Bauern!", 74f.). Dies erfolgt durch Allquantoren wie „все" und die Formulierung „ни тени" („keine Spur") sowie besonders nachdrücklich durch die Passage „дружно и твердо, как один человек" („einmütig und fest, wie ein Mann"), die zwei Adverbien und einen Vergleich[34] enthält. Diese Einigkeit wird im letzten Absatz des Textes aufgegriffen: „Пусть же будут *спокойны и тверды все* трудящиеся! Наша партия, партия советского большинства,

31 Gemeint ist Boris V. Savinkov, ein Terrorist, führender Vertreter der linken Sozialrevolutionäre und Gegner des Sowjetsystems.

32 Zur Verwendung von Anführungszeichen bei Lenin vgl. Tynjanov 1924: 93f., zu seinem Umgang mit fremder Rede vgl. Voronov 1971: 88–93.

33 Zum sowohl negativen als auch positiven Gebrauch von Wörtern wie „интеллигент", „интеллигенция" usw. in der Sowjetunion vgl. Mokienko/Nikitina 2005: 164, Zemcov 2009: 184–186.

34 Zu der Formel „как один" vgl. Weiss 2000: 250, zu „как один человек" bei Lenin vgl. Bajramova/Denisov 1991: 330.

стоит *дружно и сплоченно* на страже их интересов, и за нашей партией *по-прежнему* стоят *миллионы* рабочих в городах, солдат в окопах, крестьян в деревнях, готовых осуществить *во что бы то ни стало* победу *мира* и победу *социализма*!" („Mögen *alle* Werktätigen *ruhig und standhaft* sein! Unsere Partei, die Partei der Mehrheit in den Sowjets, steht *einträchtig und geschlossen* auf der Wacht für ihre Interessen, und hinter unserer Partei stehen *nach wie vor Millionen* von Arbeitern in den Städten, Soldaten in den Schützengräben, Bauern in den Dörfern, die bereit sind, den Sieg des *Friedens* und den Sieg des *Sozialismus um jeden Preis* herbeizuführen!", 76). Sie wird wiederum durch den Allquantor „все", durch Kopplungen von Adjektiven oder Adverbien („спокойны и тверды" – „ruhig und standhaft", „дружно и сплоченно" – „einträchtig und geschlossen") sowie durch den Verweis auf Millionen und die Aufzählung mehrerer Gruppen sprachlich umgesetzt. Das Adverb „по-прежнему" („nach wie vor") erzeugt eine Totalität auf der Zeitachse, indem es die Kontinuität der Unterstützung durch Millionen hervorhebt. Das Vertrauen auf den angestrebten Sieg – hier werden das Leitwort „Frieden" („мир") und das Fahnenwort „Sozialismus" („социализм") noch einmal prägnant am Schluss erwähnt – kommt ferner dadurch zum Ausdruck, dass ihn die Millionen „um jeden Preis" („во что бы то ни стало") herbeiführen werden, was assoziiert, dass Schwierigkeiten beseitigt und Opfer in Kauf genommen werden.

3 Abschließende Bemerkungen

Die betrachteten Texte sind überzeugende Beispiele dafür, mit welcher Vehemenz Lenin seine politischen Positionen vertrat bzw. die von ihm bevorzugten Handlungsweisen als die einzig möglichen bzw. richtigen darstellte und welcher sprachlichen Mittel er sich dabei bediente. Insbesondere ist frappierend, wie deutlich schon zu dieser Zeit die Ablehnung andersgearteter Meinungen zum Ausdruck kommt, auch wenn diese nicht von Vertretern der alten zaristischen Ordnung, an deren Gegnerschaft zur Politik der Bolschewiki kein Zweifel bestehen konnte, sondern von anderen Revolutionären bzw. von engen Kampfgefährten stammten. Die scharfe Verurteilung lässt keinerlei Verständnis für abweichende Haltungen im Einzelnen und keinerlei Wertschätzung innerparteilicher bzw. politischer Diskussionen über die richtige Vorgehensweise im Allgemeinen erkennen. Schließlich stand man an einem Wendepunkt der Geschichte, der nicht nur für Russland, sondern auch für die internationalen politischen Entwicklungen bedeutsam war. Da noch nie zuvor eine sozialistische Revolution gesiegt hatte und daher niemand über Erfahrungen beim Aufbau einer derartigen neuen Staats- und Gesellschaftsordnung verfügen konnte, wäre es denkbar gewesen, Diskussionen über den richtigen Weg und einem Abwägen verschiedener Möglichkeiten mehr Raum zu lassen, als dies der Fall war. Zwar muss man berücksichtigen, dass die Bolschewiki innenpolitisch unter Druck standen und die russische Revolution auch von außen bedroht war. Dieser Druck schlug sich in einem Streben nach Einheit um jeden Preis nieder, wovon die Texte Zeugnis ablegen. Die Diffamierung der teilweise namentlich genannten Parteimitglieder als Deserteure zeigt eine Art des Umgangs mit vermeintlichen oder tatsächlichen Abweichlern, die später in den stalinistischen Verfolgungen ihren Höhepunkt fand, denen (neben zahllosen anderen) ein Großteil der revolutionären Garde um Lenin zum Opfer fallen sollte.

Des Weiteren belegen die Dokumente, dass viele Merkmale, die in späteren Jahren die Politsprache der Sowjetunion auszeichneten, etwa der Hang zu Gigantismus und Totalität, bereits bei Lenin vorkommen. Teilweise sind die dafür verwendeten sprachlichen Mittel jedoch noch nicht so eindeutig verteilt, wie es später der Fall war. So werden beispielsweise Allquantoren und Intensifikatoren in den analysierten Texten nicht nur benutzt, um die Geschlossenheit der eigenen politischen Gruppe und die Bedeutung eigener Leistungen zu betonen, sondern auch, um die Vorgehensweise der Gegner als allumfassend, heftig und damit als besonders gefährlich zu charakterisieren. Die Reden und Schriften Lenins markieren den Anfangspunkt der sowjetischen Politsprache, die sich in der Folge konsolidierte und ihre spezifische Eigenart entwickelte. Ihre Nachklänge lassen sich bis heute im politischen Diskurs beobachten.

Literaturverzeichnis

a) Quellen

K naseleniju, in: Polnoe sobranie sočinenij V. I. Lenina. Izdanie pjatoe, tom 35, s. 65–67, http://uaio.ru/vil/35.htm#s65 [13.11.2016].

Ot Central'nogo komiteta Rossijskoj Social-Demokratičeskoj Rabočej Partii (Bol'ševikov). Ko vsem členam partii i ko vsem trudjaščimsja klassam Rossii, in: Polnoe sobranie sočinenij V. I. Lenina. Izdanie pjatoe, tom 35, s. 72–76, http://uaio.ru/vil/35.htm#s72 [13.11.2016].

Pis'mo členam CK, in: Polnoe sobranie sočinenij V. I. Lenina. Izdanie pjatoe, tom 34, s. 435–436, http://uaio.ru/vil/34.htm#s435 [13.11.2016].

Rezoljucija CK RSDRP(b) po voprosu ob oppozicii vnutri CK 2 (15) nojabrja 1917 g., in: Polnoe sobranie sočinenij V. I. Lenina. Izdanie pjatoe, tom 35, s. 44–46, http://uaio.ru/vil/35.htm#s44 [13.11.2016].

Ul'timatum bol'šinstva CK RSDRP(b) men'šinstvu, in: Polnoe sobranie sočinenij V. I. Lenina. Izdanie pjatoe, tom 35, s. 47–49, http://uaio.ru/vil/35.htm#s47 [13.11.2016].

Zasedanie petrogradskogo soveta rabočich i soldatskich deputatov 25 oktjabrja (7 nojabrja) 1917 g., in: Polnoe sobranie sočinenij V. I. Lenina. Izdanie pjatoe, tom 35, s. 2–5, http://uaio.ru/vil/35.htm#s2 [13.11.2016].

b) Sekundärliteratur

L. K. Bajramova, P. N. Denisov, Frazeologičeskij slovar' jazyka V. I. Lenina, Kazan' 1991.

J.-M. Becker, Semantische Variabilität der russischen politischen Lexik im zwanzigsten Jahrhundert, München 2001 (= Slavistische Beiträge 404).

A. F. Berežnoj, V. I. Lenin – publicist i redaktor, Moskva 1975.

A. G. Cejtlin, Stil' Lenina-publicista, Moskva 1969.

B. Comrie, G. Stone, The Russian Language since the Revolution, Oxford 1978.

B. Comrie, G. Stone, M. Polinsky, The Russian Language in the Twentieth Century. Second Edition, Revised and Expanded, of „The Russian Language since the Revolution" by B. Comrie and G. Stone, Oxford 1996.

P. N. Denisov (otv. red.), Problemy leksikografičeskogo analiza jazyka proizvedenij V. I. Lenina, Moskva 1984.

M. S. Gorham, Speaking in Soviet tongues. Language culture and the politics of voice in revolutionary Russia, DeKalb 2003.

M. Hubenschmid, Text und Handlungsrepräsentation. Ein Analysemodell politischer Reden am Beispiel V. I. Lenins, München 1998 (= Slavistische Beiträge 366).

S. I. Karcevskij, Jazyk, vojna i revoljucija, Berlin 1923.

B. Kazanskij, Reč' Lenina. Opyt ritoričeskogo analiza, in: Lef (1924)1(5), S. 111–139.

M. A. Krongauz, Obraščenija kak sposob modelirovanija kommunikativnogo prostranstva, in: N. D. Arutjunova, I. B. Levontina (otv. red.), Logičeskij analiz jazyka. Obraz čeloveka v kul'ture i jazyke, Moskva 1999, S. 124–134.

M. Kronhaus (= M. A. Krongauz), Russian forms of address in communication and culture, in: International Journal of Psycholinguistics 13(1997)1, S. 67–79.

Lef. Žurnal levogo fronta iskusstv (1924)1(5).

F. Mierau (Hrsg.), Sprache und Stil Lenins. Aufsätze von Viktor Schklowski, Boris Eichenbaum, Lew Jakubinski, Juri Tynjanow, Boris Kasanski, Boris Tomaschewski, München 1970 (= Reihe Hanser 47).

O. A. Mizin, Obraščenija v proizvedenijach V. I. Lenina, in: Russkaja reč' (1975)2, S. 29–35.

V. M. Mokienko, T. G. Nikitina, Tolkovyj slovar' jazyka Sovdepii, Moskva 2005.

L. Pöppel, The Rhetoric of *Pravda* Editorials. A Diachronic Study of a Political Genre, Stockholm 2007 (= Acta Universitatis Stockholmiensis. Stockholm Slavic Studies 33).

C. Radünzel, Bezeichnungen für Führungspersonen im Russischen im Vergleich mit anderen slawischen Sprachen und dem Deutschen, Heidelberg 2010 (= Slavica 6).

A. M. Seliščev, Jazyk revoljucionnoj ėpochi. Iz nabljudenij nad russkim jazykom poslednich let (1917–1926), Moskva 1928.

P. Seriot, Analyse du discours politique soviétique, Paris 1985 (= Cultures et sociétés de l'est 2).

G. Strauß, G. Zifonun, Formen der Ideologiegebundenheit. Versuch einer Typologie der gesellschaftspolitischen Lexik, in: G. Strauß, Der politische Wortschatz. Zur Kommunikations- und Textsortenspezifik, Tübingen 1986, S. 67–147 (= Forschungsberichte des Instituts für Deutsche Sprache Mannheim 60).

Ju. Tynjanov, Slovar' Lenina-polemista, in: Lef (1924)1(5), S. 81–110.

L. Uspenskij, Russkij jazyk posle revoljucii, in: Slavia 10(1931), S. 252–287.

V. F. Vorob'ev, V. A. Sirotina (red.), Jazyk i stil' proizvedenij V. I. Lenina, Kiev 1973.

Ju. S. Voronov, Oratorskij stil' Lenina. Očerki, Saratov 1971.

D. Weiss, Was ist neu am „newspeak"? Reflexionen zur Sprache der Politik in der Sowjetunion, in: R. Rathmayr (Hrsg.), Slavistische Linguistik 1985, München 1986, S. 247–325 (= Slavistische Beiträge 200).

D. Weiss, Prolegomena zur Geschichte der verbalen Propaganda in der Sowjetunion, in: D. Weiss (Hrsg.), Slavistische Linguistik 1994, München 1995, S. 343–391 (= Slavistische Beiträge 332).

D. Weiss, Alle vs. einer: Zur Scheidung von good guys und bad guys in der sowjetischen Propagandasprache, in: W. Breu (Hrsg.), Slavistische Linguistik 1999, München 2000, S. 237–275 (= Slavistische Beiträge 396).

I. Zemcov, Sovetskij političeskij jazyk, London 1985.

I. G. Zemcov, Sovetskij jazyk – ėnciklopedija žizni, Moskva 2009.

L. N. Zybatow, Russisch im Wandel. Die russische Sprache seit der Perestrojka, Wiesbaden 1995 (= Veröffentlichungen der Abteilung für Slavische Sprachen und Literaturen des Osteuropa-Instituts (Slavisches Seminar) der Freien Universität Berlin 80).

Knut-Hinrik Kollex

Impulse und Parallelen. Die russischen Revolutionen und der Kieler Matrosenaufstand

Abstract: Im Aufsatz werden die russischen Revolutionen von 1917 und 1918 mit dem Kieler Matrosenaufstand verglichen. Vor dem Hintergrund der Entwicklungen in Russland und Kiel werden die Ereignisse und Folgen der Revolutionen in einen Kontext gesetzt und zur Grundlage einer kritischen Hinterfragung heute vorherrschender Thesen gemacht.

Stichworte: Revolution, Matrosenaufstand, Kiel, Regierung, Lenin, Bolschewiki, Monarchie, Russland, Februar-Revolution, Krieg, Deklaration der Soldatenrechte

1 Einleitung: Region und Revolution

Wer den Blick über den sprichwörtlichen Tellerrand wagt, wird feststellen, dass manch vermeintlich fernes Geschichtsereignis unvermittelt näher erscheint als zunächst vermutet. In der Geschichtswissenschaft ist dieser Tellerrand oftmals die jeweils nationale Grenze, die lange auch als Grenze des wissenschaftlichen Untersuchungsraumes verstanden wurde. Das lässt sich leicht schon an Begriffen wie der „Französischen Revolution", der „Russischen Revolution" oder der „Deutschen Revolution" nachvollziehen, die uns bestimmte Ereignisse zeitlich und räumlich zuordnen lassen, aber gleichzeitig den Eindruck erwecken, als seien sie innerlich abgeschlossene Entwicklungen, die sich nicht ohne weiteres miteinander verknüpfen ließen. Erst der globalgeschichtliche Blickwinkel erlaubt es, durch das Wegdenken von Ländergrenzen historische Kontinuitäten und Zusammenhänge sichtbar zu machen, welche wir mit der Nationalstaatsbrille nur verzerrt wahrnehmen würden.[1] Im Hinblick auf die deutsche Demokratiegeschichte sei auf die sogenannte und mittlerweile als hinfällig erachtete Sonderwegthese verwiesen, schließlich erscheint der demokratiegeschichtliche deutsche „Sonderweg" im globalgeschichtlichen Vergleich plötzlich nicht mehr so besonders.[2]

---

1 Für die revolutionäre Phase des frühen 20. Jahrhunderts siehe beispielsweise Rinke, Stefan/Wildt, Michael (Hrsg.): Revolutions and counter-revolutions. 1917 and its aftermath from a global perspective (Eigene und fremde Welten. Repräsentationen sozialer Ordnungen im Wandel, 34), Frankfurt a. M. 2017.

2 Zur Diskussion über die These vom „Deutschen Sonderweg" exemplarisch Bracher, Karl Dietrich (Hrsg.): Deutscher Sonderweg – Mythos oder Realität? Kolloquien des

Vor diesem Hintergrund wirkt der Begriff der Regionalgeschichte nun zunächst aber als ein vergleichsweise einengender. Regional klingt nach Provinzialität und einer Geschichte, die fernab der wichtigen Ereignisse stattfindet. Dabei ist Regionalgeschichte tatsächlich ein methodischer Ansatz, räumlich definierte Ausschnitte von Geschichte in den Fokus zu nehmen und sie mit anderen zu vergleichen. Erst dadurch kommt auch die Globalgeschichte zu ihrer Blüte, denn nur das Einsetzen vieler Puzzlestücke ergibt am Ende ein Gesamtbild, zumal auch die Regionalgeschichte keineswegs an Nationalstaatsgrenzen halt macht.[3] Für die Geschichte der Deutschen Revolution von 1918 ist der Kieler Matrosenaufstand ein solches Puzzlestück. Folgt man der hierfür wesentlichen Studie, der 1978 publizierten Dissertationsschrift Dirk Dähnhardts, ist es sogar ein ganz entscheidendes. Schließlich sieht der Autor in den Kieler Ereignissen eine „Initialzündung" der Novemberrevolution.[4]

Instituts für Zeitgeschichte, München 1982; Grebing, Helga: Der „deutsche Sonderweg" in Europa 1806–1945. Eine Kritik, Stuttgart 1986; Nipperdey, Thomas: 1933 und die Kontinuität der deutschen Geschichte, in: Historische Zeitschrift 227 (1978), S. 86–111; Plessner, Helmuth: Die verspätete Nation: über die politische Verfügbarkeit bürgerlichen Geistes, Frankfurt a. M. 1992; Wehler, Hans-Ulrich: Deutsche Gesellschaftsgeschichte Band 3: Von der Deutschen Doppelrevolution bis zum Beginn des Ersten Weltkriegs 1849–1914, München 1995, S. 482–484; Winkler, Heinrich August: Der lange Weg nach Westen, Bd. 2, Deutsche Geschichte vom „Dritten Reich" bis zur Wiedervereinigung 1933–1990, München 2000, S. 640–648.

3 Zu methodischen Aufgaben und Möglichkeiten der Regionalgeschichte siehe Auge, Oliver/Göllnitz, Martin: Hansegeschichte als Regionalgeschichte: Das Beispiel des Kieler Historikers Wilhelm Koppe (1908–1986), in: Hansische Geschichtsblätter 131 (2013), S. 229–273; Hinrichs, Ernst: Regionalgeschichte, in: Landesgeschichte heute, hrsg. von Carl-Hans Hauptmeyer, Göttingen 1987, S. 16–34; Köllmann, Wolfgang: Zur Bedeutung der Regionalgeschichte im Rahmen struktur- und sozialgeschichtlicher Konzeptionen, in: Archiv für Sozialgeschichte 15 (1975), S. 43–50; zur Globalgeschichte exemplarisch Conrad, Sebastian (Hrsg.): Globalgeschichte. Theorien, Ansätze, Themen (Globalgeschichte, 1), Frankfurt a. M. 2007.

4 Dähnhardt, Dirk: Revolution in Kiel. Der Übergang vom Kaiserreich zur Weimarer Republik 1918/19 (Mitteilungen der Gesellschaft für Kieler Stadtgeschichte, 64), Neumünster 1978; jetzt auch Rackwitz, Martin: Kiel 1918. Revolution – Aufbruch zu Demokratie und Republik (Sonderveröffentlichungen der Gesellschaft für Kieler Stadtgeschichte, 87), Kiel 2018; erwähnenswert ist auch das Titelbild des ersten schriftlichen Ereignisberichts zu den Ereignissen, mit dem der Autor dem Kieler Matrosenaufstand bereits 1918 eine globale Bedeutung zuschrieb, siehe Popp, Lothar: Ursprung und Entwicklung der November-Revolution 1918. Wie die deutsche Republik entstand, Kiel 1918.

Nicht nur der Matrosenaufstand ist dem deutschen Bewusstsein der letzten beiden Jahrzehnte nur noch ein vager Begriff gewesen. In der Geschichtswissenschaft wurde bisweilen gar von einer „vergessenen Revolution"[5] gesprochen, die nicht zuletzt aufgrund des 100-jährigen Jubiläums 2018 zumindest kurzfristig aus ihrem Dornröschenschlaf erweckt wurde. Mit dem Ende der großen ideologischen Auseinandersetzungen des Kalten Krieges war eine weitere Auseinandersetzung mit dem Thema reizlos geworden.[6] Bis in die 1970er und 80er Jahre war sie allerdings noch Ausgangspunkt einer hitzigen Debatte zweier widerstreitender Lager der Geschichtswissenschaft, die die namensgebenden Kieler Matrosen entweder als revolutionäre Avantgarde im heroischen Kampf für die Rechte einer unterdrückten Bevölkerung oder aber als aufrührerische Meuterer und Unruhestifter sehen wollten.[7] Sinnbildlich für einen zur Skulptur erstarrt gebliebenen Stand der historischen Debatte stehen die beiden prominentesten Denkmäler zur Erinnerung an den Matrosenaufstand in den Küstenstädten Kiel und Rostock. Während in Letzterer die sozialistische Parteiführung der DDR den „Wegbereitern des deutschen Sozialismus" 1977 ein durch plastische Klarheit programmatisch unmissverständliches Monument setzte, hat die abstrakte Plastik „Wik" (auch „Feuer aus den Kesseln") von Hans-Jürgen Breuste erst 1982 nach zäher Debatte den Weg ins Herz Kiels – wenn auch nicht unbedingt ins Herz der Kieler Bevölkerung – finden können.[8] Mit dem Dank des 100-jährigen Jubiläums wiederbelebten Interesse stellen sich jetzt also nicht nur neue Fragen

---

5 Zuletzt, wenn auch mit dem Ziel, die Vergessenheit ungeschehen zu machen: Gallus, Alexander: Die vergessene Revolution von 1918/19. Erinnerung und Deutung im Wandel, in: Die vergessene Revolution von 1918/19, hrsg. von dems., Göttingen 2010, S. 14–38.

6 Einen umfangreichen Überblick über die Historiographiegeschichte der deutschen Novemberrevolution bietet Niess, Wolfgang: Die Revolution von 1918/19 in der deutschen Geschichtsschreibung. Deutungen von der Weimarer Republik bis ins 21. Jahrhundert, Berlin 2013.

7 Vgl. ebd. S. 259ff. Die schon während der Weimarer Republik aufgekommene Verleumdung der Beteiligten, v.a. der Sozialdemokraten, als „Novemberverbrecher" wurde besonders im NS-Staat zum offiziellen Geschichtsduktus. Mit dessen Ende begann eine Umdeutung, die anfangs zwar die Sozialdemokratie rehabilitieren sollte, jedoch ein Narrativ schaffte, nach dem Deutschland vor der Wahl einer Demokratie oder einer Rätediktatur gestanden habe; so v.a. Erdmann, Karl Dietrich: Die Geschichte der Weimarer Republik als Problem der Wissenschaft, in VfZ 3 (1955), S. 1–19, hier S. 7.

8 Vgl. Auge, Oliver: Problemfall Matrosenaufstand. Kiels Schwierigkeiten im Umgang mit einem Schlüsseldatum seiner und der deutschen Geschichte, in: Demokratische Geschichte 25 (2014), S. 307–328.

hinsichtlich der Ereignisse, sondern auch nach den Ursachen, den Gründen und nicht zuletzt den Wechselwirkungen. Es liegt daher also nicht allzu fern, auch nach den Bezügen zur folgenreichen russischen Revolution von 1917, zeitlich kaum mehr als ein Jahr entfernt, zu fragen.

2 Russland als Vorbildgeber für die Kieler Matrosen von 1918?

Kaum eine Revolution ist so sehr zum Vorbild für politische Umbrüche des 20. Jahrhunderts geworden wie die russische von 1917, die sich genau genommen auf die zwei Revolutionen des (russischen) Februars und Oktobers aufteilt.[9] Ihre Ereignisse und Folgen strahlten global auf zahlreiche Staaten ab, von denen sich besonders die europäischen zu weiten Teilen nicht nur in einem scheinbar endlosen Weltkrieg, sondern auch in dramatischen gesellschaftlichen Konflikten verstrickt sahen.[10] Das galt ebenso für das Deutsche Kaiserreich, wo besonders in den Arbeitermilieus mit der russischen Februarrevolution viele Hoffnungen verbunden waren, was aber ebenso das bürgerliche Schreckgespenst von „der Revolution" neu belebte.[11] Spätestens die Machtübernahme durch die Bolschewiki im Oktober 1917 und das Abdriften Russlands in Chaos und Bürgerkrieg verschafften den warnenden Stimmen in Deutschland wieder mehr Gehör. Denn seit die russischen Bolschewiki die Regierung des Sozialisten Alexander Kerenski aus dem Amt geputscht und eine Diktatur ihrer Partei etabliert hatten, wurde nicht nur dem bürgerlichen Lager, sondern auch der deutschen Sozialdemokratie vor

---

9 Nach dem damals in Russland geltenden julianischen Kalender. Nach gregorianischer Zeitrechnung begann die Februarrevolution am 8. März und die Oktoberrevolution am 7. November.

10 Einen komprimierten Überblick über die globalen Problemkomplexe und die Erwartungshaltungen hinsichtlich deren Lösungen vermittelt Leonhard, Jörn: 1917–1920 and the Global Revolution of Rising Expectations, in: Revolutions and counter-revolutions. 1917 and its aftermath from a global perspective (Eigene und fremde Welten. Repräsentationen sozialer Ordnungen im Wandel, 34), hrsg. von Stefan Rinke und Michael Wildt, Frankfurt a. M. 2017, S. 31–54.

11 Zur Bedeutung von Revolutionsangst siehe Gerwarth, Robert/Horne, John: Bolschewismus als Fantasie. Revolutionsangst und konterrevolutionäre Gewalt 1917 bis 1923, in: Krieg im Frieden. Paramilitärische Gewalt in Europa nach dem Ersten Weltkrieg, hrsg. von dens., S. 94–107; für deren regionale Ausprägungen in Schleswig-Holstein siehe Göllnitz, Martin/Kollex, Knut-Hinrik/Wegener Friis, Thomas: Blandt revolutionære og "Rigsfjender" i Slesvig-Holsten 1917–1920, in: Arbejderhistorie. Tidsskrift for historie, kultur og politik (2017) H. 2, S. 126–149.

Augen geführt, welche Gefahren in einem gewaltsamen Umsturz schlummern konnten.[12]

Dabei war es die deutsche Regierung selbst, die Lenin, den Führer der Bolschewiki, nach Russland eingeschleust hatte, um das Land zu destabilisieren und endlich als Kriegsgegner auszuschalten.[13] Zwar hatte die Februar-Revolution die Abdankung des russischen Zaren erreicht, die neue bürgerlich dominierte Regierung dachte aber gar nicht daran, den Krieg mit dem Deutschen Reich zu beenden. Nicht zuletzt deshalb, weil man das Haus Romanov verdächtigte, insgeheim mit den deutschen Feinden zu sympathisieren und fürchtete, die Deutschen könnten als Bedingung für einen Frieden, die Restitution der Monarchie in Russland verlangen.[14] Zuvor schon hatte Lenin unmissverständlich von seinen Parteigenossen die gewaltsame Machtübernahme gefordert. Als die nach dem damaligen Kriegsminister benannte Kerenski-Offensive im Juli 1917 scheiterte und das Land von neuen Unruhen erschüttert wurde, spielte dies den Bolschewiki in die Hände.[15] Die Kornilov-Affäre brachte die Regierung zudem weiter in Misskredit, nachdem sie General Kornilov, den Oberbefehlshaber der russischen Armee, beauftragt hatte, gegen aufständische linke Gruppierungen vorzugehen. Denn dieser weigerte sich anschließend nicht nur, seine Befehlsgewalt abzugeben, sondern er unternahm gar einen Putschversuch gegen die Regierung.[16]

Als die Bolschewiki aus den Kommunalwahlen im September 1917 in zahlreichen russischen Großstädten als stärkste Kraft herausgingen, sah Lenin die Zeit reif zur Übernahme der Macht in ganz Russland und ließ den bewaffneten Aufstand vorbereiten.[17] Der Koalitionsregierung aus Bürgerlichen und gemäßigten

12 Zum Gesamtkomplex der russischen Revolutionen siehe exemplarisch Altrichter, Helmut: Rußland 1917. Ein Land auf der Suche nach sich selbst, Paderborn 1997; Aust, Martin: Die Russische Revolution. Vom Zarenreich zum Sowjetimperium, München 2017; Figes, Orlando: Die Tragödie eines Volkes. Die Epoche der russischen Revolution 1891 bis 1924, Berlin 1998; Smith, Stephen Anthony: Revolution in Russland. Das Zarenreich in der Krise 1890–1928, Darmstadt 2017.

13 Zur Rolle Lenins siehe Smith, Revolution, S. 131ff.; vgl. auch Harding, Neil: Lenin's political thought, 2 Bde., London 1977–1981; Sebestyen, Victor: Lenin. Ein Leben, Berlin 2017.

14 Altrichter, Rußland, S. 132ff.

15 Ebd. S. 172ff.; Smith, Revolution, S. 143f.; Wildman, Allan: The end of the Russian Imperial Army, Bd. 2, The road to Soviet power and peace, Princeton 1987, S. 89ff. und S. 112ff.

16 Zur Kornilov-Affäre vgl. Pipes, Richard: Die Russische Revolution, Bd. 2, Die Macht der Bolschewiki, Berlin 1992, S. 193ff.; Smith, Revolution, S. 171f.

17 Hierzu und zum Folgenden: Rabinowitch, Alexander: Die Sowjetmacht. Die Revolution der Bolschewiki 1917, Essen 2012, S. 281ff.

Sozialisten gelang es nicht, sie an der Machtübernahme zu hindern. In der Nacht vom 24. auf den 25. Oktober 1917 (jul.) ließ das von den Bolschewiki kontrollierte Militärische Revolutionskomitee die russische Hauptstadt besetzen und am Folgetag die im Winterpalais des Zaren untergebrachte Regierung verhaften. Es folgten zahllose weitere Verhaftungen, vor allem auch von oppositionellen Linken. Auf dem Land kam es vermehrt zu wilden Enteignungen, die das sog. „Dekret über Grund und Boden" legitimierte. Nicht selten ging dies einher mit Gewalt und Anarchie, weil staatliche Kontrolle fehlte oder der Rachegedanke gegenüber den oberen Schichten überwog. Der einsetzende russische Bürgerkrieg mit all seinen Gräueln konnte die Festigung der Kontrolle der Bolschewiki über das ehemalige Zarenreich nicht mehr verhindern.

Als Ausgangslage dieser dramatischen, auch in Deutschland stark rezipierten Folgen, ähnelt die russische Februar-Revolution des Jahres 1917 der des Kieler Matrosenaufstandes vom Herbst 1918, was entsprechende Ängste schürte. Wie in Deutschland hatte sich infolge des Krieges auch in Russland die Versorgungslage der Bevölkerung, insbesondere in den Großstädten und der Hauptstadt Petrograd, erheblich zugespitzt. Anfang 1917 waren die Lebensmittelpreise extrem angestiegen. Lange Schlangen bildeten sich vor den Ausgabestellen, die in fatalem Maße zum Hort der Unzufriedenheit und damit auch zur revolutionären Gruppenbildung führten.[18]

Am 9. Januar (jul.) traten in Petrograd über 140.000 Arbeiter anlässlich des Jahrestags des „Blutsonntags von 1905" in den Ausstand.[19] Mitte Februar sollte eine noch größere Massendemonstration stattfinden, um der Duma, dem russischen Parlament, gegenüber der zaristischen Regierung demonstrativ den Rücken zu stärken. Trotz erheblicher Repressionsmaßnahmen kamen noch 84.000 Arbeiter zusammen. Streiks und Demonstrationen prägten von nun an das Stadtbild. Immer mühsamer gelang es Polizei und Militär, die Lage unter Kontrolle zu halten. Aus dem ursprünglichen Ruf nach Brot wurde die Forderung nach dem Ende des Krieges und der Abschaffung der Monarchie.[20] Es kam wiederholt zu gewaltsamen Zusammenstößen. Am 25. Februar war die Schwelle zum Generalstreik erreicht. Die Polizei war längst nicht mehr Herr der Lage. Immer öfter weigerten sich Militäreinheiten, gegen Demonstranten vorzugehen

18 Altrichter, Rußland, S. 111f.

19 Zur Revolution von 1905 siehe Smith, Revolution, S. 60–74.

20 Altrichter, Rußland, S. 115.

oder kamen ihnen stellenweise gar zu Hilfe.[21] Die Ausweitung der Proteste wurde dadurch begünstigt, dass es General Chabalov, Stadtkommandant von Petrograd, zunächst versäumt hatte, um Hilfe von außerhalb zu ersuchen. Erst nachdem die Demonstrationen ein erhebliches Ausmaß angenommen hatten, wurden sie mit einem massiven Militäraufgebot beantwortet. Von nun an aber ging die Staatsmacht mit aller Gewalt gegen die Demonstranten vor. Wer sich den Anweisungen widersetzte, auf den wurde geschossen. Zahlreiche Demonstranten, darunter auch Frauen und Kinder, fielen dem Kugelhagel zum Opfer.

Das Parlament wurde kaltgestellt und aufgelöst. All das machte nicht nur auf die Bevölkerung Eindruck, sondern auch auf die Soldaten. Erste Einheiten beschlossen, einen erneuten Schießbefehl zu verweigern. Ab dem 27. Februar ergriff eine sich immer schneller ausbreitende Soldatenmeuterei die Garnisonen der Stadt. Bis zum Abend hatten sich ihr über 65.000 Soldaten angeschlossen. Zwei Tage später hatte nahezu die gesamte Garnison mit über 170.000 Soldaten die Seite gewechselt. Dabei ging man, anders als später in Kiel, mit den Offizieren nicht gerade zimperlich um. Wer sich den Meuterern in den Weg stellte, wurde erschossen oder erschlagen. Auch die Arbeiter hatten sich mittlerweile bewaffnet. Gefängnisse und Polizeistationen wurden gestürmt, sämtliche Gefangene befreit. Bald waren die Straßen voll von marodierenden Soldaten und bewaffneten Kriminellen. Die Staatsmacht hatte vollständig die Kontrolle verloren, eine Alternative war aber kaum in Sicht. Die Folge war Anarchie auf den Straßen, Gewalt, Plünderungen und Lynchjustiz.[22]

Selbst Parteien, die in Opposition zum Zarenregime gestanden hatten, waren von den Ereignissen völlig überrumpelt worden. Beim Versuch, die Kontrolle über die Situation zurückzuerlangen, gingen sozialistische und bürgerliche Parteien mit gänzlich unterschiedlichen Ansätzen vor. Während die Sozialisten ein Rätesystem etablierten, versuchten die Bürgerlichen, die Duma zum zentralen politischen Organ aufzuwerten, um Russland in ein parlamentarisches System umzuwandeln. Damit entwickelten sich zwei Systeme, die parallel existierten und unabhängig voneinander agierten.[23] Allerdings waren die Vertreter des Rätesystems gespalten. Die sozialistische Fraktion der Menschewiki befürwortete zunächst die Einführung einer bürgerlich-parlamentarischen Demokratie

21 Hierzu und zum Folgenden vgl. die umfangreiche chronologische Darstellung der Ereignisse bei Hasegawa, Tsuyoshi: The February Revolution. Petrograd 1917, Seattle 1981, S. 215ff.

22 Altrichter, Rußland, S. 120; Zur Rolle der Gewalt vgl. Beyrau, Dietrich: Krieg und Revolution. Russische Erfahrungen, Paderborn 2017, S. 200–225.

23 Altrichter, Rußland, S. 136ff.; Smith, Revolution, S. 125ff. v.a. S. 127.

als Vorbereitung auf die große Arbeiterrevolution, die letztendlich das Ziel darstellen sollte. Die Fraktion der Bolschewiki unter ihrem damals noch exilierten Anführer Lenin hingegen wollte auf diesen Umweg verzichten und die Revolution unter ihrer Führung sofort verwirklichen.[24]

Die Unterstützung der bürgerlichen Kräfte durch die Menschewiki konnte letztlich nicht verhindern, dass sich die Doppelherrschaft aus Räten und Duma verfestigte. Insbesondere die Soldatenräte misstrauten der auf die Duma gestützten Provisorischen Regierung.[25] Sie fürchteten eine Restitution des alten Regimes und damit die Rückkehr missliebiger Offiziere. Diese Furcht war, wie die bereits erwähnte Kornilov-Affäre zeigt, nicht unbegründet. Denn die Provisorische Regierung entschloss sich, eine der zentralen Ursprungsforderungen – nämlich die nach Frieden – nicht zu erfüllen, sondern den Krieg gegen das Deutsche Reich fortzuführen.[26] Dabei erschien die Situation für das neue Russland noch im Frühjahr 1917 durchaus hoffnungsvoll: Das zaristische Regime war mit der Februar-Revolution endgültig ausgeschaltet worden und die Armeeführung hatte sich mit dem Sturz des Zaren und der Machtübernahme durch die Liberalen abgefunden.[27] Jenen gelang es allerdings nicht, die drängenden Probleme Russlands zu bewältigen. Auch die Fortsetzung des Krieges blieb erfolglos. Die Deutschen rückten immer weiter vor, die Versorgungslage blieb schlecht und die Industrie stand kurz vor dem Zusammenbruch. Auf dem Land herrschten Unruhen, nicht nur wegen der Bodenfrage, sondern auch weil marodierende Soldatenhorden ganze Gebiete ungehindert ausplünderten, raubten und mordeten.[28] Daneben blieb die Lage auch in den Städten dramatisch, Vertreter der alten Ordnung sahen sich nun Repressalien und Racheakten ausgesetzt. Das „schöne Antlitz der Revolution“ so schrieb es eine russische Zeitung im Oktober 1917, hatte sich immer mehr zur „Grimasse der Anarchie“ verzerrt.[29]

---

24 Altrichter, Rußland, S. 121f.; Smith, Revolution, S. 174ff.; zur Haltung der Bolschewiki siehe Ulam, Adam: Die Bolschewiki. Vorgeschichte und Verlauf der kommunistischen Revolution in Rußland, Köln 1967.

25 Zur Rolle der russischen Soldatenräte: Anweiler, Oskar: Die Rätebewegung in Rußland 1905–1921, Leiden 1958; Hasegawa, Revolution, S. 313ff.

26 Allerdings hatten dies insbesondere auch die Bolschewiki gefordert, Altrichter, Rußland, S. 166; Smith, Revolution S. 142ff.

27 Altrichter, Rußland, S. 135f.

28 Zum Ausmaß der Gewalt vgl. Engelstein, Laura: Russia in flames. War, revolution, civil war. 1914–1921, New York 2018.

29 Russkie vedomosti N° 224 vom 1. Oktober 1917.

3 Deutschland und die Furcht vor der Revolution

Im Jahr 1917 befand sich auch das Deutsche Reich am Scheideweg. Hungerunruhen mehrten sich, Streiks und Proteste nahmen immer größere Ausmaße an. Doch standen die deutschen Sozialdemokraten nach wie vor treu zur Kriegspolitik der Regierung, zumindest der Teil, der sich nicht zu den bedingungslos friedensbejahenden Unabhängigen Sozialdemokraten (USPD) abgespalten hatte.[30] Während diese sich ideologisch den russischen Bolschewiki annäherten und auf die Position der internationalistischen Sozialisten hinsichtlich eines annexionslosen Kriegsendes einschwenkten, wurden die Mehrheitssozialdemokraten international mehr und mehr als Friedenshemmnis betrachtet.[31] Die Spaltung der deutschen Arbeiterbewegung ist nicht zuletzt auf die umstrittene Haltung der SPD-Führung zum Krieg zurückzuführen.

Befürchtungen, radikale deutsche Sozialisten, v.a. die sog. Spartakus-Gruppe innerhalb der USPD um Karl Liebknecht und Rosa Luxemburg, könnte in großem Umfang Einfluss auf Angehörige des Militärs erhalten, um eine Revolution nach russischem Muster zu entfachen, schienen sich im Sommer 1917 zu bewahrheiten.[32] Am 2. August war es im Flottenstützpunkt Wilhelmshaven zu einem Zwischenfall gekommen, der gewissermaßen zum Prolog der Kieler Matrosenbewegung des Folgejahres wurde.[33] Mehrere hundert Matrosen waren eigenmächtig dem Dienst ferngeblieben, um eine politische Kundgebung abzuhalten. Unter ihnen waren der Heizer Albin Köbis und der Matrose Max Reichpietsch. Beide wurden zusammen mit anderen verhaftet und – zum Entsetzen nicht nur der Matrosen, sondern selbst ihrer kommandierenden Offiziere – von

30 Engelmann, Dieter/Naumann, Horst: Zwischen Spaltung und Vereinigung. Die Unabhängige Sozialdemokratische Partei Deutschlands in den Jahren 1917–1922, Berlin 1993; Miller, Susanne: Burgfrieden und Klassenkampf. Die deutsche Sozialdemokratie im Ersten Weltkrieg (Beiträge zur Geschichte des Parlamentarismus und der politischen Parteien, 53), Düsseldorf 1974.

31 Vgl. Kirby, David: International Socialism and the Question of Peace. The Stockholm Conference of 1917, in: The Historical Journal 25 (1982), 3, S. 709–716.

32 Zur Spartakus-Gruppe vgl. Luban, Ottokar: The Role of the Spartacist Group after 9 November 1918 and the Formation of the KPD, in: Weimar Communism as Mass Movement 1918–1933, hrsg. von Ralf Hoffrogge und Norman LaPorte, London 2017, S. 45–65.

33 Hierzu und zum Folgenden: Regulski, Christoph: Lieber für die Ideale erschossen werden, als für die sogenannte Ehre fallen. Albin Köbis, Max Reichpietsch und die deutsche Matrosenbewegung 1917, Wiesbaden 2014, S. 151ff.

einem Militärgericht zum Tode verurteilt. Am 5. September 1917 wurden Reichpietsch und Köbis als Rädelsführer erschossen.

Der Grund für diese Überreaktion mag darin gelegen haben, dass Reichpietsch zuvor den Kontakt zu Politikern der USPD gesucht hatte. Ihrem radikalen Flügel wurde eine geistige Nähe zu den russischen Bolschewiki nachgesagt und die Marineleitung fürchtete, er könne revolutionäre Tendenzen innerhalb der Flotte fördern und steuern.[34] Tatsächlich aber hatte die USPD so gut wie keinen Einfluss auf die Matrosen gewinnen können. Im Gegenteil ließ sie die Matrosen regelrecht im Regen stehen.[35] Die harsche Reaktion der Militärjustiz, die auch für die Matrosenmeuterei des Jahres 1918 eine bedeutende Rolle spielte, beruhte also nicht zuletzt auf den Erfahrungen aus der Februar-Revolution und der Befürchtung, die russischen Bolschewiki könnten Einfluss auf den radikalen Teil der deutschen Arbeiterbewegung bekommen und ihn steuern.[36]

Tatsächlich bereitete es der autoritären Staatsführung und ihrer Verwaltung zunehmend Probleme, die sich ausbreitende Unruhe innerhalb der Bevölkerung unter Kontrolle zu behalten. Bereits seit 1916 war es in deutschen Großstädten, darunter auch Kiel, immer wieder zu Hungerunruhen gekommen.[37] Repressives Vorgehen, etwa durch eine rigorose Pressezensur unter Ausnutzung überkommener Notstandsgesetze[38] oder durch Abschirmung wichtiger Rüstungsbetriebe durch Militäreinheiten, um „schädliche Einflüsse" auf die dortigen Arbeiten fernzuhalten, konnte die Zweifel an der innenpolitischen Durchsetzungsfähigkeit

---

34 Ebd., S. 114f.

35 Zum Verhältnis der USPD zur Matrosenbewegung ebd., S. 99ff. und S. 117ff.; zur zurückhaltenden Politik der USPD ebd. S. 122.

36 Vgl. Luban Ottokar: Russische Bolschewiki und deutsche Linkssozialisten am Vorabend der deutschen Novemberrevolution. Beziehungen und Einflussnahme, in: Jahrbuch für Historische Kommunismusforschung 2009, S. 283–298.

37 Davis, Belinda: Konsum im Ersten Weltkriege, in: Die Konsumgesellschaft in Deutschland 1890–1990, hrsg. von Heinz-Gerhard Haupt und Claudius Torp, Frankfurt a. M. 2009, S. 232–249; Ullrich, Volker: Kriegsalltag. Zur inneren Revolutionierung der Wilhelminischen Gesellschaft, in: Der Erste Weltkrieg. Wirkung, Wahrnehmung, Analyse, hrsg. von Wolfgang Michalka, Weyarn 1997, S. 603–621; für Kiel siehe Rackwitz, Martin: Kriegszeiten in Kiel. Alltag und Politik an der Heimatfront 1914/18 (Sonderveröffentlichungen der Gesellschaft für Kieler Stadtgeschichte, 72), Kiel 2013.

38 So das Preußische Gesetz über den Belagerungszustand vom 4. Juni 1851; siehe auch die geheime Weisung des Generalstabs „Vorschrift für den Kampf in insurgierten Städten" von 1907; vgl. Horne, John/Kramer, Alan: Deutsche Kriegsgräuel 1914. Die umstrittene Wahrheit, Hamburg 2004.

der Regierung nicht zerstreuen.[39] Im Gegenteil spitzte sich die Lage bis zum Herbst 1918 immer weiter zu. Ab Sommer 1918 waren immer wieder Gerüchte über eine große Arbeiterrevolte zutage getreten. Schon im Januar desselben Jahres hatten Massenstreiks von Arbeitern – auch in Kiel – das Reich an den Rand des politischen Kollapses gebracht. Zum Glück für die damalige Regierung waren sie aber selbst in sich zusammengebrochen. Den Streikenden war von ihren eigenen Gewerkschaften die Unterstützung versagt worden, weil ihre Arbeitsniederlegung mit politischen Forderungen, allen voran dem drängenden Wunsch nach Frieden, verbunden waren.[40] Die Streikenden konnten sich gerade wegen der prekären Versorgungslage, gegen die sie eigentlich protestierten, die Fortführung des Streiks nicht leisten.

Erst mit der Einsicht der obersten deutschen Militärführung, vor allem des Generalquartiermeisters Erich Ludendorff, der grauen Eminenz der kaiserlichen Politik, dass der Krieg im Westen letztlich nicht mehr zu gewinnen sei, begann ein zarter innenpolitischer Reformprozess.[41] Nicht zuletzt auf US-amerikanischen Druck hin und die Weigerung Präsident Woodrow Wilsons, mit einer vom Kaiser eingesetzten Regierung zu verhandeln, begann sich das politische System des Deutschen Kaiserreichs zu wandeln.[42] Im Rahmen der Oktoberreformen wurde am 4. Oktober 1918 eine neue, auf breitem politischen Konsens fußende Reichsregierung unter dem Kanzler Prinz Maximilian v. Baden gebildet, an der auch Sozialdemokraten beteiligt waren. Sie wurde erstmals von der Zustimmung des Reichstags abhängig gemacht, eine Entwicklung, die wie anfangs in Russland den Weg in Richtung einer parlamentarischen Monarchie wies.

4 Der Kieler Matrosenaufstand

Wie in Russland krankte das neue Staatsgebilde jedoch an zwei Problemen. Zum einen war der Krieg nicht beendet, sondern wurde trotz intensivierter

39 Vgl. hierzu vor allem die Berichte schleswig-holsteinischer Landräte vom Juli 1918 in Landesarchiv Schleswig-Holstein (LASH), Abt. 309, Nr. 8306.

40 Dähnhardt, Revolution, S. 44.

41 Zur Rolle Ludendorffs vgl. Jacob, Frank: Erich Ludendorff. Militär, Putschist, Sektierer, Stuttgart 2018; Nebelin, Manfred: Ludendorff. Diktator im Ersten Weltkrieg, München 2010, S. 461ff.; Uhle-Wettler, Franz: Erich Ludendorff. Soldat – Feldherr – Revolutionär, 3. Aufl., Graz 2013, S. 385ff.

42 Vgl. zu Wilsons 14 Punkten Hannigan, Robert: The Great War and American foreign policy, 1914–24, Philadelphia 2017, S. 115ff.; zur letzten kaiserlichen Regierung und den Oktoberreformen siehe Machtan, Lothar: Prinz Max von Baden. Der letzte Kanzler des Kaisers, eine Biographie, Berlin 2013, S. 341ff.

Verhandlungen über einen Waffenstillstand fortgesetzt. Zum anderen misstrauten gerade Anhänger der politischen Arbeiterschaft den Zielen und Absichten der Militärführung, der man vorwarf, die Regierung insgeheim zu diskreditieren und den Krieg bei nächster Gelegenheit wieder aufflammen lassen zu wollen. Diese Befürchtungen manifestierten sich in der letztlich fatalen Entscheidung der deutschen Marineführung, im Angesicht des ersehnten und greifbar nahen Friedens noch mit einer letzten, waghalsigen Flottenaktion aufsehenerregend abzutreten, selbst wenn sie als „Todeskampf" enden würde. Schließlich, so schrieb es der Chef des Marinekabinetts, Adolf v. Trotha, in seinen „Überlegungen in ernster Stunde" vom 6. Oktober 1918, sei „einer durch schmachvollen Frieden gefesselten Flotte [...] die Zukunft gebrochen."[43]

Dieses von erheblichem Pathos getragene Szenario von Endkampf und Untergang entsprach dabei durchaus dem Zeitgeist von Teilen der deutschen Bevölkerung, die sich ja zu diesem Zeitpunkt einer Niederlage apokalyptischen Ausmaßes gegenübersah.[44] Deren mögliche Folgen konnte man damals durchaus der deutschen Tagespresse entnehmen. Als Schreckensvorbilder dienten nicht nur die Entwicklungen in Russland seit der Oktoberrevolution von 1917 mit einem sich immer heftiger ausbreitenden Bürgerkrieg, sondern auch die Ereignisse in Österreich-Ungarn, das zu diesem Zeitpunkt ebenfalls in ethnisch und politisch motivierter Gewalt versank.[45]

Vor diesem Hintergrund beschloss die Marineleitung Ende Oktober 1918, den geheimen Operationsbefehl Nr. 19 umzusetzen. Die Admiralität wollte mit einem Großteil der Hochseeflotte einen Vorstoß in den östlichen Teil des Ärmelkanals vornehmen, angeblich, um dort in einer begrenzten Unternehmung gegen die alliierten Nachschublinien vorzugehen und so dem sich aus Belgien zurückziehenden deutschen Westheer eine bessere Ausgangsposition für den in Bälde erwarteten Waffenstillstand zu verschaffen. Insgesamt, so wird es von einigen Militärhistorikern gesehen, wäre die Operation kein völlig sinnloses Unterfangen gewesen und hätte durchaus ohne größeren Zusammenstoß mit den Briten

43 Zitiert nach Deist, Wilhelm: Die Politik der Seekriegsleitung und die Rebellion der Flotte Ende Oktober 1918, in: VfZ 14 (1966), 4, S. 341–368, hier S. 352f.

44 Zum Bedeutung des „Endkampfes" vgl. Jones, Mark: Founding Weimar. Violence and the German Revolution of 1918–1919, Cambridge 2016, S. 37f.

45 Vgl. Maderthaner, Wolfgang/Pfoser, Alfred: Die Enttäuschung des Krieges. Kulturelle Transformationen während der „Großen Zeit", in: Die Habsburgermonarchie 1848–1918, Band 11, Die Habsburgermonarchie und der Erste Weltkrieg, 1. Teilband, Der Kampf um die Neuordnung Mitteleuropas, Teil 1, Vom Balkankonflikt zum Weltkrieg, hrsg. von Helmut Rumpler u.a., Wien 2016, S. 597–649, hier S. 644ff.

zu einem erfolgreichen Abschluss gebracht werden können.[46] Unabhängig davon ist, wie Wilhelm Deist gezeigt hat, das Hauptmotiv für diese Flottenoperation aber in der Ehrenrettung und Zukunftssicherung der Flottenführung selbst zu sehen.[47] In jeder Hinsicht war für das Gelingen allerdings strengste Geheimhaltung nötig. Die bereits in Waffenstillstandsverhandlungen eingebundene deutsche Regierung hatte man vorsichtshalber gar nicht erst informiert, sie hätte ein solches Unterfangen kaum gebilligt. Bis zum Auslaufbefehl am 30. Oktober wussten nicht einmal die kommandierenden Offiziere über die Details der Unternehmung Bescheid, geschweige denn die einfachen Matrosen. Aufgrund der kaum zu verdeckenden Vorbereitungen machten jedoch schnell Gerüchte die Runde. Nun rächte sich die pathetische Untergangsrhetorik. Die offizielle Verlautbarung, es sei ein großes Flottenmanöver geplant, glaubte kaum jemand. Stattdessen hieß es, dass eine Todesfahrt geplant sei, von der niemand zurückkehren solle. Auch von einer Rebellion der Admiräle gegen die neue, parlamentarisch legitimierte Regierung unter Reichskanzler Max v. Baden, mit der die Waffenstillstandsverhandlungen torpediert werden sollten, war die Rede. Viele der betroffenen Matrosen fragten sich daher, ob sie durch ihre Mitwirkung an dem Unternehmen die letzten Kriegsanstrengungen unterstützten oder nicht vielleicht doch an einer offenen Revolte der Admiralität gegen die Friedenspläne der Regierung teilnehmen sollten.

Als die Schiffe auf ihre Positionen am Ausgang des Jadebusens ausliefen, kam es zu ersten Zwischenfällen. Heizer kündigten ihren Vorgesetzten an, die Feuer der Kessel zu löschen, sollten die Schiffe deutsche Hoheitsgewässer verlassen. Ankerlichtungsanlagen wurden sabotiert und Matrosen verschanzten sich unter Deck. Erst mit einiger Verzögerung gelang es dem Flottenchef Admiral v. Hipper am 31. Oktober, die meuternden Besatzungen zur Aufgabe zu zwingen. Zwar verzichtete er darauf, an den Rädelsführern sogleich ein Exempel zu statuieren, doch ließ er wahllos mehrere hundert Matrosen – auch unbeteiligte – verhaften, die unter zahlreichen Misshandlungen an Land gebracht wurden, was die Stimmung in der Flotte weiter anheizte.[48] An die Fortführung des Flottenvorstoßes dachte v. Hipper bereits nicht mehr, unterließ es aber trotzdem, seine Soldaten über das Vorhaben aufzuklären und so die Gerüchte über die Fortsetzung der vermeintlichen Todesfahrt zu zerstreuen. Stattdessen befahl er, die von den Unruhen erschütterte Flotte auseinanderzuziehen und in ihre Heimathäfen

46 Vgl. Groß, Gerhard P.: Eine Frage der Ehre? Die Marineführung und der letzte Flottenvorstoß 1918, in: Deutsche Marinen im Wandel, S. 287–304, hier S. 290.

47 Hierzu und zum Folgenden: Deist, Seekriegsleitung, S. 356ff.

48 Dähnhardt, Revolution, S. 55.

zurückzuschicken. Während ein Teil der Flotte in Wilhelmshaven festgesetzt und ein weiterer wenig später nach Brunsbüttel gesandt wurde, beschloss die Flottenführung, das III. Geschwader ausgerechnet in den Heimathafen Kiel zurückzubeordern, der wie andere deutsche Großstädte von Arbeiterunruhen und Streiks bedroht war.[49] Obendrein wurde versucht, die ganze Angelegenheit zu vertuschen. Die Reichsregierung, die nicht über den Flottenvorstoß informiert worden war, wurde auch über die Meuterei nicht in Kenntnis gesetzt.

Auf der Passage ließ der Geschwaderchef, Vizeadmiral Kraft, weitere Matrosen verhaften, um seine Schiffe disziplinarisch vollends unter Kontrolle zu bekommen. Trotzdem hielt er an der Überzeugung fest, dass seine Leute in Kiel auf bessere Gedanken kommen und sich die Lage beruhigen würde. Dort aber wurden anlässlich des ersten Jahrestages der russischen Revolution ohnehin schon große Arbeiterstreiks erwartet.[50] Der Militärgouverneur, Admiral Souchon, war ein erfahrener kommandierender Seeoffizier, aber er war erst seit wenigen Tagen im Amt.[51] Zwar war er darüber unterrichtet, dass es unter den Arbeitern der großen Werften in Kiel, wie auch unter den Soldaten einiger Marinelandstellen brodelte, doch ohne eigene Expertise war er auf die Einschätzung seines Stabes angewiesen. Mangels Alternative erteilte Souchon Vizeadmiral Kraft die Erlaubnis, in den Hafen einzulaufen. Als noch fataler erwies sich die Erlaubnis, den Mannschaften des III. Geschwaders „einige Tage der Ruhe und des Urlaubs“ an Land zu erteilen. Vor allem Kraft hoffte, dass sich die Matrosen in der Stadt entspannen und von selbst beruhigen würden. Gleichzeitig wurden aber die verhafteten Teile der Besatzungen in die Marine-Arrestanstalt sowie in das bei Altenholz gelegene Fort Herwarth gebracht.[52]

Die Offiziere unterschätzten dabei den Korpsgeist erheblich, der auch von Ereignissen des Jahres 1917 geprägt war, als man Matrosen wegen politisch motivierter Befehlsverweigerung verurteilt und erschossen hatte. Schon am 1. November erschienen Matrosenabordnungen der Schiffe bei ihren Offizieren und verlangten erfolglos die Freilassung ihrer verhafteten Kameraden. Am darauffolgenden Tag, am Samstag den 2. November, versammelten sich ca. 250

---

49 Zur angespannten Lage in den norddeutschen Großstädten siehe Ullrich, Volker: Der Januarstreik 1918 in Hamburg, Kiel und Bremen. Eine vergleichende Studie zur Geschichte der Streikbewegung im Ersten Weltkrieg, in ZVHG 71 (1985), S. 45–74; vgl. auch Dähnhardt, Revolution, S. 36ff.

50 Rackwitz, Kiel, S. 46.

51 Dähnhardt, Revolution, S. 59; Rackwitz, Kiel, S. 35–38.

52 Hierzu und zum Folgenden siehe die ausführlichen Darstellungen bei Dähnhardt, Revolution, S. 53–116 und Rackwitz, Kiel, S. 45–126.

Matrosen der Linienschiffe im Kieler Gewerkschaftshaus, um zu beraten, wie man Souchon dazu bewegen könnte, die Verhafteten doch noch zu entlassen. Zwar konnten sie sich nicht auf ein einheitliches Vorgehen einigen, ihnen schlossen sich aber weitere Angehörige der Marinelandtruppen an. Auch die Kieler Arbeiterschaft wurde auf das Anliegen der Soldaten aufmerksam. Die Stimmung wurde zunehmend politischer und radikaler: Vereinzelt wurden bereits Rufe wie: „Nieder mit den Lumpen" – gemeint waren die Offiziere – und „hoch leben die Bolschewiki" laut.[53]

Noch immer begnügte sich das Gouvernement mit zurückhaltender Repression. Welche Handlungsmöglichkeiten ihm zu diesem Zeitpunkt überhaupt noch zur Verfügung standen, ist allerdings unklar. Insgesamt überwog die Auffassung, dass man die Lage nicht eskalieren lassen dürfe.[54] Als am Sonntag, den 3. November, die Matrosen ihre Diskussionen vom Vortag fortsetzen wollten, fanden sie das Gewerkschaftshaus von der Polizei abgeriegelt vor. Weil die Stadt aber noch nicht vollständig mit Militärsperren versehen worden war, wichen sie einfach auf den Großen Exerzierplatz am Stadtrand aus. Nach wie vor bestand diese nun aber öffentlich wahrnehmbare Versammlung zunächst nur aus ein paar hundert Personen, darunter mittlerweile aber auch Angehörige der Garnison und eine Anzahl an Zivilisten.[55] Selbst jetzt verlangten die Matrosen nicht viel mehr als die Entlassung ihrer verhafteten Kameraden. Die verdeckt operierende politische Polizei stellte aber eine deutlich gereiztere Stimmung fest als zuvor. So forderten bereits Redner die „gewaltsame Beseitigung der Offiziere […] durch Kolbenschlag statt des aufsehenerregenden Erschießens". Im Laufe der Kundgebung schlossen sich immer weitere Matrosen und Arbeiter an. Es formte sich ein Demonstrationszug, der durch die Stadt in Richtung der Marinearrestanstalt zog. An der Einmündung zu einem großen Komplex der Marine, der u.a. das Marinegefängnis beherbergte, traf die Demonstration auf einen Zug Infanterie der Marine, der aus Rekruten bestand und vom Reserveleutnant Oskar Steinhäuser befehligt wurde. Diese Truppe war allerdings viel zu schwach, um die Demonstration tatsächlich vom Militärgefängnis fernhalten zu können.

53 So der Bericht der politischen Polizei, Bundesarchiv-Militärarchiv Freiburg (BA-MA), RM 31/2373.

54 So Stabschef Küsel auf einer Besprechung am 2. November, BA-MA, RM 8/1026; hierzu und zum Vorgehen der Kieler Marineführung vgl. Schmidt, Ernst-Heinrich: Heimatheer und Revolution 1918. Die militärischen Gewalten im Heimatgebiet zwischen Oktoberreform und Novemberrevolution, Stuttgart 1981, S. 60f.

55 Zur Demonstration vgl. den Polizeibericht vom 03.11.1918 in BA-MA, RM 31/v. 2373 und Popp, Ursprung, S. 14; vgl. Dähnhardt, Revolution, S. 62–64.

Zur Unterstützung standen nur eine kleine Polizeikette sowie die eilig herbeigerufene Kieler Feuerwehr zur Verfügung, die die Menge mit Wasserschläuchen in Schach halten sollte. Da er die Loyalität seiner restlichen Truppen mittlerweile als höchst fragwürdig einschätzen musste, ließ Souchon beim Stellvertretenden Generalkommando unter General Adalbert v. Falk in Altona anfragen, ob man ihm von dort Truppen zur Verfügung stellen könne.

Steinhäusers kleiner, unerfahrener und leicht bewaffneter Truppe stand indes eine große und teilweise bewaffnete Menge gegenüber. Als die Polizeikette überrannt wurde, eröffneten die Soldaten das Feuer. Ob dies auf Steinhäusers Befehl oder in Panik geschah, lässt sich letztlich nicht mehr sagen, weil sich die überlieferten Aussagen widersprechen.[56] Die „Kieler Zeitung" berichtete nach diesem Zwischenfall von 9 Toten und 29 Verletzten.[57] Da der Demonstrationszug sich nach diesem Zwischenfall zerstreut hatte, ging Souchon davon aus, dass die Protestbewegung ihren Höhepunkt überschritten habe und es in Kiel nun allmählich zu einer Beruhigung kommen werde. Fälschlicherweise machte die Marineführung „die bolschewistische Richtung" für die Unruhen verantwortlich, die die Unruhen von „außenstehender Seite" zu lenken versuche, aber keinen großen Rückhalt unter den Mannschaften habe gewinnen können.[58] Die Anfrage nach zusätzlichen Truppen wurde daher zurückgezogen.

5 Die „14 Kieler Punkte", ein russisch inspiriertes Programm

Überlegungen Krafts und Souchons, die Matrosen am 4. November ohne Gewalteinsatz durch einen Alarm wieder auf die Schiffe zurückholen zu können und die Stimmung durch beschwichtigend formulierte Richtlinien zu beruhigen, waren zum Scheitern verurteilt. Als naiv erwies sich auch die Vorstellung der beiden Admiräle, die Mannschaften würden die Frage ihrer verhafteten Kameraden nun außer Acht lassen und zu ihren Einheiten zurückkehren – wo sie fürchten mussten, selbst verhaftet zu werden. Vielmehr hatten sich unter dem Eindruck des

---

56 Siehe dazu die widersprüchlichen Angaben im Bericht Steinhäusers, BA-MA, RM 31 v. 2373; vgl. auch Popp, Ursprung, S. 13; Dähnhardt, Revolution, S. 65.

57 Kieler Zeitung vom 05.11.1918

58 So zu entnehmen der Anlage zur geheimen Umdrucksache Nr. 143 des Kommandos der Hochseestreitkräfte vom 04.11.1918, abgedruckt in: Das Werk des Untersuchungsausschusses der Verfassunggebenden Deutschen Nationalversammlung und des Deutschen Reichstages 1919–1928, im Auftrag des Reichstages, hrsg. von Walter Schücking u.a., Reihe 4, Die Ursachen des deutschen Zusammenbruchs im Jahre 1918, Abt. 2, Der innere Zusammenbruch, Bd. 10, Halbbd. 1, Gutachten der Sachverständigen Alboldt, Stumpf, von Trotha zu den Marinevorgängen 1917 und 1918, S. 206f.

Zusammenstoßes in der Nacht zahlreiche Matrosen dazu entschlossen, ihren Forderungen von da an durch den Einsatz von Gewalt Nachdruck zu verleihen.[59] Die Vorbereitung weiterer Protestkundgebungen sowie die Tatsache, dass vermehrt Matrosen darangingen, sich zu bewaffnen, konnte Souchons Stab nicht lange ignorieren. Der Gouverneur ließ Verhandlungen mit dem IX. Armeekorps in Altona über die Entsendung von Heerestruppen nach Kiel wiederaufnehmen, die aufgrund von Kompetenzstreitigkeiten jedoch scheiterten.[60]

Zunehmend hilflos verabredete Souchon gegen Mittag des 4. Novembers mit Vizeadmiral Kraft, das III. Geschwader aus dem Hafen auslaufen zu lassen, wobei allerdings zahlreiche Mannschaften noch vor dem Auslaufen die Schiffe verließen. Auch die Appelle seiner Führungsoffiziere, wie der des Kommandeurs der Torpedo-Division, Kapitän zur See Rudolf Bartels, am Mittag des 4. Novembers kamen bereits zu spät, denn längst hatten sich zahlreiche Mannschaften dem Protest angeschlossen.[61] Nun wurden aus der schnell um sich greifenden Revolte heraus erstmals auch ganz konkrete politische Forderungen gestellt. Zum Wortführer wurde dabei der Matrose Karl Artelt, der neben der Freilassung von inhaftierten Matrosen nun die Abdankung der Hohenzollerndynastie sowie die Einführung eines allgemeinen, gleichen und geheimen Wahlrechts auch für Frauen forderte.[62] Artelt gehörte der USPD an, war allerdings politisch erst in Erscheinung getreten, nachdem eine Verhaftungswelle den Kieler Vorstand der Partei ausgeschaltet hatte.[63] Ob er sich über die Forderungen mit seinen Kameraden abgestimmt hatte, ist fraglich. Vielmehr lässt sich vermuten, dass er eigenmächtig auch grundsätzliche Forderungen seiner Partei erhoben hatte. Organisierte Gremien zur Mitbestimmung, also Räte, bestanden abgesehen von den Menageriekommissionen zu diesem Zeitpunkt nämlich noch nicht.[64]

Dennoch empfahl sich Artelt durch sein forsches Auftreten als Verhandlungspartner, denn die Kieler Gewerkschaften bzw. die örtliche Mehrheitssozialdemokratie hatten bislang versucht, eher mäßigend auf die Bewegung einzuwirken und es so zunächst versäumt, maßgeblichen Einfluss auf sie zu nehmen.[65] So

59 Popp, Ursprung, S. 14; Dähnhardt, Revolution, S. 68.

60 Rackwitz, Kiel, S. 70f.

61 BA-MA, RM 31/v. 2373

62 Popp, Ursprung, S. 15.

63 Zu Artelts Rolle in der USPD vgl. Dähnhardt, Revolution, S. 56f.

64 Zur Rolle der Räte in Deutschland Kluge, Ulrich: Soldatenräte und Revolution. Studien zur Militärpolitik in Deutschland 1918/19 (Kritische Studien zur Geschichtswissenschaft, 14), Göttingen 1975; zu den Menageriekommissionen Regulski, Ideale, S. 83ff.

65 Zur Rolle der Kieler Gewerkschaften und ihres Vorsitzenden Gustav Garbe vgl. Kuhl, Klaus: Gustav Garbe. Eine bemerkenswerte Kieler Persönlichkeit, in: Revolution und

konnte Artelt sich an die Spitze einer Matrosenabordnung stellen, die von Admiral Wilhelm Souchon zu Gesprächen über die Forderung der aufständischen Matrosen ins Gouvernement eingeladen wurde.[66] Ob diese gewählt wurde oder anderweitig zustande kam, ist unklar. Sie soll sich aber, zumindest nach Angaben Artelts, erstmals als Soldatenrat bezeichnet haben.[67] Unbeabsichtigt hatte Souchon den aufrührerischen Teil der Mannschaften und deren Soldatenrat mit seiner Einladung zu Gesprächen erheblich aufgewertet. Bei den noch schwankenden Mannschaften verstärkte sich so die Auffassung, dessen Bildung sei mit Billigung des Gouverneurs erfolgt. Die Bewegung der aufständischen Matrosen erhielt dadurch weiteren Zulauf.

Deren Vertreter zeigten sich in Anbetracht der bewaffneten Masse, die sie mittlerweile mobilisiert hatten und durch das Ausmaß an Kontrolle über militärische Einrichtungen und Einheiten überaus selbstbewusst. Ihren Forderungen verliehen sie durch die Drohung Nachdruck, die von ihnen kontrollierten Schiffe würden Teile der Stadt im Falle einer Ablehnung ihrer Forderungen beschießen.[68] Schließlich musste Souchon nachgeben und zumindest die inhaftierten Mannschaften des III. Geschwaders freilassen. Auch befahl er, dass die garnisonsfremden Truppen zurückzuziehen seien. Denn zwischenzeitlich hatte das IX. Armeekorps doch noch Einheiten zur Unterdrückung der Unruhen nach Kiel entsandt, die allerdings aufgrund von Planungsfehlern von den Aufständischen zumeist schnell überwältigt wurden. Demgegenüber erklärte sich Artelt zum Gewaltverzicht seitens der Aufständischen bereit. Umgehend zogen mehrere Tausend von ihnen zur Arrestanstalt in der Feldstraße, um die dort

---

Revolutionsforschung. Beiträge aus dem Kieler Initiativkreis 1918/19 (Sonderveröffentlichung der Gesellschaft für Kieler Stadtgeschichte, 67), hrsg. von Rolf Fischer, Kiel 2011, S. 77–100; zur Kieler Arbeiterbewegung und ihrer Haltung in dieser Zeit vgl. Jensen, Jürgen (Hrsg.): Zur Geschichte der Kieler Arbeiterbewegung (Sonderveröffentlichungen der Gesellschaft für Kieler Stadtgeschichte, 2), Kiel 1983; zur Haltung der Sozialdemokratie exemplarisch Miller, Susanne: Die Bürde der Macht. Die deutsche Sozialdemokratie 1918–1920 (Beiträge zur Geschichte des Parlamentarismus und der politischen Parteien, 63), Düsseldorf 1978.

66 Hinzu kamen noch einige Kieler Obleute aus den Arbeiterausschüssen, die seit 1916 durch das Gesetz über den vaterländischen Hilfsdienst auch von staatlicher Seite legitimiert waren. Zur Rolle der Obleute vgl. auch Hoffrogge, Ralf: Räteaktivisten in der USPD. Richard Müller und die Revolutionären Obleute, in: Jahrbuch für Forschungen zur Geschichte der Arbeiterbewegung 2008, 1, S. 36–45.

67 Popp, Ursprung, S. 16.

68 Zur Besprechung, den Forderungen und Ergebnissen BA-MA, RM 8/1026 und Dähnhardt, Revolution, S. 75f.

einsitzenden Gefangenen zu befreien. Zumindest hatte Souchon erreicht, „die erregten Massen bis zur Ankunft des unterwegs befindlichen Abgeordneten Noske und des Staatsekretärs Haußmann durch Verhandlungen hinzuhalten".[69] Allerdings hatte die Kieler Militärführung nun auch ihre letzte Handlungsmöglichkeit eingebüßt. Die Annahme der Forderungen war somit gleichbedeutend mit der vollständigen Kapitulation Souchons.

Gestützt auf die Macht, die sie am 4. November besaßen, hätten sie den Gouverneur absetzen und die Kontrolle über die Stadt vollends übernehmen können. Souchon und seine Befugnisse blieben jedoch unangetastet. Wahrscheinlich erschien er ihnen als Garant für die Umsetzung ihrer Forderungen als zu wichtig. Vor allem aber wussten die Matrosen mit der plötzlich gewonnenen Machtfülle selbst nichts anzufangen.[70] Ihnen fehlte ein klares Programm, das ihnen Ziele und damit klare Vorgaben, wie sie weiter vorgehen sollten, vermittelt hätte.

Die Hoffnungen beider Seiten richteten sich daher auf die Ankunft des Staatssekretärs Conrad Haußmann und des Reichstagsabgeordneten Gustav Noske, die am Abend des 4. November in Kiel eintrafen.[71] Nach einer Kundgebung auf dem Wilhelmplatz fuhren sie zum Gebäude der Marinestation, wo sie u.a. mit Souchon und der Kieler Marineführung sowie Vertretern der Abordnungen vom frühen Nachmittag zu Gesprächen zusammentrafen. Die Kieler Gewerkschaften verdeutlichten durch die Teilnahme ihres Vorsitzenden Gustav Garbe, der sich bei einer Rede am Vortag noch zurückhaltend gezeigt hatte, nunmehr die volle Solidarität der Kieler Arbeiterschaft mit den Aufständischen. In den Verhandlungen betonte dieser die künftige Bedeutung eines Arbeiter- und Soldatenrates für die Rückkehr zu geordneten Verhältnissen. Die Vertreter der Soldaten verlangten – nun gemeinsam mit den Arbeitern – die vollständige Herstellung der Meinungsfreiheit und die Abdankung des Kaiserhauses, zudem das Ende sämtlicher Monarchien in Deutschland und die Errichtung einer freien Volksrepublik. Weitere wichtige Punkte waren die Einführung eines gerechteren Wahlrechts auch für Frauen und die Freilassung politischer Gefangener.[72] Diese in ihrer Deutlichkeit noch über die von den Matrosen am Nachmittag aufgestellten Forderungen hinausgehenden Punkte blieben allerdings ebenfalls

69 Bericht Souchons vom 07.03.1920, BA-MA, RM 31/v. 2366.

70 Dähnhardt, Revolution S. 88; Kollex, Knut-Hinrik: Blaupause für die Revolution. Die „Kieler 14 Punkte", in: Die Stunde der Matrosen. Kiel und die deutsche Revolution 1918, hrsg. von Sonja Kinzler und Doris Tillmann, Darmstadt 2018, S. 122–127.

71 Wette, Wolfram: Gustav Noske und die Revolution in Kiel 1918 (Sonderveröffentlichungen der Gesellschaft für Kieler Stadtgeschichte, 64), Heide 2010, S. 19f.

72 Protokoll der Sitzung, BA-MA, Rm 31/v. 2373, vgl. Dähnhardt, Revolution, S. 87.

unbeantwortet, weil weder Noske noch Haußmann als Regierungsvertreter über so weitreichende Kompetenzen verfügten. Haußmann versprach lediglich, sich für eine weitgehende Amnestie der politischen Gefangenen einzusetzen.

Insgesamt war die Lage sehr unübersichtlich, auch wenn betont wurde, die politische und militärische Macht läge nun endgültig in den Händen der Matrosen. Die angekündigte Hinzuziehung zweier führender Politiker der USPD, Hugo Haase und Georg Ledebour aus Berlin, zeigt allerdings, dass sowohl ein einheitliches Programm als auch eine umfassendere Zielrichtung weiterhin fehlten und man auf externen politischen Sachverstand angewiesen war.[73]

Parallel zu den Verhandlungen im Stationsgebäude hatten sich im Gewerkschaftshaus zahlreiche Matrosen und Arbeitervertreter zusammengefunden, um über die Zusammensetzung und Aufgabenstellung eines Soldatenrates für die gesamte Garnison zu beraten. Noske und Artelt kamen im Anschluss an die Verhandlungen hinzu, stellten aber fest, dass weder Umfang noch Zielrichtung dieses Gremiums klar waren. Dennoch wurde ein Programm erarbeitet und noch in der Nacht, gemeinsam mit den Ergebnissen der Verhandlungen, auf Flugblättern in Umlauf gebracht.[74] Die 14 Forderungen, die Artelt im Namen der Matrosen vorbrachte, enthielten keinen einzigen wirklich politischen Punkt. Vielmehr konzentrierte sich ihr Katalog auf die Freilassung der inhaftierten Kameraden, Verbesserung des Soldatenalltags und eine Amnestie für sich selbst. Damit rüttelten die aufrührerischen Matrosen an den Grundlagen des bisherigen militärischen Systems. Ihr 14-Punkteprogramm stellte weitgehend eine Synthese zwischen Bestimmungen des russischen „Befehls Nr. 1“ und der „Deklaration der Soldatenrechte“ dar, die aufständische Soldaten bereits 1917 in Petrograd formuliert hatten (Punkte 2, 4, 10, 11, 12, 13 und 14).[75] Der Kieler Soldatenrat verlangte nicht nur die Dienstbedingungen zu erleichtern, sondern auch die Gewährung aller bürgerlichen Freiheiten in der dienstfreien Zeit. Insbesondere sollte der Vorgesetztenstatus der Offiziere für diese Zeiten wegfallen. Selbige mussten sich ferner verpflichten, der Einführung des Rätesystems in der Flotte zuzustimmen und keine Befehle ohne Zustimmung des Soldatenrates auszugeben. Für die Angehörigen dieses Rates wurde zudem die volle Befreiung „von jeglichem Dienst“ verlangt.

73 Ebd., S. 88.

74 Abgedruckt in der Schleswig-Holsteinischen Volkszeitung vom 05.11.1918; vgl. Popp, Ursprung, S. 21; Dähnhardt, Revolution, S. 89f.

75 Siehe die deutsche Übersetzung bei Hellmann, Manfred (Hrsg.): Die russische Revolution 1917. Von der Abdankung des Zaren bis zum Staatsstreich der Bolschewiki, 3. Aufl., München 1977, S. 133.

Ursprüngliche Ziele wie die Beseitigung der Monarchie oder eine Wahlrechtsreform waren nicht aufgenommen worden. Die meisten Forderungen waren im Hinblick auf die gegenwärtige Lage (Punkte 5–8) entstanden oder trugen der allgemeinen Unzufriedenheit der Soldaten Rechnung (Punkte 4, 10, 11). Lediglich die Forderungen nach der Freilassung politischer Gefangener, nach Meinungsfreiheit und dem Ende der Briefzensur waren politischer Natur. Eine besondere Bedeutung für den Verlauf der Revolution hatten vor allem der Punkt 9, der durch die Garantie des Eigentums die Bedenken der bürgerlichen Bevölkerung zu zerstreuen versuchte, sowie die Punkte 12 und 14. Gerade sie regelten die Machtbefugnis und Stellung des Soldatenrats, welcher sich damit doch wieder in das bestehende militärische Autoritätssystem eingliederte, anstatt es grundsätzlich in Frage zu stellen. Durch die Regelung, dass sämtliche Maßnahmen zukünftig nur mit Zustimmung des Soldatenrats erfolgen sollten, wurde das Fortbestehen bisheriger hierarchischer Strukturen wie auch des bisherigen Führungspersonals grundsätzlich anerkannt. 1917 waren die russischen Soldaten hier noch weiter gegangen, die Abschaffung der militärischen Hierarchie hatte sich im Kampf mit den deutschen Truppen aber als fatal erwiesen und wurde schließlich zurückgenommen.[76]

Insgesamt waren die 14 Kieler Punkte nur zu kleinen Teilen ein politisches Programm. In der Forschung wurde oftmals angeführt, die Versammlungsteilnehmer im Gewerkschaftshaus hätten die neue Lage nicht scharf analysiert und die möglichen Konsequenzen nicht reflektieren können.[77] Tatsächlich wurde, wie bei den vorherigen Forderungen auch, vieles improvisiert. Der Grund dafür liegt möglicherweise in der heterogenen Zusammensetzung dieses Gremiums, mit einem Übergewicht an Matrosen, die in erster Linie an der Beseitigung innerdienstlicher Missstände interessiert waren. Auch die Zusammensetzung des Soldatenrats war deutlich inkonsistenter als die des fast zeitgleich gebildeten Arbeiterrates. Bei letzterem entstammten die Mitglieder überwiegend den beiden sozialdemokratischen Parteien. Die Delegierten des Soldatenrats hingegen waren zuvor selten politisch in Erscheinung getreten und häufig nur durch Zuruf entsandt worden. Oftmals ist unklar, über welche Legitimation sie überhaupt verfügten. Der häufig zitierten Einschätzung, die Punkte seien mehr „Sammelsurium" als politisches Programm, ist allerdings auch nicht vollends zu folgen.[78] Der entscheidende Aspekt ist nicht die Gestaltung, sondern die zuvor nötige Sicherung der revolutionär erlangten politischen Macht.

76 Vgl. Altrichter, Rußland, S. 166.

77 So Dähnhardt, Revolution, S. 91.

78 Ebd.; vgl. hierzu Kollex, Blaupause, S. 126.

Zum einen wurden den Interessen und der Unzufriedenheit der meuternden Matrosen Rechnung getragen, zum anderen wurde anerkannt, dass die Gewährleistung der öffentlichen Sicherheit und Ordnung nicht ohne Mitwirkung der zivilen und vor allem militärischen Autoritäten gelingen konnte. Dabei war auch hier das Prinzip der Beiordnung, also der Kontrolle staatlicher Macht, ein zentrales Anliegen. Die zahlreichen programmatischen Anknüpfungspunkte zu den russischen Revolutionen wie der Begriff des „Rates", aber auch der Forderungskatalog mit seiner großen inhaltlichen Schnittmenge bedeuteten daher kein Bekenntnis zu einer Revolution nach bolschewistischem Vorbild. Denn auch in Petrograd ging es zunächst nur um eine Verbesserung des Soldatenalltags und um das Verhältnis zu den Vorgesetzten. Die Kieler Punkte waren ein Programm der ersten Tage, das die unterschiedlichen Interessen zusammenführen, Geschlossenheit herstellen und so die Macht absichern sollte. Zahlreiche weitere Soldatenräte in Deutschland nahmen es sich zum Vorbild. Die dem Programm fehlende Langfristigkeit zeigte sich dann allerdings an der kurzen Bestandsdauer der Soldatenräte. Die meisten verschwanden bereits nach wenigen Wochen wieder, wohingegen viele der Arbeiterräte noch weit bis ins Jahr 1919 existierten.[79] Auch die Kieler 14 Punkte verschwanden schnell wieder aus dem politischen Tagesgeschäft. Die maßvollen Forderungen und die Regelung der drängendsten Probleme hatten jedoch geholfen, das Konfliktpotential zu kanalisieren und gewaltsame Ausschreitungen auf ein vergleichsweise geringes Maß zu beschränken.

6 Die Kieler Revolte als Impulsgeber

Trotz oder vielleicht gerade wegen der zunächst eher vagen politischen Zukunftsvorstellungen konnte sich die Kieler Matrosenbewegung erfolgreich ausbreiten. Denn erst fünf Tage nach den Vorgängen vor Wilhelmshaven und drei Tage nach dem Beginn der Unruhen in Kiel wurde die Regierung über die Vorgänge bei der Flotte informiert.[80] Erst jetzt erfuhr die Regierung Max v. Badens, dass die Lage in Kiel bereits völlig außer Kontrolle geraten war. Angesichts der Tatsache, dass sich die Stadt seit dem Abend des 4. Novembers fast gänzlich in der Hand des Soldatenrates befand, blieb der politischen Führung in Berlin kaum noch ein Gestaltungsspielraum. In dieser Situation hätte die Lage schnell gewaltsam eskalieren können. Doch am nächsten Tag kam es lediglich zu kleineren Zwischenfällen. Während am 5. November ein Großteil der Kriegsschiffe rote

79 Vgl. Kluge, Soldatenräte, S. 271ff.

80 Dähnhardt, Revolution, S. 80ff.

Flaggen gesetzt hatte, weigerte sich auf dem Linienschiff „König" der Kommandant, die kaiserliche Flagge zu ersetzen. Nach einem Schusswechsel, bei dem er schwer verwundet und sein Erster Offizier getötet wurde, wehte jedoch auch hier bald ein rotes Tuch.[81] Vereinzelt gelang es weiteren Schiffen, trotz Beschusses von Land, den Kieler Hafen zu verlassen, um nicht Teil der Revolte zu werden. Dennoch verhielt sich das Gros des Offizierskorps weitgehend kooperativ, was die Lage entspannte, aber zu späteren Vorhaltungen aus konservativen Kreisen führte. Selbst Prinz Heinrich von Preußen, der Bruder des Kaisers und Großadmiral der Marine, war am 5. November „mit rotem Bändchen am Arm und roter Fahne am Kraftwagen" aus der Stadt geflohen.[82]

Für Gegenmaßnahmen der Regierung war es mittlerweile zu spät. Bereits Stunden nach der Kapitulation Souchons begannen sich die Massenunruhen auf andere Städte Norddeutschlands auszudehnen. Die Mehrheit der Kieler Matrosen hing dabei allerdings keineswegs bolschewistischen Revolutionsträumen an. Dies zeigt sich bereits eindrücklich anhand der Begeisterung, die den beiden Abgesandten der Regierung, Staatssekretär Conrad Haußmann und vor allem dem sozialdemokratischen Reichstagsabgeordneten Gustav Noske bei ihrem Eintreffen am 4. November entgegengebracht worden war. Andernfalls wäre es Gustav Noske auch kaum gelungen, sich an die Spitze der Kieler Bewegung zu stellen. Er ließ sich zunächst zum Vorsitzenden des Obersten Soldatenrates und schließlich zum „Gouverneur" der Stadt, also zum Nachfolger Souchons wählen.[83] Eine völlige Kontrolle der Bewegung gelang ihm allerdings nicht, sein Gegenspieler Artelt und Teile des Kieler Soldatenrats hatten eigene Zukunftsvorstellungen und zumindest ein Teil der Matrosen hegte durchaus Sympathie für die Ideen der russischen Bolschewiki.

Auch wenn sich zunächst kein gemeinsames politisches Programm erstellen ließ, das Hauptziel der Matrosen war das Ende des Krieges. Sich auf Kiel zu beschränken hieß aber, das Heft des Handelns aus der Hand zu geben und sich ganz in die Hände der Regierung zu begeben. Dieses Vertrauen wollte die Masse der Matrosen offenbar nicht aufbringen. Vielmehr hatten die Ereignisse vor Wilhelmshaven und in Kiel den Soldaten die Wirkungsmacht eines entschlossenen Vorgehens vor Augen geführt. Schon am 4. November hatten sich Berichte über die Ereignisse in Kiel in weitere Marinestützpunkte verbreitet. Auch hier gaben die Marinebehörden widerstandslos auf. Bereits am 5. November befanden sich

81 Rackwitz, Kiel, S. 101f.

82 Dähnhardt, Revolution, S. 102ff.

83 Zur Rolle Noskes während des Aufstandes siehe Wette, Gustav Noske, S. 14ff., S. 31ff. und S. 41ff.

alle wichtigsten Stützpunkte der Marine in Schleswig-Holstein in den Händen der aufrührerischen Mannschaften.[84] Von einer leitenden Funktion des Kieler Soldatenrates bei der Ausbreitung der Revolution kann vermutlich nicht die Rede sein, es war eher eine spontane Bewegung. Teils trieb die Soldaten revolutionärer Elan, teils wollten sie einfach in ihre Heimat zurückkehren. Sie stießen kaum auf nennenswerten Widerstand. Das autoritäre System des Kaiserreichs brach wie ein Kartenhaus in sich zusammen. Entweder waren die Soldaten nicht bereit, auf ihre Kameraden zu schießen oder ihre Offiziere hatten bereits erkannt, dass jeglicher Widerstand sinnlos wäre. Ohnehin rannten die „Kieler Matrosen", als welche nun der Strom durch Deutschland reisender Marinemannschaften bezeichnet wurde, offene Türen ein. Die bereits stark politisierte Arbeiterschaft hatte nur auf eine Gelegenheit wie diese gewartet.[85]

Der politischen Elite wurde schnell klar, dass ein politischer Neuanfang unausweichlich war. Zuvor schon war über eine Abdankung Wilhelms II. diskutiert worden. Am 9. November rief der Sozialdemokrat Philipp Scheidemann in Berlin die Republik aus, nachdem zuvor der einstige Hoffnungsträger, Reichskanzler v. Baden, eigenmächtig die Abdankung Kaiser Wilhelms II. verkündet hatte.

7 Schlussbetrachtung

Die althergebrachten, einander entgegenstehenden Thesen von den Kieler Matrosen als Meuterern und Unruhestiftern einerseits sowie die von der revolutionären Avantgarde sind kritisch zu hinterfragen. In beiden Fällen basiert die jeweilige Begründung auf den Erfahrungen, die man aus der russischen Revolution auf sie übertrug, ihnen gewissermaßen überstülpte. Wie in Russland war die Matrosenrevolte weder gelenkt, noch völlig spontan entstanden. Das Fass aus allgemeiner Unzufriedenheit, die sich aus der prekären Versorgungslage der Bevölkerung speiste, war durch die fehlende Friedensperspektive letztlich zum

84 Zur Ausbreitung der Revolte siehe Dähnhardt, Revolution, S. 108ff.; Kollex, Knut-Hinrik: „Ruhe und Ordnung". Provinzielle Revolution in Schleswig-Holstein, in: Die Stunde der Matrosen. Kiel und die deutsche Revolution 1918, hrsg. von Sonja Kinzler und Doris Tillmann, Darmstadt 2018, S. 133–139.

85 Zur Ausbreitung der Revolution in Deutschland siehe den Band Kinzler, Sonja/-Tillmann, Doris (Hrsg.): Die Stunde der Matrosen. Kiel und die deutsche Revolution 1918, Darmstadt 2018 und hierin besonders den Beitrag Kinzler, Sonja/Buttgereit, Jens: „Sturmvögel der Revolution". Zur Verbreitung der Revolution durch (Kieler) Matrosen, S. 140–151.

Überlaufen gebracht worden. Die russischen Ereignisse des Jahres 1917 wiesen zudem nicht nur ganz eigentümlich Ähnlichkeiten zu den Geschehnissen in Kiel des Jahres 1918 auf, sondern nahmen für diese auch eine Vorbildfunktion ein, die allerdings auch zu einem alternativen, statt einem völlig parallelen Weg führte. Denn die russischen Entwicklungen waren in Deutschland aufmerksam verfolgt worden. Einerseits, weil der politische Zusammenbruch des Kriegsgegners Russland der deutschen Militärführung nochmals Auftrieb für eine dann aber letztlich sinnlose weitere Offensive im Westen bot, andererseits weil gerade die Frage eines politischen Umbruchs – einer Revolution – wie ein Damokles-Schwert auch über der deutschen Politik schwebte. Sie wurde noch einmal vertagt, als nach der Oktoberrevolution den Mehrheitssozialdemokraten die Folgen einer außer Kontrolle geratenen Revolution vor Augen geführt wurden. Insofern weist die russische Revolution nicht nur Parallelen hinsichtlich der Ursachen des Kieler Matrosenaufstandes auf, sondern war durchaus ein bedeutender Einflussfaktor für dessen Folgen und die Ausgestaltung der weiteren Entwicklung.

Gemeint sind damit nicht nur symbolische Gemeinsamkeiten und Anspielungen auf die russischen Ereignisse wie die roten Fahnen, der „Kamerad Bolschewiki", als der sich revolutionäre Matrosen gelegentlich ansprachen oder die Einberufung eines „Soldatenrates". Es sind bereits mit dem Hunger und der Kriegsmüdigkeit die gleichen Voraussetzungen gegeben, die in denselben Forderungen in Kiel und Petrograd mündeten: Frieden, Freiheit, Brot. Hier wie dort erwies sich das Versagen der autoritären Führung, rechtzeitig geeignete Maßnahmen zu ergreifen, als Beschleuniger für den Umsturz. Doch auch die reformorientierten Kräfte, die Parteien, die zumeist nach den Spielregeln der alten Regime zu wirken versuchten, zeigten sich von der „Macht der Straße" völlig überrumpelt. Erst hier enden die Parallelen, denn das revolutionäre Deutschland hatte vom revolutionären Russland gelernt, welche Gefahren in einer Revolution der Straße lauern können. So unterschied sich nicht zuletzt der Gewaltaspekt erheblich. Der gewaltsame Zusammenstoß vom 3. November in Kiel, der mehr auf der Verkettung unglücklicher Umstände, als auf einer Gewaltpolitik seitens der Kieler Militärführung beruhte, lässt sich nur schwerlich mit den Petrograder Straßenkämpfen vergleichen. Allerdings finden sich auch im Hinblick auf den Gewaltaspekt Anklänge an die dortige Revolte. So führten in Kiel Gerüchte, Offiziere schössen (wie in der russischen Hauptstadt) aus Fenstern auf Demonstranten in der einsetzenden Dunkelheit zu zahlreichen Feuergefechten der Aufständischen untereinander.[86] Auch die Erstürmung der Gefängnisse,

86 Vgl. Rackwitz, Kiel, S. 110.

eine Symbolik die ja seit dem berühmten Sturm auf die Bastille zum Kanon der Revolutionsdramatik gehört, findet sich in Kiel, wobei sie sich hier – ganz deutsch – in Ruhe und Ordnung und vor allem nach dem gehörigen Verlauf der Bürokratie richtete. Anders als in Russland verlief die Deutsche Revolution also weit friedlicher, wenngleich auch hier Gewalt eine elementare Rolle spielte. Das lag allerdings in erster Linie daran, dass nahezu alle Akteure die russischen Entwicklungen vor Augen und besonders das Offizierskorps – anders als in Russland – gelernt hatte, dass ein Gewalteinsatz ohne ausreichende Zwangsmittel ein überaus zweischneidiges Schwert sein konnte. Für eine verlorene Sache wollten sie, ganz wie ihre Soldaten, nicht ihr Leben riskieren. Das galt auf dem politischen Parkett gleichfalls für die eigentlich republikanisch gesinnten Mehrheitssozialdemokraten, die für ein zweifelhaftes Politikexperiment wie den Rätestaat nicht ihre politische und (betrachtet man das Vorgehen der Bolschewiki gegen ihre ehemaligen Genossen) persönliche Zukunft riskieren wollten.

So beeinflusste die Russische Revolution den Ausgang der Deutschen insofern, als dass sich hier viel schneller ein – wenn auch später oft kritisiertes – Bündnis aus alter Autokratie sowie bürgerlichem und sozialistischem Parlamentarismus bildete. Ihm gelang es, die Wucht der Revolution in solche Bahnen zu lenken, dass die Monarchie zwar unrettbar verloren ging, sich aber der Parlamentarismus gegenüber dem Rätesystem durchsetzen konnte, obgleich sich auch in Deutschland zunächst beide parallel etablierten. Dass dies nicht ohne Gefahr gelang, zeigen Spartakus-Aufstand und Kapp-Putsch in den folgenden beiden Jahren, die ebenso als Anklang an die weitere Revolutionsgeschichte Russlands, mit Oktoberrevolution und Bürgerkrieg, dienen.[87]

Russische und deutsche Revolution weisen also eine ganze Reihe von Parallelen auf, verlaufen wegen des zeitlichen Versatzes aber auch unterschiedlich. Die Frage, ob es lineare Verbindungen zwischen beiden Revolutionen, sprich, ob es eine gesteuerte Einflussnahme durch russische Revolutionäre bzw. deutsche Sozialisten gab, ist dabei nicht nur schon während der Revolution aufgeworfen, sondern auch Teil zweier wesentlicher Erinnerungsnarrative geworden. Die Behauptung der Marineführung, die Kieler Revolte sei von Bolschewiki gesteuert, ist ein solches Narrativ, das in konservativen Kreisen immer wieder zur Diskreditierung der Matrosenbewegung herangezogen wurde. Paradoxerweise findet es sich auch in der gegensätzlichen politischen Richtung, insbesondere der

87 Zur gewalterfüllten Nachgeschichte vgl. insbesondere Gerwarth, Robert/Horne, John: Vectors of Violence. Paramilitarism in Europe after the Great War, 1917–1923. in: The Journal of Modern History 83 (2011), 3, S. 489–512.

Historiographie der DDR. Dort ging es vor allem darum, den deutschen Kommunisten, etwa der Spartakus-Gruppe, eine Führungsrolle zuzuschreiben, die sie, zumindest in der Revolutionszeit, niemals hatten.[88] Denn beide Seiten stellen zu sehr auf prominente Einzelakteure wie Karl Artelt ab, während die Gesamtheit der handelnden Personen eine undurchsichtige und daher kaum betrachtete Masse blieb. Gemeint sind die Kieler Matrosen, die zwar eine uniforme Kleidung, aber keine uniforme politische Haltung hatten. Das zeigt sich bereits in der damals ungelöst gebliebenen Aufgabe, ein gemeinsames politisches Programm zu erstellen. Nach den individuellen Zielen und Hoffnungen, die sie mit ihrem folgenreichen Aufstand verbunden haben mögen, ist bislang allerdings noch nicht gefragt worden, es dürfte sich als aufschlussreich erweisen.[89]

---

88 Siehe dazu auch Niess, Revolution, S. 26ff. und S. 320ff.

89 Dieser Aufgabe widmet sich der Autor im Rahmen seines Dissertationsprojekts „‚Sturmlauf' zur Demokratie? Handlungsspielräume aufständischer Matrosen zwischen Revolution und Reaktion am Beispiel der Provinz Schleswig-Holstein".

Michael Düring

Politische und künstlerische Revolution(en): Vom Lubok zum ROSTA-Fenster

Abstract: Die Abhandlung stellt dar, wie sich die Russischen Revolutionen von 1917 in der russischen Kunst, vor allem in Form von Werken mit einer Text-Bild-Relation, äußern sowie widerspiegeln und wie sich die Kunst im Laufe der Revolutionen entwickelt.

Stichworte: Revolution, Literatur, Kunst, Bürgerkrieg, Text-Bild-Relation, Sowjetunion, Oktoberrevolution, Lubok, ROSTA-Fenster, Majakovskij, Revolutionär

1 Einführung

Die Russischen Revolutionen des Jahres 1917 sind für den slawistischen Kultur- und Literaturwissenschaftler ein in vielerlei Hinsicht ertragreiches Arbeitsfeld. So ergibt sich nahezu zwangsläufig die Frage, welche Konsequenzen sich aufgrund eines derartig fundamentalen Paradigmenwechsels, wie ihn die Februar- und Oktoberrevolution bedeuteten, für den Bereich der Literatur und Kunst und im vorliegenden Kontext auf dem Feld der Text-Bild-Kunst, ergaben.

Bevor darauf aber näher einzugehen ist, muss zunächst geklärt werden, was der durch die Oktoberrevolution hervorgerufene Paradigmenwechsel für die Kunst und Literatur in formal-rechtlicher Perspektive bedeutete. Bekanntlich beschloss der Rat der Volkskommissare im „Dekret über die Presse“ nur wenige Tage nach der Oktoberrevolution die Schließung von Zeitungen, die sich nicht für die Politik der neuen Regierung einsetzten. Bis Juni 1918 waren dies insgesamt über 450 Presseorgane.[1] Man kann also ohne Übertreibung von der zügigen Einführung eines allumfassenden Zensursystems sprechen, denn im Verlauf der Zeit erstreckten sich diese Vorschriften nicht mehr nur auf die Presse, sondern auch auf Film- und Kinostudios sowie auf die Literatur.[2] Der Beginn des Russischen Bürgerkriegs verschärfte diese Situation. Mit dem Einsetzen einer militärischen Zensur wurde es zur Pflicht, jegliche Druckerzeugnisse

1 Vgl. dazu Dekrety sovetskoj vlasti. T. I. Pod. red. G.D. Običkin. Moskva 1957, S. 24–25.

2 Teil dieser Kampagne war etwa die Beschlagnahmung aller Druckmaschinen im privaten Besitz, sodass dem Staat die Kontrolle über die Meinungsvielfalt gelang, vgl. dazu Dekrety sovetskoj vlasti, S. 25 (hier Lenins Dekret über die Presse).

in Korrekturfahnen zur Durchsicht vorzulegen. Ab 1921 war dafür die „ČK“ [Tscheka] („črezvyčajnaja kommissija“ – „Sonderkommission“ [für den Kampf gegen Konterrevolution und Sabotage]) verantwortlich. Diese Sonderkommission war schließlich dafür verantwortlich, dass, auch wenn in der Forschung die These vertreten wird, mit Beginn der Neuen Ökonomischen Politik im gleichen Jahr habe es durchaus Erleichterungen im Presse- und Verlagswesen gegeben, die politische Zensur weiter gefestigt wurde. Mit der Einsetzung von Glawlit („Главное управление по делам литературы и издательств“ – („Hauptverwaltung für Fragen der Literatur und Verlage“) im Jahre 1922[3] wurde letztlich ein effektives Zensursystem installiert, das faktisch bis zum Ende der Sowjetunion existierte.

Erkennbar wird aus dieser gerafften Darstellung der Problematik, dass die neuen Machthaber ihre Positionen durch die Kontrolle schriftlicher Erzeugnisse zu festigen suchten, als unmittelbare Konsequenz der Revolution ist also die staatliche Lenkung der Bereiche Literatur und Kunst zu verzeichnen. Beide haben im Sinne der Machthaber zu funktionieren, müssen Leser*innen in deren Sinne indoktrinieren und zugleich dazu beitragen, die „überlebte“ Zeit, also das zaristische Russland, zu disqualifizieren. Aber wie kann das nun im Einzelfall gelingen, welche Medien können wie genutzt werden, um dieses Ziel zu erreichen?

Zur Beantwortung dieser Fragen lohnt es sich, einen Schritt in der Kultur- und Literaturgeschichte, in die Zeit der frühen, vorrevolutionären Avantgarde in Russland, zurückzugehen. Denn bereits in ihrer programmatischen, 1912 erschienenen Schrift „Poščёčina obščestvennomu vkusu“ („Eine Ohrfeige dem öffentlichen Geschmack“) setzten sich avantgardistische Künstler und Schriftsteller wie David Burljuk (1882–1967), Aleksej Kručёnych (1886–1968), Velimir Chlebnikov (1885–1922) sowie Vladimir Majakovskij (1893–1930) für eine Kunst ein, die den Bedürfnissen einer neuen, progressiven Gesellschaft zu entsprechen und im Extremfalle sogar zu dienen habe.[4] Damit verbunden war die Forderung, „überlebte“ Kunst auch der „Klassiker“ wie Puškin oder Tolstoj

3 Vgl. Literaturnaja ėnciklopedija. V 11 t., t. 2. Pod red. V.M. Friče/A.V. Lunačarskogo. Moskva 1929–1939 [hier: Nachdruck Tokyo 1983], Spalten 543–546; vgl. auch Kasack, Wolfgang. Lexikon der russischen Literatur des 20. Jahrhunderts. München 1992, Spalten 1444–1454.

4 Vgl. Poščёčina obščestvennomu vkusu [Eine Ohrfeige dem öffentlichen Geschmack]. in: Literaturnye manifesty. Ot simvolizma k oktjabrju. Tom I. Nachdruck der von N.L. Brodskij u.a. besorgten 2. Auflage. Moskau 1929. Mit einem Supplementband herausgegeben von Karl Eimermacher. München 1969, S. 76–77.

„über Bord zu werfen"[5] und auf diese Weise einen vollständigen literarischen Neubeginn zu unternehmen. Sowohl die Ereignisgeschichte als auch die kulturrespektive Literaturgeschichte zeigen jedoch, dass ein solcher Paradigmenwechsel nicht leicht zu realisieren ist. Denn ein programmatisches „über Bord werfen" alter, angeblich überlebter Kunst reicht ja nicht aus, denn zusätzlich müsste man die Bewusstseinsinhalte der Menschen verändern, im „Idealfall" mit einer Gehirnwäsche also eine „tabula rasa" erzeugen, um diese neue Kunst zu etablieren. Ungeachtet allen revolutionären, bilderstürmerischen Pathos standen demnach auch die soeben erwähnten Künstler und Schriftsteller vor dem Problem, eine neue Kunst zu etablieren und zugleich zu verhindern, dass sich der Erfahrungshorizont respektive frühere Eindrücke „schädigend" in den Rezeptionsprozess hineindrängten. Selbst ein so radikaler Avantgardekünstler wie Kazimir Malevič konnte folglich nicht verhindern, dass seine Gemälde unwillkürlich mit den klassischen Erzeugnissen der russischen oder europäischen Malerei im Stile Repins verglichen wurden, eben weil man die Radikalität des künstlerischen Neubeginns verarbeiten musste – und dies konnte erst durch Gegenüberstellung mit traditioneller Kunst geschehen. Vor einem vergleichbaren Dilemma stand sicher auch der Dichter Vladimir Majakovskij, der ebenso wenig dagegen tun konnte, dass seine Gedichte unwillkürlich mit denen seiner Vorgänger Puškin, Lermontov oder anderer Autorinnen und Autoren in Bezug gesetzt wurden. Doch auch der Agit-Prop-Künstler Vladimir Majakovskij konnte nicht verhindern, dass seine ROSTA-Fenster, wie später zu zeigen ist, gedanklich wohl mit traditionellen Vorlagen der Lubok-Tradition konkurrieren mussten. Darüber hinaus ist zu berücksichtigen, dass die hier genannten Avantgardekünstler und Schriftsteller der Zeit vor 1917 und etwa fünf Jahre danach mit ihrer Kunst ja ein neues Publikum zu bedienen hatten. So sollten bekanntermaßen Arbeiter und Bauern, bis dahin zu großen Teilen Analphabeten[6], nach den politischen Veränderungen nicht nur den Staat lenken, sondern als führende gesellschaftliche Klassen zu den wichtigsten Rezipient*innen dieser neuen Kunst gehören. Eine

5 „Prošloe tesno. Akademija i Puškin – neponjatnee gieroglifov. Brosit' Puškina, Dostoevskogo, Tolstogo i proč. proč., s parochoda sovremennosti" (aus: Poščěčina obščestvennomu vkusu, S. 76 – „Das Vergangene ist beschränkt. Die Akademie und Puškin sind unverständlicher als Hieroglyphen. Lasst uns Puškin, Dostoevskij, Tolstoj etc. etc. von Bord der Gegenwart werfen"). Was die avantgardistischen Ikonoklasten bei ihrem Ansinnen übersehen, ist natürlich, dass Puškin etwa in seinem frühen Schaffen eine Art romantischer Avantgarde verkörperte.

6 Vgl. dazu Löwe, Barbara. Ein anderer Blick auf Russland: Geschichte, Lebensweisen, Denkweisen. Wiesbaden 2018, S. 199–210.

analphabetische staatslenkende Schicht konnte man sich daher natürlich ebenso wenig vorstellen wie eine des Lesens nicht kundige Gesellschaft.

Was also tun? Nun, man musste wohl neue Formen für neue Inhalte finden, auch wenn etwa Kazimir Malevič, der sich mit einem sich in den europäischen Avantgardekontext einschreibenden Bild unsterblich machte (vgl. Abb. 1), diese Neuerung auf eine Weise vollzog, die der frühsowjetischen Politik mit ihrem doch eher traditionellen Kunstverständnis späterhin nicht gefallen konnte. Ähnlich können wir die avantgardistischen Anfänge Vladimir Majakovskijs charakterisieren, der sein Publikum mit Versen wie „Ja ljublju smotret‘ kak umirajut deti"/„Ich liebe es zu sehen wie Kinder sterben" (1913, „Neskol'ko slov obo mne samom"/„Einige Worte über mich selbst") oder mit Kürzestgedichten wie dem folgenden (ebenfalls 1913) überraschte und auch wohl schockierte:

ИСЧЕРПЫВАЮЩАЯ КАРТИНА ВЕСНЫ
Листочки.
После строчек лис -
точки.[7]

Am bekanntesten wurden aber wohl seine „Treppengedichte"[8], die inhaltlich und formal Neuland beschritten. Dazu ein ganz besonderes Beispiel:

СКАЗКА О ДЕЗЕРТИРЕ, УСТРОИВШЕМСЯ НЕДУРНЕНЬКО, И О ТОМ, КАКАЯ УЧАСТЬ ПОСТИГЛА ЕГО САМОГО И СЕМЬЮ ШКУРНИКА

---

7 Zitiert nach: http://mayakovsky.velchel.ru/index.php?cnt=8&rhime=n_18 <aufgerufen am 16.02.2018>. Geneigte Leser*innen könnten dieses Gedicht natürlich als eine Dekonstruktion der Naturdarstellungen des russischen Realismus wahrnehmen, wie wir sie exemplarisch etwa im Schaffen Turgenevs finden: „Знаете ли вы, например, какое наслаждение выехать весной до зари? Вы выходите на крыльцо… А между тем заря разгорается; вот уже золотые полосы протянулись по небу, в оврагах клубятся пары; жаворонки звонко поют, предрассветный ветер подул – и тихо всплывает багровое солнце. Свет так и хлынет потоком; сердце в вас встрепенется, как птица. Свежо, весело, любо!" (Turgenev, I.S. Les i step‘, Zapiski ochotnika) <http://ilibrary.ru/text/1204/p.25/index.html, aufgerufen am 16.02.2018>/ „Wissen Sie zum Beispiel, wie köstlich es ist, im Frühjahr vor Sonnenaufgang auszufahren? Sie treten vor die Tür… Indes entflammt das Morgenbrot, schon schießen goldene Streifen über den Himmel, in den Schluchten brauen die Nebel; die Lerchen singen laut, der Frühwind weht, und leise geht die blutrote Sonne auf. Ströme von Licht ergießen sich; das Herz schüttelt sich gleich einem erwachenden Vogel. Alles ist frisch, heiter, angenehm!" (aus: TURGENJEW, Iwan S. Wald und Steppe. In: Ders. Aufzeichnungen eines Jägers. Erzählungen 1844–1855. München 1976, S. 357–358).

8 Vgl. dazu Majakovskij, Wladimir. Wie macht man Verse. Deutsch und mit einem Nachwort versehen von Hugo Huppert. Frankfurt/M. 1969, hier S. 37.

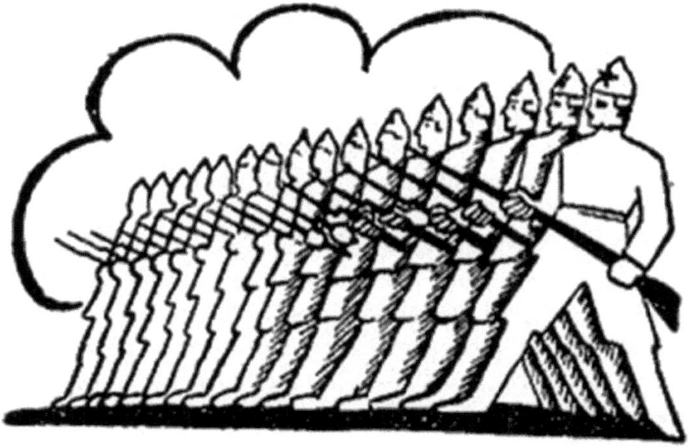

Хоть пока
        победила
                крестьянская рать,
хоть пока
        на границах мир,
но не время
        еще
                в землю штык втыкать,
красных армий
        ряды крепи![9]

Diese Beispiele könnten daher zunächst zur Beantwortung der Frage herangezogen werden, in welcher Weise „neue“ Kunst und Literatur mit Regeln „alter“ Kunst brechen. Allerdings sind die vorgestellten Beispiele noch Merkmale der russischen vorrevolutionären Avantgarde, die jenseits politischer Einflussnahme mit der symbolistischen Kunst und Literatur einerseits, andererseits mit der Literatur des 19. Jahrhunderts brechen wollte.

2 Bild- und Textrelation(en)

Bevor nun im Weiteren genauer auf die im Titel des vorliegenden Beitrags erwähnten künstlerischen Revolutionen eingegangen wird, die mit politischen

9 Zitiert nach http://mayakovsky.velchel.ru/index.php?cnt=8&rhime=n_46 <aufgerufen am 16.02.2018>.

Revolutionen einhergehen, muss auf die im zuvor auszugsweise zitierten Gedicht Majakovskijs präsente Kombination von Text- und Bildelementen verwiesen werden, die, soviel sei vorweggenommen, zu einem Merkmal revolutionärer und postrevolutionärer Kunst und Literatur wird. Warum das so ist und zur Beantwortung der oben gestellten Fragen ist im Folgenden daher in der gebotenen Kürze darüber zu nachzudenken, was eigentlich in unseren Köpfen geschieht, wenn wir lesen.

Jedes Werk, das wir lesen, weckt die Phantasie der Leser*innen, es entstehen Bilder in den Köpfen, die rezipierten Buchstabenkombinationen werden in gewisser Weise visualisiert, dies jedoch immer in Abhängigkeit vom Erfahrungshorizont sowie gelenkt durch den anhand einer Epoche konstituierten Erwartungshorizont. Das klingt banal, ist es aber vermutlich nicht. Folgendes Beispiel kann diesen Prozess vielleicht erhellen: So dürften etwa die Leserinnen des Versromans *Evgenij Onegin* von Aleksandr S. Puškin ganz sicher eine Vorstellung, ein Bild des Titelhelden vor ihren Augen gehabt haben, das der Verfasser durch seine Illustration begleitete oder sogar lenkte.[10] Aber ganz sicher lag auch ein romantisch vorgeprägtes Bild des Schwärmers Vladimir Lenskij vor, während sich die Leser im Kontext der Zeit Tat'jana Larina und deren Schwester Ol'ga als vermutlich auch romantische Frauenfiguren verbildlichten.[11] Diese Qualität des geschriebenen Wortes, das zur Visualisierung anregt, ist auch in unserer durch eine unglaubliche Bilderflut geprägten Zeit nicht verloren gegangen. Auch heute noch entstehen vor unserem geistigen Auge Verbildlichungen literarischer Helden, Landschaften oder auch innerer Regungen.

Demnach ist das geschriebene Wort, das nicht ausdrücklich in einer Text-Bild-Relation steht, ganz im Sinne der Rezeptionsästhetik oder des postmodernen Denkens frei, d.h. es mäandriert in einem Zeichenkontext, der eine freie, nicht nur visualisierende Realisierung ermöglicht, ja sogar wünschenswert macht. Einfacher formuliert bzw. zugespitzt: Leser*innen entwerfen in ihren Köpfen Bilder, die sich vermutlich von denen anderer Leser*innen unterscheiden. Doch ist gerade das nach der Revolution in Russland, wie oben bereits angedeutet, unerwünscht, denn was könnte gefährlicher für einen neuen Staat sein, der Literatur als Erziehungsinstrument in eigener Sache begreift, als das

---

10 Vgl. dazu exemplarisch die Illustrationen, die Puškin seinem Versroman beifügte, in: Puschkin, Alexander. Jewgenij Onegin. Roman in Versen. Deutsch von Rolf-Dietrich Keil. Gießen 1984, S. 25 u.a.

11 Vgl. dazu Lotman, Juri. Alexander Puschkin. Aus dem Russischen übersetzt von Beate Petras. Leipzig 1989, S. 253; vgl. dazu das zweite Buch des Jewgenij Onegin (Puschkin, Jewgenij Onegin, S. 72–111).

ungehinderte und unbeeinflusste Rezipieren von Texten, das nicht von der Zensur erreichbar ist?

Nun wurde ja von Bildern gesprochen, die im Kopf der Leser*innen entstehen. Was aber nun geschieht, wenn bereits eine Bild-Text-Relation vorgegeben ist, und wie hängen die Kombination von Bild und Text mit der Revolution in Russland zusammen? Warum sind die Kulturpolitiker der Nachrevolutionszeit so rasch auf die Idee gekommen, man könne die Menschen mit Bild und Text einfacher erreichen respektive manipulieren und warum? Wie funktioniert eigentlich die Kombination von Bild und Text, in welchen Gattungen finden wir die klassische Text-Bild-Relation und – vor allem, wenn wir an den Paradigmenwechsel in der Sowjetunion des Jahres 1917 denken – zu welchem Zweck? Zur Beantwortung dieser Fragen ist erneut ein Exkurs notwendig.

3 Ikonographie und Emblemata

In ihrer Studie *Einführung in die Ikonographie* befassen sich Frank Büttner und Andrea Gottdang mit, wie der Untertitel suggeriert, „Wegen zur Deutung von Bildinhalten". Im Kapitel zur „Profanen Ikonographie" berühren sie dann verschiedene Formen von Text-Bild-Relationen und verweisen in diesem Zusammenhang zunächst auf die so genannte „Imprese", ursprünglich eine Tradition des Mittelalters[12], in der dem Wappen einer Familie ein Wahlspruch hinzugefügt wurde[13]: „Man könnte sagen, dass die Impresen Hieroglyphen sind, die von einer Devise begleitet werden."[14] Damit aber wird die Imprese zu der „Verbindung eines Sinnbildes mit einem Wahlspruch".[15] Wenn man sich diese Kombination vergegenwärtigt, dass also ein Wappen als Sinnbild mit einem Wahlspruch verbunden wird, dann könnte man dies nahezu zwangsläufig mit einem „weiteren Zweig der Wort-Bild-Kombination"[16] assoziieren, mit der Emblematik. Diese kann als eine Weiterentwicklung der Impresentechnik gesehen werden, insofern

12 Natürlich könnte man in der Geschichte weiter zurückgehen und etwa die altägyptischen Hieroglyphen als Bild-Text-Relation deuten. Ursprünglich waren die Hieroglyphen allerdings eine reine Bilderschrift, die in ihrer weiteren Entwicklung dann aber um Laut- und Deutzeichen ergänzt wurde und mit der natürlich auch Geschichten erzählt wurden; vgl. dazu Kahl, Jochem. Das System der ägyptischen Hieroglyphenschrift in der 0.-3. Dynastie. Wiesbaden 1994, S. 143–163.

13 Vgl. dazu Büttner, Frank/Gottdang, Andrea. Einführung in die Ikonographie. Wege zu Deutung von Bildinhalten. München 2006, S. 136.

14 Büttner/Gottdang, Einführung, S. 136.

15 Ebd.

16 Ebd., S. 137.

dass sie „die verschiedenen Traditionen der Bedeutungslehre und Hieroglyphenkunde wie der Impresen mit der Tradition der Epigrammatik [vereinigte]"[17], wie Büttner/Gottdang festhalten. Beide verweisen in diesem Zusammenhang auf die Tradition der Emblematik, die gemeinhin mit dem 1531 in Augsburg herausgegebenen Buch *Emblematum liber* des Andrea Alciati (1492–1550) verbunden wird. Am Thema Interessierten ist vielleicht das *Handbuch der Sinnbildkunst des 16. und 17. Jahrhunderts* von Arthur Henkel und Albrecht Schöne ein Begriff.[18] Wie der Titel dieses Handbuches andeutet, geht es bei Emblemata demnach um Bilder, die in Zusammenhang mit Wörtern zu „Sinnbildern" (und dann zu Kunst) werden und die, wie die Lektüre des Bandes anhand zahlreicher Beispiele demonstriert, einen dreiteiligen Aufbau aufweisen: Emblemata enthalten demnach

- das Bild (pictura, Icon, Imago), auch res picta;
- die Überschrift zum Bild (inscriptio, Motto, Lemma);
- ein mehrzeiliges Epigramm (subscriptio).[19]

In Bezug auf diese Dreiteilung, die nicht dialektischer Natur ist, ist festzuhalten, dass im Grunde alles zum Bildgegenstand werden kann: Menschen, Tiere, Pflanzen, also Wirklichkeitsbezogenes, aber auch Phantasiegestalten, mythologische oder märchenhafte Figuren. Um also über das Sinnbild Sinn zu vermitteln, darf dem Emblematiker jedes Mittel Recht sein. Die „Leser*innen" eines Emblems **müssen** [!] ihm folgen, indem sie res picta, inscriptio sowie subscriptio in „Eins" gedacht in einen Sinnzusammenhang stellen, mithin also, und dies ist im vorliegenden Zusammenhang wichtig, **gelenkt**, nicht frei rezipieren.

Dass die Emblematiker mit dieser Aufforderung zur gelenkten Sinnkonstruktion den Geist der Zeit trafen, zeigen die zahlreichen Ausgaben des Handbuchs des Alciatis. In der Forschung wird die nahezu unglaubliche Zahl von 125 (!) Auflagen genannt[20], so dass der Emblematik in der Spätrenaissance und dem Barock eine doch nicht zu unterschätzende Bedeutung zukommt. Umso bemerkenswerter ist daher das plötzliche Vergessen, dem die Emblematik in der zweiten Hälfte des 18. Jahrhunderts anheimfiel. Als Gründe dafür werden das Ende der Barockzeit, in der die Emblematik auch für die religiöse Kunst von

17 Büttner/Gottdang, Einführung, S. 136.

18 Vgl. Arthur Henkel und Albrecht Schöne (Hrsg.), Emblemata. Handbuch zur Sinnbildkunst des 16. und 17. Jahrhunderts, Stuttgart 1978 (und später).

19 Vgl. ebd., S. 30–32.

20 Vgl. ebd., S. 47; vgl. auch Gesprächskultur des Barock: die Embleme der Bunten Kammer im Herrenhaus Ludwigsburg bei Eckernförde. Hrsg. von Hartmut Freytag, Wolfgang Harms et al., Kiel 2001, S. 8.

Relevanz gewesen war, sowie der sich wandelnde Symbolbegriff genannt.[21] Erst im 20. Jahrhundert wird die Emblematik wieder zum Gegenstand des Interesses und führt zu wissenschaftlichen Studien, die sich mit Genese, Form und Funktion des Emblems als Sinnbildkunst befassen.[22]

4 Emblemata in Russland?

Nach diesen einführenden Worten zu Bild-Text-Relationen soll nun der russische Kulturraum in den Blickpunkt rücken, denn natürlich gibt es Werke, die auf der Wechselwirkung von Text-Bild-Relationen basieren, auch im osteuropäischen Raum, besonders ausdifferenziert in der russischsprachigen Kultur, weil mit mannigfaltigen ideologisch-performativen Tendenzen ausgestattet. Als spezifisches, im religiösen Kontext der Orthodoxie funktionierendes Zeichensystem, in dem jeder Teil der „res picta“ eine bestimmte, festgelegte und unwandelbare Bedeutung hat und damit auch eine spezifische Funktion im religiösen Code erfüllt, kann etwa die Ikone gesehen werden, die sich, wie weithin bekannt, aus einem Bild und einem, zumeist sparsamen, Textteil zusammensetzt. Dabei (er)klärt der Textteil, welche Heiligenfigur auf der Ikone abgebildet ist. Damit aber wäre diese Heiligenfigur nur Teil eines Emblems respektive eines Bildes, dessen performativer Charakter durch die der Orthodoxie verpflichteten Bedeutungskonstituenten jedem Gläubigen grundsätzlich auch ohne subscriptio klar ist.[23] Zugleich aber ist die Ikone als Teil religiöser Praxis seit Jahrhunderten ein grundlegender Bestandteil auch der russischen Volkskultur mit einem nicht zu unterschätzenden Wirkungspotential.[24]

---

21 Vgl. Henkel/Schöne, Emblemata., S. 49.

22 So in Strasser, Gerhard F. Die Domänen des Emblems: außerliterarische Anwendungen der Emblematik. Wiesbaden 2004 oder Peter M. Daly, The Emblem in Early Modern Europe. Contributions to the Theory of the Emblem, Aldershot 2014; vgl. dazu exemplarisch auch die 145 Emblemata der so genannten „Bunten Kammer“ auf Gut Ludwigsburg in Waabs (Schleswig-Holstein), die zum Gegenstand internationaler Emblemataforschung geworden ist (vgl. dazu Gesprächskultur des Barock, S. 8–29).

23 Vgl. dazu Högy, Tatjana. Russische Ikonen. Einführung in Bildtypen, Malweise und Sinn russischer Ikonen. Nordstrand 2011 [Nachdruck der Ausgabe Gießen 1978], S. 35–96. Die Verfasserin beschreibt in diesem Abschnitt verschiedene Ikonentypen, von der „Muttergottes-Ikone“ bis hin zur „Heiligen-Ikone“; vgl. dazu auch Onasch, Konrad. Intelligibilität und Spiritualität. Zur Soziologie der altrussischen Ikone. In: Eva Haustein-Bartsch (Hrsg.). Russische Ikonen. Neue Forschungen. Recklinghausen 1991, S. 9–24, hier 23–24; vgl. auch Neubauer, Edith. Kunst und Literatur im alten Russland. Architektur, Ikonenmalerei. Dichtkunst. Düsseldorf 1988, S. 243–245.

24 Krieger, Verena, Von der Ikone zur Utopie: Kunstkonzepte der Russischen Avantgarde. Köln 1998, S. 172–173.

4.1 Lubki

Im vorliegenden Kontext war es war notwendig, in der gebotenen Kürze auf die russische Ikonentradition einzugehen, denn man kann wohl davon ausgehen, dass jede andere (sinn)bildhafte Tradition in Russland sich eng an die Ikonentradition anlehnen musste, wollte sie Wirkung entfalten. In diesem Zusammenhang ist nun auf den so genannten „Lubok", den „Volksbilderbogen" zu verweisen, eine Form der Text-Bild-Relation, die in Russland von der Mitte des 17. Jahrhunderts, und das ist wichtig für den Paradigmenwechsel des Jahres 1917, bis in das frühe 20. Jahrhundert hinein eine weitverbreitete Kommunikationsform gewesen ist.[25] Sie hat, worauf im Weiteren ausführlich einzugehen ist, zu frühen Sowjetzeiten eine doch sehr kreative Fortsetzung gefunden hat.

Der Lubok ist ein (Holz)druck oder Holzschnitt aus Brettern aus Lindenholz, aus denen man Holzstöcke zum Drucken der Blätter herstellte.[26] Diese Blätter waren zumeist satirischen, informativen, religiösen oder auch patriotischen Inhalts und bestanden, beschreiben wir es mit Begrifflichkeiten der Emblematik, aus einer „res picta" und einer zumeist kurzen Geschichte, dem „subscriptio", in der die bildlichen Darstellungen erläutert respektive interpretiert wurden und das damit Sinn vorgab. Bemerkenswert ist, dass diese Drucke häufig mit Temperafarben koloriert wurden, was verglichen mit der westeuropäischen Emblematakunst einen qualitativen Unterschied ausmachte. So können wir die These formulieren, dass der Lubok eine Kombination aus russischer Ikonenmalerei und den Ideen und Themen der westeuropäischen Holzschnitte ist.[27] Auf diese Weise aber wird eine Verbindung zwischen der auch mittelalterlichen Ikonenmalerei, Wandmalerei und der westeuropäischen Emblematik hergestellt. Der Lubok ist in seiner graphischen Ausführung dem Emblem nahe, in seiner farblichen Ausgestaltung aber erinnert er an Ikonen. Und wenn das Emblem zahlreiche Themenfelder berührt, so gilt dies auch für den Lubok, für den in der Forschung unterschiedliche Themengebiete thematische identifiziert wurden:

- Lubki religiöser Thematik (Illustrationen des Evangeliums oder Heiligenlegenden);

25 Vgl. dazu Koschmal, Walter. Der russische Volksbilderbogen (Von der Religion zum Theater). München 1989, S. 22–32.

26 Vgl. Koschmal, Der russische Volksbilderbogen, S. 3; vgl. dazu ZIEL, Wulfhild, Der russische Volksbilderbogen in Bild und Text – ein kultur- und kunsthistorisches Intermedium. Frankfurt/M. 1998, S. 3.

27 Vgl. Koschmal, Der russische Volksbilderbogen, S. 4–5.

- Lubki weltlicher Thematik (Tugenden und Laster der Frauen, Kalender, Almanache);
- Volksfeste;
- Lubki politischer Thematik (etwa Ivan IV. oder Peter den Großen betreffend);
- Lubki philosophischer Thematik;
- Lubki juristischer Thematik;
- Lubki historischer Thematik;
- Lubki, die Märchen erzählen;
- Lubki satirischer Thematik.[28]

Nachdem die ersten Lubki bereits in den 1620er Jahren im ukrainischen Sprachraum entstanden waren, wurden diese nach 1650 auch im russischen Imperium zu einer beliebten Kunstform.[29] Zunächst zur Ausschmückung vor allem für die Adels- und Zarenpaläste hergestellt, wurden sie dann zunehmend auch für die mittleren und unteren Schichten zu einer Ware, die, preisgünstig als Duplikate aus den geschnitzten Holzstöcken hergestellt, der Dekoration der eigenen vier Wände diente. Die These, dass der Lubok als eine der ersten Formen von „Massenkunst" Eingang in die russischsprachige Gesellschaft fand, die zu weiten Teilen ja analphabetisch war und so zumindest durch die Bilder einen Teil des Sinnzusammenhangs erkennen konnte, ist also nicht zu weit hergeholt.[30] Die Vielfalt der behandelten Themen zeigt nun exemplarisch die im Anhang abgedruckten, aus verschiedenen Epochen stammenden und ein ganzes Spektrum grafischer, textlicher sowie inhaltlich-performativer Strategien enthaltenden Lubki (s. Abb. 1–9 im Anhang).

Das Faksimile eines Holzschnitts aus dem 18. Jh. etwa (Abbildung eins) trägt den Titel „Windige Gedanken". Er verspottet einen Bauern, der mit einem Korb voller Eier auf dem Weg zum Markt Pläne schmiedet und sich in Gedanken bereits als reichen Mann sieht. Die Gegenstände seiner „windigen Gedanken" sind links oben abgebildet, der Text unter dem Bild erläutert: „Ich verkaufe die Eier, dann kaufe ich ein paar Hühner, und die bekommen Kleine, diese werde ich verkaufen und mir für das Geld eine Sau kaufen, ihre Ferkel verkaufe ich dann

28 Vgl. dazu Ziel, Der russische Volksbilderbogen in Bild und Text, S. 122–168.

29 Vgl. Koschmal, Der russische Volksbilderbogen, S. 2–3.

30 Vgl. dazu etwa auch den Begriff der „Lubočnaja literatura", die einfach und billig hergestellte Texte bezeichnete, die für breitere Leserschichten gemacht waren, in: Ziel, Der russische Volksbilderbogen in Bild und Text, S. 3. Die Analphabetenquote betrug in Russland noch zum Ende des 19. Jahrhunderts etwa 70%, auf dem Land waren vor allem Frauen und Repräsentanten nichtrussischer Völker des Lesens und Schreibens unkundig (vgl. dazu Löwe, Ein anderer Blick auf Russland, S. 205).

und kaufe dafür eine Kuh, deren Kälber verkaufe ich und kaufe davon ein Fohlen, dann werde ich auf dem Pferd reiten, mir ein Haus bauen und reich leben." In diesem Augenblick fällt ihm der Korb mit den Eiern zu Boden.

Das dann folgende Faksimile eines Holzschnitts vom Anfang des 18. Jahrhunderts (Abbildung zwei) trägt den Titel „Die Mäuse ziehen den Kater auf den Friedhof"[31] und zeigt einen toten Kater mit zusammengebundenen Pfoten, da er den Mäusen selbst noch im Tode Angst einflößt. Der Lubok stellt somit eine „verkehrte Welt" dar, wobei die Verkehrung der Dinge darin zu sehen ist, dass schwache Tiere über ein starkes triumphieren. Bemerkenswert sind die über das Bild verstreuten Texte, die den Mäusen Beinamen geben und ihre Handlungen deuten. Der Lubok erscheint so wie ein Vorläufer des Comics.

Der dann folgende Kupferstich vom Anfang des 19. Jahrhunderts (Abbildung drei) trägt den Titel „Noch im Verrecken lässt die Schlange das Kraut nicht los". In satirischer Schärfe wird die Korruption von Gerichtsbeamten kritisiert, denn der hier abgebildete versucht sogar, mit dem nahenden Tod einen Handel zu machen und fordert Schmiergeld von ihm. Erläutert wird das Bild durch das von A.P. Sumarokov (1717–1777) stammende Gedicht am unteren Bildrand.

Dem Thema der Liebe gewidmet sind die folgenden drei Bilderbögen. Der Lubok „Weckt nicht das junge Mädchen" (1879, Abbildung vier) illustriert ein russisches Tanzlied, in dem ein Hirte, von einem jungen Mädchen dazu aufgefordert, zu einem Reigen aufspielt. Doch während er flötet, läuft die Hälfte seiner Herde auseinander. Der kolorierte Kupferstich „Ach, Schwarzäuglein, küss mich nur einmal... („1820–1840, Abbildung fünf) visualisiert die Liebeserklärung eines Kavaliers an eine Dame. Dieser Lubok ist ein Beispiel für einen „Theater-Bilderbogen", auf denen die Akteure wie auf einer Bühne dargestellt werden. Der Lubok mit dem Titel „Nastasja, mach die Tür auf" (Kupferstich, 1857, Abbildung sechs) schließlich thematisiert die Brautwerbung. Dargestellt sind in naiv-idealisierender Form ein junger, bäuerlicher Freier und ein junges Mädchen, die beide dem volkstümlichen Schönheitsideal entsprechen und ihre Liebe zueinander bekennen.

Ein Lubok juristischen Inhalts ist der kolorierte Kupferstich „Die Geschichte von Erš Eršov, Sohn des Ščetinnikov" (Abbildung sieben) aus den Jahren 1830–1850. Darin werden in satirischer Absicht die Zustände bei Gericht und in der Verwaltung verspottet. Das Sujet des Bilderbogens geht auf eine Erzählung aus dem 17. Jahrhundert zurück, deren Thema der Prozess der Fische um den

31 Vgl. dazu auch Ziel, Der russische Volksbilderbogen in Bild und Text, S. 148–149.

Grundbesitz im See von Rostov ist.[32] Die Brachse und der Weißfisch reichen bei den Richtern, ebenfalls Fischen, eine Klage gegen den stacheligen Kaulbarsch (Erš) ein, der mit seiner Familie in den Rostov-See geschwommen sei, obwohl dieser seit alters her den Brachsen und dem Weißfisch gehöre. Auch die Zeugen sind Fische. Der Kaulbarsch wird verurteilt, kann aber dennoch seinen Richtern entkommen. Um den See herum sind nun 33 handelnde Personen dargestellt; in Versform wird jede Person namentlich erwähnt und das aufgeführt, was sie mit dem Kaulbarsch macht.

Die kolorierte Lithographie mit dem Titel „Die Reise durch die Luft" (1863, Abbildung acht) ist gesellschaftskritischer Intention und setzt die Redensart „zum Schornstein hinausfliegen" in der Bedeutung „ruiniert sein" in ein Bild um. Aus dem Schornstein erheben sich drei bankrotte Kaufleute, deren Gläubiger am Boden stehend zuschauen. Die Gründe für den Bankrott werden im Bild gezeigt: Trunksucht, Frauengeschichten und Kartenspiel werden in Bezug auf die drei Bankrotteure anschaulich dargestellt.

Der kolorierte Kupferstich (um 1810, Abbildung neun) mit dem Titel „Kurze Beschreibung der Einnahme Očakovs" weitet den Blick nun auf Staatliches, behandelt er doch ein Ereignis des Russisch-Türkischen Krieges (1787–1791), *in concreto* die Einnahme der Festung Očakov im Jahre 1788 durch die russische Armee unter dem Oberbefehl des Fürsten Grigorij Potëmkin. Der Bilderbogen stellt nebeneinander allerdings Ereignisse dar, die nicht zur gleichen Zeit geschahen: die Belagerung der Festung durch die russischen Truppen und das Verlassen der Festung durch eine türkische Einheit mit ihrem Anführer.[33]

Die Digression zu einzelnen Lubki zeigt also, dass diese Text-Bild-Kombinationen doch heterogene Ausprägungen annehmen konnten, die entsprechend wohl unterschiedliche Reaktionen, aber zugleich auch bestimmte Handlungen bei den Leser*innen respektive Betrachter*innen hervorrufen sollen. Der erste gezeigte Lubok (Abbildung eins) wird so zu einem moralischen Traktat, zur Verbildlichung der Aufforderung, bescheiden zu bleiben und mit dem zufrieden zu sein, was man hat. Wie ein früher Comic mutet Abbildung zwei an, die durch die Darstellung einer „verkehrten Welt" in wohl sozialkritischer Absicht dem Schwachen Mut gegenüber dem Starken machen soll. Damit wäre hier aber, wie in Abbildung eins, ein ausnehmend

32 Nachzulesen in: O Bojan, du Nachtigall der alten Zeit. Sieben Jahrhunderte altrussischer Literatur. Herausgegeben von Helmut Graßhoff, Klaus Müller und Gottfried Sturm. Frankfurt/M. 1965, S. 504–513.

33 Aber auch der Napoleonische Feldzug wurde Thema einzelner Lubki; vgl. dazu Ziel, Der russische Volksbilderbogen in Bild und Text, S. 154–164.

didaktisches Moment impliziert. Abbildung drei ist ganz eindeutig als eine Bürokratiesatire zu lesen und zu sehen. Der ordentlich gekleidete Beamte, auf dessen Schreibtisch eine beachtliche Ordnung herrscht, nimmt selbst dem Skelett noch das letzte Hemd ab. Abbildung vier zeigt ein in diesem Zusammenhang harmloseres Bild, der Lubok greift auf ein Volkslied zurück, um eine Szene darzustellen, von der man sich ohne Weiteres vorstellen kann, dass sie in jeder ländlichen Hütte einen Platz an der Wand gefunden hat. Eine galante Szenerie präsentiert sodann der Lubok in Abbildung fünf, präsentiert wird ein Liebespaar, dessen Kleidung uns einerseits etwas über die Mode der damaligen Zeit mitteilt, durch die Theaterszenerie andererseits aber darauf verweist, dass Liebesbekenntnisse vielleicht immer etwas Inszeniertes hatten. Im Gegensatz dazu steht der eine traditionelle Szene aufrufende Lubok in Abbildung sechs. Man erkennt ländliche Personen weitestgehend ohne Inszenierung – auch in Bezug auf diesen Bilderbogen lässt sich vermuten, dass er weite Verbreitung in dörflichen Hütten gefunden haben dürfte.

Anders wiederum der Lubok in Abbildung sieben, auf dem durch Rückgriff auf eine auch in der breiteren Bevölkerung vermutlich bekannte Erzählung, die ja auch mündlich weitergegeben werden konnte, satirisch auf das damalige Gerichtswesen in Russland eingegangen wird. Komplexe juristische Prozesse, dem einfachen Menschen nicht verständlich, werden so auf einleuchtende, weil anschauliche Weise illustriert. Ein weiteres gesellschaftskritisches Thema finden wir sodann auf dem nächsten Lubok (vgl. Abbildung acht), auf dem durch den Schornstein entschwindende Betrüger abgebildet sind. Das Jahr der Entstehung 1863 verweist auf die beginnende Industrialisierung Russlands und damit auf an Relevanz gewinnende, neue gesellschaftlichen Gruppen in den wachsenden Städten.

Abbildung neun schließlich zeigt, dass auch die Kunstform des Lubok nicht vor der Darstellung kriegerischer Handlungen zurückschreckt, vor allem natürlich, wenn sie an Erfolge der russischen Truppen in einem der zahlreichen Kriege des 18. Jahrhunderts aus den Zeiten Katharinas II. erinnern und damit in gewisser Weise Zeitungs- oder gar Fernsehfunktion übernehmen. Wie sonst sollte der einfache Mensch über historisch bedeutsame Ereignisse informiert werden…

4.2 ROSTA-Fenster

Die bislang vorgestellten Lubki stammen, wie gesehen, aus dem 18. und 19. Jahrhundert, auf den Beginn der Tradition wurde ja bereits verwiesen. Was aber geschieht im 20. Jahrhundert?

Eine neue Etappe in der Entwicklung der Form der Text-Bild-Relation beginnt und, dies überrascht nicht, im Zusammenhang mit der russischen Avantgardekunst, die sich im Gefolge der Oktoberrevolution dann zunehmend in den Dienst eines neuen Staates stellt respektive von Kulturpolitikern instrumentalisiert wird. Der Lubok in Abbildung zehn stellt ein Beispiel für einen Bilderbogen in Mittelposition dar, beschreibt er doch Kämpfe zwischen Russen und Deutschen zu Beginn des Ersten Weltkriegs, dies bereits mit einem Text, der Vladimir Majakovskij zugeschrieben wird, über den noch ausführlicher zu reden sein wird.

Im vorliegenden Zusammenhang ist nun darauf hinzuweisen, dass die Lubok-Technik aufgrund ihrer engen Verflechtung mit Traditionen aus der Volkskultur auch von der frühsowjetischen Agitationskultur genutzt wurde, weil sie sich auf diese Weise indoktrinierend breiteren Bevölkerungsschichten annähern konnte. Zudem entwickelte sich in der frühsowjetischen Kunst als Teil der avantgardistischen Kunstszene eine Richtung, die sich mit Malern wie Kazimir Malevič (1878–1935), Vasilij Kandinsky (1866–1944) oder Ėl Lisickij (1890–1941) ebenfalls ganz bewusst dieses Traditionsschatzes bediente. Und so verwundert es wenig, dass in der so bewegten Revolutionszeit und in den ersten Jahren nach der Revolution, also der Zeit des Polnisch-Russischen- und des Bürgerkriegs, die dann mit der Gründung der Sowjetunion endeten, eine Kunstform entstand, die Text und Bild auf neue, im Sinne des Staates agitierende Weise miteinander verband. Ich spreche von den ROSTA-Fenstern, also den Werbeplakaten der „**Ros**sijskoe **t**elegrafnoe **a**genstvo“[34], in denen Text und Bild die Betrachter*innen an die Hand nahmen.

Die meisten ROSTA-Fenster entstanden in den Jahren 1920–1922, also zu einer Zeit, als der Staat bereits das Monopol über Druckerzeugnisse besaß, und waren von Beginn an als großflächige Plakate konzipiert, die auf belebten Plätzen, Straßen, Eisenbahn- und Busstationen aufgehängt werden sollten. Sie waren, wie die heute bekannten Comic Strips, in kleinere Fenster aufgeteilt (vgl. exemplarisch Abbildung elf[35]), so dass, von rechts nach links und von oben nach unten gelesen, eine Geschichte erzählt werden konnte. Die eingängigen, auf das Notwendigste reduzierten Bilder und die gereimten, sich auch der Umgangssprache bedienenden Texte sollten ganz bewusst die neue Masse ansprechen, ihr auf „kürzestem“ Wege wichtige Informationen bildhaft vermitteln und dabei

---

34 ROSTA – Abkürzung für „Rossijskoe telegrafnoe agenstvo“, später auch als TASS („Telegrafnoe agenstvo sovetskogo Sojuza“) bekannt.

35 Aus: Duwakin, ROSTA FENSTER, GPP 187, Mai 1921.

ausdrücklich im Sinne der frühsowjetischen Propaganda agitieren. Für viele Menschen der damaligen Zeit bedeuteten diese Plakate die „erste persönliche Begegnung mit der Kunst“[36], sodass nicht verwundert, dass sie einen tiefen Eindruck im Bewusstsein der Massen hinterlassen konnten. Dieser bleibende Eindruck konnte aber sicher auch deswegen entstehen, weil unter anderem der bereits erwähnte Vladimir Majakovskij sich der ROSTA-Fenstern der Lubok-Tradition bediente, also der Verwendung vereinfachter Bildformen sowie eingängiger Texte und eingängiger farblicher Gestaltung. So ist etwa, und dies sei im vorliegenden Zusammenhang vorab erwähnt, der auf den ROSTA-Fenstern dargestellte Bourgeois immer schwarz und zumeist kugelrund, eine Anlehnung an die Formgebung der Kubofuturisten, während der Agitator, Revolutionär oder Arbeiter immer rot und schlank dargestellt wird. Zudem zeigen einzelne Bilder, etwa die Ver(sinn)bildlichung des Todes, dass Majakovskij wohl ganz bewusst auch mit den bildlichen Darstellungen der Lubok-Tradition spielte:

ROSTA-Fenster 1[37]

36 Vgl. dazu Duwakin, Wiktor. Rosta-Fenster. Majakowski als Dichter und bildender Künstler. Dresden 1975, S. 203. Duwakins Studie ist – auch wenn vor mehr als vierzig Jahren erschienen – immer noch lesenswert und in seinem revolutionären Pathos fast anrührend.

37 Alle Abbildungen der ROSTA-Fenster sind der Ausgabe Duwakin, Rosta-Fenster, S. 89–160, entnommen.

Natürlich könnte man hier einwenden, dass ein Skelett grundsätzlich immer gleich aussieht, aber, da die Wirkungsmacht des Volksbilderbogens bekannt ist, dürfte es einleuchten, dass allein durch diese Figur eine Verbindung zwischen Lubok und ROSTA-Fenster hergestellt werden konnte. Zudem stützt sich Majakovskij in seiner grafischen Arbeit auf immer wiederkehrende Motive, die innerhalb des Codes der ROSTA-Fenster auch dem ungebildeten Menschen eine erleichterte Rezeption ermöglichen sollten. Dazu gehört zum Beispiel die gewaltige Faust, hier als Fragment dem Fenster 598 entnommen:

ROSTA-Fenster 2

Die Faust (des Arbeiters) ist in den Fenstern immer von besonderer Größe und symbolisiert die Durchschlagskraft der neuen politischen Klasse, die mit jedem Hindernis fertig wird. Im zuvor abgebildeten Fragment besiegt der Bergarbeiter seinen Hunger, indem er sich Brot aneignet, das er sich für seine Arbeit in den Bergwerken des Donbass aus der Perspektive des Grafikers Majakovskij redlich verdient hat. Ein Gegenmotiv zur Faust stellen sodann die in manchen Fenstern überdimensional groß gezeichneten Zähne der zumeist als feindliche Politiker oder Kapitalisten zu identifizierenden Figuren dar. Hier allerdings ist die personifizierte „Kälte" der Feind des Proletariats, ausgestattet mit entsprechend aggressiven Zähnen:

ROSTA-Fenster 3[38]

Neben dem Motiv der Aggressivität ausdrückenden Zähne sind in diesen Bildern aber noch andere Spezifika der Majakovskij'schen Kunst erkennbar, denn er verbindet hier die naive Volkskunst nicht nur der Lubki, sondern auch der des Wander- und Puppentheaters mit der Zeitschriftenkarikatur[39], auf die im Weiteren aber nicht näher eingegangen werden kann. Es muss im vorliegenden Zusammenhang der Hinweis genügen, dass Majakovskij ganz ausdrücklich auf die in den Zeitschriften *Satirikon* und *Novyj Satirikon* auch von ihm selbst verbreitete Karikaturentechnik zurückgreift[40], in denen der karikierte Mensch erkennbar bleiben muss. Dies war in den Lubki aber nicht immer der Fall, sie

38 Neben den Personifikationen von Abstrakta wie etwa Kälte (vgl. Duwakin, Rosta-Fenster, Nummer 304 vom September 1920 [links] und 867 vom Januar 1921) gibt es zudem Verbildlichungen von Krankheiten wie Cholera, Skorbut oder Typhus; vgl. dazu exemplarisch Duwakin, Rosta-Fenster (GPP 183 vom Mai 1921; GPP 284 vom August 1921). „GPP" ist die Abkürzung für „Glavnoe upravlenie političeskogo prosveščenija" – „Hauptverwaltung für politische Aufklärung" –, unter deren Aufsicht diese Plakate erschienen sind.

39 Duwakin, Rosta-Fenster, S. 205–206.

40 Duwakin, Rosta-Fenster, S. 206. Die genannten Zeitschriften stützen sich auf die Tradition der Zeitschrift *Iskra* aus 19. Jahrhundert.

waren, abgesehen von denen eindeutig politischen oder historischen Inhalts, oft verallgemeinernd und daher in einem bewusst breit gehaltenen Kontext interpretierbar. Majakovskijs ROSTA-Fenster indes hatten stets eine konkrete Zielrichtung, sie wollten und sollten politische Feinde dekuvrieren und dies gerade in der Form des in der Satiretheorie so benannten ad-hominem-Angriffs, mithin des Angriffs auf eine historisch identifizierbare Persönlichkeit.[41] Majakovskij setzte sich vor allem mit feindlichen Bürgerkriegsgenerälen auseinander, etwa mit Pyotr N. Wrangel (1878–1928), dem Führer der antikommunistischen Weißen Armee, mit Aleksandr V. Kolčak (1874–1920), dem weißgardistischen Admiral, mit Anton I. Denikin, einem weißgardistischen Generalleutnant (1872–1947) oder mit Nikolaj N. Judenič (1862–1933), einem General der russischen Armee. Aber auch Politiker des Auslands wie Lloyd George (1863–1945), Premierminister des Vereinigten Königreichs im Ersten Weltkrieg, wurden in den Fenstern zu Angriffsobjekten. So zeigt das erste, durchaus gewalttätige Fragment aus dem ROSTA-Fenster 426 vom Oktober 1920 Baron von Wrangel:

ROSTA-Fenster 4

41 Real, Hermann J. An Introduction to Satire. Hrsg. von Ders. Teaching Satire: Dryden to Pope. Heidelberg 1992, S. 11–12.

Vom November 1920 stammt das folgende Fragment aus dem ROSTA-Fenster 532, das in seiner Gänze davon spricht, wie Europa das Russland der Arbeiter nach der Niederlage der Weißen im Bürgerkrieg anerkennen werde. Fokussiert wird hier nun der britische Premierminister Lloyd George als typischer Vertreter einer feindlichen Politikerkaste mit den Insignien der bourgeoisen Macht, etwa dem Zylinder, der für Reichtum steht, aber auch mit offenstehendem Mund und heraushängender Zunge. Auf beiden ROSTA-Fenstern werden die gezeichneten Personen aber mit ihren Namen benannt, weil man ihr Aussehen beim angesprochenen Publikum natürlich nicht als bekannt voraussetzen konnte.

ROSTA-Fenster 5

In diesem Zusammenhang ist zudem anzumerken, dass die Aktualität der ROSTA-Fenster natürlich begrenzt war. Sobald Politiker aus dem öffentlichen Leben verschwanden, aus welchen Gründen auch immer, erschienen sie auch in den ROSTA-Fenstern nicht mehr, ein Vorgehen, das sich mit den heute in den Tageszeitungen erscheinenden Karikaturen deckt.[42]

42 So verschwand Theodor Freiherr von und zu Guttenberg, nachdem die Plagiatsvorwürfe gegen ihn sich erhärteten, ebenso abrupt von der politischen Bühne wie aus den Karikaturen deutscher Tageszeitungen.

Oben wurde bereits darauf verwiesen, dass der Bourgeois in den ROSTA-Fenstern als Feindbild immer schwarz und kugelrund dargestellt wird. Doch gilt dies ebenso für den Bürokraten, der das Voranschreiten der Revolution behindert, es gilt auch für den Gutsbesitzer, für Fabrikanten, Bankiers oder Popen, alles vorrevolutionäre Vertreter bestimmter gesellschaftlicher Klassen, die in den ersten Jahren nach der Revolution, nach dem Vorbild von Karikaturen gestaltet und als Popanze und Masken auf Stangen gesteckt, auf Demonstrationen mitgetragen wurden.[43] Demnach können Majakovkijs ROSTA-Fenster auch als comichafte Verbildlichung revolutionärer Demonstrationszüge und einer karnevalistischen Weltsicht gedeutet werden, denn was war die Revolution, wenn nicht das vom „Kopf-auf-die-Füße-Stellen" gesellschaftlicher Strukturen im Bachtin'schen Verständnis der Lachkultur[44]...

Wenn die ROSTA-Fenster nun vor allem Mittel der Propaganda waren und damit gesellschaftliche Erscheinungen oder politische Handlungsträger kritisierten, dann muss es in ihnen aber auch Vorbildfiguren gegeben haben, die sich zur Identifizierung zwecks Infiltrierung eigneten. Demnach gibt es in den ROSTA-Fenstern neben der Darstellung der „bösen Seite" natürlich noch die „andere Seite", die der „Guten". Diese erscheinen oft äußerst einfach, gedrängt und typisiert sowie mit einer gewissen Dynamik ausgestattet.[45] Dieser Dynamik und Entschiedenheit der Linie entspricht, so Duwakin, ein ebensolches Handeln der Figuren.[46] Und nun kommen noch einmal und mit größerer Intensität auch die Texte der ROSTA-Fenster ins Spiel. Waren Sie in der Lubok-Tradition vor allem Erläuterung oder wurden ganze Volkslieder abgedruckt, so bedingen sich Bild und – sehr knapper – Text in den ROSTA-Fenstern auf eine intensive Weise, beide drücken gleichermaßen Zielstrebigkeit aus:

---

43 Vgl. Duwakin, Rosta-Fenster, S. 210.

44 Vgl. dazu Bachtin, Michail. Literatur und Karneval. Zur Romantheorie und Lachkultur. Frankfurt/M. 1996, S. 48–56.

45 Vgl. Duwakin, Rosta-Fenster, S. 211.

46 Vgl. Duwakin, Rosta-Fenster, S. 211.

ROSTA-Fenster 6

Neben der Zielstrebigkeit wird hier aber noch eine andere Wirkungsweise der ROSTA-Fenster erkennbar, denn nicht nur in diesem Fenster (Nummer 858 vom Januar 1921) fällt der Humor auf, mit dem Majakovskij den Arbeiter beschreibt. Aber es ist ein gutmütiger Humor, der erkennen lässt, dass die derart charakterisierten Arbeiter sich in ihrem anfangs im Sinne der Ideologie schädlichen Verhalten ändern, etwa auch der im obigen Fenster beschriebene, der zunächst noch spazieren geht anstatt zu arbeiten. Grundsätzlich waren die Figuren der Arbeiter, Bauern und Rotarmisten für Majakovskij wichtig, weil diese gesellschaftlichen Gruppen zu den Hauptadressaten der Fenster gehörten. „In den Fenstern, die sich an den Arbeiter wenden, wird Besonnenheit durch agitatorisches Pathos ergänzt, und in denen, die den Bauern ansprechen sollen, tritt an die Stelle des Pathos der gutmütige Humor des Propagandisten, welcher das ein wenig träge, aber schließlich doch ‚sein' Auditorium aufrütteln möchte".[47]

Bild und Text, Aggressivität gegen den politischen Gegner und Humor, das sind zentrale Bestandteile, die bei der Rezeption der Fenster eine Rolle spielen. Wichtig ist nun aber auch, dass es darüber hinaus zahlreiche Bildmotive gibt, die nicht nur für das Verständnis des „Sinnbildes" notwendig sind, sondern bestimmte Rollen in den einzelnen Fensterkonzepten spielen. Es handelt sich dabei um:

- Arbeitsgegenstände der Werktätigen wie Hammer, Picke und Spaten;
- Gegenstände und Maschinen aus der Landarbeit wie Acker, Pflug, reife Ähren oder Getreide;
- Astronomische Erscheinungen wie die Sonne und
- Verkehrsmittel wie Lokomotiven, Waggons, Bahnstrecken oder Dampfer.[48]

Diese Objekte sind nun eindeutig zu identifizieren und haben einen unmittelbaren Realitätsbezug. Besondere Aufmerksamkeit verdienen im ideologischen Kontext der damaligen Zeit vor allem Verkehrsmittel wie die Lokomotive, die allegorisch das Voranschreiten der Revolution veranschaulicht:

47 Duwakin, Rosta-Fenster, S. 216.

48 Vgl. Duwakin, Rosta-Fenster, S. 216.

ROSTA-Fenster 7

Auch wenn diese Lokomotive aus dem ROSTA-Fenster 304 vom September 1920 als Vorläuferin „Emmas“ aus Michael Endes Kinderbüchern *Jim Knopf und Lukas der Lokomotivführer* erscheint und damit wenig an Revolutionäres erinnert, so muss doch davon ausgegangen werden, dass den Zeitgenossen Majakovskijs die Allegorie, also die „Lokomotive versinnbildlicht die Revolution“, nicht näher erläutert werden musste. War denn nicht Lenin mit der Eisenbahn aus Europa nach Russland gekommen, um die Revolution zu entfachen?[49] So verwundert es nicht, dass es weitere allegorisch auszulegende Darstellungen von Lokomotiven gibt, etwa im GPP Nummer 14 aus dem Februar 1921:

49 Vgl. dazu Kowalski, Ronald. The Russian Revolution. 1917–1921. London 1997, S. 51–52; vgl. auch Zweig, Stefan. Sternstunden der Menschheit: Zwölf historische Miniaturen. Frankfurt/M. 1981, S. 240–251 [Gesammelte Werke in Einzelbänden].

ROSTA-Fenster 8

Dieses Bild vereint exemplarisch verschiedene Begriffsfelder: Während der Text Schlagwörter des ideologischen Diskurses wie „kommuna"/„die Kommune" und „pomčit"/„eilen" enthält, fokussiert das Bild die Lokomotive als Fortbewegungsmittel der Revolution, auf dem sich ein Arbeiter in der typischen Haltung Lenins postiert.[50] Da der Weg auf den Geleisen zudem zur Sonne führt, ist nun auf die Gestirne einzugehen.

50 Die Darstellung der Figur ist ikonisch zu nennen und weist auf die spätere Gestaltung der unzähligen Lenin-Denkmäler in der Sowjetunion hin; vgl. dazu aber auch V.A. Serovs (1910–1968) Gemälde „V.I. Lenin verkündet die Macht der Sowjets"/„V.I. Lenin provozglašaet sovetskuju vlast'" (vermutlich 1955; das Bild gibt es in zwei Varianten, 1947 mit I.V. Stalin, 1955 ohne ihn).

Diese spielen im Motivkatalog Majakovskijs eine herausragende Rolle[51], besonders die Sonne taucht in verschiedenen Ausprägungen auf – betrübt, düster oder verschmitzt, zumeist aber als Freundin der Werktätigen und Bauern. Einige Fragmente aus verschiedenen ROSTA-Fenstern mögen dies illustrieren:

ROSTA-Fenster 9

Die Sonne scheint hier, in Fenster 923, eher verschmitzt hinter einem Bergmassiv hervor, das den „Verfall"/„razrucha" zerdrückt, interessanterweise mit dem Germanismus „kaput", während im Fenster 873 vom Januar 1921 die Sonne, durch die Bildunterschrift verdeutlicht, zum Symbol des Friedens wird – „Čtob byl mir"/„Möge Frieden sein" – und eine arbeitende Fabrik bescheint:[52]

---

51 Vgl. Duwakin, Rosta-Fenster, S. 228.

52 Die Fabrik ist ein weiterer Motivkomplex, den Majakovskij intensiv ausarbeitet; vgl. Duwakin, Rosta Fenster, daraus die Rosta-Fenster 188 (Juli 1920), 213 (August 1920), 494, 598 (beide November 1920), 791 (Dezember 1920), 867 (Januar 1921) sowie

ROSTA-Fenster 10

Der Übergang aus der Realität in die Kommune wird schließlich auch im folgenden Fenster verdeutlicht. Hier führt der Weg allerdings nicht über Gleise, sondern über einen dornigen Weg, an dessen Ende freilich eine strahlende Sonne wartet:

die GPP Plakate 11 und 14 (beide Februar 1921), 144 (April 1921) sowie 367 (Oktober 1921).

ROSTA-Fenster 11[53]

Negativ wird die Sonne lediglich dann konnotiert, wenn sie die Arbeit des Bauern durch Hervorrufen großer Trockenheit gefährdet. Im unten abgebildeten Fenster (GPP 187 vom Mai 1921) ist auffällig, dass Majakovskij der Sonne ein Gesicht verleiht, dass er sie, anders als üblich, als einen hinterhältigen Feind erkennen lässt, der Dürre ankündigt: „Blizit'sja suš'"/„Die Dürre naht":

53 Die Übersetzung der Parole lautet: „Genossen! Der Weg zur Kommune ist dornenreich."

ROSTA-Fenster 12

Auch wenn manche der Schwarz-Weiß-Reproduktionen es nicht erkennen lassen: die Sonne war auf den ROSTA-Fenstern stets von leuchtender Farbe, so wie die Arbeiter in strahlendem Rot, die Kapitalisten und Bourgeois in Schwarz erschienen, war die Sonne strahlend gelb.

Ohnehin waren die ROSTA-Fenster Majakovskijs in farblicher Hinsicht nicht weniger kühn und innovativ als in graphischer. Doch sei beachtet, in welcher Zeit die Fenster entstanden – in einer Zeit des (Bürger)-Kriegs und des Mangels. Häufig wurden die Farben in dieser Zeit daher mit Leim vermischt um sie haltbarer zu machen, sie verloren dadurch aber an Strahlkraft und blätterten leicht vom Papier ab. Duwakin vergleicht die ROSTA-Fenster in dieser Hinsicht mit Fresken, aber eben auch mit einer Text-Bild-Relation, von der bereits die Rede war, mit der Ikone[54], von der manche Farben ja auch abblätterten, wenn das Holz,

54 Vgl. Duwakin, ROSTA FENSTER, S. 220–221.

auf das sie aufgetragen wurden, trocknete. Damit bewegen wir uns zwar in einer anderen Tradition des Sinnbildes, diese aber zeigt deutlich, dass Majakovskij mit den ROSTA-Fenstern ganz bewusst an volkstümliche, vielleicht sogar religiöse Traditionen im weitesten Sinne des Wortes anknüpfen wollte, um seinen Werken die größtmögliche Wahrnehmung zu verschaffen. Bemerkenswert, aber wenig überraschend ist in diesem Zusammenhang dann aber noch die Rangliste der von Majakovskij gebrauchten Farben. An erster Stelle steht Rot, gefolgt von Gelb, Grün, Blau, Schwarz und Braun. Allerdings hätte die Vehemenz, mit der Majakovskij die Kapitalisten und Bourgeois in seinen Fenstern angriff, zumindest hinsichtlich des vorletzten Platzes etwas anderes erwarten lassen.[55]

Es wurde oben bereits erwähnt, die Hochphase der Produktion und Verbreitung der ROSTA-Fenster fiel in die Jahre 1920–1922, im Jahre 1922 wurden sie zunehmend zu einer in Werkstätten hergestellten Massen-Kunstform. Für sie stellte man Schablonen her, sodass schnell zahlreiche Kopien gemacht werden konnten.[56] Dies war notwendig, um eine möglichst große Verbreitung der Fenster zu erreichen. Majakovskij gestaltete also ein Original, bezeichnete die Farbgebung mit Abkürzungen, die Massenanfertigung unternahmen dann vereinzelt seine Schwestern oder sogar seine Geliebte Lilja Brik, was aber wieder ein anderes Thema ist….[57]

5 Ende des Paradigmenwechsels

Bereits im Februar 1922 wurde die Produktion der ROSTA-Fenster, die also ausdrücklich Politik im Sinne der neuen Machthaber machen sollten, eingestellt. Als Gründe dafür können die Konsolidierung der politischen Lage und der Beginn der NÖP genannt werden. Ganz offenbar war man der Auffassung, dass die Zeit für „plumpe Propaganda" im Sinne der Revolution zunächst einmal vorbei war und man an andere Bedürfnisse der neuen Sowjetbürger zu denken hatte. Einen Hinweis darauf liefern Plakate, die Majakovskij zwar noch im Stile der ROSTA-Fenster gestaltete, etwa das folgende, das im Jahr 1923 Werbung für Gummistiefel macht – man beachte Hammer und Sichel unter der Sohle – sich aber einer doch veränderten Ästhetik bedient, vergleicht man das Plakat mit den ROSTA-Fenstern:

---

55 Vgl. Duwakin, ROSTA FENSTER, S. 224.

56 Vgl. Duwakin, ROSTA FENSTER, S. 225.

57 Vgl. dazu Majakowskij, Wladimir. Ich. Ein Selbstbildnis. Collagiert und kommentiert von Karl Dedecius. Frankfurt/M. ^{2}1993, S. 225–227.

ROSTA-Fenster 13

Es gibt aber noch ein zweites, weithin bekanntes Plakat, das für die sowjetische Gummiproduktion wirbt, wobei man sich natürlich fragen muss, ob Werbung nicht etwas zutiefst Kapitalistisches ist respektive, ob sich Werbung in einem ideologischen System wie dem Sowjetischen überhaupt lohnt…:

ROSTA-Fenster 14

Erkennbar wird hier die Verschiebung vom agitatorischen Propagandaton im Sinne der Revolution hin zum komischen Werbespruch, der inhaltlich auch auf die weitere Konsolidierung der politischen Situation hinweist. Es ist nicht mehr die Zeit der Agitation, sondern die des, wenn auch bescheidenen, Konsums, ungeachtet dessen, dass die „Sauger" wie Kanonen respektive Patronen aussehen und damit wohl eher unfreiwillig den Eindruck von Aggressivität hervorrufen.

Stellvertretend für andere Bereiche in der Kunst und Literatur der Frühsowjetepoche lässt sich anhand der ROSTA-Fenster demnach sehr anschaulich illustrieren, inwieweit politische Veränderungen ästhetische Veränderungen initiieren und im vorliegenden Fall auch im Sinne des Staates instrumentalisieren. Die im Gefolge der Oktoberrevolution deutlich werdende Modifizierung und Instrumentalisierung der Lubok-Tradition hin zum ROSTA-Fenster jedenfalls zeigt, dass ein politischer Paradigmenwechsel nahezu zwangsläufig, zumindest am Beginn einer neuen gesellschaftlichen Entwicklung, einen künstlerischen Paradigmenwechsel bedingt. Sollte es zudem, wie hier aufgezeigt, möglich sein, sich dazu tief in der Bevölkerung verankerter Traditionen zu bedienen, damit die neue Kunst umso wirkmächtiger werde, umso besser war dies aus der Sicht der Kulturpolitik.

Anhang

Abb. 1

Abb. 2

Abb. 3

Дозволено Цензурою Москва
Когда солнышко взойдетъ
Деревенская пѣсня.
Пастухъ выйдетъ на лужокъ
Заиграетъ во рожокъ.
Хорошо пастухъ играетъ
Выигрываетъ
Выгоняйте ка скотину
На широкую долину
Гонятъ дѣвки гонятъ бабы
Гонятъ малыя ребята
Выгоняли на лужокъ
Становилися въ кружокъ
Одна дѣвка весела
Въ хороводъ плясать пошла.
74

Abb. 4

Abb. 5

Abb. 6

Abb. 7

Воздушное Путешествіе.
Вотъ какъ въ трубу вылетаютъ. Криддиторовъ удивляютъ.

Abb. 8

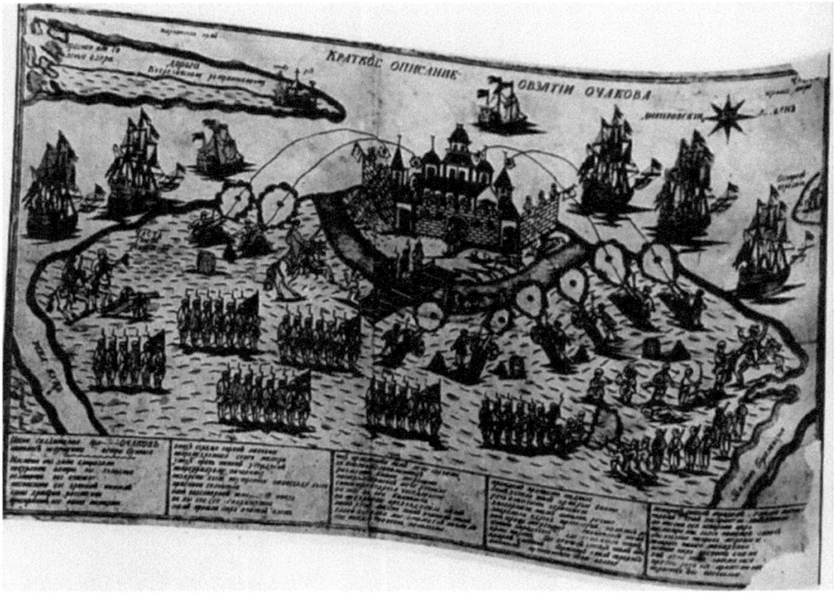

Abb. 9

Выѣзжалъ казакъ за Прутъ,
Видитъ нѣмцы прутъ да прутъ.
Только въ битвѣ при Сокалѣ
Нѣмцы въ Серетъ ускакали

Abb. 10

66 GPP Nr. 187 Mai 1921

1. Die Dürre naht.
2. zunehmen die Brände im Dorf bald, bald im Sumpf, bald im Wald.
3. Manchenorts spürt man Brandstifter-Hand.
4. Meist stiftest du selber den Brand,
5. Habt am Feuer gesessen,
6. nichts drübergegossen, nicht gelöscht,
7. und nach einer Stunde ist der Brand mächtig emporgeschossen.
8. Jemands Fuß hat einen Zigarettenstummel nicht ausgetreten –
9. ein Dorf, nicht mehr und nicht weniger, ging deshalb flöten.
10. Was tun?
11. Die Brandstifter streng bestrafen
12. und selber im Umgang mit Feuer nicht schlafen.

Abb. 11

Ada Raev

Russische Kunst im Ersten Weltkrieg zwischen Propaganda, Trauerarbeit und Gegenstandslosigkeit

Abstract: Die Abhandlung thematisiert und analysiert den vielschichtigen Umgang der russischen Kunstschaffenden mit dem Ersten Weltkrieg und seinen Auswirkungen.

Stichworte: Erster Weltkrieg, Kunst, Russland, Kriegspropaganda, Künstler, Westfront, Armee, Gemälde, Schriftsteller, Blatt, Ausstellung

Vorbemerkungen

Gegenstand der folgenden Ausführungen sind künstlerische Strategien im Umgang mit dem Ersten Weltkrieg in Russland und die jeweiligen dahinterstehenden Intentionen.[1] Vorausgreifend lässt sich konstatieren: Das emotionale und ästhetische Spektrum der Reaktionen auf den Ersten Weltkrieg war breit gefächert. Es reichte stil- und richtungsübergreifend von nationalistischer Kriegspropaganda in verschiedenen Medien über eine im orthodoxen Geist religiös überhöhte Sicht auf den Verlauf des Krieges, über die Reflexion von Formen traditioneller und moderner Kriegsführung bis hin zu einer stark abstrahierten Vergegenwärtigung der Kriegsgeschehnisse und Trauer über die Opfer. Allerdings hat der Erste Weltkrieg im kollektiven Gedächtnis Russlands im Vergleich mit anderen europäischen Ländern nur wenige Spuren mit Langzeitwirkung hinterlassen, sodass man bis vor kurzem von einem „vergessenen Krieg" gesprochen hat.[2]

Die Gründe für das Fehlen eines nachhaltigen Narrativs oder Mythos in Russland in Bezug auf den Ersten Weltkrieg sind vielfältig. Schon 1915, mitten im Krieg, stellte der Dichter Nikolaj Gumilev die bange Frage:

1 Bei dem vorliegenden Text handelt es sich um eine modifizierte Fassung der Publikation: Raev, Ada, Bilder vergessener Kämpfe. Kunst aus dem Geist des Ersten Weltkriegs in Russland, in: Osteuropa. Totentanz. Der Erste Weltkrieg im Osten Europas, 64. Jahrgang (2014), Heft 2–4, Februar–April, S. 317–338.

2 Pernavskij, Grigorij (Hrsg.), Velikaja zabytaja vojna, Moskva 2009.

Werden jene, die ertrunken,
bei schweren Flussüberquerungen
jene zählen, die vergessen
und zertrampelt auf dem Feld
Und die lauten Ruhmeskunden?[3]

Heute sind die bestürzenden Fakten bekannt. Von 1914 bis 1918 trugen 18,6 Millionen Einwohner des Russischen Reiches eine Uniform, darunter auch Künstler. Zu den mindestens zwei Millionen Kriegstoten und fünf Millionen Kriegsgefangenen kommen weitere fünf Millionen Menschen, die verwundet oder dauerhaft verstümmelt worden sind.[4] Doch zunächst haben die revolutionären Geschehnisse von 1917 und die Schrecken des Bürgerkriegs die Entbehrungen des Ersten Weltkriegs in der Wahrnehmung der Öffentlichkeit verblassen lassen. Später überschatteten die riesigen menschlichen und materiellen Opfer, die die Sowjetunion im Zweiten Weltkrieg für den Sieg über Hitlerdeutschland zu zahlen hatte, die Erinnerung an die Verluste im „Imperialistischen Krieg", so der Sprachgebrauch von Lenin[5], deutlich. Umso mehr gilt dies für die Prägungen des Sowjetstaates, der in gewissem Sinn ein Kind des Ersten Weltkriegs war: mit seiner von Terror begleiteten politischen und sozialen Ordnung und seinem neuen, zunächst von konstruktivistischem Aufbruchspathos, später von stalinistischen Glücksverheißungen und gleichzeitigem Terror geprägten Kulturmodell.

Richard Stites hat das lange Vergessen des Ersten Weltkriegs als eines von vielen historischen Phänomenen bewertet, die Russland psychologisch vom Westen getrennt hätten.[6] Ein anschauliches Beispiel dafür, aber auch für die Tendenzen der gegenwärtigen russischen Erinnerungspolitik ist das Schicksal des Moskauer städtischen Brüderfriedhofs (Bratskoe kladbišče). Dieser Friedhof wurde im Februar 1915 nach Entwürfen des Ingenieurs Sergej Šestakov und der Architekten Ivan Klejn, Aleksej Ščusev u.a. angelegt und in den folgenden Kriegsjahren stetig erweitert. Für seine Einrichtung engagierte sich insbesondere Großfürstin Elizaveta Fëdorovna, die sich 1909, vier Jahre nach der Ermordung ihres Mannes,

3 Gumilev, Nikolaj, Das zweite Jahr (1915), hier zitiert nach: Belaja, Galina, Der Erste Weltkrieg in der russischen Dichtung, in: Ausst.-Kat. Berlin – Moskau 1900–1950, hrsg. von Irina Antonova und Jörn Merkert, München/New York 1995, S. 105.

4 Petrone, Karen, The Great War in Russian Memory, Bloomington, Indianapolis 2011, S. 6.

5 Vgl. Lenin, Wladimir Iljitsch, Sozialismus und Krieg, in ders., Werke, Bd. 21, Berlin 1968, S. 299–301.

6 Roshwald, Aviel/Stites, Richard (Hrsg.), European Culture in the Great War. The Arts, Entertainment, and Propaganda, 1914–1918, Cambridge 1999, S. 8.

des Großfürsten Sergej Aleksandrovič, in die von ihr gegründete Martha-Marien-Kartause in Moskau zurückgezogen hatte. Von dort aus widmete sie sich, durchaus auch zum Nutzen des moralischen Ansehens der Autokratie, der Wohltätigkeit.[7] Als Vorbilder für den Moskauer Brüderfriedhof dienten der Rigaer Waldfriedhof und der Brüderfriedhof von Sevastopol'. Während nach 1918 in anderen Ländern Europas zahllose Denkmäler für die eigenen Gefallenen des Ersten Weltkriegs errichtet wurden, trat ihr Andenken in Sowjetrussland schnell in den Hintergrund, weil es von dem der „Helden" der revolutionären Bewegung überlagert wurde. Im Zuge dieser Entwicklungen wurde der Brüderfriedhof bis 1923 zwar noch als Begräbnisstelle genutzt, 1932 aber liquidiert.[8]

Erst seit 1991entstand auf der Grundlage von Fotos auf dem Territorium des ehemaligen Moskauer Brüderfriedhofs, wo in der Sowjetzeit Wohnhäuser und ein Kino erbaut worden waren, ein Gedenkpark für die Gefallenen des Ersten Weltkriegs, der 2004 eingeweiht wurde. Dort wurde auch das einzige noch im Original erhaltene Grabmal, das von Sergej Šlichter, einem 1916 gefallenen Studenten der Moskauer Universität, wieder aufgestellt. In der Gestaltung des Gedenkparks fallen zahlreiche, für das alte wie das neue Russland charakteristische imperiale und patriotische Motive wie Doppeladler und klassizistische Architekturelemente auf. Ihre Funktion besteht darin, das nach dem Ende der Sowjetunion wieder aufgenommene Gedenken an den Ersten Weltkrieg mit der bis heute wirkmächtigen und identitätsstiftenden Erinnerung an den Vaterländischen Krieg von 1812 und andere wichtige militärische Siege in der russischen Geschichte zu verbinden.

Wie in vielen Ländern wurde auch die Mehrheit der russischen Künstlerschaft mit Ausbruch des Ersten Weltkriegs von einem patriotischen Grundgefühl erfasst, wenn auch mit unterschiedlichen Konsequenzen für das eigene Handeln. Gerade für Angehörige der gebildeten Schichten gab es durchaus Wege, sich vom Kriegsdienst befreien zu lassen. David Burljuk und Vasilij Kamenskij z. B. profitierten von der Regelung, dass aus Familien mit mehreren Söhnen der jeweils Älteste nicht eingezogen wurde. Aleksandr Kerenskij strich am 14.

7 Maerova, Vera, Elizaveta Fëdorovna. Biografija, Moskva 2001.

8 Vgl. Petrone, The Great War in Russian Memory, S. 1–4; Zubova, N. L. und Katagošina N. V., Pamjatnik velikoj vojny, in: Moskovskij žurnal, Nr. 5 (1994), S. 52–55; Janeke, Christiane, Die verdrängte Erinnerung. Zur Geschichte des Moskauer Brüderfriedhofs, in: Groß, Gerhard P., Die vergessene Front. Der Osten 1914/1915. Ereignis, Wirkung, Nachwirkung (Zeitalter der Weltkriege. Hrsg. vom Militärgeschichtlichen Forschungsamt, Bd. 1); Zubova, N. L., Katagošina, N. V., Bratskoe kladbišče v Moskve, 1915–1924. Nekropol'. V 2 tomach, Moskva 2013. Siehe auch: http://www.openmoscow.ru/kladbbratskoe.php (letzter Besuch: 05.01. 2014).

April 1917 die „bekanntesten Kunstschaffenden" von den Einberufungslisten, darunter Robert Fal'k, Petr Končalovskij, Pavel Kuznecov, Aristarch Lentulov, Il'ja Maškov, Kuz'ma Petrov-Vodkin und Georgij Jakulov.[9] Benedikt Lifšic (Abb. 1), Futurist, Kriegsteilnehmer und Träger des Georgs-Ordens für Tapferkeit, bemerkte rückblickend nicht ohne Sarkasmus:

> Die Menschen teilten sich in zwei Lager: in die Weggehenden und die Zurückbleibenden. Erstere, egal, ob sie aus freiem Willen oder gezwungenermaßen gingen, hielten sich für Helden. Letztere stimmten dem gern zu und beeilten sich auf diese Weise ihre dumpf empfundene Schuld zu begleichen.[10]

Abb. 1: Osip Mandel'štam, Kornej Čukovskij, Benedikt Lifšic und Jurij Annenkov anlässlich der Einberufung an die Front, Foto von Karl Bulla, 1914. Source: Benedikt Liwschiz: Der Anderthalbäugige Schütze. Staatliches Russisches Museum. Palace Editions 2004, S. 167

9 Boult, Džon Ė., Chudožestvennaja novacija i voennaja strategija: russkij avangard i Pervaja mirovaja vojna, in: Avangard 1910-ch – 1920-ch godov. Vzaimodejstvie iskusstv, Moskva 1998, S. 25–35, hier S. 28.

10 Zitiert und übersetzt nach: Lifšic, Benedikt, Stichotvorenija, perevody, vospominanija, Leningrad 1989, S. 544.

Marc Chagall, jüdischer Herkunft, stand als einer der wenigen der allgemeinen Kriegseuphorie von Anfang an skeptisch gegenüber. Als er im Sommer 1914 für einen geplanten kurzen Besuch aus Paris über Berlin nach Vitebsk zurückkehrte, konnte er seine zur Fronstadt gewordene Heimatstadt nicht mehr in Richtung Westen verlassen und wurde zum Kriegsdienst eingezogen. Dank familiärer Bande musste er zwar nicht an die Front, sondern wurde in eine Schreibstube in Petrograd abkommandiert, dem der Bruder seiner Frau Bella Rozenfel'd vorstand. Von dort aus konnte er immer wieder nach Vitebsk zurückkehren. Was er sah, hielt er in Gemälden und Zeichnungen fest, in denen die Farbe Schwarz eine zentrale Rolle spielt.[11] Die Werke dieser selten gezeigten Folge werden entgegen der offiziellen Kriegsbegeisterung von den Opfern des Krieges beherrscht, von wenig motivierten Mobilisierten (Abb. 2), Vertriebenen, Verwundeten und Witwen in ihrem körperlichen Elend und ihrer seelischen Verlorenheit:

> Der Künstler thematisiert nicht das Kollektiv im Dienste des Krieges, sondern das Individuum, nicht die Maschinerie des Mordens, sondern den Menschen. Ihn interessiert der familiäre Kontext, das Einzelschicksal angesichts von Vertreibung, Flucht und Tod.[12]

---

11 Auch in einigen Bildern, die Kandinsky nach seiner durch den Kriegsausbruch erzwungenen Rückkehr nach Russland malte, tauchen verstörende schwarze Flecken auf, für deren Anwesenheit es keinen rationalen Grund gibt.

12 Koller, Sabine, Marc Chagall. Grenzgänger zwischen Literatur und Malerei, Köln/Weimar/Wien 2012, S. 135.

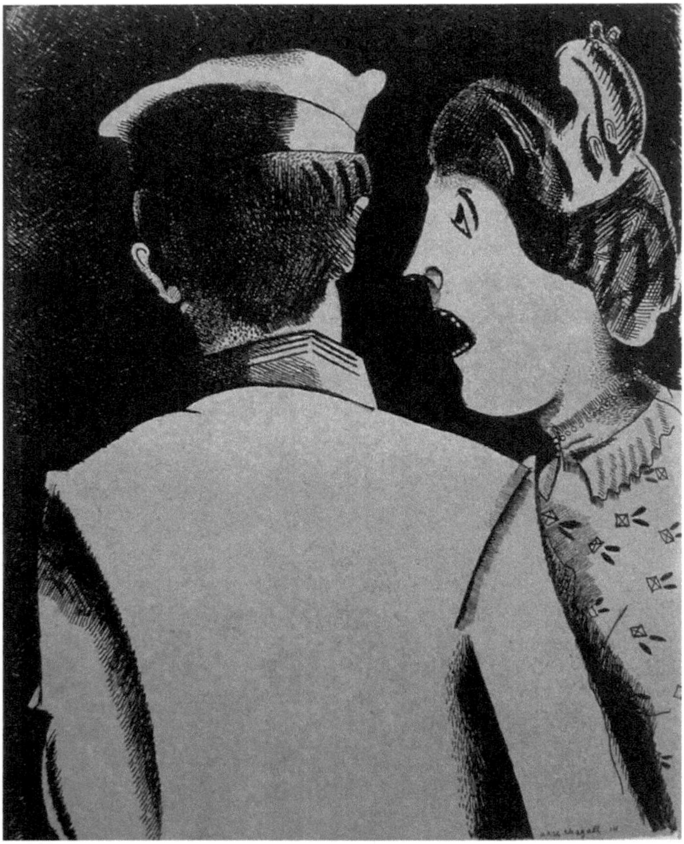

Abb. 2: Marc Chagall: *Auf in den Krieg*, 1914, Feder und Tusche, 71,7 x 17,8 cm, Moskau, Tret'jakov-Galerie. Source: John E. Bowlt: Moskau & St. Petersburg. Kunst, Leben und Kultur in Russland 1900–1920, Wien 2008, S. 360

Patriotismus und Propaganda

Die ersten Kriegsmonate, als die Kampfhandlungen nur die westlichen, an Deutschland und Österreich grenzenden Gebiete tangierten und die russischen Truppen dort erfolgreich agierten, standen ganz im Zeichen patriotischer Lubkis (Volksbilderbögen), wie Hubertus F. Jahn ausführlich dargelegt hat.[13] Diese

13 Jahn, Hubertus F., Patriotic culture in Russia during World War I, Ithaka/London 1995, S. 11–31. Vgl. auch: Gillen, Eckhardt J., Der Krieg ist erklärt. Bildpropaganda von

im 17. Jahrhundert entstandene Gattung der populären Druckgraphik war schon im Russisch-Japanischen Krieg zur patriotischen Beeinflussung der Bevölkerung aktualisiert worden und wurde nun in unterschiedlicher stilistischer Ausprägung von verschiedenen Verlegern wieder vertrieben. Moskauer Künstler aus dem futuristischen Lager wie Kazimir Malevič, Vladimir Majakovskij, David Burljuk, Il'ja Maškov und Aristarch Lentulov arbeiteten ab Mitte 1914 für den lediglich ein halbes Jahr existierenden Verlag *Segodnjašnij lubok* (Der heutige Volksbilderbogen). Die von ihm publizierten Blätter mit ins Lächerliche gezogenen Vertretern der Kriegsgegner (Abb. 3) bzw. mit Heldinnen und Helden meist aus der russischen Bauernschaft (Abb. 4), die die Mehrzahl der Einberufenen stellte und von den Kriegshandlungen unmittelbar betroffen war, überzeugten durch beißenden Wort- und Bildwitz. Man konnte sie als Einzelblätter oder Mappen erwerben, aber auch als Plakate und Postkarten erreichten sie ein Massenpublikum.[14] Allerdings waren diese Lubki aufgrund der lustvoll und ironisch inszenierten Einbeziehung von Grausamkeiten nicht unumstritten. Interessanterweise änderten ihre Schöpfer bald ihre Haltung zum Krieg und zur futuristischen Bewegung. Während sich Malevič ganz in die Sphäre der gegenstandslosen Kunst zurückzog, riefen Vladimir Majakovskij und David Burljuk angesichts des Krieges die einst so kampfeslustigen und polarisierenden Futuristen zur Mäßigung auf.[15]

Wie bereits erwähnt, wurde der Krieg von 1914 in Russland schnell an die Erinnerung an den Vaterländischen Krieg von 1812[16] geknüpft; bisweilen wurde er sogar als „Zweiter Vaterländischer Krieg tituliert".[17] Lev Tolstojs großer

Majakowski und Malewitsch, in: Ausst.-Kat. Die Avantgarden im Kampf. Kunst- und Ausstellungshalle der Bundesrepublik Deutschland, Bonn, Köln 2013, S. 264–273.

14 Denisov, Vladimir, Vojna i lubok, Petrograd 1916.

15 Vgl. das Kapitel „Vojna i russkij futurizm" in: Bobrinskaja, Ekaterina, Futurizm, Moskva 2000, S. 176–181.

16 2014 wurde in der Gosudareva Ratnaja palata in Carskoe Selo ein Museum für die Geschichte des Großen Krieges, das erste seiner Art in Russland, eröffnet. Zu den Exponaten gehören seit 1915 angefertigte Halbfigurendarstellungen von mehrfachen Trägern des Georgs-Kreuzes für Soldaten und die unteren Ränge, die auf die Darstellungen verdienter Generäle des Vaterländischen Krieges von 1812–15 in der Militärgalerie im Winterpalast in St. Petersburg rekurrieren. Ursprünglich sollten sie zusammen mit Kriegstrophäen in einem von Nikolaus II. geplanten Museum des Großen Krieges ausgestellt werden. Vgl. http://www.tzar.ru/museums/palaces/alexander_park/landscape_park/martial_chamber (letzter Zugriff am 03.09.2015). Für den Hinweis auf dieses Museum und die erhaltenen Bildnisse danke ich Dr. Irina Alter.

17 Vgl. Schmiegelt, Ulrike, Geschichte als Begründung der Autokratie, in: Mythen der Nationen. Ein europäisches Panorama. Begleitband zur gleichnamigen Ausstellung, hrsg. von Monika Flacke, Berlin/München 1998, S. 401–421.

Abb. 3: Vladimir Majakovskij, Kazimir Malevič: Vladimir Majakovski, Kazimir Malevič: „*Schaut euch das an, in der Nähe der Weichsel haben wir die Deutschen auflaufen lassen – ihr Pech!*". Lubok für den Verlag *Segodnjašnij lubok*, Farblithographie, 56 x 38 cm, 1914. Source: John E. Bowlt: Moskau & St. Petersburg. Kunst, Leben und Kultur in Russland 1900–1920, Wien 2008, S. 357

Abb. 4: *Ein Österreicher marschierte nach Radziwil und fiel auf die Mistgabel einer* Bäuerin. Lubok für den Verlag *Segodnjašnij lubok*, Farblithographie, 1914. Source: John E. Bowlt: Moskau & St. Petersburg. Kunst, Leben und Kultur in Russland 1900–1920, Wien 2008, S. 358

Roman *Krieg und Frieden* erfuhr in den Kriegsjahren gleich drei Verfilmungen. Seine Lektüre vermittelte zunächst Siegesgewissheit, gab aber auch Rückhalt und eröffnete Interpretationsspielräume für die Gegenwart, als die Lage schwieriger wurde. So notierte die Kubistin Nadežda Udal'cova am 3. Januar 1917 in ihrem Tagebuch:

> Ich lese *Krieg und Frieden*. Dieser Blick auf den Krieg und seine Ereignisse, auf die Teilnahme einzelner Menschen an großen Dingen bestätigt, was jetzt geschieht. Wenn eine einzelne Person einem solchen gemeinsamen Gefühl im Wege steht, wird sie ausgestoßen – manchmal schmerzlos, manchmal unter Schmerzen. Mir scheint, jeder Mensch sollte sich selbst so erziehen und darauf hinarbeiten, dass er aufrichtig spürt, wenn seine Sache zu Ende ist, und rechtzeitig gehen. Das ist die höchste Form der Liebe zur Heimat.[18]

18 Zitiert und übersetzt nach: Udal'cova, Nadežda, Žizn' russkoj kubistki. Dnevniki, stat'i, vospominanija, Moskva 1994, S. 31. Der letzte Satz des Zitats ist möglicherweise auf Nikolaus II. gemünzt, der wenig später zur Abdankung gezwungen wurde.

Gerade in der Werbung für Kriegsanleihen wurden in Russland historische Beispiele für patriotisches Handeln zur Förderung der Spendenbereitschaft heraufbeschworen. So präsentiert ein Plakat für Kriegsanleihen nicht zufällig vor der Folie eines russischen Doppeladlers die Silhouette des 1818 in Anwesenheit von Alexander I. eingeweihten klassizistischen *Denkmals für Kuz'ma Minin und Fürst Dmitrij Požarskij* von Ivan Martos auf dem Roten Platz in Moskau (Abb. 5). Der Zemstvovertreter aus Nižnij Novgorod und der Fürst hatten in der Zeit der Wirren zu Beginn des 17. Jahrhunderts die Bevölkerung zu einer einzigartigen Spendenkampagne zur Finanzierung eines Volksheeres gegen die polnischen Interventen mobilisiert. Die gleichzeitige Erinnerung an die beiden historischen Persönlichkeiten und an den Sieg über Napoleon sollte in der russischen Bevölkerung die Bereitschaft stärken, sich an der Finanzierung der Kriegsausgaben des Zarenreiches zu beteiligen.

Abb. 5: Unbekannter Künstler: *Kriegsanleihe. Das Vaterland braucht Eure Hilfe. Zeichnet eine Anleihe.* Plakat, Farblithographie. 99 x 66 cm. 1916. Source: Rossija XX vek. Istorija strany v plakate/Russia 20th Century. History of the Country in Poster. Ed. N.I. Baburina, Moscow 1993, S. 26

Auch Avantgardekünstler zeigten sich für diesen historischen Brückenschlag empfänglich. Aristarch Lentulov z.B. ließ sich in den 1912 bzw. 1914 gemalten Bildern *Allegorische Darstellung des Vaterländischen Krieges 1812* und *Siegreiche Schlacht (Kriegspanneau)* von dieser Konzeption leiten. Die Verbindung von kubo-futuristischen mit primitivistischen Elementen insbesondere in der Formensprache des letzteren Bildes (Abb. 6) bewirkt trotz des großen Formates eine gewisse Spielzeughaftigkeit in der Sicht auf den Krieg, die in anderen Ländern so nicht anzutreffen ist. In Russland lassen sich dafür aber Vorformen sowohl innerhalb der russischen Stilkunst als auch der frühen Avantgarde ausmachen. Beispiele für diese Tendenz sind etwa Elena Polenovas Illustrationen zu dem Volksmärchen *Krieg der Pilze* von 1896 oder Aleksandr Benuas Gouachezeichnung *Parade unter Paul I.* von 1907, die wie eine aus Zinnsoldaten aufgebaute Szenerie anmutet. Auch Michail Larionov bediente sich in seinen Soldatenbildern wie *Soldat zu Pferde (Galoppierender Husar)* von 1910–1911 gezielt einer infantilen Ausdrucksweise.

Abb. 6: Aristarch Lentulov: *Siegreiche Schlacht (Kriegspanneau)*, 1914, Öl, Bronze, Silber auf Leinwand. 137,5 x 183 cm. Moskau, Slg. M. A. Lentulova. Source: Ausst.-Kat. Berlin – Moskau. 1900–1950. Irina Antonowa, Jörn Merkert (Hrsg.). Berlinische Galerie, Berlin; Puschkin-Museum für Bildende Künste, Moskau, München 1995, S. 129

Ein charakteristisches Beispiel für den visuellen Umgang mit dem Thema Krieg von offizieller Seite ist das Plakat *Ausstellung mit Gemälden von Künstlern der alten und der neuen Schule* von Viktor Vasnecov. Diese Ausstellung wurde vom „Komitee zur Hilfe von Familien Mobilisierter" unter der Schirmherrschaft der bereits erwähnten Großfürstin Elizaveta Fëdorovna organisiert und vom 17. April bis 19. Mai 1915 im Museum Alexanders III. (dem heutigen Puškin-Museum für Bildende Künste) in Moskau gezeigt.[19] In der Gestaltung des Plakates setzte Viktor Vasnecov auf die Verbindung von neoklassischen mit neorussischen Stilelementen, wie sie für die staatstragende Kunst des späten Zarenreiches insgesamt typisch war.[20] Das Bildmotiv des schriftreichen Plakates besteht aus einem Lorbeerkranz, der mit Kreuz und Band des Ordens des Hl. Georgs, des höchsten russischen Militärordens, geschmückt ist und in seinem Inneren eine mittelalterlich anmutende Gürtelschließe mit dem eingravierten Motto „Hilfe für die Familien der Recken" beherbergt. Sowohl das Motto als auch die altertümliche Schrift signalisieren nicht nur eine Rückbindung des aktuellen Anlasses an die russische Geschichte, die durch den antikisierenden Lorbeerkranz und den Orden als eine ruhmreiche charakterisiert wird, sondern bekunden darüber hinaus den Anspruch auf eine national ausgerichtete Legendenbildung.

In Russland kam es unter der Ägide der Kaiserlichen Akademie der Künste zu einer im europäischen Maßstab einzigartigen Unternehmung der Verquickung von Krieg und Kunst, die wie eine Vorwegnahme der Praxis der „embedded journalists" unserer Tage anmutet. Im Frühjahr 1915 erhielt Professor Nikolaj Samokiš die Erlaubnis, mit 5 Studenten der Klasse für Schlachtenmalerei für zwei Monate zu Lehrzwecken zu Einheiten der regulären Armee zu reisen. Die Teilnehmer dieser „Dienstreise" an die Westfront und in den Kaukasus wurden verpflichtet, Soldatenmäntel, Mütze und Feldausrüstung zu tragen. Noch im selben Jahr wurden künstlerische Ergebnisse der Exkursion, insgesamt über 400 Zeichnungen, Gemälde, Fotos und Gegenstände, u.a. in Ausgaben der Zeitschrift *Velikaja Vojna v obrazach i kartinach* (Der große Krieg in Bildern und Gemälden)[21] publiziert (Abb. 7). Außerdem erschien auf der Grundlage dieses

---

19 Schon 1914 fanden im Zuge des allgemeinen patriotischen Aufschwungs erste Ausstellungen unterschiedlicher Veranstalter statt, deren Erlös Kriegsopfern zugutekam.

20 Vgl. das Kapitel „Fin de Siècle: Der neo-russische Stil" in: Kiritschenko, Jewgenia, Zwischen Byzanz und Moskau. Der Nationalstil in der russischen Kunst, München 1991, S. 135–274.

21 Die Zeitschrift *Velikaja vojna v obrazach i kartinach* erschien zwischen 1915 und 1917 in 14 Ausgaben, in denen neben Fotografien Zeichnungen und Bilder von Künstlern wie Mstislav Dobužinskij, Nikolaj Kravčenko, Evgenij Lansere, Jurij Repin, Nikolaj Rerich u.a. veröffentlicht wurden. Vgl. http://andcvet.narod.ru/expe/03/VV.html.

Materials der literarisch-künstlerische Almanach *1915: Russkie – gerojam Serbii i Černogorii.* Im Winter 1916 wurden zahlreiche Werke, von denen einige, darunter das Bild *Der Partisan* von Rudol'f Frenc (Abb. 8), im Atelier nachbearbeitet wurden, in einer vielbeachteten Ausstellung in der Akademie der Künste in Petrograd gezeigt.[22]

Abb. 7: Die Zeitschrift *Velikaja vojna v obrazach i kartinach,* 1915, Nr. 1. Source: John E. Bowlt: Moskau & St. Petersburg. Kunst, Leben und Kultur in Russland 1900–1920, Wien 2008, S. 351

22 Zubov, Evgenij, Batal'naja masterskaja imperatorskoj akademii chudožestv (Klasse für Schlachtenmalerei der Kaiserlichen Akademie der Künste), in: Dialog Iskusstv (Kunstdialog), Nr. 4, 2006, http://www.di.mmoma.ru/issues/2006/4/.

Abb. 8: Rudol'f Frenc: *Partisan,* 1915, Öl auf Leinwand, 130 x 94 cm, St. Petersburg, Staatliches Russisches Museum. Source: John E. Bowlt: Moskau & St. Petersburg. Kunst, Leben und Kultur in Russland 1900–1920, Wien 2008, S. 356

Das Zustandekommen dieser Unternehmung gründet in dem traditionell hohen Stellenwert der Schlachtenmalerei im Russischen Reich. Nur dort gab es seit 1831 eine spezielle Klasse für Schlachtenmalerei, die an anderen Akademien in Europa im Rahmen der Historienmalerei gelehrt wurde.[23] Im Zarenreich aber mochte man selbst im Zeitalter der Fotografie und des Films nicht auf das besondere Vergegenwärtigungspotential der Schlachtenmalerei zwischen Glorifizierung, gefühlsbetonter Inszenierung und Dokumentation verzichten, um in breiten Kreisen der Gesellschaft ein patriotisches Bewusstsein und Zustimmung für die Autokratie zu festigen. Nicht nur Zeitschriften, auch ein Netz von militärhistorischen Museen und Regimentsmuseen sorgte für Bedarf an entsprechenden Darstellungen, die besondere Authentizität und Wirksamkeit versprachen, wenn ihre Schöpfer „vor Ort" gewesen waren.

Trauerarbeit

Fronterfahrung hatte auch der Maler Pavel Filonov, doch erschienen ihm die traditionellen Darstellungskonventionen unbrauchbar für die künstlerische Verarbeitung des modernen Kriegsgeschehens. Mit einem seiner „gemachten Bilder" (so der Titel eines 1915 verfassten gleichnamigen Manifestes des Künstlers), dem großformatigen Gemälde *Germanskaja vojna* (Der deutsche Krieg) von 1914/1915 (Abb. 9) entwickelte er in Kenntnis des Kubismus und in gleichzeitiger Abgrenzung von diesem Ismus eine so ungewöhnliche wie zeitgemäße Art der Reflexion über das moderne Kriegsgeschehen. Mithilfe einer einzigartigen Maltechnik, die er mit einem sehr feinen Pinsel und lasierendem Farbauftrag ausführte, generierte er aus kleinen Formsegmenten einen grenzenlosen, mit unendlich vielen organischen und anorganischen Bestandteilen angefüllten Raum, der zu pulsieren scheint. Nur manchmal tauchen in hellen Lichtflecken menschliche Gestalten, Gesichter und Gliedmaßen auf. Doch die meisten Formfragmente haben in dieser „Totalität des militärischen Raums"[24] ihre gewöhnliche Konstitution verloren und sind zu sich in Dunkelheit verlierenden Konglomeraten zusammengepresst. Auf diese Weise gelang ihm die Schaffung eines visuellen Äquivalents für das, was Aaron J. Cohen im Hinblick auf den Ersten Weltkrieg das „Unvorstellbare"[25] genannt hat.

23 Vgl. das Unterkapitel „Klasse für Schlachtenmalerei als Plattform für Selbstrepräsentation der Macht: Zwischen europäischem Vorbild und nationalem Mythos", in: Alter, Irina, Macht. Reform. Kunst. Die Kaiserliche Akademie der Künste in St. Petersburg, Köln/Weimar/Wien 2015, S. 58–92.

24 Bowlt, John E., Moskau & St. Petersburg. Kunst, Leben & Kultur in Russland 1900–1920, Wien 2008, S. 361.

25 Cohen, Aaron J., Imagining the Unimaginable. World War, Modern Art & the Politics of Culture in Russia. 1914–1917, Lincoln/London 2008.

Abb. 9: Pavel Filonov: *Der deutsche Krieg*, 1915, Öl auf Leinwand, 176 x 156,3 cm. St. Petersburg, Russisches Museum. Source: Ausst.-Kat. Berlin – Moskau. 1900–1950. Irina Antonowa, Jörn Merkert (Hrsg.). Berlinische Galerie, Berlin; Puschkin-Museum für Bildende Künste, Moskau, München 1995, S. 127

Im Zuge der Niederlagen der russischen Armee an der Westfront seit Frühjahr 1915 änderte sich die Stimmung in der russischen Gesellschaft, obwohl die Versorgungslage der Zivilbevölkerung lange stabil blieb. Im Herbst 1916, als ihr Mann eingezogen wurde, notierte Nadežda Udal'cova in ihrem Tagebuch:

> Das Leben ist zu Ende. Ein Monat ist vergangen, und wieder derselbe Schrecken. Jeden Tag wird getrommelt und sie gehen, die Menschen gehen, und so auf der ganzen Welt. Mein Leid – ein Tropfen in dem ganzen Ozean von Tränen und Schrecken, wenn du darüber nachdenkst, ist es ein bisschen leichter.[26]

26 Tagebuchaufzeichnung vom 29. September 1916, zitiert und übersetzt nach: Udal'cova, Dnevniki, S. 29.

Es entstanden nun vermehrt Bildwerke, die die kriegsbedingten menschlichen Verluste und die Trauer darüber thematisieren. Dazu gehört Vera Muchinas 1916 ohne Auftrag entstandene, nur als Schwarz-Weiß-Foto überlieferte *Pietà* aus Gips (Abb. 10). Die eindrucksvolle Figurengruppe ist einerseits von Michelangelos gleichnamiger Marmorgruppe im Petersdom in Rom inspiriert und andererseits durch Kaskaden kubistisch facettierter Gewandfalten einer modernen Dramatisierung unterworfen. Mit dem auf Sinnstiftung und emotionale Entlastung zielenden Rückgriff auf christliche Sujets in moderner Formauffassung stand Muchina nicht allein. Viele Künstler in ganz Europa verarbeiteten auf diese Weise ihre Kriegserfahrungen.[27] Vera Muchina gehörte zu den Frauen der russischen Oberschicht, die sich zu Tausenden aus religiösen Gründen und moralischen Gründen zu Krankenschwestern ausbilden ließen. Sie arbeiteten in staatlichen und kirchlichen Organisationen, insbesondere dem Roten Kreuz oder den Barmherzigen Schwestern, die international seit dem Krimkrieg aktiv waren.[28] Weitverbreitete Postkarten, auf denen die Zarin Alexandra Fëdorovna und ihre Töchter in Schwesterntracht posieren (Abb. 11), sollten die Bereitschaft von Frauen zum Dienst am Vaterland und ihre Loyalität gegenüber dem Zarenhaus stärken.

Mit der sog. Brusilov-Offensive konnte die russische Armee im Frühjahr 1916 zwar noch einmal große Gebietsgewinne an ihrer Südwestfront (d.h. in Galizien, der Bukowina und Wolhynien – Gebiete, die heute zu Polen bzw. zur Ukraine gehören) erzielen. Brusilov setzte auf sog. Schockangriffe auf breiter Linie, für die die russischen Schützengräben und die Reserve sehr dicht an die gegnerischen Stellungen herangeführt wurden. Es begann jeweils mit Infanterieangriffen und nicht, wie inzwischen allgemein üblich, mit Artilleriebeschuss. Unter großen Verlusten ging die Taktik zunächst auch auf. Als Reaktion auf diese Erfolge trat auch Rumänien auf der Seite der Entente in den Ersten Weltkrieg ein, was den Russen allerdings nicht wirklich half. Der Stimmungsumschwung in der schlecht ausgerüsteten Armee und der russischen Bevölkerung machte sich auch in der Kunst bemerkbar. In dem Gemälde *Auf der Feuerlinie* von Kuz'ma Petrov-Vodkin von 1915/1916 (Abb. 12) offenbart sich bereits die Empfindung von der Janusköpfigkeit des Krieges und der Unvermeidlichkeit der kommenden Niederlage. Wie im Falle des Titelblattes der ersten Nummer der Zeitschrift *Velikaja vojna v obrazach i kartinach* wird der Betrachter Zeuge eines Bajonettangriffs der

27 Cork, Richard: A bitter Truth. Avant-Garde Art and the Great War, New Haven/London 1994.

28 Vgl. Kozlovceva, Elena: Moskovskie obščiny sester miloserdija vo vtoroj polovine XIX – načale XX vekov, Moskva 2010.

Abb. 10: Foto: Vera Muchina: *Pietà*, 1916, Gips (zerstört). Source: V.I. Muchina. Literaturno-kritičeskoe i chudožestvennoe nasledie. Red. R.B. Klimov. Bd. II, Moskva 1960, S. 242

russischen Truppen, hinter dem sich eine weitläufige, ländliche Kulisse mit niedrig schwebenden weißen Wolken erstreckt. Über dem irritierenden Geschehen des Gemäldes liegt ein merkwürdiges Zwielicht. Selbst diejenigen Soldaten, die mit vor Anspannung wie eingefroren wirkenden Bewegungen und geweiteten Augen voranstürmen, kommen auf der fallenden Diagonale nicht voran, einer

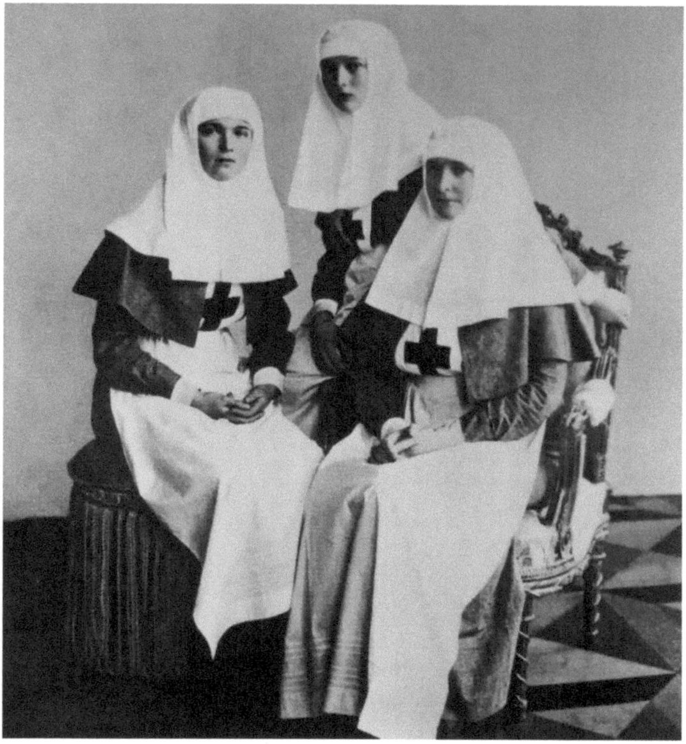

Abb. 11: Foto: Zarin Alexandra Fëdorovna mit ihren Töchtern Ol'ga und Tat'jana im Feldspital für die Verwundeten, 1915. Source: John E. Bowlt: Moskau & St. Petersburg. Kunst, Leben und Kultur in Russland 1900–1920, Wien 2008, S. 350

ist gar gestürzt. Doch entscheidend für die Botschaft des Bildes ist die Figur eines jungen, barhäuptigen Kämpfers auf der Mittelachse, der an Stelle eines Gewehrs einen Degen trägt. Der Schriftsteller Leonid Andreev interpretierte diese Figur in der Zeitung *Russkaja volja* 1917 so:

> Er lebt, er schaut – doch gleichzeitig sehen Sie deutlich, dass er tot, getötet ist, dass die Erde seinen Beinen schon nicht mehr als Grund dient, dass er ganz in der Luft ist, ohne Stütze, wie ein Strahl, dass er im nächsten Augenblick zusammenbrechen und sich für immer zur feuchten Erde neigen wird. Diese ungewöhnliche Luftigkeit der Figur, dieser Flug auf unsichtbaren Flügeln ist wunderbar.[29]

29 Andreev, Leonid, Kartina Petrova-Vodkina, in: *Russkaja volja*, 23. Februar 1917, hier zitiert und übersetzt nach: Kuz'ma Petrov-Vodkin. Grafika. Teatral'no-dekoracionnoe iskusstvo, Leningrad 1986, S. 98.

Abb. 12: Kuz'ma Petrov-Vodkin: *In der Schusslinie*, 1916, 196 x 275 cm. St. Petersburg, Russisches Museum. Source: John E. Bowlt: Moskau & St. Petersburg. Kunst, Leben und Kultur in Russland 1900–1920, Wien 2008, S. 362

Von der Serialität zur Gegenstandslosigkeit

Zwei avantgardistische Künstlerinnen, Natal'ja Gončarova und Ol'ga Rozanova, deren Lebenspartner, Michail Larionov bzw. Aleksej Kručenych, an die Front mussten, ist es mit prophetischer Klarsicht gelungen, eine geradezu eschatologisch anmutende Bilanz des zur Entstehungszeit der Blätter gerade erst begonnenen, halb Europa erfassenden Krieges zu ziehen. Beide Künstlerinnen bedienten sich der graphischen Folge, eines Mediums, das ihnen durch die Gestaltung futuristischer Bücher bestens vertraut war.[30] Das Besondere dieser beiden Folgen[31] besteht darin, dass der Krieg jeweils aus einer welt- und

30 Wye, Deborah, The Russian Avantgarde-book. 1910–1934. Ausst.-Kat. MoMA u.a., New York 2002.

31 Jeweils vollständig abgebildet in: Mason, Rainer Michael, Guerres. Natalija Gontcharova. Ol'ga Rozanova. Aleksej Kruchenykh. Trois suites insignes sur un theme. Cabinet des estampes Musée d'art et d'histoire Genève 2003. Vgl. auch: Gurianova, Nina, The Aesthetics of Anarchy. Art and Ideology in the Early Russian Avant-Garde, Berkeley/Los Angeles/London 2012, S. 170–186.

zeitumspannenden Perspektive betrachtet wird. Mit einer solchen Sichtweise stehen sie ganz in der russischen Tradition. Gončarova verleiht dem aktuellen Geschehen in der Mappe *Mističeskie obrazy vojny* (Mystische Bilder des Krieges) mit Rückgriff auf Formen der altrussischen Hoch- und Volkskultur eine dezidiert biblisch-evangelistische und apokalyptische Dimension (Abb. 13). In dem Blatt *Bratskaja mogila* z.B. deutet sie das imaginierte Massensterben durch den Engel über den Gefallenen im Schützengraben zu einer Zeitenwende um, von der auch russische Dichter wie Dmitrij Merežkovskij und Aleksandr Blok kündeten. In solchen Blättern, die Soldatenheilige wie Aleksandr Nevskij oder den Heiligen Georg als Einzelfiguren zeigen, steht hingegen die patriotische Komponente im Vordergrund. Doch darf man bei der Deutung der Mappe als Ganzes an die differenzierenden Worte des religiösen Philosophen Evgenij Trubeckoj erinnern, der 1914 schrieb:

Abb. 13: Natal'ja Gončarova: Seiten aus der Mappe *Vojna. Mističeskie obrazy vojny*, Lithographie. Moskau 1914. Source: Ausst.-Kat. Nathalie Gontcharova. Michel Larionov. Centre George Pompidou. Collections du Musée national d'art moderne u.a. Paris 1995, S. 96

> [...] ein mächtiges Anwachsen des patriotischen Gefühls, das alle Völker des Imperiums zu einem Ganzen vereint, weil darin kein Platz ist für nationale Einzigartigkeit, Selbstvergötterung und Verachtung und Hass anderen Völkern gegenüber, die einen

> charakteristischen Zug des Nationalismus bilden. Nie war die Einheit Russlands so spürbar wie jetzt, und – was am bemerkenswertesten ist – uns vereint nicht ein eng nationales, sondern ein völkerübergreifendes Ziel. Darin liegt der Grund für die Sympathie, die uns entgegengebracht wird, und darin liegt die Quelle unserer Kraft, die Hoffnung auf unseren Sieg.[32]

Ol'ga Rozanova enthielt sich bei der Gestaltung des Buches *Vojna* (Der Krieg) von Aleksej Kručenych jeglicher Parteinahme. Ihre Illustrationen in Gestalt farbiger Linolschnitte, die teils mit Collageelementen kombiniert sind, lassen Gegenständliches erkennen, sind jedoch mehrheitlich von Formreduzierung, Abstraktion und einem hohen Maß an Dynamik geprägt. Wie Gončarova beschränkte sich Rozanova auf die Andeutung allgemeinster Situationen eines jeden Krieges – Kampfhandlungen mit Gefallenen, Chaos, Zerstörung (Abb. 14). Evgenij Kovtun hat die Collage *Aeroplane über der Stadt* als Schlüsselwerk zum Thema „Krieg" im 20. Jahrhundert gewürdigt. Auf dem in mehreren Versionen existierenden Blatt stoßen maximal reduzierte Zeichen unterschiedlicher Ebenen und Welten wie Flugzeug, Stadt, der an einen Gekreuzigten gemahnende stürzende Körper und geometrische Formen wie Kreis, Dreieck und Vieleck beziehungs- und konfliktreich aufeinander – eine beeindruckende Chiffre für den Anfang vom Ende, ehe auch und gerade in Russland neue Zeiten anbrachen.

Wie auch in den anderen am Krieg beteiligten Ländern entstanden auch in Russland nicht nur Kunstwerke, die den Krieg zum Thema haben. Ganz im Gegenteil. Gerade die Künstlerinnen und Künstler der Avantgarde verfolgten mit großer Intensität auch in den Kriegsjahren ihre eigenen, von den Frontgeschehnissen losgelösten ästhetischen Fragen. Die legendären Ausstellungen von 1915 und 1916 wie „Erste Futuristische Ausstellung Tramway V" oder „Letzte futuristische Ausstellung 0,10", „Magazin" „Supremus" und andere, auf denen in kürzester Zeit bahnbrechende künstlerische Neuerungen gezeigt wurden, legen davon beredtes Zeugnis ab.[33] Kazimir Malevičs *Schwarzes Quadrat*, in einer extremen Lesart auch als Konfrontation von Gut und Böse und somit als komprimierte Metapher für das Kriegsgeschehen zwischen den Mächten der Dunkelheit und des Lichtes auslegbar[34], und andere suprematistische Bilder, aber auch Vladimir Tatlins Konter- und Eckreliefs, mit denen sich viele Gleichgesinnte parallel auseinandersetzten, lieferten mitten in den moralischen und materiellen Konfrontationen der Kriegsjahre das visuelle Vokabular für die Kunst der Zeit nach

32 Zitiert und übersetzt nach: Trubeckoj, Kn. Evgenij: Smysl vojny, Moskva 1914, S. 7.

33 Vgl. Krusanov, Andrej, Russkij avangard 1907–1932. Istoričeskij obzor. V trech tomach. Boevoe desjatiletie. Kniga vtoraja, Moskva 2010.

34 Bowlt, John E., Moskau & St. Petersburg, S. 365.

Abb. 14: Ol'ga Rozanova: Umschlag und drei Blätter aus dem Buch *Vojna* von Aleksej Kručenych, Linolschnitt bzw. Collage, Petrograd 1916. Source: Ausst.-Kat. Olga Rozanova/Ol'ga Rozanova. 1886–1918. Helsinki Kaupungin Taidemuseo, Helsinki 1992, S. 72

der Revolution. Diese war in ihrer konstruktivistischen Version ausschließlich zukunftsorientiert. In der Öffentlichkeit schoben sich die Ikonen sowjetischer Utopien wie ein Vorhang vor die Bilder des Leidens, der Entbehrungen und der Verluste der Kriegsjahre, die in die Sphäre privater Erinnerung abgedrängt wurden.

Norbert Nübler

Der brave Soldat Schwejk in den Wirren der Oktoberrevolution

Abstract: Der Aufsatz untersucht die „Bulguma-Geschichten" des Autors Jaroslav Hašek, welche kurz nach der Oktoberrevolution spielen, auf autobiographische Einflüsse des Autors. Es wird aufgezeigt, dass die Geschichten als chronologische Fortsetzung des unvollendeten Romans „Die Schicksale des guten Soldaten Schwejk während des Weltkrieges" gelten können und vergleicht Inhalt und Sprache beider Werke.

Stichworte: Hašek, Schwejk, Oktoberrevolution, Erster Weltkrieg, Tschechoslowakische Legion, Sowjetunion, Propaganda, Bugulma-Geschichten

1 Einleitung

Der tschechische Schriftsteller Jaroslav Hašek (1883–1923) ist hierzulande fast ausschließlich als Verfasser einer der wirkmächtigsten Satiren über den Ersten Weltkrieg bekannt. Sein Roman *Osudy dobrého vojáka Švejka za světové války* („Die Schicksale des guten Soldaten Schwejk während des Weltkrieges") ist bei uns in der kongenialen Übersetzung von Grete Reiner aus dem Jahr 1926 unter dem Titel „Die Abenteuer des braven Soldaten Schwejk" bekannt geworden[1]. Verfilmt wurde der Stoff 1960 mit Heinz Rühmann in der Hauptrolle. Bekannt ist darüber hinaus auch die 13-teilige Fernsehserie aus den 1970er Jahren mit Fritz Muliar als Schwejk. Erst 2014 erschien im Reclam-Verlag unter der näher am Originaltitel stehenden Bezeichnung „Die Abenteuer des guten Soldaten Schwejk im Weltkrieg" eine Neuübersetzung von Antonín Brousek, die in vielerlei Hinsicht – vor allem sprachlich – näher am Original ist[2].

Es handelt sich bei dem im Weiteren kurz als „Schwejk" bezeichneten Werk um einen unvollendeten Roman in vier Teilen. Er erzählt von den Erlebnissen des Prager Hundehändlers und „behördlichen Idioten"[3] Josef Švejk während des

1 Zur Rezeption des Werks von Jaroslav Hašek im deutschsprachigen Raum vgl. Ulrich (1989).

2 Vgl. Hašek (2014).

3 Als Josef Švejk zu Beginn des Romans nach dem Attentat auf den österreichischen Thronfolger wegen einiger unvorsichtiger Kommentare verhaftet wird, verteidigt er sich auf der Polizeidirektion mit den Worten „*[…] já jsem byl na vojně superarbitrován pro blbost a prohlášen ouředně zvláštní komisí za blba. Já jsem ouřední blb.*"

Ersten Weltkrieges. Neben dem Text des Romans selbst sind auch die Illustrationen von Josef Lada berühmt geworden[4]. Der „Schwejk“ wurde ursprünglich in der Form von Fortsetzungsheften verkauft, die der Verfasser selbst herausgab. Hašek begann wohl Anfang 1921 mit den Arbeiten am Roman, er konnte ihn vor seinem Tod am 03.01.1923 allerdings nicht abschließen. Somit erfährt der Leser dieses „geniale[n], verstörende[n], brutale[n], ordinäre[n], saukomische[n] Epochenwerk[s]“ – wie es Dirk Schümer in seiner Rezension zur Neuübersetzung in der Frankfurter Allgemeinen Zeitung charakterisiert[5] – nie, wie es mit dem braven oder auch guten Soldaten Schwejk weiter ging, nachdem er in Galizien die russische Front erreicht hatte. Hašeks Manuskript bricht mitten im Satz ab.

Die Literaturwissenschaft hat der Frage, ob es einen Schwejk vor dem Schwejk gab, einige Aufmerksamkeit gewidmet[6]. Auch über die Frage, wie es mit Schwejk nach dem Schwejk weiter geht, ist Einiges spekuliert worden. Tatsächlich hat der tschechische Schriftsteller Karel Vaněk (1887–1933) eine Fortsetzung des Schwejk veröffentlicht, die als nicht allzu gelungen gilt[7]. Aber auch im Werk Hašeks selbst findet sich – möglicherweise – eine Fortsetzung – zumindest aus chronologischer Sicht. Die Erzählungen, die während des russischen Bürgerkrieges im Jahr nach der Oktoberrevolution spielen, liegen jedoch nicht in Romanform vor, sondern in der Form von neun Kurzgeschichten oder Humoresken. Allerdings tritt in dieser Fortsetzung nicht die Figur des braven Soldaten Schwejk auf, sondern die des Jaroslav Hašek selbst, also ein stilisierter Ich-Erzähler. So wie die Erlebnisse des Schwejk zwar nicht autobiographisch, aber doch autobiographisch motiviert sind, sind auch die Erlebnisse des tschechischen Schriftstellers im revolutionären Russland autobiographisch begründet. Um dies in Grundzügen aufzuzeigen sind zunächst einige Anmerkungen zur Biographie Jaroslav Hašeks angebracht.

(Hašek 1983a: 33) In der Übersetzung von G. Reiner lautet diese Stelle: „[…] man hat mich beim Militär wegen Blödheit superarbitriert. Ich bin amtlich von der Superarbitrierungskommission für einen Idioten erklärt worn. Ich bin ein behördlicher Idiot.“ (Hašek 1960: 24)

4 Vgl. z.B. Lada (1977). Auch die hier zugrunde gelegte tschechische und deutsche Ausgabe des „Schwejk“ enthält Illustrationen von Lada.

5 Schümer (2014).

6 Vgl. etwa die Zusammenstellung von Texten Jaroslav Hašeks unter dem Titel *Švejk před Švejkem* („Der Schwejk vor dem Schwejk“) in Hašek (1983b).

7 Als tschechische Ausgabe Vaněk (1923); in deutscher Übersetzung vgl. Vaněk (1992).

2 Zur Biographie des Verfassers

Der tschechische Schriftsteller Jaroslav Hašek wurde am 30.04.1883 in Prag geboren. Seine schulische Laufbahn führt ihn zunächst an das Gymnasium, das er aber schon bald abbricht. Er beginnt 1898 eine Lehre zum Drogisten, wechselt jedoch gleich im folgenden Jahr an die Prager Handelsakademie, die er 1902 auch erfolgreich abschließt. Nach einer kurzen Anstellung in einer Bank gerät er spätestens ab 1904 in Kontakt mit dem politischen Anarchismus und beginnt das Leben eines Bohemiens ohne festen Wohnsitz oder Beruf. Er arbeitet gelegentlich als Journalist und fängt an, literarische Werke zu publizieren. Eine der bekanntesten Unternehmungen auf dem anarchistischen Hintergrund, der ihn für den Rest seines Lebens prägte, ist die Gründung der „Partei des gemäßigten Fortschritts in den Grenzen des Gesetzes" (*Strana mírného pokroku v mezích zákona*) im Jahre 1911, deren Geschichte er literarisch verarbeitet[8]. Die Bezeichnung der Partei ist alleine schon eine satirisch-anarchistische Provokation in der damaligen politischen Landschaft. Man kann durchaus ein wesentliches Charakteristikum dieser frühen Satire-Partei darin sehen, dass sie in einem Prager Gasthaus mit der Bezeichnung *U zlatého litra* („Zum goldenen Liter") gegründet wurde. Die für die weiteren Ausführungen des Themas relevanten Jahre beginnen allerdings erst nach dem Ausbruch des Ersten Weltkrieges. Im Februar 1915 wird Hašek zum österreichischen Militär eingezogen. Hier beginnen nun die Erlebnisse, die er im „Schwejk" verarbeitet. Ab Juni 1915 war seine Einheit, das k.u.k. Böhmische Infanterie-Regiment „Freiherr von Czibulka" Nr. 91, in die Kämpfe an der galizischen Front verwickelt. Schon im Oktober 1915 geriet Hašek dort in russische Kriegsgefangenschaft.

Anfang des Jahres 1916 trat der Kriegsgefangene Hašek im noch zaristischen Russland der Tschechoslowakischen Legion bei, einer politischen und militärischen Exilorganisation, die seit 1914 zunächst auf zaristisch-russischer Seite bzw. mit kleineren Einheiten auch auf Seiten Italiens und Frankreichs gegen Österreich-Ungarn und für eine unabhängige Tschechoslowakei kämpfte. Da es sich

---

8 Die satirisch-literarische Verarbeitung unter dem Titel *Politické a sociální dějiny strany mírného pokroku v mezích zákona* („Politische und soziale Geschichte der Partei des gemäßigten Fortschritts in den Grenzen des Gesetzes") wurde zwar schon 1912 fertig gestellt, jedoch schreckten die Verlage wegen der politischen Brisanz der Texte vor einem Druck zurück. Erst 1937 wurden Teile gedruckt, eine vollständige Ausgabe erscheint erst 1963 im Rahmen der Gesamtausgabe der Werke Hašeks (vgl. Schamschula 1996: 498). Die in vier Kapitel gegliederten insgesamt 53 Erzählungen sind auch Teil der 1988 in Prag erschienen zweibändigen Sammlung von Erzählungen, die auch die im Weiteren besprochenen Bugulma-Geschichten enthält.

bei der Tschechoslowakischen Legion um ein bei uns wenig bekanntes Kapitel des ersten Weltkriegs bzw. des russischen Bürgerkriegs handelt, sind auch hierzu einige erläuternde Sätze angebracht.

Die Tschechoslowakische Legion stand von Beginn an dem organisierten politischen Exil um die beiden späteren Präsidenten der Zwischenkriegs-Tschechoslowakei, nämlich Tomáš Garrigue Masaryk (1850–1937) und Edvard Beneš (1884–1948), nahe. Nach der Februarrevolution 1917 wurde von der provisorischen russischen Regierung unter der Leitung von Aleksandr Fëdorovič Kerenskij (1881–1970) unter Vorwegnahme der Unabhängigkeit der Tschechoslowakei die Bildung einer Tschechoslowakischen Nationalarmee auf russischem Territorium verfügt. Die Oktoberrevolution 1917 veränderte die Situation dieser Tschechoslowakischen Legion allerdings völlig. Dies liegt einerseits daran, dass sich die Legion als bürgerlich-demokratische und keineswegs als kommunistisch-revolutionäre Streitmacht verstand, andererseits aber auch daran, dass die Bolševiki Friedensverhandlungen mit den Mittelmächten aufnahmen, die schließlich zum Frieden von Brest-Litovsk im März 1918 führten. Der auch in Russland stark umstrittene Friedensschluss mit Deutschland und Österreich-Ungarn lief den Interessen des tschechischen und slowakischen Exils in mehrfacher Hinsicht zuwider. Einerseits wurde das Ziel einer unabhängigen Tschechoslowakei dadurch gefährdet, andererseits war der Großteil der militärischen Verbände der Tschechen und Slowaken, die sich eben in Russland befanden, durch diesen Friedensschluss von den weiteren Kampfhandlungen ausgeschlossen. Es handelte sich keineswegs um unbedeutende kleinere Einheiten. Im Jahr 1918 betrug die Anzahl der tschechoslowakischen Legionäre in Frankreich knapp 10 000, in Italien etwa das Doppelte, in Russland aber möglicherweise über 60 000. Auch wenn diese Zahlen mit einem gewissen Misstrauen zu betrachten sind, so stellt die tschechoslowakische Legion mit zwei Divisionen und entsprechenden Unterstützungstruppen einschließlich einer relativ guten Armierung mit schweren Waffen und sogar einer Flugzeugstaffel im revolutionären Russland einen nicht zu verachtenden kampfstarken Machtfaktor der Jahre 1917/18 dar. In diesem fast schon autarken Militärverband außerhalb der zaristischen und später der roten Armee wirkt Hašek zunächst v.a. propagandistisch in verschiedenen tschechischen Exilzeitungen in Russland für die Legion.

Wie bereits erwähnt gerät die Tschechoslowakische Legion nach der Oktoberrevolution 1917 und dem Friedensschluss von Brest-Litowsk im März 1918 zunehmend in Konflikt mit den Bolševiki. Es gelingt der Führung der Legion zunächst, ein Abkommen mit den Bolševiki auszuhandeln, das den geordneten Abzug der Legion mit allen Waffen nach Frankreich vorsieht. Nachdem ein Versuch, die Legion über Archangel'sk und Murmansk auszuschiffen, an den

Wetterbedingungen scheitert, entschließt man sich in der Legion, eine Evakuierung der gesamten tschechoslowakischen Streitkräfte in Russland über die Pazifikhäfen, insbesondere über Vladivostok in Angriff zu nehmen. Im April/Mai 1918 begann man mit den Transporten entlang der transsibirischen Eisenbahn, so dass im Mai 1918 die Truppen der Legion, die durch die Aufnahme von versprengten Weißgardisten auf eine Stärke von etwa 90 000 Mann angewachsen ist, auf der ganzen Strecke zwischen Pensa und Vladivostok verteilt waren. Am 14. Mai 1918 kam es dann in Čeljabinsk zu einer militärischen Konfrontation zwischen Rotgardisten und tschechischen Legionären, was den bolschewistischen Kriegskommissar Lev Trockij (1879–1940) veranlasste, die Entwaffnung und Zerschlagung der Legion anzuordnen. Als Reaktion darauf besetzte die Legion die gesamte Bahnstrecke zwischen Pensa und Vladivostok militärisch – es handelt sich um eine Distanz von etwa 8000 km –, um auf diese Weise ihre Evakuierungsroute zu sichern. Der offene Gegensatz zu den Bolševiki führte nun zu einer Kooperation zwischen der tschechoslowakischen Legion und den weißen Truppen bzw. den Interventionsstreitkräften der Westmächte. Die Legion zog sich im Verlauf des Jahres 1919 schrittweise nach Vladivostok zurück, von wo ab Januar bis September 1920 insgesamt rund 68 000 Angehörige der tschechoslowakischen Legion einschließlich eines Großteils der Ausrüstung auf Schiffen evakuiert wurden. Die Truppen und Unterstützer der tschechoslowakischen Legion wurden nach der Pazifiküberquerung, der Reise quer durch die USA und der Atlantiküberfahrt v.a. über Triest, aber zu einem kleineren Teil auch über Bremen in ihr neues Heimatland, die nach dem Ersten Weltkrieg gegründete Tschechoslowakei, gebracht. Sie bildeten nach ihrem Eintreffen den Grundstock für die ebenfalls neu gegründeten tschechoslowakischen Streitkräfte.

Jaroslav Hašek nimmt an dieser Evakuierungsaktion nicht teil. Er bricht schon im Februar 1918 mit der Führung der Legion und schlägt sich (als einer von wenigen Tschechen) auf die Seite der neuen kommunistischen Regierung Russlands[9]. Von dieser wird er mit organisatorischen und propagandistischen Aufgaben im Zusammenhang mit der Formierung der roten Armee zunächst nach Samara geschickt. Für die tschechoslowakische Legion gilt er von da an

9 Dabei ist allerdings zu berücksichtigen, dass die russischen Revolutionäre – zumindest in der Anfangsphase des Bürgerkriegs – keineswegs eine ideologisch einheitliche Bewegung darstellten. So vermuten manche Literaturhistoriker eher eine Orientierung Hašeks an linksrevolutionären, anarchistischen Kräften, die teilweise in Opposition zu Lenin standen. Gan (1989: 121) spricht hier vom „Spannungsfeld zwischen der siegenden ‚Diktatur des Proletariats' der Kommunisten-Leninisten […] und der verlierenden Räte-Demokratie" und verortet Hašek im Umfeld der Letzteren.

als Hochverräter und wird zeitweise per Steckbrief gesucht. Im Oktober 1918 ist Hašek in Simbirsk, von wo er in das Städtchen Bugulma abgeordnet wird, um dort einige Abteilungen der Roten Armee zu organisieren. Er hält sich von Oktober bis Dezember 1918 als Adjutant des roten Stadtkommandanten in Bugulma auf. Diesen Aufenthalt wird er nach dem Krieg literarisch in den „Bugulma-Geschichten" verarbeiten, die als eine Art Fortsetzung des „Schwejk" interpretiert werden können. Von diesen Geschichten wird weiter unten noch die Rede sein.

Die Jahre 1919 und 1920 verbringt Hašek an verschiedenen Orten der neuen Sowjetunion: überwiegend als Journalist und Propagator in Ufa, Čeljabinsk, Omsk und Irkutsk. Im Herbst 1920 wird er nach Moskau gerufen und erhält dort den Auftrag, sich zu Agitationszwecken in die ebenfalls noch sehr junge Tschechoslowakei zu begeben, wo er dann kurz vor Weihnachten 1920 auch ankommt. Obwohl in Künstlerkreisen dort durchaus gewisse Affinitäten zur russischen Revolution bestanden – erinnert sei nur an einige Mitglieder der Künstlervereinigung *Devětsil* mit dem späteren Literaturnobelpreisträger Jaroslav Seifert (1901–1986, Literaturnobelpreis 1984) als Gründungsmitglied[10] – zeigt Hašek keinerlei Neigung, sich im Sinne der russischen Kommunisten zu engagieren. In Prag knüpft er stattdessen zunächst für einige Monate an sein altes Leben als unsteter Bohemien an. Vermutlich war er in Moskau mit gewissen Finanzmitteln ausgestattet worden, die er zunächst aufbrauchte. Seinen kommunistischen Propaganda-Auftrag hatte er aber offenbar völlig vergessen. Schon im August 1921 zieht er sich schließlich nach Lipnice zurück, einem kleinen Ort etwa 80 km östlich von Prag. Dort setzt er seine literarische Arbeit – insbesondere die Arbeit am „Schwejk" – fort. In Lipnice entstehen wohl auch die schon erwähnten Bugulma-Geschichten. Am 03.01.1923 stirbt Jaroslav Hašek – wohl aufgrund seines übermäßigen Alkoholkonsums – in Lipnice nad Sázavou (dt.: Lipnitz an der Sasau), wo er auch begraben ist.

10 Der Name *Devětsil* steht im Tschechischen für die krampflösende Heilpflanze Pestwurz, deren Blüten im Frühling noch vor den Blättern erscheinen. Gleichzeitig lässt sich die tschechische Bezeichnung – sie bildet ein Kompositum aus dem Zahlwort *devět* und dem Genitiv Plural des Substantivs *síla* – mit „neun Kräfte" in das Deutsche übertragen. Die so benannte Künstlervereinigung existierte von 1920 bis 1930 und war die bedeutendste derartige Gruppierung in der Tschechoslowakei der 20er Jahre, der zumindest zeitweise fast alle politisch links orientierten Künstler angehörten. Sie war international gut vernetzt – u.a. mit Kontakten zum Weimarer Bauhaus. Vgl. Pešat (1985).

3 Die Sprache der „Bugulma-Geschichten"

So wie der „Schwejk" die Erlebnisse Jaroslav Hašeks im österreichisch-ungarischen Militär überspitzt und pointiert darstellt, so zeichnen die Bugulma-Geschichten ein Bild des Autors in den Diensten der Roten Armee. Unter der Bezeichnung „Bugulma-Geschichten" werden hier neun kurze satirisch-humoristische Erzählungen zusammengefasst, die im Jahr 1918, etwa ein Jahr nach der Oktoberrevolution, spielen. Man darf sie wohl als Humoresken, Burlesken oder eben auch als Satiren bezeichnen, die „zu den gelungendsten Werken Hašeks zählen"[11]. Sie werden im Tschechischen unter dem Titel *Velitelem města Bugulmy* („Befehlshaber der Stadt Bugulma") zusammengefasst, wobei dieser übergeordnete Titel nur eine Übertragung des Titels der ersten Kurzgeschichte ist. Dieser lautet nämlich *Komendantom goroda Bugulmy*, ist also in einem für Tschechen gut verständlichen Russisch formuliert. Bereits hier wird deutlich, dass Hašek in diesen Erzählungen die Sprache bzw. die Mischung der beiden Sprachen, des Russischen und des Tschechischen, ganz bewusst einsetzt. Im Einzelnen handelt es sich um die folgenden neun Titel:

- *Komendantom goroda Bugulmy* („Befehlshaber der Stadt Bugulma")
- *Adjutantem velitele města Bugulmy* („Adjutant des Befehlshabers der Stadt Bugulma")
- *„Krestný chod"* („Die Prozession")
- *V strategických nesnázích* („In strategischen Schwierigkeiten")
- *Slavné dny Bugulmy* („Die ruhmreichen Tage Bugulmas")
- *Nová nebezpečí* („Neue Gefahren")
- *Potěmkinovy vesnice* („Potemkinsche Dörfer")
- *Nesnáze se zajatci* („Unannehmlichkeiten mit den Gefangenen")
- *Před revolučním tribunalem východní fronty* („Vor dem Revolutionstribunal der östlichen Front")

In zwei dieser neun Titel zeigt sich das interessante Phänomen, auf das hier nur am Rande hingewiesen werden kann, nämlich die Integration russischer sprachlicher Elemente in einen tschechischen Erzähltext. Neben der schon erwähnten ersten Geschichte mit dem komplett russischen Titel *Komendantom goroda Bugulmy* hat auch die dritte Erzählung *Krestný chod* einen russischen Titel. Begrenzt sich beim Titel der ersten Geschichte die Tschechisierung des Titels aber darauf, dass statt dem kyrillischen das lateinische Alphabet verwendet wird, so ist die Sprachmischung beim Titel *Krestný chod* komplizierter. Grundsätzlich

11 Eshelman (1989: 134)

handelt es sich um den russischen Ausdruck – das Tschechische verwendet zur Bezeichnung einer Prozession wie das Deutsche den Latinismus *procese*. Allerdings ist die Adjektivendung des russischen Adjektivs tschechisiert: statt dem russischen *krestnyj* steht ein russo-tschechisches *krestný*. Bei einer kompletten Tschechisierung müsste aber auch die Wurzel des Adjektivs lautlich und orthographisch verändert werden: es müsste im Tschechischen *křestný* lauten. Insofern handelt es sich hier also um eine „Kontaminierung" des Russischen mit dem Tschechischen.

In dieser Hinsicht sind die Bugulma-Geschichten durchaus wieder mit dem Schwejk vergleichbar. Es handelt sich jeweils um „zweisprachige" Texte. Der „Schwejk" ist in weiten Teilen ein tschechischer Text mit deutschsprachigen Elementen, sei es in der Form von direkten deutschen Ausdrücken oder in der Form von erkennbaren Germanismen im Tschechischen. So predigt im Schwejk etwa der Feldkurat Otto Katz:

> *Trnitá cestu hříchu je, vy kluci pitomi, cesta boje s neřestmi. Vy jste marnotratní synové, kteří se raději valíte v* ***ajncliku,*** *než byste se vrátili k Otci. [...] Já bych si vyprosil, aby si tam vzadu někdo odfrkával. Není kůň a není v* ***maštali,*** *je v chrámu Páně. Na to vás upozorňuji, miláčkové moji. Tak kdepak jsem se přestal.* ***Ja über den Seelenfrieden, sehr gut.*** *Pamatujte si, vy dobytku jeden, že jste lidi a že se musíte dívat i skrze temný mrak v daleký prostor a vědět, že zde trvá všechno jen do času, však bůh že je navěky.* ***Sehr gut, nicht wahr, meine Herren?***[12]
> („Dornig ist der Weg der Sünde, ihr elenden Kerle, der Weg des Kampfes mit den Lastern. Ihr seid verschwenderische Söhne, die sich lieber in einer ***Einzelzelle*** herumwälzen, als dass ihr zum Vater zurückkehrt. [...] Ich würde mir ausbitten, dass sich da hinten jemand ausräuspert. Er ist kein Pferd und er ist nicht im ***Marstall***, er ist in der Kathedrale des Herrn. Darauf mache ich euch aufmerksam, meine Herzchen. Also wo habe ich denn aufgehört. ***Ja über den Seelenfrieden, sehr gut.*** Denkt daran, ihr Rindviecher, dass ihr Menschen seid und dass ihr auch durch den dunklen Nebel in den weiten Raum schauen und wissen müsst, dass hier alles nur auf Zeit dauert, dass nur Gott ewig ist. ***Sehr gut, nicht wahr, meine Herren?***")[13]

Das Spiel mit zwei Sprachen findet sich in ganz ähnlicher Form auch in den Bugulma-Geschichten, nur dass hier das Russische an die Stelle des Deutschen tritt. So antwortet eben der Kommandeur des „Tverer revolutionären Regiments" namens Jerochymov auf die Aufforderung, seinen Rausch auszuschlafen, nachdem er jemanden mit der Waffe bedroht hatte:

---

12 Hašek (1983a: 107). Deutsche Teile im Original. Hervorhebungen N.N.

13 Die deutschen Übersetzungen der tschechischen Zitate stammen hier wie auch im Weiteren vom Verfasser dieses Beitrags, um eine möglichst originalgetreue Wiedergabe zu gewährleisten.

Už jdu, **holoubku, dušinko**, jdu, já jen tak. Poveselit se, **poguljať malinko.**[14]
(„Ich gehe schon, ***mein Täubchen, mein Herzchen***, ich gehe, das war einfach nur so. Sich ein bisschen amüsieren, ***ein bisschen Spaß haben***.")

Schon die „typisch russischen" Koseformen *holoubku, dušinko* „Täubchen, Herzchen" als Anrede für einen erwachsenen Mann schaffen hier das, was man „Lokalkolorit" nennen könnte. Hinzu kommt, dass der Ausdruck *holoubku* noch eine tschechische Kose- oder Diminutivform darstellt, die Form *dušinko* wohl als eine Kontaminierung aus dem russischen Diminutivum *dušen'ka* und seiner tschechischen Entsprechung *dušička* interpretiert werden muss. Typisch tschechisch ist bei beiden Ausdrücken der Vokativ als Anredeform, der im Russischen nicht existiert. Der Abschluss des Satzes ist schließlich transliteriertes Russisch. Schon sprachlich findet man hier also eine Parallele zum „Schwejk", wenn auch der Raum und damit die Sprache sich von Österreich (und dem Deutschen) nach Russland (und dem Russischen) verlagert hat.

Dementsprechend heißt die Hauptperson der neun Bugulma-Geschichten nun nicht mehr „Josef Schwejk", sondern ganz autobiographisch und russifiziert *tovaryš Gašek* – also „Genosse Hašek". Auch hier wird der russische, leicht tschechisierte Ausdruck *tovaryš* dem tschechischen Äquivalent *soudruh* für „Genosse" vorgezogen. Und da das Russische den Laut /h/ nicht besitzt, wird auch der Familienname des Schriftstellers russifiziert: *Gašek*.

4 Der Blick auf die Revolutionäre

In den Bugulma-Geschichten verarbeitet Hašek seine Lebensphase in den Diensten der Roten Armee, relativ kurze Zeit nach der Oktoberrevolution, also in der Anfangsphase des Bürgerkriegs. Da er freiwillig zu den Bolševiki übergelaufen war, sollte man eine positive Grundstimmung gegenüber den roten Institutionen und Ansichten unterstellen. Tatsächlich hat Hašek aber nichts als Spott für viele Kommunisten und Rotarmisten übrig. Sie treten in den Bugulma-Geschichten an die Stelle der Vertreter des österreichisch-ungarischen Staates und Militärs und erweisen sich als ebenso primitiv und absurd wie diese. Allerdings gilt es auch hier zu unterscheiden zwischen dem einfachen Mann, in den Bugulma-Geschichten repräsentiert durch die Einwohner von Bugulma und Umgebung sowie durch die einfachen Rotarmisten einerseits, und den Funktionären und Repräsentanten der Staatsmacht andererseits. Letztere werden in den Bugulma-Geschichten vertreten durch den schon erwähnten Befehlshaber des „Tverer

14 Hašek (1988b: 297)

revolutionären Regiments", aber auch durch die drei Vertreter des „Revolutionstribunals der Ostfront" namens Sorokin, Kalibanova und Agapov sowie durch gelegentliche Telegramme vom „Revolutionssowjet" der Ostfront.

Bereits in der ersten Geschichte zeigen sich typische Züge dieses Gegensatzes. Als *tovaryš Gašek* zu Beginn vom Vorsitzenden des Militärsowjets der „linksufrigen Gruppe in Simbirsk" zum Stadtkommandanten von Bugulma ernannt wird, fragt der Ich-Erzähler zunächst, ob Bugulma schon von den Roten erobert sei. Der Vorsitzende Kajurov kann es nicht genau sagen, hofft es aber immerhin. Auf die anschließende Frage, wo denn dieses Bugulma überhaupt liege, bekommt *tovaryš Gašek* die Antwort, der Vorsitzende habe andere Sorgen als sich darum zu kümmern, wo irgendein „erbärmliches Bugulma" liege. Reisegeld zum neuen Dienstort steht auch nicht zur Verfügung, stattdessen möge sich *tovaryš Gašek* doch aus den Dörfern unterwegs versorgen und dann der Stadt Bugulma eine „Kontribution" auferlegen. Als Eskorte bekommt der frischgebackene Stadtkommandant zwölf Rotarmisten, die sich als Tschuwaschen mit nur geringen Russisch-Kenntnissen herausstellen[15]. Von den Zwölfen gehen zwei auf dem Weg nach Bugulma verloren – einer fällt betrunken von einem Schiff, der zweite geht seine Familie besuchen, die unweit der Reiseroute wohnt, und kehrt nicht zurück. Recht aufschlussreich ist weiterhin eine kleine Episode auf der Reise. *Tovaryš Gašek* übernachtet mit den verbliebenen zehn Tschuwaschen in einem kleinen Dorf, das von Tataren und Tscheremissen bewohnt wird[16]. *Gašeks* gut christlich-orthodoxe tschuwaschische Rotarmisten[17] beklagen sich über die tscheremissischen „Heidenschweine". Hier zeigen sich übrigens Hašeks Kenntnisse der Verhältnisse. Bis heute sind viele Tscheremissen bzw. Mari Anhänger von Naturreligionen. Der Gott der Tscheremissen sei ein weißes Eichhörnchen, berichten die Rotarmisten. Die Tschuwaschen schleppen daher den Bürgermeister und einen Käfig mit drei weißen Eichhörnchen vor ihren Befehlshaber und

15 Die Tschuwaschen sind ein Turkvolk mit einer autonomen Republik Tschuwaschien im heutigen Russland (westlich von Tatarstan).

16 Die Tscheremissen sind ein wolgafinnisches Volk, das heute unter der Bezeichnung Mari bekannt ist.

17 Auch die Formulierung bei Hašek (1983a: 290): *„[...] Čuvaši, kteří přijali již křesťanství asi před padesát let [...]"* („[...] die Tschuwaschen, die das Christentum schon vor ungefähr fünfzig Jahren angenommen haben [...]") erweckt im Hinblick auf dieses Volk nicht unbedingt den Eindruck einer durch und durch christlichen Volksgruppe. Der relativ kurze Zeitraum seit der Christianisierung steigert aber die Absurdität des Überlegenheitsgefühls, das die Tschuwaschen dadurch gegenüber den heidnischen Tscheremissen an den Tag legen.

verarbeiten anschließend die göttlichen Eichhörnchen zu einer wohlschmeckenden Suppe: „*[...] mohu ubezpečit každého, že z pánaboha Čeremisů jest velmi dobrá polévka.*“[18] („[...] ich kann jedermann versichern, dass aus dem Herrgott der Tscheremissen eine sehr gute Suppe wird.“) *Tovaryš Gašek* befürchtet daraufhin Unruhen – aber nichts geschieht. Beim Abschied am nächsten Morgen bemerkt der tscheremissische Bürgermeister lediglich, der Wald sei ja voll von Eichhörnchen. Man sieht also auch im revolutionären Russland alles sehr pragmatisch.

Nach der Ankunft in Bugulma, die sich sehr bürgerlich gestaltet – der Bürgermeister begrüßt die „Besatzer“ am Stadtrand an der Spitze einer ganzen Prozession einschließlich der Schulkinder mit Brot und Salz – verzichtet *tovaryš Gašek* auf alle Zwangsmaßnahmen einschließlich von Requirierungen. Nur die Waffen lässt er einsammeln. Wenig später wird Bugulma allerdings – natürlich kampflos – vom „Tverer revolutionären Regiment“ erobert. Dessen Kommandant Jerochymov versichert sich zuerst, ob *Gašek* von den Roten oder den Weißen sei und beansprucht die Rolle des Stadtkommandanten nun für sich selbst. *Gašeks* Ernennung auf diesen Posten erkennt er nicht an, schließlich müsse man eine solche Stadt ja erst mal erobern. „Wissen sie was“, sagte Jerochymov nach einer Weile aber großmütig, „ich ernenne sie zu meinem Adjutanten. In dem Falle, dass sie dem nicht zustimmen, lasse ich sie in fünf Minuten erschießen.“[19] Als erstes will Jerochymov – als guter Kommunist, der er ist oder als den er sich sieht – den freien Handel per Dekret in der Stadt verbieten. *Gašek* überzeugt ihn aber davon, dass man den Bürgern der Stadt erst mal lesen und schreiben beibringen müsse, damit sie Jerochymovs per Wandzeitung verbreitete Dekrete auch lesen könnten. Das sieht Jerochymov ein und lässt nun Plakate aufhängen mit dem Befehl, dass alle Bürger der Stadt binnen drei Tagen lesen und schreiben zu lernen hätten.

Der freundschaftliche Konflikt zwischen Jerochymov und Gašek zieht sich über alle Bugulma-Geschichten hin. Die Charakteristik lässt sich an einer netten kleinen Unterhaltung demonstrieren:

> „Ujistil jsem ho, že jestli se bude pokoušet se svým plukem provést opět nějakou nepřijemnost, že dám tverský pluk odzbrojit a jeho pošlu před revoluční vojenský tribunál fronty. [...]

18 Hašek (1983a: 290).

19 Im tschechischen Original: „*Víte co‘, řekl po chvíli velkomyslně, ‚já vás jmenuji svým adjutantem. V případě, že nebudete s tím souhlasit, dám vás v pěti minutách zastřelit.*“ (Hašek 1983a: 293)

Tovaryš Jerochymov ze své strany ujistil s velkou upřímnosti, že mne dá [...] pověsit na vršku nad Malou Bugulmou, aby na mne bylo ze všech stran vidět.
Podali jsme si ruce a rozešli jsme se jako nejlepší přátelé."[20]
(„Ich versicherte ihm, dass ich, wenn er versuchen würde, mit seinem Regiment wieder irgendeine Unannehmlichkeit zu begehen, das Tverer Regiment entwaffnen lassen und ihn selbst vor das revolutionäre Militärtribunal der Front schicken würde. [...]
Genosse Jerochymov versicherte von seiner Seite aus mit großer Aufrichtigkeit, dass er mich [...] auf dem Hügel über Klein-Bugulma aufhängen ließe, so dass ich von allen Seiten sichtbar sei.
Wir gaben uns die Hand und gingen als beste Freunde auseinander.")

Auch hier ist allerdings Jerochymov nicht wirklich als ein böser Mensch dargestellt. Er droht zwar ständig mit Erschießungen, er sperrt Leute ein, vertreibt die Bauern der Umgebung, will immer mal wieder den Ich-Erzähler standrechtlich erschießen lassen. Als aber dann ernsthafte Gefahr in Form einer Inspektionsdelegation aus Simbirsk droht, macht Jerochymov dem Hassfreund schwere Vorwürfe. Er hätte zumindest das Minimum der „üblichen" Maßnahmen durchführen müssen, die eben von einem Repräsentanten der kommunistischen Macht erwartet würden:

„*Mobilizoval jsi koně? Nemobilizoval. Máš někde záložníky z místního obyvatelstva? nemáš. Uvalil jsi kontribuci na město? Neuvalil. Zavřel jsi kontrarevolucionáře? Nezavřel. Našel jsi vůbec nějakého kontrarevolucionáře? Nenašel. A teď mi ještě řekni: Dal jsi zastřelit alespoň jednoho z popů nebo z kupeckého stavu? Nedal. Dal jsi zastřelit bývalého pristava? Také nedal. A bývalý starosta města je živ, nebo mrtev? Živ. [...] Zle je s tebou, můj druhu.*"[21]
(Hast du die Pferde requiriert? Hast du nicht. Hast du irgendwo Reservisten aus der örtlichen Bevölkerung? Hast du nicht. Hast du der Stadt eine Kontribution auferlegt? Hast du nicht. Hast du die Konterrevolutionäre eingesperrt? Hast du nicht. Hast du überhaupt irgendwelche Konterrevolutionäre gefunden? Hast du nicht. Und jetzt sag' mir noch: Hast du wenigstens einen von den Popen oder aus dem Kaufmannsstand erschießen lassen? Hast du nicht. Hast du den ehemaligen Polizeihauptmann erschießen lassen? Hast du auch nicht. Und ist der ehemalige Bürgermeister am Leben oder tot? Am Leben. [...] Schlimm steht's um dich, mein Freund.)

Es erübrigt sich wohl anzumerken, dass der Besuch der Inspektionsdelegation trotz all der sträflichen Unterlassungen des *tovaryš Gašek* nach einigen bürokratischen und recht absurden Wirren völlig folgenlos bleibt – und in dieser Folgenlosigkeit enden dann auch Hašeks Bugulma-Geschichten. Sie bleiben in gewissem Sinne ein Fragment, ähnlich wie der „Schwejk" auch.

---

20 Hašek (1988b: 299).
21 Hašek 1988b: 316–317.

5 Resümee

Liest man die Bugulma-Geschichten als eine Fortsetzung des „Schwejk“, so muss man konstatieren: Es hat sich nichts geändert, gleichgültig auf welcher Seite der österreichisch-russischen Front sich der Held bewegt. Die Oktoberrevolution ersetzt lediglich ein absurdes, bürokratisches und unfähiges Regime durch ein anderes absurdes, bürokratisches und unfähiges Regime. Der österreichische Feldkurat Katz oder der Oberleutnant Lukáš aus dem „Schwejk“ wird lediglich von einem ebenso unfähigen und verantwortungslosen Regimentskommandeur Jerochymov abgelöst, der genauso dem Alkohol verfallen ist wie seine österreichischen Kollegen. Die kommunistische Machtübernahme findet zwar in einem primitiven, rückständigen Land statt, in dem aber – ganz genauso wie in Österreich-Ungarn – die einfachen Leute sich ganz gut miteinander arrangieren könnten, wenn nicht ständig die Obrigkeit dazwischen pfuschen würde. In dieser sicher durch seine anarchistischen Ansichten geprägten Interpretation der Oktoberrevolution ist Jaroslav Hašek dann vielleicht gar nicht so weit von der neuen, der postkommunistischen russischen Sichtweise der Oktoberrevolution entfernt, wie sie der russisch-deutsche Philosoph und Medientheoretiker Boris Groys beschreibt:

> „Eigentlich existiert die Oktoberrevolution für die offizielle Geschichtsschreibung [Russlands] nicht. Sie wird als untergeordneter Moment in einem Prozess beschrieben, der 1914 begann und 1922 beendet wurde. Im Verlauf dieses Prozesses ist vieles passiert. Der Sturz des Zaren im Februar 1917, die Machtübernahme der Bolschewiken im Oktober, der Bürgerkrieg und dies und jenes. Die Schulbücher wurden auch in diesem Sinne umgeschrieben. Die Oktoberrevolution wird nicht als etwas Herausragendes und Wichtiges gesehen, eher als ein Unfall und ein Anlass zu Trauer.“[22]

Interpretiert man die Oktoberrevolution als einen „Unfall“ in der Geschichte Russlands, so kommt man Jaroslav Hašeks fast schon fatalistischer Einstellung zum Leben der kleinen Leute – sei es in Österreich-Ungarn oder in Russland – sehr nahe. Bereits vor dem Ende des Kommunismus hat der Literaturwissenschaftler Eshelman den „(pseudo-)idyllischen“ Raum der Stadt Bugulma als ein „zufälliges Nebenprodukt und nicht Ziel der Revolution“ charakterisiert[23]. Die Revolution verändert in Hašeks Sichtweise nichts, stellt in diesem Sinne also keine eigentliche Umwälzung dar:

22 Zekri (2017).
23 Eshelman (1989: 151).

> „In den Bugulma-Erzählungen hat Hašek die Absurdität der menschlichen Existenz in der modernen Welt begriffen und mit komischen Mitteln in seiner kleinen Welt umgesetzt.“[24]

Die Oktoberrevolution ist in den Bugulma-Geschichten somit ein tragischer Unfall, ebenso wie der Weltkrieg im „Schwejk“. Für die kleinen Leute, vielleicht sogar auch für die Menschen in einflussreichen Positionen, bestehen keine Möglichkeiten, den Lauf der Dinge wirklich entscheidend zu beeinflussen.

Primärliteratur

Hašek, J.: Die Abenteuer des braven Soldaten Schwejk. 1–2. Übertragen aus dem Tschechischen von Grete Reiner. Reinbek bei Hamburg 1960.

Hašek, J.: Osudy dobrého vojáka Švejka za světové války. I-II. Praha 1983(a).

Hašek, J.: Švejk před Švejkem. Neznámé osudy dobrého vojáka Švejka. Praha 1983(b).

Hašek, J.: Politické a sociální dějiny strany mírného pokroku v mezích zákona. In: Ders.: Povídky I. Praha 1988. S. 9–194(a).

Hašek, J.: Velitelem města Bugulmy. In: Ders.: Povídky II. Praha 1988. S. 289–328(b).

Hašek, Jaroslav: Die Abenteuer des guten Soldaten Schwejk im Weltkrieg. Übersetzt von A. Brousek. Stuttgart 2014.

Lada, Josef: Die Abenteuer des braven Soldaten Schwejk in Bildern. Reinbek b. Hamburg 1977.

Vaněk, K.: Osudy dobrého vojáka Švejka v ruském zajetí. 1–2. Praha 1923.

Vaněk, K.: Schwejk in russischer Gefangenschaft. Aus dem Tschechischen übers. von G. Rainer. Ill. von J. Lada. Hrsg. von G.J. Morava. 1–2. Wien 1992.

Sekundärliteratur

Eshelman, R.: „Ruhe, Friede und Ordnung“: Hašeks Bugulma-Erzählungen als absurde Idylle. In: Schamschula (1989), S. 132–153.

Pešat, Z.: Devětsil. In: Forst, V. u.a. (Hrsg.): Lexikon české literatury. Osobnosti, díla, instituce. Díl I. Praha 1985. S. 537–539.

Pytlík, R. [Hrsg.]: Jaroslav Hašek in Briefen, Bildern und Erinnerungen. Deutsch von G. Just. Berlin – Weimar 1983.

---

24 Eshelman (1989: 136)

Pytlík, R.: Jaroslav Hašek. In: Forst, V. u.a. (Hrsg.): Lexikon české literatury. Osobnosti, díla, instituce. Díl II, sv. I. Praha 1993. S. 86–90.

Schamschula, W. (Hrsg.): Jaroslav Hašek 1883–1983. Proceedings of the International Hašek-Symposium, Bamberg, June 24–27, 1983. Frankfurt a.M. 1989.

Schamschula, W.: Geschichte der tschechischen Literatur. Band II: Von der Romantik bis zum Ersten Weltkrieg. Köln 1996.

Schümer, D.: Ein Meisterwerk der modernen Literatur erscheint endlich in angemessener Übersetzung: Jaroslav Hašeks bittere Groteske um den Soldaten Schwejk. In: Frankfurter Allgemeine Zeitung, 08.03.2014.

Soldán, L.: Jaroslav Hašek. Praha 1982.

Ulrich, V.: Zur Rezeption Hašeks im deutschen Sprachraum. In: Schamschula (1989), S. 530–544.

Zekri, S.: Neuer Himmel, neuer Mensch. Ein Gespräch mit dem Philosophen Boris Groys zum 100. Jahrestag der Russischen Revolution. In: Süddeutsche Zeitung, 7./8. Januar 2017. S. 17.

Michael Düring

Der Krieg als Groteske – Jaroslav Hašeks Roman *Die Abenteuer des braven Soldaten Schwejk – Osudy dobrého vojáka Švejka za světové války* (1923)

Abstract: Die Abhandlung „Der Krieg als Groteske" stellt Aspekte des Ersten Weltkriegs anhand einer Analyse des den Krieg kritisch-satirisch beleuchtenden Romans „Die Abenteuer des braven Soldaten Schwejk" von Jaroslav Hašek dar. Sie nimmt in diesem Rahmen analytische Bezüge zur die Biographie Hašeks vor.

Stichworte: Erster Weltkrieg, Hašek, Roman, Schwejk, Grotesk, Bürokratie, Soldat, Kirche, Zitat, Jahrhundertwerk, Literatur

1 Einführung

Wenn man Leserinnen und Leser danach fragte, wie der erste Satz des im Aufsatztitel genannten Romans von Jaroslav Hašek lautet, dann wüssten es vermutlich viele von ihnen: „Also, sie ham uns den Ferdinand erschlagen".[1] Dieser lakonische Romananfang, der allerdings eine die Weltgeschichte verändernde Brisanz in sich trägt, gibt den Ton einer Groteske über den Ersten Weltkrieg vor, die bis heute nahezu unübertroffen dessen Schrecken in den Blick nimmt, weil dieser Krieg und die Erinnerungen daran wohl nur auf diese Weise zu ertragen waren. Mit dem *Schwejk* hat Hašek somit einen paradigmatischen Anti-Kriegs-Roman geschaffen, von denen es im 20. Jahrhundert zwar zahlreiche weitere gibt[2], doch an Hašeks grotesken Ton reichen vielleicht nur noch der Roman zum

1 Zitate erfolgen aus der von Grete Reiner erstmals 1960 übersetzten tschechischen Fassung in der Ausgabe: Hašek, Jaroslav. Die Abenteuer des braven Soldaten Schwejk. Hamburg 1976 (zitiert als *Schwejk*, hier S. 9): „Tak nám zabili Ferdinanda". Die tschechischen Originalzitate stammen aus folgender Ausgabe: Hašek, Jaroslav. Osudy dobrého vojáka Švejka za světové války. Díl 1. a 2. Praha 1980, hier S. 12 (zitiert als *Osudy* I, S., sowie aus Jaroslav Hašek. Osudy dobrého vojáka Švejka za světové války. Díl 3. a 4. Praha 1980, zitiert als *Osudy* II, S.)

2 Vgl. exemplarisch etwa Remarque, E.M. Im Westen nichts Neues. Berlin 1929; Céline, Louis Ferdinand. Voyage au boût de la nuit. Paris 1932, oder Nekrasov, Viktor. V okopach Stalingrada. Moskva 1947 [In den Schützengräben von Stalingrad].

Zweiten Weltkrieg von Kurt Vonnegut, *Slaughterhouse 5*[3], oder Joseph Hellers *Catch 22* heran[4], der die Ereignisse des Vietnam-Krieges durch den Spiegel der Groteske verzerrt.

Hašek hatte seinen Roman, im Original *Osudy dobrého vojáka Švejka za světové války* (wörtlich übersetzt *Die Abenteuer des guten Soldaten Schwejk im Weltkrieg*) in den Jahren 1921–1923 wohl in vier Teilen konzipiert, nach seinem Tod 1923 ergänzt um den Schluss durch den Publizisten Karel Vaněk. Der *Schwejk* war **das** Werk seines kurzen Lebens. Geboren 1883, war Hašeks Schul- und Berufslaufbahn gekennzeichnet durch zahlreiche Volten, er war Gymnasiast, dann Drogeriegehilfe, dann Bankangestellter, nach 1902 schließlich ausschließlich Schriftsteller, der sich sein Geld mit Feuilletons, Humoresken und Redakteurstätigkeiten verdiente. Zugleich aber war er auch Mitglied einer anarchistischen Vereinigung – was sich später übrigens in seinen Texten, aber auch in seinem Privatleben manifestierte. So verwendete er in seinen Werken als einer der ersten Autoren des Tschechischen derb-vulgäre Sprache, als Redakteur der Zeitschrift *Svět zvířat* (*Die Welt der Tiere*) erfand er nicht existierende Tiere und korrespondierte darüber mit Experten aus aller Welt. Saufende Papageien sowie Hinweise zur Aufzucht von Werwölfen aus diesem journalistischen Arbeitsbereich markieren, ähnlich wie später der *Schwejk*, den Versuch, mit der Groteske den Irrsinn der Welt zu durchdringen und so erträglicher zu gestalten. Es leuchtet daher ein, dass Hašek seine Redakteurstätigkeit nicht allzu lange ausüben konnte; um sich nach der Entlassung aus dem Dienst seinen Lebensunterhalt zu verdienen, begann er mit Hunden zu handeln, deren Stammbäume er zuvor gefälscht hatte. Dazu ein Zitat aus dem ersten Absatz des Romans um *Schwejk*:

> ‚Also sie ham uns den Ferdinand erschlagen', sagte die Bedienerin zu Herrn Schwejk, der vor Jahren den Militärdienst quittiert hatte, nachdem er von der militärärztlichen Kommission endgültig für blöd erklärt worden war, und der sich nun durch den Verkauf von Hunden, hässlichen, schlechtrassigen Scheusälen, ernährte, deren Stammbäume er fälschte. (*Schwejk*, 9)[5]

Ganz offenbar transferiert Hašek also durchaus Details der eigenen Biografie in den Roman über den Soldaten Schwejk, dem er im Vorwort des Verfassers

3 Vgl. dazu Vonnegut, Kurt. Slaughterhouse 5, or The Children's Crusade: A Duty-Dance with Death. Delacorte 1969.

4 Vgl. dazu Heller, Joseph. Catch 22. New York 1961.

5 „‚Tak nám zabili Ferdinanda', řekla posluhovačka panu Švejkovi, který opustiv před léty vojenskou službu, když byl definitivně prohlášen vojenskou lékařskou komisí za blba, živil se prodejem psů, ošklivých nečistokrevných oblud, kterým padělal rodokmen" (*Osudy* I, 12).

übrigens sein ganzes Wohlgefallen ausspricht: „Ich habe diesen braven Soldaten Schwejk sehr lieb und bin bei der Niederschrift seiner Abenteuer im Weltkrieg überzeugt, dass ihr alle für diesen bescheidenen, verkannten Helden Sympathie empfinden werdet" (*Schwejk*, 7)[6]. Sympathie empfinden wir in der Tat, befördert vielleicht auch durch die kongenialen Illustrationen Josef Ladas oder durch die Verfilmungen – die Älteren unter den Leserinnen und Lesern werden sich an Heinz Rühmann oder Fritz Muliar in der Rolle des Schwejk erinnern, die im Übrigen eine gewisse Ähnlichkeit mit der Illustration Ladas aufweisen. Rühmann und Muliar inszenieren damit nicht mehr nur die literarische Figur der Vorlage, sondern erinnern zugleich an die in das Bewusstsein der Leserinnen und Leser gelangten Illustrationen.

Längere Zeit, bevor Hašek die Niederschrift des Romans begann, hatte er 1911 die *Partei des maßvollen Fortschritts in den Grenzen der Gesetze/Strana mírného pokroku v mezích zákona (SMPVMZ)* gegründet, wenn wir so wollen, ein früher anarchistischer Ansatz, die Gesellschaft mit der Groteske zu bezwingen, karikiert er damit doch das politische Alltagsgeschäft der Zeit.[7] Als Geschenk verspricht Hašek potentiellen Wählern unter anderem ein Taschenaquarium.

Mit Beginn des Ersten Weltkriegs wird Hašek nun als Soldat der k.u.k.-Truppen eingezogen, gerät an der Ostfront in russische Kriegsgefangenschaft, schließt sich der sogenannten tschechischen Legion und später der Roten Armee an. Erst 1920 kehrt er nach Prag zurück, wo er sich – ganz sicher auf eigene Erfahrungen als Soldat stützend – an sein Meisterwerk, den *Schwejk*, wagt, der zum Vorbild für zahllose Anti-Kriegs-Satiren wird, ob in der Literatur oder in anderen Medien. Zum Ende seines Lebens verfällt Hašek zunehmend dem Alkohol, an dessen Missbrauch er 1923 dann auch stirbt.[8]

---

6 „Mám velice rád toho dobrého vojáka Švejka, a podávaje jeho osudy za světové války, jsem přesvědčen, že vy všichni budete sympatizovat s tím skromným, nepoznaným hrdinou" (*Osudy* I, 11).

7 Ein Reflex im Geiste Hašeks ist etwa Martin SONNEBORN mit seiner Partei „Die Partei", die ja in das Europäische Parlament eingezogen ist um den dortigen Politbetrieb satirisch bloßzustellen (vgl. dazu http://www.die-partei.de/) <letzter Aufruf am 27. Februar 2018>.

8 Die Daten zu Leben und Werk Hašeks sind entnommen: JANOUCH, Gustav. Jaroslav Hašek (1883–1923). In: Das Hašek Lesebuch. Hrsg. von Daniel Keel und Daniel Kampa. Zürich 2008, S. 7–14; anregende, wenn auch auf zahlreichen Anekdoten beruhende Lektüre bietet folgende Studie: BERWID-BUQUOY, Jan. Die Abenteuer des garnicht so braven Humoristen Jaroslav Hašek. Legenden und Wirklichkeit. Berlin 1989; vgl. auch PYTLÍK, Radko. Jaroslav Hašek. Data – Fakta – Dokumenty. Praha 2013. Pytlík listet für die Jahre 1883 bis 1923 minutiös Ereignisse aus dem Leben Hašeks auf, ergänzt um

2 Die Abenteuer des braven Soldaten Schwejk – Osudy dobrého vojáka Švejka za světové války

Der Titel des Romans sagt es hinreichend deutlich – es geht um die Abenteuer des Soldaten Schwejk im Ersten Weltkrieg, und von denen gibt es eine ganze Menge, wie der Umfang des Romans zeigt. Die deutsche Übersetzung von Grete Reiner, aus der hier zitiert wird, umfasst mehr als siebenhundert Seiten, das tschechische Original ist in zwei Bänden erschienen, und wir wissen, dass Hašek noch weiterschreiben wollte, was darauf schließen lässt, dass es ihm wohl um die panoramaartige Erfassung möglichst vieler Ereignisse dieses Krieges ging. In dessen Fokus also steht Schwejk, der – auf den ersten Blick – als einfältiger und naiver, aber auch berechnender, an krankhafter Geschwätzigkeit leidender Soldat den Irrsinn des Krieges bloßstellt und dabei kein Thema unberührt lässt. So ziehen sich auf Obszönität und Skatologisches gestützte Angriffe auf, unter anderem, Militarismus, Bürokratie, staatliche Willkür, Religion, Nationalismus, Medizin und Justiz durch den Roman. Da wir darin aber auf die Darstellung des Panoramas eines Zeitabschnitts der Weltgeschichte treffen, findet sich im Roman zudem ein außerordentlich umfangreiches Personaltableau, in dem nahezu durchweg Karikaturen verschiedener gesellschaftlicher Schichten auftreten, die, mit Schwejk konfrontiert, verspottet werden. Im Einzelnen sind dies, wenn auch natürlich nicht alle, die folgenden (die Ziffern markieren die Seite ihres ersten Auftretens in der hier zitierten deutschen Übersetzung des Romans):

> Frau Müller, „Haushälterin" Švejks (9ff); Polizist Bretschneider (12); Wirt Palivec (18); Polizeiinspektor Braun (40); Frau Palivec (51); Dr. Grünstein (79); Stabsprofos Slawik (85) – Gefängniswärter; Feldkurat Otto Katz (87) – Militärpfarrer; Auditor Bernis (96) – Untersuchungsrichter; Frommer Kurat (143); Oberleutnant Lukasch (163); Oberst Friedrich Kraus (207); Generalmajor von Schwarzburg (228); Gendarmeriewachtmeister Flanderka (258); Einjährigfreiwilliger Marek (289); Oberst Schröder (305); Hauptmann Sagner (307) – Bataillonskommandant; Pater Lacina (319); Der Korporal (317); Sappeur Vodička (362) – Pionier; Auditor Ruller (393) – Untersuchungsrichter; Rechnungsfeldwebel Vaněk (401); Baloun (401); Koch Jurajda (422) – Okkultist; Oberfeldkurat Ibl (455) – „Übel"; Telefonist Chodounsky (449); Kadett Biegler (461); Leutnant Dub (510) – Eiche; Inspektionsgeneral (524); Kunert, Dubs Putzfleck (592); Brigadeadjutant Hauptmann Tayrle (604); Feldwebel-Dolmetsch (657); Major Wolf (662); Gegenspion

offizielle Dokumente und Photographien; vgl. des Weiteren: Jaroslav Hašek in Briefen, Bildern und Erinnerungen. Hrsg. und kommentiert von Radko Pytlík. Deutsch von Gustav Just. Berlin 1983; vgl. auch und immer noch grundlegend: Janouch, Gustav. Jaroslav Hašek. Der Vater des braven Soldaten Schwejk. Bern und München 1966, besonders die Seiten 49–61.

(667); General Fink von Finkenstein (673); Feldkurat Martinec (676); Major Derwota (697); Oberst Gerbich (702)

All diese Figuren treten in lose miteinander verbundenen Episoden auf und tragen somit dazu bei, das oben erwähnte Panorama der Weltgeschichte um ein mosaikartiges Bild der in der ausgehenden Habsburgermonarchie handelnden, auch einfachen Menschen zu Beginn des Krieges zu erweitern. Diesen Menschen allerdings werden Individuen als Sinnbild für Menschlichkeit in einer unmenschlichen Zeit gegenübergestellt – etwa der in der Liste oben genannte Gastwirt Palivec und dessen Frau, Frau Müller oder der „Fresssack" Baloun.[9] Schwejk selbst wird als Dreh- und Angelpunkt der Diegese besonders durch seine Fabulierkunst – für jede Situation des Lebens hat er eine Geschichte parat, die, oft genug unfreiwillig, das Weltgeschehen kommentiert und karikiert und damit zum Widerstand gegen Diktaturen jeglicher Couleur anregt – charakterisiert. Auf diese Weise wird er nicht nur zu einem Prüfstein für die ihn umgebenden Personen, sondern für das untergehende, alte Europa insgesamt. Diese Fabulierkunst integriert Hašek nun in eine für die Literatur seiner Zeit noch nicht dagewesene Romankonzeption, in der der Irrsinn des Krieges, aber auch dessen Eintönigkeit auf der Ebene der Narration nachgestaltet werden – auf den Umfang des Textes wurde bereits verwiesen, in diesem Zusammenhang sind aber auch die zahllosen Redundanzen der Diegese zu nennen.[10] Doch dieses Konstrukt ist hier nicht Thema, vielmehr ist auf die bereits erwähnten thematischen und ästhetischen Spezifika des Romans einzugehen, die ihn zu einer Groteske werden lassen, die wir im Sinne Wolfgang Kaysers verstehen.[11] Hinsichtlich der Themen wird es um – wenig überraschend – explizite Kriegsszenen, aber auch um Bürokratie, um die Justiz, um Medizin, Kirche, Religion sowie Obszönes und Skatologisches gehen. Erst die Mischung dieser Themen und ihre spezifische Art der Darstellung machen Hašeks Roman zu einer literarischen Groteske über den Krieg.

---

9 Baloun erinnert an die Helden des französischen Autors François Rabelais, Gargantua und Pantagruel, menschliche Wesen, deren Hunger nicht zu stillen ist; vgl. dazu Bowen, Barbara C. Laughing in Rabelais, Laughing with Rabelais. In: The Cambridge Companion to Rabelais. Ed. by John O'Brian. Cambridge 2011, S. 31–41.

10 Vgl. dazu Petro, Peter. Modern Satire: Four Studies. Berlin and New York 1982, S. 27–32; vgl. ebenfalls Hanshew, Kenneth. Švejkiaden. Švejks Geschicke in der tschechischen, polnischen und deutschen Literatur. Frankfurt und Berlin 2009, S. 65–71.

11 Kayser, Wolfgang. Versuch einer Wesensbestimmung des Grotesken. In: Ders., Das Groteske: seine Gestaltung in Malerei und Dichtung. Tübingen 2004 [Nachdruck der Ausgabe 1957], S. 193–203.

2.1 Krieg

Die Abschnitte, die im *Schwejk* ganz ausdrücklich Kriegsdarstellungen gewidmet sind, bedienen sich in ästhetischer Hinsicht der Groteske ebenso wie skatologischer Themen und der Obszönität. Der sich aus diesen Verfahren ergebende Modus der grotesken Satire oder der satirischen Groteske trägt darüber hinaus dazu bei, dass der Krieg jeglichen Pathos beraubt wird. Wenig überraschend ist daher, dass Hašek in seiner Kriegsdarstellung ausdrücklich den Stimmungswechsel fokussiert, der nach euphorischem Kriegsbeginn bei den Soldaten einsetzt – aus Begeisterung wird schnell Kriegsmüdigkeit[12]:

> Aber es war nicht mehr so wie zu Kriegsbeginn. Zu Kriegsbeginn hatten sich die Soldaten auf der Fahrt an die Front auf jedem Bahnhof überfressen, waren von Kranzeljungfern mit idiotischen weißen Kleidern und noch blöderen Gesichtern, verdammt dummen Blumensträußen und einer noch dümmeren Ansprache irgendeiner Dame empfangen worden, deren Gatte heute den überzeugten Patrioten und Republikaner spielt.
> [...].
> Auf allen Gesichtern zeichnete sich Ermüdung. Die Militärzüge fuhren bei Tag und bei Nacht, Sanitätswagen mit Verwundeten fuhren jede Stunde durch, auf den Bahnhöfen wurden beinahe ununterbrochen Waggons mit Gefangenen von einem Gleis auf das andere verschoben, und bei allem mußten die Mitglieder dieser verschiedenen Korporationen und Vereine zugegen sein. So ging es Tag für Tag, und die ursprüngliche Begeisterung verwandelte sich in Gähnen. Man löste einander im Dienst ab, und jeder, der die Pflicht hatte, auf einem Wiener Bahnhof zu erscheinen, sah genauso müde und erschöpft aus wie diejenigen, welche heute den Zug mit dem Budweiser Regiment erwarteten.
> Aus den Viehwagen schauten Soldaten mit dem Ausdruck der Hoffnungslosigkeit, wie ihn jene haben, die zum Galgen gehen. (*Schwejk*, 352–353)[13]

---

12 Vgl. dazu, cum grano salis, das vor einigen Jahren erschienene, durchaus umstrittene Buch des australischen Historikers Clark, Christopher. Die Schlafwandler. München 2013 (orig. The Sleepwalkers: How Europe Went to War in 1914. London 2012).

13 „Ale už to nebylo jako na začátku války, kdy se vojáci cestou na front přejedli na každém nádraží a kdy je vítaly družičky v pitomých bílých šatech a ještě hloupějším proslovem nějaké té dámy, jejíž manžel teď dělá náramného vlastence a republikána. [...]
Na všech těch tvářích bylo vidět únavu. Vlaky s vojskem jezdily dnem i nocí, sanitní vozy, projízděly s raněnými každou hodinu, na nádražích přehazovali z koleje na druhou kolej každou chvíli vozy se zajatci a při všem tom museli být členové těch všech různých korporací a spolků. Šlo to ze dne na den a původní nadšení měnilo se v zívání. Střídali se v té službě, každý z nich, který se objevil na některém vídeňském nádraží, měl týž unavený výraz jako ti, kteří očekávali dnes vlak s budějovickým plukem.Z dobytčích vagónů vykukovali vojáci s výrazem beznadějnosti, jako u těch, kteří jdou na šibenici“ (*Osudy* I, 419).

Neben Kriegsmüdigkeit herrscht aber auch Kriegsverwirrung – wer marschiert eigentlich wohin, wo ist der Feind, das sind Fragen, die Schwejk sich stellt, als er sich gegen Ende des Buches (!) endlich der Front nähert:

> Beim Betreten der Stadt befand sich Schwejk in einem vollständig neuen Milieu, denn hier war bereits an dem allgemeinen Treiben zu merken, daß man nicht allzuweit von der Front entfernt war, wo gekämpft wurde. Überall lag Artillerie und Train, aus jedem Haus traten Soldaten der verschiedensten Regimenter, zwischen denen gleichsam als Elite die Reichsdeutschen umhergingen und als Aristokraten an die Österreicher Zigaretten aus ihren reichen Vorräten verteilten. Bei der reichsdeutschen Küche auf dem Ringplatz standen sogar Fässer mit Bier, aus denen man den Soldaten zum Mittagessen und Abendbrot Bier in Krüge verzapfte; um die Fässer schlichen wie naschhafte Kätzchen die vernachlässigten österreichischen Soldaten mit ihren von dem schmutzigen Absud der gesüßten Zichorie aufgeblähten Bäuchen herum.
> Gruppen von Juden mit Schläfenlöckchen, in langen Kaftans, zeigten einander die Rauchwolken im Westen und fuchtelten mit den Händen herum. Überall hieß es, daß es am Flusse Bug, in Ucezskow, Busk und Derewjan brenne.
> Der Donner der Kanonen war deutlich hörbar. Bald darauf hieß es wieder, daß die Russen von Grabow her Kamionka Strumilowa bombardierten, daß man den ganzen Bug entlang kämpfe und daß das Militär die Flüchtlinge anhalte, die wieder in ihre Heimat zurückkehren wollten.
> Überall herrschte Verwirrung, und niemand wußte etwas Bestimmtes, man vermutete, daß die Russen wieder zur Offensive übergegangen seien und ihren ununterbrochenen Rückzug an der ganzen Front eingestellt hätten. (*Schwejk*, 707)[14]

Diese beiden Zitate aus dem Roman sind, weil in ihrer Ästhetik realistisch, Teil einer durchaus seriös aufzufassenden Auseinandersetzung mit dem Krieg

---

14 „Při vstupu do městečka Švejk ocitl se úplně v novém prostředí, neboť zde již bylo pozorovat ze věobecného ruchu, že není tak příliš daleko na pozici, kde se to řeže. Všude leželo kolem dělostřelectvo a vozatajstvo, z každého domu vystupovali vojáci nejrůznějších pluků, mezi těmi jako elita chodili říšší Němci a aristokrticky rozdávali Rakušanům cigarety ze svých hojných zásob. U říšskoněmeckých kuchyní na náměstí byly dokonce sudy s pívem, kde se vojákům točilo pivo do odměrek k obědu a k večeři, kolem kterých sudů ploužili se jako mlsné kočky zanedbaní rakouští vojáci s nabobtnalými břichy od špinavého odvaru slazené cigorky.
Skupiny pejzatých židů v dlouhých kaftanech ukazovaly si na mraky kouře na západě, šermovaly rukama. Křičelo se všude, že to hoří na řece Bugu, Uciszków, Busk a Derewiany.Slyšet bylo zřetelně dunění děl. Tu zas křičeli, že Rusové bombardují z Grabové Kamionku Strumilowu a že se bojuje podél celého Bugu, a vojáci že zadržují běžence, kteří se už chtěli vrátit za Bug opět do svých domovů.Všude panoval zmatek a nikdo nevěděl nic jistého, zdali Rusové nepřešli opět k ofenzívě a nezarazili svůj nepřetržitý ústup po celé frontě“ (*Osudy* II, 330–331).

und seinen Konsequenzen. Doch Hašek ist, wie zahlreiche weitere Sequenzen erkennen lassen, eher an einer den Krieg im Zerrspiegel der Groteske zeigenden Darstellung interessiert. Dies belegen Auszüge aus Propagandaschriften, die zur Teilnahme am Krieg auffordern (vgl. *Schwejk*, 375–77) ebenso wie die grotesk verzerrte Beschreibung der Tode einfacher Soldaten, die es noch nicht einmal bis an die Front geschafft haben.[15] Auffällig ist, wie nur wenig veränderte literarische Verfahren dazu beitragen, den Realismus hin zur Groteske zu verändern:

> Den Bahnhof passierte ohne Aufenthalt ein anderer Militärzug, der von oben bis unten voll mit Deutschmeistern[16] war, die man an die serbische Front schickte. [...]
> Irgendein Korporal mit herausfordernd aufgezwirbeltem Schnurrbart stützte sich mit den Ellbogen auf die Mannschaft, die die Füße aus dem Waggon baumeln ließ, neigte sich hinaus [...]
> In diesem Augenblick aber verlor er das Gleichgewicht, flog zum Waggon hinaus und schlug mit aller Kraft im Flug mit dem Bauch auf den Weichenhebel, auf dem er aufgespießt hängenblieb, während der Zug weiterfuhr [...]
> Auf die dumme Weiche aufgespießt, war der kampflustige Korporal bereits tot; [...]
> „Der hats schon hinter sich", sagte der brave Soldat Schwejk, der ebenfalls unter den Neugierigen war, „und das hat einen Vorteil; wenn er schon ein Stück Eisen im Bauch hat, so wissen wenigstens alle, wo er begraben worn is. Es is grad am Bahnhof, und man muß sein Grab nicht auf allen Kriegsschauplätzen suchen."
> „Er hat sich akkurat aufgespießt", sagte Schwejk noch mit Kennermiene, den Korporal von der anderen Seite betrachtend, „er hat die Därme in den Hosen." (*Schwejk*, 479–480)[17]

---

15 Hašeks Kunst besteht darin, einen Anti-Kriegs-Roman zu schreiben, in dem eigentliche Kriegshandlungen nur am Rande eine Rolle spielen respektive von den Protagonisten erzählt werden. Zugespitzt formuliert beschreibt Hašek in grotesker Überzeichnung tatsächlich nur die Annäherung an den Krieg.

16 Ein jenseits militärhistorisch interessierter Kreise inzwischen wohl in Vergessenheit geratener Begriff; hier ist das k.u.k-Infanterieregiment der „Hoch- und Deutschmeister" gemeint, das im ersten Weltkrieg Teil der Habsburger Militärmaschinerie gewesen ist.

17 „Nádražím bez zastávky projel jiný vojenský vlak odshora obsazený deutschmajstry, které posílali na srbský front. [...]
Nějaký kaprál s výborně nakrouceným knírem, nahýbaje se ven, opřen jsa lokty o mužstv, které klátilo ven z vagónu vystrčenýma nohama. [...]Vtom však ztratil rovnováhu a vylítl z vagónu a plnou silou narazil v letu břichem na páku u výhybky, na které zůstal nabodnut viset, zatímco vlak jel dál. [...]Nabodnutý na hloupou výhybku, bojechtivý kaprál byl již mrtev. [...],Má už to vodbytý,' řekl dobrý voják Švejk, který byl také mezi zvědavci, ,a má to tu výhodu, že když už má kus železa v břiše, alespoň ví všichni, kde byl pohřbenej. Je to zrovna na dráze, a nemusejí jeho hrob shánět po

Die Beschreibung des „aufgespießten" Korporals sowie der nüchterne Kommentar Schwejks konstruieren einen Gegensatz, der zur Wahrnehmung der Szene als grotesk führt. Ein vergleichbares Verfahren findet sich in der Beschreibung des Todes von Soldaten durch eine Granate während des Essenfassens:

> Die Berglehnen und Hänge der Karpaten waren von Schützengräben zerfurcht, die längst der Bahnstrecke mit neuen Schwellen von Tal zu Tal führten. Zu beiden Seiten befanden sich große, von Granaten gebildete Löcher. [...]
> Stürme und Regengüsse hatten am Rand der durch Granaten entstandenen Löcher zerrissene Fetzen österreichischer Uniformen aufgedeckt.
> Hinter Nagy-Czaba, auf einer alten, abgebrannten Kiefer, im Gewirr der Zweige, hing der Stiefel irgendeines österreichischen Infanteristen mit einem Stück Schienbein drin. [...]
> Der Zug fuhr langsam über die frisch aufgeschütteten Erdwälle; so konnte das ganze Bataillon alle Kriegsfreuden gründlich in sich aufnehmen und vorausahnen und sich beim Anblick der Militärfriedhöfe mit weißen Kreuzen, die auf der Ebene und auf den verwüsteten Hängen schimmerten, langsam aber sicher auf das Feld der Ehre vorbereiten, deren Abschluß eine von Straßenkot beschmutzte Mütze bildete, die auf einem weißen Kreuze schwankte. [...]
> Unterhalb des Eisenbahndammes, im Tal des Baches, lag eine zerdroschene Feldküche. Schwejk zeigte auf sie und sagte zu Baloun: „Schau, Baloun, was uns in der nächsten Zukunft erwartet. Grad hat die Menage verteilt wern solln, in dem Moment is eine Granate geflogen gekommen und hat sie so zugerichtet." (*Schwejk*, 579–580)[18]

Auch hier fällt der Umschwung vom Realismus zur Groteske durch die Konstruktion eines Bruches auf, wird doch der realistische Beginn des Zitats gebrochen durch den „Stiefel mit einem Stück Schienbein" drin, der an einem Baum

---

všech bojištích. – Nabod se akorát,' řekl ještě Švejk znalecky, obcházeje z druhé strany kaprála, ‚má střeva v kalhotech'" (*Osudy* II, 50–52).

18 „Karpatské stráně a svahy byly rozryty zákopy jdoucími z údolí do údolí podél trati s novými pražci, po obou stranách veliké jámy od granátů. [...]
Přívaly a deště odkrývaly na pokraji jam způsobených granáty roztrhané cáry rakouských stejnokrojů.Za Novou Čabynou na staré ohořelé borovici ve spleti větví visela bota nějakého rakouského pěšáka s kusem holeně.Bylo vidět lesy bez listí, bez jehličí, jak tu řádil dělostřelecký oheň, stromy bez korum a rozstřílené samoty.Vlak jel pomalu po čerstvě zbudovaných náspech, takže celý batalión mohl důkladně vnímat ochutnávat válečné radosti a při pohledu na vojenské hřbitovy s bílými kříži, které se bělaly na planinkách i na svahu zpustošených strání, připravovat se pomalu, ale jistě na pole slávy, která končí zablácenou rakouskou čepicí třepetající se na bílém kříži. [...]Pod železničním náspem, v údolí potoka, ležela rozbitá polní kuchyně. Ukazuje na ni, řekl Švejk k Balounovi: ‚Podívej se, Baloune, co na nás v krátký budoucnosti čeká. Právě se měla rozdávat minaž, vtom přilít granát a takhle ji spořádal'" (*Osudy* II, 175–176).

hängt. Zu diesem Bruch tragen des Weiteren die Ironie („Kriegsfreuden") sowie der Rückgriff auf Skatologisches in Verbindung mit militärischen Phrasen wie „Feld der Ehre" bei. Als sei die Sinnlosigkeit des Krieges damit noch nicht hinreichend deutlich geworden, potenziert Hašek diese durch die Verknüpfung des Militärischen mit dem Skatologischen:

> In eine alte Kiefer beim ehemaligen Bahnhof, von dem nur ein Haufen übriggeblieben war, war eine Granate geklemmt, die nicht explodiert war. Überall sah man Granatsplitter, und irgendwo in unmittelbarer Nähe hatte man offenbar Soldatenleichen begraben, denn es roch hier fürchterlich nach Verwesung.
> Und wie die Truppen hier vorbeigekommen waren und ringsumher gelagert hatten, waren überall Häuflein von Menschenkot internationalen Ursprungs aller Völker Österreichs, Deutschlands und Rußlands sichtbar. Der Kot der Soldaten aller Nationen und aller religiöser Bekenntnisse lag hier nebeneinander oder türmte sich in Haufen aufeinander, ohne daß sich diese Haufen untereinander gestritten hätten. (*Schwejk*, 586)[19]

Wenn man das Bekenntnis des Verfassers zu Schwejk im Vorwort zum Roman ernst nimmt, dann bleibt wohl nur festzuhalten, dass es keine deutlichere Distanzierung vom Krieg und seinen Gräueln geben kann, als die Reduzierung der kriegführenden Nationen auf die Kothaufen, die ihre Soldaten hinterlassen, und die es noch nicht geschafft haben, einen Krieg anzuzetteln. Das obige Zitat zeigt, in welcher Weise die teils doch drastische Auseinandersetzung Hašeks mit dem Krieg und seinen Konsequenzen dessen Entlarvung durch Verspottung dient – und natürlich ließen sich noch weitere Beispiele finden, die dies illustrieren.

Zu einem umfassenden Panorama der Zeit gehören nun aber – es wurde bereits angedeutet – noch weitere Themenfelder, und daher ist im Folgenden näher auf die (Kriegs)-Bürokratie einzugehen.

2.2 Bürokratie

Kein Krieg ist ohne das Vorhandensein respektive die Einrichtung einer entsprechenden Bürokratie zu führen – und darauf geht Hašek in seinem Roman mehr

---

19 „Do staré borovice u bývalého nádraží, ze kterého zůstala jen hromada sutin, byl vražen granát, který nevybuchl. Všude bylo vidět střepiny granátů a někde v bezprostřední blízkosti museli patrně pochovat mrtvoly vojáků, poněvadž zde strašně páchlo hnilobou.

A jak tudy procházela vojska a tábořila zde kolem, všude bylo vidět kopečky lidských lejn mezinárodního původu, od všech národů Rakouska, Německa i Ruska. Lejna vojáků všech národností a všech náboženských vyznání ležela vedle sebe či vrstvila se na sobě, aniž by se mezi sebou poprala" (*Osudy* II, 182).

als einmal ausführlich ein. Ein Musterbeispiel für fehlgeleitete, weil sich selbst rechtfertigende Bürokratie ist sicher der folgende Textauszug:

> „Geheime Verordnungen".
> Es waren ihrer viele, die das Ministerium des Innern unter Mitwirkung des Ministeriums für Landesverteidigung, dem die Gendarmerie unterstand, ausgearbeitet hatte. [...]
> Jeder Tag brachte: neue Instruktionen, Anleitungen, Anfragen und Verordnungen. Überflutet von dieser Unmenge von Erfindungen des österreichischen Ministeriums des Innern, hatte Wachtmeister Flanderka eine ungeheure Anzahl von Resten und beantwortete die Anfragen stereotyp: bei ihm sei alles in Ordnung, und die Loyalität unter der Ortsbevölkerung stehe auf Stufe I a.
> Das österreichische Ministerium des Innern erfand nämlich für Loyalität und Unerschütterlichkeit gegenüber der Monarchie folgende Stufen:
> I a, I b, I c – II a, II b, II c – III a, III b, III c – IV a, IV b, IV c.
> Dieser letzte römische Vierer bedeutet in Verbindung mit einem „a" Hochverräter und Strick, mit „b" internieren, mit „c" beobachten und einsperren.
> Im Tische des Gendarmeriewachtmeisters befanden sich alle möglichen Drucksorten und Register. Die Regierung wollte von jedem Bürger wissen, was er von ihr denke.
> Wachtmeister Flanderka rang oft verzweifelt die Hände ob dieser Druckschriften, die unerbittlich mit jeder Post anwuchsen. Sooft er die bekannten Umschläge mit der Stampiglie „Portofrei dienstlich" erblickte, klopfte ihm immer das Herz, und wenn er des Nachts darüber nachdachte, gelangte er zu der Überzeugung, daß er das Ende des Krieges nicht erleben werde, daß das Landesgendarmeriekommando ihn um das letzte bißchen Verstand bringen und er sich an dem Sieg der österreichischen Waffen nicht werde freuen können, weil er um ein Rädchen zuviel oder zuwenig haben werde. Und das Bezirksgendarmeriekommando bombardierte ihn täglich mit Fragen, warum der Fragebogen sub Nummer $\frac{72345}{721ai}d$ nicht beantwortet, warum die Instruktion sub Nummer $\frac{88972}{822\,gfeb}z$ nicht erledigt, welches das Ergebnis der Anleitung sub Nummer $\frac{123456}{1922btr}V$ sei, usw. (*Schwejk*, 261–262).[20]

Vergleichbar mit den Zitaten zuvor wird auch hier die rhetorische Strategie Hašeks erkennbar, der einzelne Abschnitte seines Romans oft mit sehr realistisch

---

20 „Tajná nařízení".
Bylo jich mnoho, které vypracovalo ministerstvo vnitra za součinnosti ministerstva zemské obrany, kterému podléhalo četnictvo. [...]Každy den přinášel nové instrukce, návody, dotazníky, a nařízení. Zaplaven tou spoustou vynálezů rakouského ministerstva vnitra, strážmistr Flanderka měl ohromnou spoustu restů a dotazníky zodpovídal stereotypně, že je u něho všechno v pořádku a loajalita že je mezi místním obyvatelstvem stupnice Ia.Rakouské ministerstvo vnitra vynalezlo pro loajalitu a neochvějnost k mocnářství tyto stupnice: Ia, Ib, Ic-IIa, IIb, IIc-IIIa, IIIb, IIIc-IVa, IVb, IVc. Tahle poslední římská čverka znamenala ve spojení s a velezrádce a provaz, s b internovat,

anmutenden Sequenzen beginnt, die im weiteren Verlauf dann aber allmählich in das Groteske kippen. So auch hier, denn die Existenz einer Bürokratie ist zunächst nicht verwerflich. Verwerflich sind dann deren Auswüchse, die sich nicht nur in den zwölf Stufen der Loyalität manifestieren, sondern im Verteilen von Fragebögen, die den Beamten, die sie auszufüllen haben, schlaflose Nächte bereiten (vgl. *Schwejk*, 264–65). Sogar eine eigentlich doch schlichte Angelegenheit wie die Arretierung Schwejks entwickelt sich in diesem Zusammenhang aber zu einem unverständlichen Tatbestand:

> „An das hohe Kommando des k. u. k. Infanterieregiments Nr. 91 in Budweis.
> Beigeschlossen wird Josef Schwejk vorgeführt, nach des Betreffenden Behauptung Infanterist oben angeführten Regimentes, auf Grund seiner Aussage in Putim, Bezirk Pisek, von der Gendarmeriestation unter Desertionsverdacht angehalten. Derselbe führt an, auf dem Wege zu seinem oben angeführten Regiment zu sein. Der Vorgeführte ist von kleiner untersetzter Gestalt, Gesicht und Nase proportioniert, Augen blau, ohne besonderes Merkmal. In der Beilage B.1. erfolgt die Zustellung der Verrechnung für die Verköstigung des Betreffenden zwecks freundlicher Überweisung an das Landesverteidigungsministerium, mit dem Ersuchen um Bestätigung der Übernahme des Vorgeführten. In der Beilage C. 1. gelangt ein Verzeichnis der äraischen Kleidungsstücke zur Einsendung, die der Angehaltene zur Zeit seiner Anhaltung anhatte.“ (*Schwejk*, 285)[21]

---

s c pozorovat a zavřít.Ve stolku četnického strážmistra nalézaly se všemožné tiskopisa a rejstříky. Vláda chtěla vědět o každém občanu, co si o ní myslí.Strážmistr Flanderka kolikrát zoufale lomil rukama nad těmi tiskovinami, které neuprosně přibývaly každou poštou. Jakmile uviděl známé obálky s razítkem „Portofrei – dienstlich“, srdce mu vždy zabušilo a v noci, přemýšleje o všem, přicházel k přesvědčení, že se konce války nedočká a že zemské četnické velitelství ho připraví o poslední špetku rozumu a že se nebude moci těšit z vítězství rakouských zbraní, poněvadž bude mít buď o kolečkq víc, nebo míň. A okresní četnické velitelství bombardovalo ho denně dotazy, proč nen zodpověděn dotazník pod číslem, $\frac{72345}{721a/5}d$, jak vyřízena instrukce pod číslem $\frac{88992}{822gfch}z$, jaké jsou praktické výsledky návodu pod číslem $\frac{123456}{1292b/r}V$· atd. (*Osudy* I, 317–318)

21 „Slavnému velitelství c. k. pěšího pluku č. 91 v Českých Budějovicích
V příloze převádí se Josef Švejk, dle dotyčného tvrzení býti pěšákem téhož pluku, zadržený na základě svého vyjádření v Putimi, okres Písek, četnickou stanicí, podezřelý ze zběhnutí. Týž uvádí, že se odebírá k svému výšeoznačenému pluku. Předvedený jest menší zavalité postavy, souměrného obličeje a nosu s modrýma očima, bez zvláštního znamení. V příloze B1 zasílá se účet za stravování dotyčného k laskavému převedení na účet min. zem. obrany s žádostí o potvrzení přijetí předvedeného. V příloze C1 zasílá se ku potvrzení seznam erárních věcí, které měl zadržený na sobě v době svého zachycení“ (*Osudy* I, 344).

Das Zitat enthält eine Parodie offizieller Schreiben, aus der deutlich wird, dass fehlgeleitete Bürokratie Ressourcen bindet, die anderweitig sicher sinnvoller einsetzbar wären. Einen vergleichbaren parodistischen Ansatz verfolgt auch das Anklageschreiben gegen Schwejk, in dem ihm das „Verbrechen der Plünderung" vorgeworfen wird:

> Der Zugführer wollte mit dem Kommandanten der 11. Marschkompanie reden. Oberleutnant Lukasch nahm von ihm ein Aktenstück des Stationskommandos in Empfang, in dem er erbleichend las:
> An das Kompaniekommando der 11. Marschkompanie des 91. k. u. k. Infanterieregiments zur weiteren Amtshandlung. Vorgeführt wird Infanterist Schwejk, Josef, nach seiner Angabe Ordonanz derselben Marschkompanie des k. u. k. 91. Infanterieregiments, wegen Verbrechens der Plünderung, begangen an den Ehegatten Istwan in Isatarcsa im Rayon des Bahnhofskommandos.
> *Gründe:* Infanterist Schwejk, Josef, der sich einer hinter dem Hause der Istwangatten (ein im Original fabelhaft neugebildetes deutsches Wort, M.D.) in Isatarcsa im Rayon des Bahnhofskommandos herumlaufenden, den Istwangatten gehörenden Henne bemächtigt hat und dem Eigentümer, der ihn anhielt, um ihm die Henne abzunehmen, um dies zu verhindern, in das linke Auge schlug, wurde von der herbeigerufenen Patrouille angehalten und zu seinem Truppenteil eingeliefert, worauf die Henne dem Eigentümer zurückgegeben wurde.
> Unterschrift des diensthabenden Offiziers. (*Schwejk*, 534)[22]

Zur Groteske gesteigert wird die Kriegsbürokratie schließlich im folgenden Zitat, in dem die oben bereits erwähnte rhetorische Strategie Hašeks ein weiteres Mal als sehr fruchtbar erweist. Das Zitat beginnt mit der realistischen Beschreibung einer Kanzlei und der darin arbeitenden Schreiber:

> Als sie durch die Kanzlei schritten, nahm Hauptmann Tayrle dem Kommandanten der Pionierabteilung den Rohrstab weg und schlug mit ihm auf den langen Tisch, um

22 „Četař chtěl mluvit s velitelem 11. marškumpanie. Nadporučník Lukáš převzal od něho spis velitelství stanice, kde četl zblednuv:
Veliteli 11. marškumpanie N pochodového praporu 91. pěšího pluku k dalšímu řízení.Převádí se pěšák Švejk Josef, dle udání ordonance téže marškumpanie N pochodového praporu 91. pěšího pluku, pro zločin loupeže, spáchaný na manželích Istvánových v Išatarča v rajóně velitelství nádraží.Důvody: Pěšák Švejk Josef, zmocniv se slepice pobíhající za domkem manželů Istvánových v Išatarča v rajóně velitelství nádraží a náležející manželům (v originále slavně utvořené nové německé slovo „Istvangatten") a zadržen jsa majitelem, který mu slepici odebrati chtěl, zabránil tomu, udeřiv majitele Istvána slepicí přes pravé oko, a zadržen přivolanou hlídkou, byl dopraven k své Části, přičemž slepice vrácena majiteli.Podpis důstojníka konajícího službu" (*Osudy* II, 121–123).

> den sich auf dieses Kommando zwölf Militärschreiber in Reih und Glied aufstellten. Es waren Anhänger der ruhigen, gefahrlosen Arbeit im Rücken der Armee in Extrauniformen, mit großen zufriedenen Bäuchen.
> Und diesen zwölf dicken Aposteln des Tachinierens sagte Hauptmann Tayrle, bestrebt, sich von Sagner und dem anderen Hauptmann hervorzutun: „Glaubt nicht, daß ich euch hier halt wie in einem Maststall, Saukerle! Weniger fressen und saufen, aber mehr herumlaufen."
> „Jetzt zeig ich euch noch eine andere Dressur", teilte Tayrle seinen Kameraden mit.
> Er schlug abermals mit dem Rohrstab auf den Tisch und fragte die zwölf: „Wann werdet ihr platzen, Ferkel?"
> Alle zwölf antworteten unisono: „Auf Ihren Befehl, Herr Hauptmann." (*Schwejk*, 605)[23]

In der Mitte des Zitats beginnt dann erneut der Umschlag in die Groteske, denn die Büroschreiber werden als „zwölf Apostel des Tachinierens" bezeichnet. Die direkte Zusammenführung religiöser Semantik und des umgangssprachlichen, aus dem österreichischen Deutsch stammenden Begriffs ‚tachinieren' verändert den Duktus, während der Wechsel von der Bezeichnung ‚Apostel' hin zum ‚Ferkel' eine Profanierung des Religiösen impliziert. Die Mischung macht hier erneut die Groteske aus.

Ähnlich wie zuvor für den Bereich der Kriegsdarstellungen tragen auch diese, nur wenigen Zitate zur Illustration einer (Kriegs)-Bürokratie bei, die sich selbst genügt und damit Teil einer grotesken überzeichneten Maschinerie wird, die im Laufe des Romans zunehmend ad-absurdum geführt wird.

2.3 Justiz

Neben der Bürokratie trägt aber auch die (Kriegs)-Justiz zu einem von der Groteske bestimmten Gesamtbild bei, wie zahlreiche Abschnitte aus Hašeks Roman belegen, von denen hier aber ebenfalls nur einige vorgestellt werden können.

---

23 „Když šli kanceláří, hejtman Tayrle vzal si od velitele stavebního oddílu rákosku a uhodil na dlouhý stůl, kolem kterého na povel postavilo se do fronty dvanáct vojenských písařů. Byli to vyznavači klidné, bezpečné prace v týlu armády s velkými, spokojenými břichy v extra uniformách.

A těmto dvanácti tlustým apoštolům ulejvandy hejtman Tayrle řekl, chtěje se vyznamenati před Ságnerem i druhým hejtmanem: ‚Nemyslete si, že vás tady mám jako na krmníku. Prasata! Méně žrát a chlastat, ale více běhat. – Teď vám ukáži ještě jinou drezúru,' oznámil Tayrle svým společníkům.Uhodil poznovu rákoskou na stůl a otázal se těch dvanácti: ‚Kdy prasknete, čuňata?'Všech dvanáct odpovědělo unisono: ‚Dle vašeho rozkazu, pane hejtmane' " (*Osudy* II, 207–208).

Ein Beispiel findet sich in dem Abschnitt, in dem das Verhör Schwejks durch die Polizei im Fokus steht:

> „Es tut mir sehr leid“, sagte eines dieser schwarz-gelbgestreiften Raubtiere, als man ihm Schwejk vorführte, „daß Sie wieder in unsere Hände gefallen sind. Wir haben geglaubt, daß Sie sich bessern werden, aber wir haben uns getäuscht.“
> Schwejk nickte stumm mit dem Kopf und gebärdete sich so unschuldig, daß das schwarz-gelbe Raubtier ihn fragend anblickte und mit Nachdruck sagte: „Benehmen Sie sich nicht so blöd.“
> Er ging jedoch sofort zu einem liebenswürdigen Ton über und fuhr fort:
> „Für uns ist es gewiß sehr unangenehm, Sie in Haft zu halten, und ich kann Ihnen versichern, daß meiner Meinung nach Ihre Schuld nicht so groß ist, denn bei Ihrer geringen Intelligenz besteht kein Zweifel, daß Sie verleitet worden sind. Sagen Sie mir, Herr Schwejk, wer verleitet Sie eigentlich dazu, solche Dummheiten zu machen?“
> Schwejk hustete und sagte:
> „Ich weiß, bitte, von keinen Dummheiten.“
> „Und ist das keine Dummheit, Herr Schwejk“, hieß es in gekünstelt väterlichem Ton, „wenn Sie, nach Angaben des Polizisten, der Sie hergebracht hat, vor einem an der Straßenecke affichierten Kriegsmanifest einen Menschenauflauf hervorgerufen und das Volk mit Ausrufen aufwiegeln, wie: „Heil Kaiser Franz Josef, diesen Krieg gewinnen wir!““
> „Ich konnte nicht untätig bleiben“, erklärte Schwejk, seine guten Augen auf das Antlitz des Inquisitors heftend, „ich war so aufgeregt, wie ich gesehn hab, daß alle das Kriegsmanifest lesen und keine Freude zeigen. Keine Hochrufe, kein Hurra, überhaupt nichts, Herr Rat. So wie wenn's sie überhaupt nichts angehn möcht. Und da hab ich alter Soldat von den Einundneunzigern nicht mehr länger zuschaun können und hab diese Sätze ausgerufen, und ich denk, wenn Sie an meiner Stelle gewesen wären, daß Sie es gradso gemacht hätten wie ich. Wenn schon Krieg is, müssen wir ihn gewinnen und man muß dem Kaiser Heil rufen, das wird mir keiner ausreden!“
> Überwunden und zerknirscht ertrug das schwarz-gelbe Raubtier nicht den Blick des unschuldigen Schäfchens Schwejk; es senkte die Augen auf die Gerichtsakte und sagte:
> „Ich anerkenne vollkommen Ihre Begeisterung, aber Sie hätten sie unter anderen Umständen bekunden müssen. Sie wissen selbst gut, daß ein Polizist Sie geführt hat, so daß so eine patriotische Kundgebung auf die Bevölkerung eher ironisch als ernsthaft wirken konnte und mußte.“
> „Wenn jemanden ein Polizist führt“, entgegnete Schwejk, „is das ein schwerer Moment im Menschenleben. Aber wenn man nicht mal in so schweren Momenten vergißt, was sich zu tun gebührt, wenn Krieg is, so denk ich, dann is man kein schlechter Mensch.“
> Das schwarz-gelbe Raubtier knurrte und schaute Schwejk noch einmal in die Augen.
> Schwejk antwortete mit der unschuldigen, weichen bescheidenen und sanften Wärme seines Blickes.
> Eine Zeitlang blickten einander die beiden unverwandt an.

„Hol Sie der Teufel, Schwejk“, sagte schließlich der Amtsbart, „wenn Sie noch einmal herkommen, werde ich Sie überhaupt nicht mehr ausfragen, und Sie werden direkt ins Militärgericht auf den Hradschin wandern. Haben Sie verstanden?“ (*Schwejk*, 48–50)[24]

Dient dieser Abschnitt noch dazu, Schwejk als eine Person vorzustellen, die durch Ehrlichkeit – die offenbar von keinem Menschen erwartet wird und im Gewand der vermeintlichen Naivität daherkommt – alle entwaffnet, so zeigt die folgende Sequenz den Eingriff der Justiz in das Privatleben des Menschen. Besonders die im hier zitierten Brief der verhafteten Frau Müller schwarz markierten Stellen offenbaren die Absurdität einer Justiz, die glaubt, auf diese Weise

24 „‚Je mně velmí líto,‘ řekl jeden z těch dravců ěrnožlutě žíhaných, když k němu přivedli Švejka, ‚že vy jste opět padl v naše ruce. Mysleli jsme, že se polepšíte, ale zklamali jsme se.‘
Švejk němě přitakal hlavou a tvářil se tak nevinně, že černožlutý dravec pohlédl tázavě na něho a zdůraznil: ‚Netvařte se tak pitomě.‘Přešel však ihned do laskavého tónu a pokračoval: ‚Pro nás je jistě velmi nemilé držet vás ve vazbě a mohu vás ujistit, že podle mého mínění vaše vina není tak veliká, neboť při vaší malé inteligenci není pochyby, že jste byl sveden. Řekněte mně, pane Švejku, kdo vlastně vás svádí, abyste vyváděl takové hlouposti?‘Švejk zakašlal a ozval se: ‚Já prosím o žádných hloupostech nevím.‘‚A to není hloupost, pane Švejku,‘ řekl umělý otcovský tón, ‚když vy, podle udání policejního strážníka, který vás sem přivedl, způsobil jste sběh lidu před manifestem o válce nalepeným na nároží a když jste pobuřoval lid výkřiky ‚Nazdar císaři Františkovi Josefovi. Tahle vojna je vyhrána!‘?‘‚Já nemoh zahálet,‘ prohlásil Švejk, upíraje své dobré oči v zrak inkvizitora, ‚já jsem se rozčilil, když jsem viděl, že všichni čtou ten manifest o vojně a nejevějí žádnou radost. Žádný volání slávy, žádný hurrá, vůbec nic, pane rado. Tak jako kdyby se jich to vůbec netýkalo. a tu já, starý voják od jednadevadesátýho regimentu, nemoh jsem se na to dívat, a tak jsem vykřikl ty věty, a já si myslím, že kdybyste vy byl na mým místě, že byste to udělal zrovna jako já. Když je válka, musí se vyhrát a musí se volat sláva císaři pánu, to mně nikdo nevymluví.‘Překonán a zkrušen nesnesl černožlutý dravec zrak nevinného beránka Švejka, sklopil jej na úřední akta a řekl: ‚Přiznávám plně vaše nadšení, ale kdyby se bylo projevilo za jiných okolností. Víte však sám dobře, že vás vedl policejní strážník, takže takový vlastenecký projev mohl a musel účinkovat na obecenstvo spíše ironicky než vážně.‘‚Jestli vede někoho policejní strážník,‘ odpověděl Švejk, ‚je to těžký moment v životě lidským. Ale jestli člověk ani v takovej těžkej moment nezapomíná, co se patří dělat, když je vojna, myslím, že takovej člověk není tak špatnej.‘Černožlutý dravec zavrčel a podíval se ještě jednou Švejkovo do oči.Švejk odpověděl nevinným, měkkým, skromným a něžným teplem svého zraku.Chvíli dívali se ti dva upřeně na sebe.‚Vem vás čert, Švejku,‘ řekla nakonec úřední brada, ‚jestli se sem ještě jednou dostanete, tak se vás vůbec nebudu na nic ptát a poputujete přímo k vojenskému soudu na Hradčany. Rozuměl jste?‘ “ (*Osudy* I, 66–68)

Informationen geheim halten zu können, stattdessen aber exakt auf die eigentlich doch zu verschweigenden Details hinweist:

> Schwejk ergriff diese häusliche Reliquie und las:
> „Liebe Annika! Wir haben uns hier sehr gut, alle sind wir gesund. Die Nachbarin neben mir im Bett hat Fleck ■ und auch schwarze ■ gibts hier. Sonst ist alles in Ordnung. Essen haben wir genug und klauben Erdäpfel ■ auf Suppe. Ich hab gehört, daß Herr Schwejk schon ■ is, also krieg das irgendwie heraus, wo er liegt, damit wir ihm nach dem Krieg das Grab bepflanzen können. Ich hab vergessen Dir zu sagen, daß am Boden in dem dunklen Winkel in dem Kistel ein kleines Hunterl ist, ein Rattler, ein Junges. Aber das is schon viele Wochen, was er nichts zu fressen gekriegt hat seit der Zeit, wo sie wegen ■ um mich gekommen sind. So denk ich, daß schon zu spät is und daß das Hunterl auch schon in Gottes ■ ruht."
> Und über den ganzen Brief die rosa Stampiglie: Zensuriert k. u. k. Konzentrationslager Steinhof. (*Schwejk*, 126)[25]

Es gehört nicht allzu viel Phantasie dazu, die schwarzen Quadrate durch die passenden Wörter zu ersetzen, um das Schreiben zu vervollständigen, das dann, vor aller Augen sichtbar, auf die Zustände in einem Gefangenenlager verweist. Zu einem vergleichbaren Kabinettstückchen der Darstellung der Kriegsjustiz gerät sodann ein weiteres Verhör Schwejks durch die Polizei (vgl. insgesamt *Schwejk*, 254–61), das hier nicht in seiner gesamten Länge zitiert werden kann. Folgender Abschnitt steht indes exemplarisch:

> Als sie Schwejk gründlich durchsucht hatten und nichts fanden außer einer Pfeife und Streichhölzern, fragte der Wachtmeister Schwejk: „Sagen Sie mir, warum haben Sie nichts, aber rein gar nichts bei sich?"
> „Weil ich nichts brauch."
> „Ach, mein Gott!", seufzte der Wachtmeister, „ist das eine Tortur mit Ihnen! Sie haben gesagt, daß Sie schon einmal in Putim waren. Was haben Sie hier damals gemacht?"
> „Ich bin über Putim nach Budweis gegangen."
> „Also sehen Sie, wie Sie sich widersprechen. Sie sagen selbst, daß Sie nach Budweis gegangen sind, und jetzt, wie wir Sie überzeugt haben, sagen Sie, daß Sie von Budweis kommen."

---

25 „Švejk vzal tu domácí relikvii a četl:
Milá Aninko! Máme se zde velice dobře, všichni jsme zdrávi. Sousedka vedle na posteli má skvrnitý ■ a také jsou zde černé ■ Jinak je vše v pořadku. Jídla máme dost a sbíráme bramborové ■ na polívku. Slyšela jsem, že je pan Švejk už ■, tak nějak vypátrej, kde leží, abychom po válce mohli mu dát ten hrob obložit. Zapomněla jsem ti říct, že na půdě v pravém rohu je v bedničce jeden malej pejsek ratlíček, štěňátko. Ale to už je kolik neděl, co nedostal nic žrát, od tý doby, kdy si pro mne přišli pro ■. Tak myslím, že je už pozdě a že už je ten pejsek taky ■ na pravdě.A přes celý lístek růžové razítko: Zensuriert. K.k. Konzentrationslager Steinhof" (*Osudy* I, 158).

„Ich hab halt einen Kreis machen müssen."
[...] „Hübsche Kreise, mir kommt vor, daß Sie sich in der Umgebung herumtreiben. Haben Sie sich lange in Tabor auf dem Bahnhof aufgehalten?"
„Bis zur Abfahrt des letzten Zugs nach Budweis."
„Und was haben Sie dort gemacht?"
„Mit den Soldaten gesprochen."
Ein neuer, überaus bedeutungsvoller Blick des Gendarmeriewachtmeisters auf die Mannschaft.
„Und wovon haben Sie zum Beispiel gesprochen, und was haben Sie gefragt?"
„Ich hab sie gefragt, von welchem Regiment sie sind und wohin sie fahren."
„Ausgezeichnet. Und haben Sie nicht gefragt, wieviel Mann zum Beispiel ein Regiment hat und wie es eingeteilt wird?"
„Das hab ich nicht gefragt, weil ichs schon längst auswendig weiß."
„Sie sind also vollständig über die Zusammensetzung unserer Armee informiert?"
„Gewiß, Herr Wachtmajster."
Und der Wachtmeister spielte den letzten Trumpf aus, siegesbewusst auf seine Gendarmen blickend.
„Können Sie Russisch?"
„Nein."
Der Wachtmeister winkte dem Postenführer. Sie traten beide in die anstoßende Kammer, und der Wachtmeister verkündete, sich vor Begeisterung über seinen vollständigen Sieg die Hände reibend: „Haben Sies gehört? Er kann nicht Russisch! Der Kerl ist mit allen Salben gerieben! Alles hat er gestanden, nur das Wichtigste hat er nicht gestanden. Morgen liefern wir ihn in Pisek zum Herrn Bezirkshauptmann ein. Die Kriminalistik ist auf Klugheit und Freundlichkeit aufgebaut. Wer hätt das von ihm gedacht. Er sieht so blöd und dumm aus, aber grad solchen Leuten muss man klug beikommen. Jetzt sperrt ihn vorläufig ein, und ich geh das Protokoll darüber aufsetzen." (*Schwejk*, 256–258)[26]

Was die sich so scharfsinnig gerierenden Wachtmeister nicht begreifen ist, dass Schwejk hier offenbar die Wahrheit sagt, er ist eben tatsächlich kein russischer

26 „Když Švejka důkladně prošacovali a nenašli ničeho kromě dýmky a zápalek, otázal se strážmistr Švejka: ‚Řekněte mně, proč vůbec nic, ale prachnic u sebe nemáte?'
‚Poněvadž nic nepotřebuju.',Ach, můj bože,' vzdychl strážmistr, ‚je to z vámi trápení! Vy jste řekl, že jste byl v Putimi už jednou. Co jste zde tenkrát dělal?',Šel jsem kolem Putimi do Budějovic.',Tak vidíte, jak se pletete. Vy sám říkáte, že jste šel do Budějovic, a teď, jak jsme vás jistě přesvědčili, jdete od Budějovic.',Patrně jsem musel udělat nějaký kruh.'[...] ‚Ty vaše kruhy, to mně připadá, že se potloukáte po okolí. Zdržel jste dlouho v Táboře na nádraží?',Do odjezdu posedního vlaku do Budějovic.',A co jste tam dělal?',Rozmlouval s vojáky.'Nový velice významný pohled četnického strážmistra na personál.,A o čem jste kupříkladu rozmlouval a na co jste se jich tázal?',Ptal jsem se jich, od jakého jsou pluku a kam jedou.',Výborně. A neptal jste se jich, kolik mužstva má kupříkladu pluk a jak se rozděluje?',To jsem se neptal, poněvadž to už dávno vím nazpaměť.',Vy jste tedy dokonale informován o složení našeho vojska?',Zajisté, pane

Spion. Allerdings erscheint diese Wahrheit den Wachtmeistern so unwahrscheinlich, dass sie sie nicht als solche erkennen. Es kommt demnach zu einer Kollision verschiedener Erfahrungs- und Erwartungshorizonte, aus der sich als mögliche „Mitteilung" Hašeks ablesen lässt, dass nichts unmöglicher ist als im Krieg die Wahrheit zu erkennen.

2.4 Medizin

Kriegsbürokratie und Kriegsjustiz sind zwei Themenfelder, die Hašek in seinem Roman aufgreift – hinzu kommt nun als weiteres wichtiges Thema die (Kriegs)-Medizin, die ja notwendig ist, um verwundete Soldaten so schnell wie möglich zu kurieren und zurück in den Krieg zu schicken oder vermeintliche Simulanten diensttauglich zu schreiben. Die Abschnitte, die sich mit diesen Auswirkungen des Krieges befassen, gehören sicher zu denen, denen, die am längsten im Gedächtnis der Leserinnen und Leser verbleiben – Kenner des Hašekschen Romans und der amerikanischen Fernsehserie MASH[27] werden durchaus Parallelen herstellen können.

Exemplarisch ist für diesen Bereich nun die Beschreibung der Untersuchung Schwejks vor den Gerichtsärzten, „die darüber entscheiden sollte[n], ob der geistige Horizont Schwejks all den Verbrechen, derer er angeklagt war, entspreche oder nicht..." (*Schwejk*, 32). Die Szene entwickelt sich zu einem wahren Kabinettstückchen an Ärztesatire, denn dieser Schreibweise bedient sich Hašek für dieses Themenfeld:

> [Die Ärzte, M.D.] vertraten drei verschiedene wissenschaftliche Schulen und psychiatrische Anschauungen.
> Wenn es im Falle Schwejk zwischen diesen entgegengesetzten wissenschaftlichen Lagern zu einer völligen Übereinstimmung kam, läßt sich dies nur durch den niederschmetternden Eindruck erklären, den Schwejk auf die ganze Kommission machte.

---

strážmistře.'A poslední trumpf vyhdil strážmistr, vítězoslavně rozhlížeje se na své četníky: ‚Umíte rusky?',Neumím.'Stážmistr pokynul závodčímu, a když oba vyšli do vedlejší komnaty, strážmistr s nadšením úplného svého vítězství a jistoty prohlásil, mna si ruce: ‚Slyšeli to? Neumí rusky! Chlap všemi mastmi mazaná! Všechno přiznal, až do nejdůležitější nepřiznal. Zítra ho budeme lifrovat do Písku, k panu okresnímu. Kriminalistika záleží na chytrosto a vlídnosti. Viděli to, jak jsem ho utopil přívalem otázek. Kdo by si to byl o něm myslel. Vypadá tak pitomě a hloupě, ale na takové lidi se právě musí zchytra. Teď ho někam usaďte a já půjdu sepsat o tom protokol' " (*Osudy* I, 312–314).

27 Vgl. dazu Diffrient, David Scott. M*A*S*H. TV Milestone Series. Wayne State University Press, 2008.

Beim Betreten des Zimmers, in dem sein Geisteszustand geprüft werden sollte, rief er nämlich aus, als er auf der Wand das dort hängende Bild des österreichischen Monarchen bemerkte:
„Meine Herren, es lebe Kaiser Franz Josef I."
Die Sache war vollkommen klar. Durch die spontane Kundgebung Schwejks entfiel eine ganze Reihe von Fragen, und es bedurfte nur noch einiger der wichtigsten, um aus den Antworten auf den Grund des Systems des Psychiaters Kallerson, des Doktors Heveroch und des Engländers Weikin die wahre Geistesverfassung Schwejks festzustellen.
„Ist Radium schwerer als Blei?"
„Ich habs, bitte, nicht gewogen", antwortete Schwejk mit seinem freundlichen Lächeln.
„Glauben Sie an das Ende der Welt?"
„Zuerst müßt ich das Ende der Welt sehn", warf Schwejk gleichmütig hin, „ganz bestimmt wern wirs aber morgen noch nicht erleben."
„Können Sie den Durchmesser der Erdkugel ausmessen?"
„Das möcht ich, bitte, nicht treffen", antwortete Schwejk, „aber ich selbst möcht ihnen, meine Herren, auch ein Rätsel aufgeben: Es is ein dreistöckiges Haus, in diesem Haus sind in jedem Stock acht Fenster. Auf dem Dach sind zwei Giebel und zwei Kamine. In jedem Stock sind zwei Mieter. Und jetzt sagen Sie mir, meine Herren, in welchem Jahr is dem Hausmeister seine Großmutter gestorben?"
Die Gerichtsärzte blickten einander bedeutungsvoll an, nichtsdestoweniger stellte einer von ihnen noch eine Frage:
„Kennen Sie nicht die größte Tiefe im Stillen Ozean?"
„Bitte nein", lautete die Antwort, „aber ich denk, daß sie entschieden größer sein wird als die von der Moldau unterm Wyschehrader Felsen."
Der Vorsitzende der Kommission fragte kurz: „Genügt?" aber eines der Mitglieder erbat sich doch noch folgende Frage:
„Wieviel ist 12 897 mal 13 863?"
„729", antwortete Schwejk, ohne mit der Wimper zu zucken.
„Ich glaube, das genügt vollkommen", sagte der Vorsitzende der Kommission. „Sie können den Angeklagten wieder abführen."
„Ich danke Ihnen, meine Herren", sagte Schwejk ehrerbietig, „mir genügts auch vollkommen."
Nachdem er gegangen war, kam das Kollegium der drei überein, daß Schwejk ein notorischer Blödian und Idiot nach allen von der psychiatrischen Wissenschaften erfundenen Naturgesetzen sei. (*Schwejk*, 32–34)[28]

28 Byly tu zastoupeny tři různé vědecke školy a názory psychiatrů.
Jestli v případě Švejkově došlo k úplné shodě mezi těmi protivopolońými vědeckými tábory, dá se to vysvětliti čistě jedině tím ohromujícím dojmem, který na celou komisi učinil Švejk, když vstoupiv v síň, kde měl být prozkoumán jeho duševní stav, vykřikl, zpozorovav na stěně visící obraz rakouského mocnáře: ‚Ať žije, pánové, císař František Josef I.!'Věc byla úplně jasnou. Spontánním projevem Švejkovým opadla celá řada otázek a zůstaly jen některé nejdůležitější, aby z odpovědí potvrzeno bylo prvé mínění

Das Zitat verspottet auf verschiedenen Ebenen Ärzte, hier Psychiater, und ihre Therapien. Nicht nur, dass die Fragen, die an Schwejk gerichtet werden, nichts mit psychiatrischen Anschauungen zu tun haben, sondern aus der Physik, Religion oder Mathematik stammen, sondern auch Schwejks Reaktion, die Fragen der Ärzte mit einer Gegenfrage zu torpedieren, zeigt die Sinnentleertheit einer Medizin, die in Kriegszeiten kaum dem Eid des Hippokrates sondern militärischen Notwendigkeiten folgt. Vergleichbar entlarvend zeigt dies auch die folgende Szene, in der die Musterung Schwejks durch den Militäroberarzt Bautze geschildert wird:

> Er [Bautze, M.D.] war ein unerbittlicher Mann, der in allem den betrügerischen Versuch sah, dem Militär, der Front, der Kugel und den Schrapnells zu entrinnen.
> Bekannt ist sein Ausspruch: „Das ganze tschechische Volk ist eine Simulantenbande."
> Im Laufe von zehn Wochen seiner Tätigkeit hat er aus 11000 Zivilisten 10999 Simulanten ausgemerzt und hätte auch den elftausendsten kleingekriegt, wenn diesen glücklichen Mann nicht just in dem Augenblick, als er ihn: „Kehrt euch!" anbrüllte, der Schlag getroffen hätte.
> „Tragen Sie diesen Simulanten weg!" sagte Bautze, als er festgestellt hatte, daß der Mann tot war.
> Vor ihm stand an jenem denkwürdigen Tage Schwejk, gleich den übrigen in völliger Nacktheit, seine Blöße keusch mit den Krücken verdeckend, auf die er sich stützte.
> „Das ist wirklich ein merkwürdiges Feigenblatt", sagte Bautze, „solche Feigenblätter hat es im Paradies nicht gegeben."
> „Superarbitriert wegen Blödheit", bemerkte der Feldwebel, der in die Akte blickte.

---

o Švejlovi na základě systému doktora psychiatrie Kallersona, doktora Heverocha i Angličana Weikinga.‚Jest rádium těžší než olovo?'‚Já ho prosím nevážil,' se svým milým úsměvem odpověděl Švejk.‚Věříte v konec světa?'‚Napřed bych ten konec světa musel vidět,' ledabyle odpovětil Švejk, ‚rozhodně se ho ale zejtra ještě nedočkám.'‚Dovedl byste vypočítat průměr zeměkoule?'‚To bych prosím nedovedl,' odpověděl Švejk, ‚ale sám bych vám, pánové, dal také jednu hádanku: Je tříposchoďovej dům, v tom domě je v každém poschodí 8 oken. Na střeše jsou dva vikýře a dva komíny. V každém poschodí jsou dva nájemníci. a teď mně řekněte, pánové, v kterým roce zemřela domovníkovi jeho babička?'Soudní lékaři podívali se významně na sebe, nicméně jeden z nich dal ještě tuto otázku:‚Neznáte nejvyšší hloubku v Tichém oceáně?'‚To prosím neznám,' zněla odpověď, ‚ale myslím, že rozhodně bude větší než pod vyšehradskou skálou na Vltavě.'Předseda komise se stručně otázal: „Stačí?", ale přece si ještě jeden z členů vyžádal tuto otázku:‚Kolik je 12897 krát 13863?'‚729,' odpověděl Švejk nemrkaje.‚Myslím, že to úplně postačí,' řekl předseda komise, ‚můžete toho obžalovaného zas odvést na staré místo.'‚Děkuji vám, pánové,' uctivě se ozval Švejk, ‚mně to také úplně stačí.'Po jeho odchodu kolegie tři se shodla, že je Švejk notorický blb a idiot podle všech přírodních zákonů vynalezených psychiatrickými vědátory" (*Osudy* I, 43–44).

„Und was fehlt Ihnen noch?“, fragte Bautze.
„Melde gehorsamst, ich bin Rheumatiker, aber dienen wer ich Seiner Majestät dem Kaiser, bis man mich in Stücke reißt“, sagte Schwejk bescheiden. „Ich hab geschwollene Knie.“
Bautze blickte den braven Soldaten Schwejk fürchterlich an und brüllte: „Sie sind ein Simulant!“, und zum Feldwebel gewendet sagte er mit eisiger Ruhe: „Den Kerl sogleich einsperren!“
Zwei Soldaten mit Bajonetten führten Schwejk in das Divisionsgefängnis. (*Schwejk*, 64)[29]

Der im zitierten Abschnitt gefallene Begriff des Simulanten wird im Verlauf des Romans nun mehrfach aufgegriffen und dient den Ärzten als „Kampfbegriff“ dazu, noch den hinfälligsten Mann kriegstauglich zu schreiben (vgl. exemplarisch *Schwejk*, 66–82). Als Verfahren der Groteske wird hier nun die Übertreibung gewählt, denn es ist kaum möglich, in einer Woche 1100 Zivilisten zu untersuchen und davon 1099 als Simulanten zu entlarven – was eine Untersuchungszeit von drei Minuten pro Soldat ergibt. Kriegstauglich sind demnach (fast) alle, ungeachtet mancher Hinfälligkeit wie bei Schwejk diagnostiziert. Allerdings gibt es ein nahezu fantastisches Projekt, von dem der „Einjährigfreiwillige“ berichtet, und das sicher der Traum eines jeden Kriegsherrn ist:

Der Einjährigfreiwillige erklärte, daß es heute, dank der entwickelten Kriegstechnik, möglich sein, den Feind eventuell auf drei diagonale Teile zu halbieren. Es existiere ein Gesetz über die Erneuerung der Körper der Geißeltierchen aus dem Geschlecht der Infusorien; jeder halbierte Teil erneuert sich, bekommt neue Organe und wächst selbstständig wie ein ganzes Geißeltierchen. Im analogen Fall würde sich das österreichische

29 „Zejména ne vrchní vojenský lékař Bautze. Byl to muž neúprosný, který ve všem viděl podvodný pokus uniknout vojně, frontě, kulce a šrapnelům. Známý jest jeho výrok: ‚Das ganze tschechische Volk ist eine Simultantenbande.‘

Za deset týdnů své činnosti vymýtil z 11000 civilistů 10999 simultanů a byl by se dostal na kobylku tomu jedenáctitisícímu, kdyby nebyla toho šťastného člověka právě v tom okamžiku, když na něho zařval ‚Kehrt euch!‘, ranila mrtvice.‚Odneste toho simultanta!‘ řekl Bautze, když zjistil, že je muž mrtev.A před ním stál v ten památný den Švejk jako ostatní v plné nahotě, zakrývaje cudně svou nahotu berlemi, o které se opíral.‚Das ist wirklich ein besonderes Feigenblatt,‘ řekl Bautze, ‚takových fíkových listů v rají nebylo.‘‚Superarbitrován pro blbost,‘ poznamenal šikovatel, dívaje se do úředních listin.‚A co vám ještě schází?‘ otázal se Bautze.‚Poslušně hlásím, že jsem revmatik, ale sloužit budu císaři pánu až do roztrhání těla,‘ skromně řekl Švejk, ‚já mám oteklý kolena.‘Baute podíval se strašně na dobrého vojáka Švejka a zařval: ‚Sie sind ein Simultant!‘, a obraceje se k šikovateli, s ledovým klidem řekl: ‚Den Kerl sogleich einsperren!‘Dvá vojáci s bajonety odváděli Švejka do posádkjové věznice“ (*Osudy* I, 84–86).

> Heer nach jeder Schlacht, an der es teilgenommen hat, verdreifachen, verzehnfachen, aus jedem Fuß würde sich ein neuer, frischer Infanterist entwickeln. (*Schwejk*, 573)[30]

Doch letztlich werden sich die Soldaten, auch wenn die absurd sprachspielerischen Elemente des vorherigen Zitats („den Feind […] auf drei diagonale Teile zu halbieren") dies suggerieren, natürlich nicht beliebig vermehren lassen, stattdessen nutzt man ihre Gebeine für die Nachwelt, und dies auf folgende, grotesk-absurde, ja zynische Weise:

> „Zudem sind wir Soldaten", sagte Schwejk nachlässig, „dazu ham uns unsere Mütter geboren, damit man uns auf Nudeln zerhackt, bis man uns die Montur anzieht. Und wir machens gern, weil wir wissen, daß unsere Knochen nicht umsonst faulen wern. Wir wern für seine Majestät den Kaiser und sein Haus falln, für das wir die Herzegowina erobert ham. Aus unsern Knochen wird man Spodium für die Zuckerfabrik erzeugen, das hat uns schon vor Jahren der Herr Lajtnant Zimmer erklärt. ‚Ihr Schweinebande', hat er gesagt, ‚ihr ungebildeten Säue, ihr nutzlosen, indolenten Affen, ihr verwechselt euch die Haxen, wie wenn sie keinen Wert hätten. Wenn ihr mal im Krieg fallen werdet, so macht man aus jedem Knochen von euch ½ kg Spodium, aus jedem Mann über 2 kg, Beine und Pratzen zusammengenommen, und in der Zuckerfabrik wird man Zucker durch euch filtrieren, ihr Idioten. Ihr wißt gar nicht, wie ihr euren Nachkommen noch nachn Tod nützlich sein werdet. Eure Buben wern Kaffee trinken, was mit Zucker gesüßt sein wird, was durch eure Gebeine gegangen is.' Einmal bin ich nachdenklich geworn, und er auf mich los, worüber ich nachdenk. ‚Melde gehorsamst', sag ich, ‚ich denk mir so, daß Spodium von den Herrn Offizieren viel teurer sein muß als aus gemeinen Soldaten.' Drauf hab ich drei Tage Einzel gekriegt." (*Schwejk*, 669–70)[31]

---

30 „Jednoroční dobrovolník prohlásil, že dnes, díky vyspělé válečné technice, možno je s úspěchem nepřítele rozpůlit třebas i na tři příčne díly. Existuje zákon o obnovení těla mrskavek z rodu nálevníků; každá rozpůlená část obnovuje se, dostává nové ústrojí a roste samostatně jako mrskavka. V analogickém připadě po každé bitvě by se rakouské vojsko zúčastnivší se této bitvy ztrojnásobilo, zdesateronásobilo, ke každe noze by se vyvinul nový svěží infanterista" (*Osudy* II, 168).

31 „‚Vod toho jsme vojáci,' řekl Švejk nedbale, ‚kvůli tomu nás matky porodily, aby nás rozsekali na hadry, až nás oblíknou do mundúru. A my to rádi děláme, poněvadž víme, že naše kosti nebudou zadarmo práchnivět. My padame za císaře pána a jeho rodinu, za kterou jsme vybojovali Hercegovinu. Z našich kostí se nebude vyrábět špódium pro cukrovary, vo tom už nám před lety vykládal pan lajtnant Zimmer.

‚Vy svinská bando,' povídá, ‚vy nevzdělaní kanci, vy zbytečný, indoletní vopice, vy těma haksnama pletete, jako by neměly žádnou cenu. Kdybyste padli jednou ve vojně, tak z každého vašeho hnátu udělají půl kilograma špódia, z muže přes dva kilogramy, hnáty i pazoury dohromady,a budou skrz vás filtrovat v cukrovarech cukr, vy idioti. Vy ani nevíte, jak ještě po smrti budete užitečný svým potomkům. Vaši kluci budou pít kafe voslazený cukrem, kerej šel skrz vaše hnáty, hňupové.' ‚Poslušně hlásím,' povídám, ‚tak si myslím, že špódium z pánů oficírů musí bejt vo hodně dražší než ze sprostejch

2.5 Kirche/Religion

Die (Kriegs)-Medizin nutzt den Menschen also im wahrsten Sinne als Ressource, und wer geglaubt hat, dass Kirche oder Religion sich diesem Vorgehen widersetzen, sieht sich getäuscht, wie Abschnitte illustrieren, die der Rolle der Kirche im Krieg gewidmet sind. Eine herausragende Funktion in diesen Abschnitten spielt der Feldkurat Otto Katz, Kriegspriester, Jude und stets betrunken, wenn er die Messen liest (vgl. dazu *Schwejk*, 87–97 zur Lebensgeschichte Katz'). Die mit dieser personellen Konstellation verbundene Dekonstruktion liturgischer Handlungen und kirchlicher Grundsätze finden wir in Kapitel elf des *Schwejk* illustriert („Schwejk zelebriert mit dem Feldkuraten die Feldmesse", S. 129–139), denn der Pfarrer ist, wie erwähnt, jüdischen Glaubens, ein Sportpokal wird zum Liturgiekelch umfunktioniert und der Messdiener, Schwejk, ist konfessionslos. Warum aber muss der Feldgottesdienst überhaupt stattfinden? Folgendes Zitat gibt Antwort auf diese Frage und spart keine Religion aus:

> Die Vorbereitungen zur Tötung von Menschen sind stets im Namen Gottes oder eines vermeintlich höheren Wesens vor sich gegangen, das die Menschen ersonnen und in ihrer Phantasie erschaffen haben. [...]
> Die große Schlachtbank des Weltkriegs konnte des priesterlichen Segens nicht entbehren. Die Feldkuraten aller Armeen beteten und zelebrierten Feldmessen für den Sieg jener Partei, deren Brot sie aßen.
> Bei den Hinrichtungen meuternder Soldaten erschien ein Priester. Bei den Hinrichtungen tschechischer Legionäre war ein Priester zugegen. [...]
> Die Menschen gingen in ganz Europa wie das liebe Vieh zur Schlachtbank, begleitet von den Fleischer-Kaisern, Königen und anderen Potentaten und Heerführern sowie von den Priestern aller Glaubensbekenntnisse, die ihre Schützlinge einsegneten und falsch schwören ließen, daß sie „auf dem Festland, in der Luft, auf dem Meere" usw.
> Feldmessen wurden stets zweimal zelebriert.
> Wenn eine Abteilung an die Front ging und dann vor der Front, vor dem blutigen Gemetzel und Morden. (*Schwejk*, 129–31)[32]

---

vojáků.' Dostal jsem za to tři dny ajnclíčka'" (*Osudy* II, 283). Hašek hat sich wohl in seinen schlimmsten Rauschzuständen nicht ausmalen können, dass nur wenige Jahre später mit der Verbnichtung der Juden durch den NS-Staat die Verarbeitung von Menschen zu Gebrauchsmaterial realisiert werden würde.

32 „Přípravy k usmrcování lidí děly se vždy jménem božím či vůbec nějaké domnělé vyšší bytosti, kterou si lidstvo vymislilo a stvořilo ve své obrazotvornosti. [...]

Veliká jatka světové války neobešla se bez požehnání kněžského. Polní kuráti všech armád modlili se a sloužili polní mše za vítězství té strany, čí chleba jedli.Při popravách vzbouřených vojáků objevil se kněz. Při popravách českých legionářů bylo vidět kněze. [...]Lidi šli v celé Evropě na jatka jako dobytek, kam je vedli vedle řezníků císařů, králů a jiných potentátů a vojevůdců kněží všech vyznání, žehnajíce jim a dávajíce jim falešně

Damit ist die Rolle der Kirche deutlich formuliert. Noch deutlicher wird sie dann in dem Streitgespräch in Kapitel zwölf des *Schwejk* („Eine religiöse Debatte") gemacht, in der religiöse Grundsätze wie die Existenz von Himmel und Hölle, die Transsubstantiationslehre und die Dreifaltigkeit diskutiert werden. In Kapitel dreizehn („Schwejk geht versehen"), in der das Sakrament der Letzten Ölung profaniert wird, insofern Schwejk dazu ungeweihtes Öl verwendet, mit dem man sich eigentlich die Stiefel einschmiert (vgl. *Schwejk* 162), wird dieses Verfahren auf die Spitze getrieben.

Aber, es deutete sich im vorherigen Zitat an, auch andere Priester als Katz werden zum Zwecke der Dekonstruktion kirchlicher Handlungsweisen diskreditiert. Darunter sind der fromme Feldkurat, Spitzname der „Fanatiker", der „bei den Kindern das religiöse Gefühl mittels Ohrfeigen entwickelt" hatte (Schwejk, 143), der Oberfeldkurat Pater Lacina, ein Säufer vor dem Herrn sowie „Nimmersatt und Schrecken aller Offiziersmenagen" (*Schwejk*, 319), und der Feldkurat Martinec, der, zur geistlichen Tröstung Schwejks abkommandiert, selbst durch diesen getröstet werden muss (vgl. *Schwejk*, 681–90). Wie Bürokratie, Justiz und Medizin stellt sich damit auch die Kirche, repräsentiert durch groteske Protagonisten, die kirchliche Rituale zur Unterstützung allgemeinen Gemetzels zelebrieren, in den Dienst des Krieges – handelt damit also wider die eigenen Prinzipien, die doch Nächstenliebe und Menschlichkeit heißen. Hašek reiht sich damit in eine Tradition literarischer Kirchensatiren[33] ein und integriert sie in seine panoramaartige Darstellung der Realität des Krieges, zu der – für die damalige tschechische Literatur durchaus noch ungewöhnlich – auch ein offenes Reden über Sexualität gehört (vgl. *Schwejk*, 315–16; 686–87).

2.6 Obszönes und Skatologisches

Dass im vorliegenden Zusammenhang bereits mehrfach die Begriffe der Obszönität und der Skatologie gefallen sind, dürfte nun nicht mehr überraschen, gehören doch „Fressen, Saufen und Scheißen" zu den physiologischen Grundkategorien des Menschen, die im Hašekschen Roman thematisiert werden und in karnevalesker Übertreibung den Irrsinn des Krieges mit illustrieren helfen. Eines der prägenden Beispiele für den Gebrauch des Obszönen ist der Bericht

---

přísahat, že na zemi, ve vzduchu, na moři a tak dále...Dvakrát se sloužily polní mše. Když část odjížděla na pozici do fronty, a potom před frontou, před krvavými řežemi, ubíjením" (*Osudy* I, 164–165).

33 Prominent etwa in Swift, Jonathan. A Tale of a Tub (veröffentlicht 1704), um nur ein Beispiel zu nennen.

des Einjährigfreiwilligen[34] darüber, wie man sich am besten einen Rheumatismus oder etwas anderes einfängt:

> „Wie ich nämlich eingerückt bin", fuhr er fort, „hab ich mir vor allem ein Zimmer in der Stadt gemietet und mich bemüht, mir einen Rheumatismus zuzulegen. Dreimal nacheinander hab ich mich besoffen und hab mich dann hinter der Stadt im Regen in den Straßengraben gelegt und die Stiefel ausgezogen. Es hat nichts genützt. Dann hab ich im Winter eine Woche lang in der Maltsch gebadet, hab aber das grade Gegenteil erzielt, Kamerad; ich hab mich so abgehärtet, daß ichs ausgehalten hab, in dem Haus, wo ich gewohnt hab, die ganze Nacht im Hof auf dem Schnee zu liegen, und früh, wenn mich die Hausleute geweckt haben, hab ich die Füße so warm gehabt, wie wenn ich Pantoffel angehabt hätt. Wenn ich wenigsten Angina bekommen hätt, aber es ist mir absolut nichts passiert. Ja nicht mal so einen dummen Tripper hab ich erwischt. Jeden Tag bin ich ins „Port-Arthur" gegangen, einige Kollegen hatte sich schon Hodenentzündungen geholt, man hat ihnen die Eier geschnitten, und ich war und blieb immun. Pech, Kamerad, unchristliches Pech. Bis ich hier in der „Rose" mit einem Invaliden aus Hluboká bekannt geworden bin. Der hat mir gesagt, ich soll einmal am Sonntag zu ihm auf Besuch kommen, am nächsten Tag würde ich die Füße wie Kannen haben. Er hat die bewußte Nadel und Spritze gehabt, und ich bin wirklich kaum aus Hluboká nach Haus gekommen. Diese goldene Seele hat mich nicht enttäuscht. So hab ich endlich doch meinen Muskelrheumatismus erwischt." (*Schwejk*, 289)[35]

Prägend ist im Kontext des Grotesken allerdings auch die skatologische Dimension des Hašekschen Romans – die ausführliche Beschreibung von Defäkationsprozessen, auch als Resultat übermäßigen „Fressens und Saufens", macht

---

34 Auch dies ist ein Begriff, der Militärhistorikern bekannt sein dürfte – er bezeichnet Freiwillige, die sich nach erlangter Matura für ein Jahr der Armee anschlossen um später ggf. eine Militärkarriere einzuschlagen.

35 „‚Když jsem totiž narukoval,' vypravoval dál, ‚tak jsem si předně najal pokoj v městě a snažil jsem si zaopatřit revmatismus. Třikrát za sebou jsem se namazal a pak jsem si lehl za město do příkopu, když pršelo, a zul si boty. Nepomáhalo to. Tak jsem se v zimě v noci koupal v Malši celý týden, a docílil jsem pravý opak. Kamaráde, já jsem se ti tak otužil, že jsem vydržel ležet ve sněhu na dvoře domu, kde jsem bydlel, celou noc a nohy jsem měl ráno, když mne domácí lidi probudili, tak teplé, jako kdybych nosil papuče. Kdybych byl alespoň dostal angínu, ale ono pořád nic nepřicházelo. Ba ani tu pitomou kapavku jsem nemohl dostat. Denně jsem chodil do Port Arthuru, někteří kolegové už dostali zánět varlat, řezali jim pauchy, a já jsem byl pořád imunní. Smůla, kamaráde, nekřesťanská. Až jsem se ti jednou u Růže seznámil s jedním invalidou z Hluboké. Ten mně řekl, abych jednou v neděli k němu přišel na návštěvu, a na druhý den že budu mít nohy jako konve. Měl doma tu jehlu i stříkačku, a já jsem opravdu sotva došel z Hluboké domů. Neoklamala mne ta zlatá duše. Tak jsem konečně přece měl svůj svalový revmatismus'" (*Osudy* I, 348–349).

deutlich, in welchem Maße die Protagonisten im wahrsten Sinne des Wortes auf den Krieg sch…en. Folgende Situation zeigt Schwejk auf dem Abort des Polizeireviers:

> „Sie wolln auf den Abort gehn?", sagte der Wachtmeister freundlich, „steckt da nicht was anderes dahinter?" Und er heftete seinen Blick auf Schwejks Gesicht.
> „Es steckt wirklich nur die große Seite dahinter, Herr Wachtmajster", antwortete Schwejk.
> „Daß nur nicht was anderes dahintersteckt", wiederholte der Wachtmeister bedeutungsvoll, den Dienstrevolver umgürtend, „ich geh mit Ihnen!"
> „Das ist ein sehr guter Revolver", sagte er unterwegs zu Schwejk, „sieben Schuß und schießt präzis."
> Bevor sie jedoch den Hof betraten, rief er den Postenführer und sagte ihm leise: „Bajonett auf! Sie stellen sich, bis er im Abort sein wird, dahinter, damit er sich nicht durch die Mistgrube durchgräbt."
> Der Abort war klein, ein gewöhnliches Holzhäuschen, das verzweifelt mitten im Hof über einer Grube voll Jauche stand, die aus dem nahen Misthaufen herausfloß.
> Es war bereits ein alter Veteran, in dem ganze Generationen ihre Notdurft verrichtet hatten. Jetzt saß hier Schwejk, mit einer Hand hielt er mittels eines Strickes die Türe zu, während ihm rückwärts durch das Fenster der Postenführer auf den Hintern blickte, damit sich Schwejk nicht durchgrabe. (*Schwejk*, 266–68)[36]

In diesem Zitat wird darauf verwiesen, dass der Rückzugsort des Aborts die Möglichkeit zur Desertion bietet, um sich nicht den Extremsituationen des Krieges aussetzen zu müssen. Es sind, wie das folgende Zitat nun drastisch deutlich macht, ja gerade diese Extremsituationen, die die menschlichen Körperfunktionen aussetzen lassen können:

> „In jedem Gefecht gibts mehrere, was bemacht sind", ließ sich abermals ein Mann aus der Eskorte vernehmen, „unlängst hat uns ein verwundeter Kamerad in Budweis erzählt, daß er sich, wie sie vorgerückt sind, dreimal hintereinander bemacht hat. Zuerst

---

36 „‚Vy chcete jít na záchod?' laskavě řekl strážmistr, ‚není v tom něco jiného?' A upřel svůj zrak ve Švejkovu tvář.
‚Je v tom opravdu jenom velká strana, pane vachmajstr,' odpověděl Švejk.‚Jen aby v tom nebylo něco jiného,' významně opakoval strážmistr, připínaje si služební revolver, ‚já půjdu s vámi.'‚To je velice dobrý revolver,' řekl po cestě k Švejkovi, ‚na sedm ran a střílí precizně.'Nežlo však vyšli na dvůr, zavolal závodčího a tajemně k němu řekl: ‚Oni si vezmou bajonet auf a postavějí se, až bude vevnitř, vzadu u záchodu, aby se nám neprokopal misgrubnou.'Záchod byl malý, obyčejný domeček ze dřeva, stojící zoufale uprostřed dvora nad jámou s močůvkou vytékající z nedaleké kupy hnoje.Byl to již starý veterán, v němž vykonávaly tělesnou potřebu celé generace. Nyní zde seděl Švejk, přidržuje jednou rukou za provázek dveře, zatímco vzadu okńkem díval se mu závodčí na zadnici, aby se neprokopal" (*Osudy* I, 323–324).

wie sie aus den Deckungen auf den Platz vor den Drahthindernissen hinaufgekrochen sind, dann wie sie angefangen ham sie durchzuschneiden, und zum drittenmal hat ers in die Hosen gelassen, wie die Russen mit Bajonetten auf sie gestürzt sind und „Uraa" gebrüllt ham. Dann ham sie angefangen, wieder in die Deckungen zurückzulaufen, und von ihrem Schwarm war kein einziger, was nicht bemacht gewesen wär. Und ein Toter, der mitn Füßen nach unten oben auf der Deckung gelegen is und dem beim Vorrücken ein Schrapnell den halben Kopf abgerissen hat, wie wenn man ihn entzweigeschnitten hätt, der hat sich im letzten Augenblick so bemacht, daß es aus seinen Hosen über die Schuh heruntergeflossen is in die Deckungen mitsamt dem Blut. Und die Hälfte von seinem Schädel mitsamtm Hirn is grad druntergelegen. Man weiß gar nicht, wies einem passiert." (*Schwejk*, 350–51)[37]

Dieses Zitat ist in der Offenheit der Darstellung der Kriegsgewalt exzeptionell und damit Vorbild für zahllose Darstellungen von Kriegsgräuel in der Literatur des 20. Jahrhunderts. Das Groteske des Zitats resultiert nun aus der sprachlichen Gestaltung, die einerseits Nüchternheit und Abgestumpftheit suggeriert, während die naturalistischen Details andererseits verdeutlichen, in welchem Maße der Soldat zum Schlachtvieh verkommt. Doch nicht nur die oben angedeuteten Extremsituationen führen zum Verlust der Körperkontrolle, insofern folgendes Zitat als Dekonstruktion des vorhergehenden gelesen werden kann, da nicht nur Todesangst die unkontrollierte Entleerung von Darm und Blase hervorruft, sondern schlicht übermäßiges „Fressen" und „Saufen":

„Kriegsdoktor" Welfer lachte. „Der Aspirant auf die Offizierswürde, *Ihr* Kadett Biegler, hat sich beschissen. – Es ist keine Cholera, es ist keine Dysenterie, sondern einfach nur kurz gesagt, er hat sich beschissen. Er hat ein bißchen zuviel Kognak getrunken, *Ihr* Herr Aspirant auf die Offizierswürde hat sich bemacht. – Er hätte sich offenbar auch ohne Ihren Kognak bemacht. Er hat alle Kremerollen aufgefressen, die man ihm von zu Hause geschickt hat. – Er ist ein Kind. – Im Kasino hat er, wie ich weiß, immer ein Viertel Wein getrunken. Abstinenzler." (*Schwejk*, 497)[38]

---

37 „‚Je jich podělanejch víc v každým gefechtu,' ozval se opět jeden muž z eskorty, ‚nedávno nám vypravoval jeden raněnej kamarád v Budějovicích, že když forykovali, že se podělal třikrát za sebou. Napřed, když lezli nahoru z dekungů na plac před dráthindrnisy, potom, když se začali stříhat, a potřetí že to pustil do kalhot, když se proti nim hnali Rusové s bajonety a řvali urá. Pak začali utíkat zas nazpátek do dekungů a z jejich švarmu nebylo ani jednoho, aby nebyl podělanej. A jeden mrtvej, kerej ležel nahoře na dekungu nohama dolů, kerýmu při forykungu šrapák utrhl půl hlavy, jako by ji seříl, ten se v tom posledním okamžiku tak podělal, že to z jeho kalhot teklo přez bagančata dolů do dekungů i s krví. A ta půlka jeho lebky i s mozkem ležela zrovna pod tím. Vo tom člověk ani neví, jak se mu to stane' " (*Osudy* I, 417).

38 „‚Válečný doktor' Welfer se usmál. ‚Aspirant na důstojnickou hodnost váš kadet Biegler se posral... Není to cholera, není to úplavice, prosté a jednoduché posrání. Vypil trochu

Die Entindividualisierung des gemeinen Soldaten wird darüber hinaus schließlich durch den Gebrauch skatologischer sprachlicher Elemente deutlich gemacht, insofern kollektives Latrinensitzen zwecks Darmentleerung angeordnet wird:

> Und der General drehte sich um, als kenne er Schwejk, und trat auf ihn zu: „Böhm oder Deutscher?"
> „Böhm, melde gehorsamst, Herr Generalmajor."
> „Gut", sagte der General, der ein Pole war und ein wenig tschechisch verstand, „du brüllst wie eine Kuh. Stul pysk, drsch gubu, nebutsch! Warst du schon auf der Latrine?"
> „Nein, melde gehorsamst, Herr Generalmajor."
> „Warum bist du nicht mit den übrigen scheißen gegangen?"
> „Melde gehorsamst, Herr Generalmajor, auf den Manövern in Pisek hat uns der Herr Oberst Wachtl gesagt, wie die Mannschaft während der Rast ins Korn gekrochen ist, daß ein Soldat nicht immerfort nur ans Scheißen denken darf, ein Soldat soll ans Kämpfen denken. Übrigens, melde gehorsamst, was möchten wir dort auf der Latrine machen? Man hat nicht was herauszudrücken. Nach der Marschroute hätten wir schon auf einigen Stationen Nachtmahl kriegen solln, und gekriegt hamr nichts. Mit leerem Magen kriech ich nicht auf die Latrine!" (*Schwejk*, 525)[39]

Diese Szene, in der auf die mangelhafte Ernährung der Soldaten angespielt wird, dient freilich nur der Ankündigung einer weiteren, in der durch die Verwendung skatologischer Elemente die Entindividualisierung der Soldaten auch im Bereich des Physiologischen auf die Spitze getrieben wird:

> Leutnant Dub beaufsichtigte also die Latrinen.
> Die langgestreckte zweireihige Latrine nahm je zwei Schwärme einer Kompanie auf.
> Und jetzt hockten die Soldaten hübsch einer neben dem andern über den aufgeworfenen Gräben wie Schwalben auf Telegrafendrähten, wenn sie sich im Herbst zum Flug nach Afrika rüsten.

---

více koňaku, váš pan aspirant na důstojnickou hodnost, a podělal se... Byl by se patrně podělal i bez vašeho koňaku. Sežarl tolik kremrolí, které mu poslali z domova... Je to dítě... V kasině, jak vím, pil vžda jednu čtvrtku. Abstinent'" (*Osudy* II, 73).

39 „A generál, jako by znal, otočil se k Švejkovi a přistoupil k němu: ‚Böhm oder Deutscher?'

‚Böhm, melde gehorsam, Herr Generalmajor.' ‚Dobrže,' řekl generál, který byl Polák a znal trochu česky, ‚ty rzveš na sena jako krawa. Stul pysk, drž gubu, nehuč! Být jsi už na látrině?' ‚Nebyl, poslušně hlásím, pane generálmajor.' ‚Proč jsi nešel šráť s ostatními menži?' ‚Poslušně hlásím, pane generálmajor, na manévrech u Písku říkal nám pan plukovník Wachtl, když mužstvo v době rastu se rozlézalo po žitech, že voják nesmí pořád myslet jen na šajseraj, voják že má myslet na bojování. Ostatně, poslušně hlásím, co bychom tam na tý latříně dělali? Není z čeho tlačit. Podle maršrúty měli jsme už dostat na několika stanicích večeři, a nedostali jsme nic. S prázdným žaludkem na latrínu nelez!'" (*Osudy* II, 111)

Jedem schauten die Knie aus den herabgelassenen Hosen, jeder hatte einen Riemen um den Hals, als wollte er sich jeden Augenblick aufhängen und warte auf irgendeinen Befehl. Daran konnte man freilich die militärische eiserne Disziplin, die Organisation erkennen.
Auf dem linken Flügel saß Schwejk, der zufällig hierhergeraten war, und las mit Interesse ein aus weiß Gott welchem Roman von Ružena Jesenska herausgerissenes Blatt: [...]
Als er die Augen von dem Papier losriß, blickte er unwillkürlich zum Ausgang der Latrine und erstaunte. Dort stand in voller Parade der Herr Generalmajor von gestern Nacht mit seinem Adjutanten und neben ihm Leutnant Dub, der ihm eifrig etwas erklärte.
Schwejk schaute rund umher. Alles blieb ruhig auf der Latrine sitzen, nur die Chargen waren gewissermaßen regungslos erstarrt. Schwejk empfand den Ernst der Situation.
Er sprang so wie er war, mit herabgelassenen Hosen, den Riemen um den Hals, noch im letzten Augenblick das Stück Papier benützend, in die Höh und brüllte: „*Einstellen!* Auf! Habt acht! Rechts schaut!" Und salutierte.
Zwei Schwärme mit herabgelassenen Hosen und Riemen um den Hals erhoben sich von der Latrine.
Der Generalmajor lächelte freundlich und sagte: „Ruht! Weitermachen!" Feldwebel Marek ging seinem Schwarm mit gutem Beispiel voran und kehrte in die ursprüngliche Position zurück. Nur Schwejk stand und fuhr fort zu salutieren, denn von der einen Seite näherte sich ihm drohend Leutnant Dub und von der andern der lächelnde Generalmajor.
„Sie hab ich in der Nacht gesehen", sagte der Generalmajor, als er die komische Positur Schwejks sah, worauf sich der aufgeregte Leutnant Dub an den Generalmajor wandte: „Melde gehorsamst, Herr Generalmajor, der Mann ist blödsinnig und als Idiot bekannt, ein notorischer Dummkopf."
„Was sagen Sie, Herr Leutnant?" brüllte der Generalmajor Leutnant Dub plötzlich an und erklärte schreiend, daß gerade das Gegenteil der Fall sei. Ein Mann, der weiß, was sich gehört, wenn er einen Vorgesetzten sieht, und eine Charge, die ihn nicht sieht und ignoriert! Genau wie im Felde. Ein gemeiner Soldat übernimmt zur Zeit der Gefahr das Kommando. Und gerade Herr Leutnant Dub hätte selbst das Kommando geben sollen, das dieser Soldat gegeben hat: „Einstellen! – Auf! – Habt acht! Rechts schaut!"
„Hast du dir den Arsch abgewischt?", fragte der Generalmajor Schwejk.
„Melde gehorsamst, Herr Generalmajor, daß alles in Ordnung is."
„Wjencej schratsch nebendzesch?"
Melde gehorsamst, Herr Generalmajor, daß ich fertig bin."
„Zieh dir also die Hosen hinauf und stell dich dann wieder Habtacht!" Da der Generalmajor dieses Habtacht ein wenig lauter sagte, fingen die Zunächstsitzenden an, von der Latrine aufzustehen.
Der Generalmajor winkte jedoch freundschaftlich mit der Hand und sagte in sanftem, väterlichem Ton: „Aber nein, ruht, ruht, nur weitermachen." (*Schwejk*, 529–31)[40]

---

40 „Poručník Dub dohlížel tedy nad latrínami.
Táhlá dlouhá latrína o dvou řadách pojmula dva švarmy jedné kumpanie.A nyní vojáci pěkně jeden vedle druhého seděli na bobku nad vyházenými příkopy, jako

Dieses Zitat zeigt nochmals eindringlich, in welchem Maß die Groteske zur weiteren Entlarvung des Krieges beiträgt, denn alles, was den Menschen ausmacht, wird dem Militärsystem untergeordnet. Die Groteske resultiert hier aus dem Zusammenprall von Befehlsgewalt und Gehorchen sowie der ungerührten Reaktion des Generalmajors, der im Gespräch mit den halbnackten Soldaten den Eindruck erweckt, diese stünden in voller Montur vor ihm.

Allerdings bleibt das Skatologische auch Thema in den Erinnerungen der Helden an das Leben vor dem Krieg. So berichtet der „Fresssack“ Baloun von seinen Verdauungsprozessen nach einem guten Essen:

> „Ich verdau schnell“, sagte Baloun, „bei mir bleibt nie viel im Magen. Ich freß dir meinetwegen eine ganze Schüssel Knödl mit Schweinernem und Kraut auf, Kamerad, und

---

vlašťovky na telegrafních drátech, když se chystají na podzim na cestu do Afriky.Každému vyčuhovala kolena ze spuštěných kalhot, každý měl řemen kolem krku, jako kdyby se chtěl každou chvíli oběsit a čekal na nějaký povel.Bylo v tom všem vidět vojenskou železnou disciplínu, organizovanost.Na levém křídle seděl Švejk, který se sem připletl, a se zájmem si přečítal útržek papírku [...].Když odtrhl oči od útržku, podíval se mimoděk k východu latríny a podivil se. Tam stál v plné paradě pan generálmajor od včerejška z noci se svým adjutantem a vedle nich poručník Dub horlivě jim cosi vykládaje.Švejk rozhlédl se kolem sebe. Všechno sedělo klidně dál nad latrínou a jen šarže byly jaksi strnulé a bez hnutí.Švejk vycítil vážnost situace.Vyskočil, tak jak byl, se spuštěnými kalhotami, s řemenem kolem krku, upotřebiv jěště v poslední chvíli útržki papíru, a zařval: ‚Einstellen! Auf! Habacht! Rechts schaut!‘ A salutoval. Dva švarmy se spuštěnými kalhotami a s řemeny kolem krku se zvedly nad latrínou.Generálmajor přívětivě se usmál a řekl: ‚Ruht, weitermachen!‘ Dasátník Málek dal první příklad svému švarmu, že musí opět do původní pozice. Jen Švejk stál a salutoval dál, neboť z jedné strany blížil se k němu hrozivě poručík Dub a z druhé generálmajor s úsměvem.‚Vás já vidžel v noci,‘ řekl k divné pozitúře Švejka generálmajor; načež rozčilený poručík Dub obrátil se ke generálmajorovi: ‚Ich melde gehorsam, Herr Generalmajor, der Mann ist blödsinnig und als Idiot bekannt, sagenhafter Dummkopf.‘‚Was sagen Sie, Herr Leutnant?‘ zařval najednou generálmajor na poručíka Duba a spustil na něho, že právě naopak. ‚Muž, který zná, co se patří, když vidí představeného, a šarže, když ho nevidí a ignorují. To je jako v poli. Obyčejný voják přejímá v době nebezpečí komando. A právě pan poručík Dub měl sám dát komando, které dal tento voják: Einstellen! – Auf! – Habacht! Rechts schaut!‘‚Vytržel jsi si arš?‘ otázal se generálmajor Švejka.‚Poslušně hlásím, pane generálmajor, že je všechno v pořádku.‘‚Wiencej šrač nie bendzeš?‘‚Poslušně hlásím, pane generálmajor, že jsem fertig.‘‚Dej si tedy hózny nahoru a postav se potom zas habacht!‘ Poněvadž to ‚habacht‘ řekl generálmajor trochu hlasitěji, ti nejbližší počali vstávat nad latrínou.Generálmajor přátelsky jim však kývl rukou a jemným otcovským tónem řekl: ‚Aber nein, ruht, ruht, nur weiter machen‘“ (*Osudy* II, 115–116).

in einer halben Stunde scheiß ich dir von allem nicht mehr aus als so auf drei Suppenlöffel, das andere geht dir in mir verloren. Mancher Mensch zum Beispiel sagt, daß, wenn er Pilze ißt, so gehn sie ihm so heraus, wie sie waren, nur sie auswaschen und wieder von neuem sauer kochen, und bei mir im Gegenteil. Ich freß mich dir mit Pilzen an, daß ein anderer zerspringen möcht, und wann ich dann aufn Abort geh, so furz ich dir nur ein bißl gelben Kasch heraus, wie von einem Kind, das andere geht euch in mir verloren." (*Schwejk*, 626)[41]

3 Fazit – der Krieg als Groteske[42]

Wie oben erwähnt, hat der Hašeksche Roman in der deutschen Übersetzung über siebenhundert Seiten. Es ist zu vermuten, dass der Umfang, wäre Hašek nicht so früh verstoreben, noch um einige Seiten gewachsen wäre. Es leuchtet daher ein, dass im vorliegenden Beitrag natürlich bei Weitem nicht alle Facetten dieses Jahrhundertwerkes vorgestellt werden konnten. Im Zentrum der Aufmerksamkeit standen vielmehr die grotesken Konsequenzen dessen, dass „sie uns den Ferdinand erschlagen ham" (*Schwejk*, 9) vor allem für den einfachen Soldaten. Aber wozu dient nun das Groteske in der Literatur? Wie in Wolfgang Kaysers noch immer maßgeblichen Studie nachzulesen, werden in der Groteske nun ja vor allem Gegensätze wirksam – Hašek nutzt in diesem Zusammenhang die zentralen Gegensätze der Zeit und „schlachtet" in seinem Roman sämtliche „heilige Kühe", indem er sie mit Grauen, Monstrosität, Lächerlichkeit und Obszönem konfrontiert. Wollte er auf diese Weise nachhaltig gegen den Krieg anschreiben, ist ihm dies sicher gelungen, denn sein Roman ist auch nach nahezu hundert Jahren nicht vergessen, weil er auch heute noch allgemeine Gültigkeit

41 „‚Já rychle trávím,' řekl Baloun, ‚u mě toho v žaloudku nikdy mnoho nezůstane. Já ti třebys, kamaréde, sežeru velou mísu knedlíků s vepřovou a se zelím, a za půl hodiny víc ti ze všeho toho nevyseru jak tak na tři polívkový lžíce, vostatní se ti ve mně ztratí. Někdo kupříkladu říká, že když sní lišky, že z něho vyjdou tak, jak byly, jen je vyprat a dělat je zas znova nakyselo, a u mě navopak. Nažeru se ti lišek, že by jinej prasknul, a když potom jdu na záchod, tak ti vyprdnu jen trochu žlutý kaše, jako vod dítěte, vostatní se taky ve mně ztratí'" (*Osudy* II, 231–232).

42 Vgl. dazu Kayser, Versuch einer Wesensbestimmung des Grotesken, S. 193–203. Wenn Kayser in seiner Studie ausdrücklich auf das „Monströse" oder die „entfremdete Welt", auf das „Grauen", auf „Absurdität" und das „Lächerliche", abschließend sogar auf die „satirische Groteske" verweist, dann könnte man meinen, er habe diesen Katalog nach der Lektüre des Schwejk angefertigt. Doch der Name Hašek fehlt in der Studie, was aber durchaus die These Kaysers stützt, dass das Groteske sich als „übergreifende Struktur von Kunstwerken" (Kayser, Versuch einer Wesensbestimmung des Grotesken, S. 194) manifestiert.

beanspruchen kann – denn nichts ist einfacher, als den ersten Satz des Romans in unsere Zeit zu übertragen und den Namen eines führenden Politikers einsetzen. Und dann, was dann? Malen wir uns das Schlimmste aus, dann würde dies bedeuten, dass die Menschen seit 1914 nichts gelernt haben, und das erst recht keine literarische Groteske über den Krieg oder ein Roman über den Krieg als Groteske in der Lage ist, den Lauf der Geschichte positiv zu beeinflussen. Dass nur 16 Jahre nach dem Tode Hašeks der Zweite Weltkrieg die Menschheit in den Abgrund führte, ist Beleg dafür. Und so werden wir uns wohl – die Ereignisse der letzten Jahre, also die unsichere Lage in der Ukraine, im Nahen Osten, der Krieg in Syrien, die Taten des IS belegen es – auf weitere Kriege und vermutlich auf stets kürzer werdende Phasen des Friedens zwischen den Kriegen einstellen müssen. Damit aber ist der Zeit für literarische Grotesken über den Krieg kein Ende.

Jens Holger Schjørring

Die Kirchen im östlichen Europa im Ersten Weltkrieg[1]

Abstract: In der Abhandlung wird die Geschichte der Kirchen im östlichen Europa im Ersten Weltkrieg untersucht, wobei auf die Frage einer Kriegsreligiösität, das Verhalten der Kirchen während des Krieges und auf allgemeine gesellschaftliche Tendenzen eingegangen wird. Dafür werden einzelne Länder und Regionen beleuchtet und die Unterschiede zwischen Beginn und Ende des Krieges betont.

Stichworte: Kirche, Erster Weltkrieg, Kriegsreligiösität, Österreich-Ungarn, Russland, Revolution, Gott, Religion, Europa, Zarenreich, Tradition

Für einen sachgemäßen Überblick über die Geschichte der Kirchen im östlichen Europa im Ersten Weltkrieg sollten drei Sichtweisen beleuchtet werden.

Zunächst stellt sich die Frage, ob es während des Krieges aus einer gesamteuropäischen Perspektive gemeinsame Strukturen einer Kriegsreligiösität gab. Es ist durchaus angebracht, in der Anfangsphase des Krieges von vergleichbaren Strukturen einer Kriegsreligiösität zu sprechen, und zwar sowohl in West- als auch in Ostmitteleuropa[2]. Allerdings ist es angebracht, hinzuzufügen, dass diese Strukturen zwar als vergleichbar angesehen werden und in mancher Hinsicht Parallelen aufweisen können, identisch waren sie aber nicht. Vor allem gab es augenfällige Unterschiede in der Abstufung des religiös angefärbten, nationalistischen Fanatismus.

Darüber hinaus sollte auf den chronologischen Aspekt etwas näher eingegangen werden. Wie sah das Denk- und Verhaltensmuster der Kirchen in der Schlussphase des Krieges aus, verglichen mit den entsprechenden Tendenzen im

---

1 Das Thema habe ich aus einer globalen Perspektive in dem Sammelwerk: Jens H. Schjørring/Norman A. Hjelm/Kevin Ward (Hrsg.), „Geschichte des globalen Christentums. Teil 3: 20. Jahrhundert“ (Stuttgart 2018) behandelt.

2 Vgl. Martin Greschat, „In sämtlichen kriegführenden Staaten begegnete eine weitgehend identische Struktur des Empfindens, Denkens und Argumentierens“ in, „Der Erste Weltkrieg und die Christenheit. Ein globaler Überblick“ (Kohlhammer 2014), 15. Vgl. zu der international komparatistischen Perspektive, Philip Jenkins, „The Great and Holy War. How World War I became a religious Crusade“, New York 2014; Gerhard Besier, „Die protestantischen Kirchen Europas im Ersten Weltkrieg“, Göttingen 1984; Lawrence Sondhaus, „World War One. The Global Revolution“, Cambridge 2011.

ersten Kriegsjahr? Und welche Folgeerscheinungen für die Kirchen ergaben sich durch die Friedensverträge 1919?

Im Anschluss an die beiden bereits erwähnten Fragestellungen soll auch noch jeweils auf die generellen gesellschaftlichen Tendenzen in Zentral- und Osteuropa eingegangen werden.

Die drei Sichtweisen sind eng verwoben, sodass sie nicht in separaten Abschnitten behandelt werden.

Der Ausbruch des Ersten Weltkrieges zog eine gesteigerte Kriegsreligiösität in allen kriegführenden Ländern mit sich. Wie verschieden die Staaten auch immer in konfessioneller Hinsicht waren, ob es das römisch-katholisch dominierte Habsburgische Reich, das ebenfalls vorwiegend katholische Frankreich, das orthodoxe Russland, das konfessionell gemischte Deutsche Reich oder das anglikanische, bzw. multikonfessionelle England war, waren gleichwohl die Erscheinungen einer Kriegsreligiösität weitgehend parallel. Allerdings wäre es zu hoch gegriffen, von einer identischen Struktur zu sprechen. Für eine solche waren die gesellschaftlichen und kulturellen Rahmenbedingungen zu unterschiedlich. Gleichwohl ist es sachlich angebracht, mit einem passenden Maß an Vorbehalten, von einer strukturellen Parallelität, einer gemeinsamen Phänomenologie der Kriegsreligiösität zu sprechen. Diese kann in sechs Punkten umrissen werden:

1) Durch Ausbruch des Krieges kam es zu einem schlagartigen Stimmungswechsel. War früher allseits die Zuversicht vorherrschend, die Politiker würden am Ende doch eine diplomatische Lösung der eskalierenden Krise finden, setzte der Kriegsbeginn andersgeartete Gefühle frei. Der Kriegsausbruch wurde als Weckruf zum Aufwachen der eigenen Nation gedeutet. Angespanntes Warten während der diplomatischen Krise im Juli 1914 wurde durch Patriotismus und Beschwörung der nationalen Zusammengehörigkeit abgelöst. Bemühungen um internationale Verständigung in den vorausgegangenen Jahren wurden auf einmal als fauler Friede apostrophiert. Daraus folgte eine epochale Bewährungsprobe.
2) Die berauschende Dynamik der immer wieder heraufbeschworenen nationalen Einheit setzte sich mit einer solchen Kraft durch, dass ängstliche Stimmen, Vorbehalte, oder gar Proteste meistens im tosenden Meer der Begeisterung untergingen. Nur die wenigsten registrierten, dass das Hochgefühl nationaler Entschlossenheit und Zusammengehörigkeit vielfach das Ergebnis einer gesteuerten Propagandaoffensive war.
3) Jede Nation war von einem Selbstverständnis beseelt, demzufolge sie selbst alles für die Erhaltung des Friedens getan habe und der Krieg ihr

aufgezwungen worden sei. Daraus resultierten massive Feindbilder, verbunden mit einer Dämonisierung der anderen Seite.

4) Der Enthusiasmus war von der Opferbereitschaft des einzelnen Bürgers begleitet. Der Soldatentod wurde als Heldentat gesehen, die heroische Opferbereitschaft vielfach gar mit dem christlichen Opfertod verglichen und zu gläubiger Hingabe für das Wohl des Volkes stilisiert.
5) Mit derartigen religiösen Fundamentalbegriffen war eine Überhöhung der besonderen Merkmale der eigenen Nation verwoben. Ein biblisch inspiriertes Sendungsbewusstsein ging mit der Überzeugung einer Erwählung einer gottgewollten Aufgabe einher.
6) In der Zuversicht, dass das Vaterland mit Gottes Hilfe den Sieg erringen würde, wurde das christlich gefärbte Deutungsmuster vollends deutlich. Verluste und Rückschläge im Krieg wurden als vorübergehende Leiden verharmlost, die auf dem Weg zum Sieg zwar erdrückend sein mochten, letztendlich aber einem glorreichen Endsieg weichen würden.

Die hier kurz umrissenen Punkte können auf die beiden wichtigsten Großmächte im östlichen Europa, die habsburgische Doppelmonarchie Österreich-Ungarn und Russland bezogen werden.

Die politische Entscheidungsfindung in Wien war gestützt auf vier Eckpfeiler: Die Staatsführung angeführt vom Kaiser, die Regierung, die militärische Führungsschicht, wobei zu diesem Zeitpunkt vor allem der Generalstabschef Franz Conrad von Hötzendorff zu nennen ist, sowie der römisch-katholische Episkopat. Während der eskalierenden Krise im Juli 1914 gaben die katholischen Bischöfe in einem am 28. Juli veröffentlichten Aufruf ihre Unterstützung zu einem Krieg gegen Serbien bekannt: „Wo ist einer unter uns, der von der Gerechtigkeit und Notwendigkeit des unserem Friedenskaiser aufgezwungenen Krieges nicht vollauf überzeugt wäre? Mit vollem Vertrauen auf die gerechte Sache unseres Vaterlandes ziehen unsere Söhne und Brüder in den Kampf“[3].

Einige Monate später, als der Krieg gegen Serbien wütete, ging der Kardinal von Wien, Friedrich Gustav von Piffl, noch einige Schritte weiter. In einem Fastenhirtenbrief 1915 schrieb er: „Sollte politischer Fürstenmord das letzte Wort behalten, und das Vaterland mit seiner mehr als tausendjährigen Geschichte untergehen? Tief in unseren Herzen bleiben eingegeben die Worte unseres geliebten Kaisers, mit denen er das Kriegsmanifest an seine Völker schloss: ‚und ich vertraue auf den Allmächtigen, dass er meinen Waffen den Sieg verleihen

---

3 *Wilhelm Achleitner*, Gott im Krieg. Die Theologie der österreichischen Bischöfe in den Hirtenbriefen zum Ersten Weltkrieg, Wien 1997, Zitat 15.

werde'. Vielgeliebte Diözesanen! Mit unserem Kaiser vertrauen auch wir in diesem gerechten Krieg auf den Allmächtigen"[4].

Mit der Überzeugung, die göttlich sanktionierte Gerechtigkeit zu vertreten, ging unlösbar eine Verachtung oder gar Dämonisierung der slawischen und orthodoxen Feinde, Serbien und Russland einher. Die gehässige Propaganda gegen die Kriegsfeinde übte vorerst eine integrative Dynamik im Vielvölkerstaat aus. Je länger der Krieg andauerte, je höher die eigenen Verlustzahlen anwuchsen und je hohler die Siegesideologie der Führungsschicht klang, desto unaufhaltsamer mehrten sich die Kräfte, die hinter den Autonomiebestrebungen in mehreren Regionen der Donaumonarchie standen. Der zunehmende Auflösungsprozess wurde dennoch von den führenden Männern in Wien fast bis zum Ende des Krieges verdrängt. Erst als der Zusammenbruch bereits vollzogene Tatsache war, stellte sich langsam eine qualvolle Ernüchterung und Umorientierung ein.

Historische Beobachter sind erstaunt über die Ähnlichkeit der Bestandteile und phänomenologische Strukturen der Kriegsreligiösität in Russland, insbesondere wenn man in Erwägung zieht, wie radikal andersgeartet die Rahmenbedingungen waren. Ebenso wie in früheren Kriegen, vor allem im Kampf gegen Napoleon, waren die Russen überzeugt, dass sie einen gerechten Krieg führten. Gleichwohl waren sie zuversichtlich, dass die religiösen Wurzeln der russischen Identität eindeutig unter Beweis stellten, dass das russische Volk sich auf eine Erwählung Gottes berufen konnte. Nicht weniger bedeutsam war die unerschütterliche Gewissheit, dass die orthodoxe Kirche das unverfälschte, ursprüngliche Christentum verkörperte, während die westlichen, mehr oder wenig aufklärerischen Christentümer allesamt Irrwege darstellten. Die wechselseitige Beziehung von absolutistischer Staatsführung und der russischen Orthodoxie vermittelte in der Anfangsphase des Krieges eine Gewissheit, die sich zunächst über alle Schwächen der Gesellschaft hinwegsetzte, die sich dann aber alsbald als äußerst bedrohlich für das Kriegsglück erwiesen. Zu diesen Symptomen einer inneren Desintegration gehörte nicht zuletzt ein miserabler Ausbildungszustand des zahlenmäßig ungeheuer großen Heeres, die riesigen Unterschiede in der Gesellschaft hinsichtlich Ausbildung und sozialer Klasse, sowie die kulturell und ethnisch bedingten Unterschiede im territorial ausgedehnten Vielvölkerstaat. Nur vorübergehend konnte über die akut bedrohliche Gefahr eines Zerfalls durch

---

4 Ebd. 263. Vgl. *Francois Fejtö*, Requiem für eine Monarchie. Die Zerschlagung Österreich-Ungarns, Wien 1991; *Manfred Rauchensteiner*, Der Erste Weltkrieg und das Ende der Habsburger Monarchie 1914–1918, Wien 2013.

den Krieg gegen die Feinde aus den Mittelmächten hinweggesehen werden. Mit der Revolution ergab sich dann allerdings eine völlig neue Ausgangsposition, bei welcher die Ressourcen für eine Weiterführung des Krieges nicht mehr vorhanden waren[5].

Eine wichtige Konsequenz des Ersten Weltkrieges in Zentral- und Osteuropa war die Bildung von kleineren Staaten, meistens durch Abtretung, bzw. Unabhängigkeit von den früheren Reichen und Großmächten: Österreich-Ungarn und Russland. Diese neuen Staaten zogen sich wie ein Band ganz vom Norden bis zum Süden und dem Balkan. Sie weisen eine beträchtliche Vielfalt auf, die sowohl die ethnisch- sprachliche Zusammensetzung der Bevölkerungsgruppen als auch die konfessionelle Eigenart betrifft. Eine Bestandsaufnahme kann diesen Eindruck von Vielfalt bestätigen:

Beginnen wir im Norden mit *Finnland*

Das Land war zwar nicht unmittelbar am Weltkrieg beteiligt, jedoch indirekt stark davon betroffen, war es doch gesetzlich ein Teil des Zarenreiches. Seit Jahrzehnten wurde in Finnland die Forderung von nationaler Unabhängigkeit und politischer Freiheit immer stärker. Mit dem Frieden von Brest-Litowsk vom 3. März 1918 wurden die Autonomie- und Freiheitsbestrebungen dann auch berücksichtigt und Finnland als unabhängiger Staat anerkannt. Die Befriedigung darüber war jedoch von kurzer Dauer, denn gleich danach breitete sich die russische Oktoberrevolution auf finnisches Territorium aus und ein blutiger Bürgerkrieg entfachte. Rote Revolutionäre standen den „Weißen Christen“ gegenüber. Die „Weißen Christen“ vertraten dabei ganz offensichtlich die große Mehrheit der Bevölkerung und konnten den Anspruch erheben, die nationale Eigenart der Bevölkerung zu vertreten. Von daher war es vorhersehbar, dass die „Weißen“ sich durchsetzen würden. Das politische Ergebnis war ein demokratisch-parlamentarisches System. Religionspolitisch führte die Forderung nach religiöser Freiheit zusammen mit der offenkundig gewordenen Verbindung von nationalem und christlichem Erbe zur Errichtung einer lutherischen Volkskirche als Ablösung des bisherigen Staatskirchensystems. Die lutherische Volkskirche vertrat zwar die große Mehrheit der Bevölkerung, aber die freiheitlich-tolerante Linie kam unter anderem darin zum Ausdruck, dass auch die orthodoxe Kirche, die etwa

5 Vgl. *Christian Gottlieb*, Das Christentum in Russland 1700–1917. In: *Jens H. Schjørring/Norman A. Hjelm* (Hg.), Geschichte des globalen Christentums. Teil 2: 19. Jahrhundert; *Nadezha Beljakova/Thomas Bremer/Katharina Kunter*, „Es gibt keinen Gott!“. Kirchen und Kommunismus. Eine Konfliktgeschichte, Freiburg iB, 2016, bes. 55–64.

8 % der Bevölkerung vertrat, eine in der neuen Verfassung anerkannte Vorzugsstellung innehatte.

Die Neuorientierung führte zur Bestrebung, sich von der Abhängigkeit der mächtigen Nachbarn im Osten zu lösen, was vor allem darin zum Ausdruck kam, dass Finnland sich nun als vollwertiges Mitglied der Gemeinschaft der nordischen Länder sah; ein nordischer Bund, der nun mit einem gemeinsamen Anspruch in der europäischen Politik auftrat. Mit Berufung auf ihre Neutralität im Weltkrieg und ihr freiheitliches, politisches System fanden sich die nordischen Länder in einer neuen Rolle in dem von kriegerischen Verwüstungen und feindseligen Gegensätzen geplagten europäischen Kontinent wieder[6].

Zwischen den drei baltischen Ländern Estland, Lettland und Litauen bestanden mehrere Gemeinsamkeiten, die bei Kriegsende besonders deutlich in Erscheinung traten. Sie waren alle relativ kleine Völker, die sich Freiheitsrechte und politische Autonomie wünschten, ein Bestreben, das eine deutliche Stoßrichtung gegen die mächtigen Nachbarn hatte, vor allem gegen Russland, beziehungsweise die Sowjetunion. Infolge der Unruhen in der russischen Gesellschaft und der nachlassenden Bereitschaft zu einer Fortsetzung des Krieges gegen die Mittelmächte, gaben die neuen russischen Machthaber am 3. März 1918 nach, und akzeptierten im Frieden von Brest-Litowsk für Russland relativ ungünstige Friedensbedingungen, die unter anderem den baltischen Staaten Autonomie zusicherten. Gleichzeitig gab es in allen drei Ländern immer noch eine relativ grosse russische Bevölkerungsgruppe, die konfessionell meistens der orthodoxen Kirche angehörte. Die drei Länder waren aber auch in mehrfacher Hinsicht von je unterschiedlicher Prägung, weshalb es nicht angebracht ist, sie vorschnell auf einen Nenner bringen zu wollen.

Estland im Norden hatte viele sprachliche, kulturelle und kirchliche Gemeinsamkeiten mit Finnland. Im Zuge der Unruhen in der Sowjetunion nach der Oktoberrevolution erklärte Estland am 24. Februar 1918 seine Unabhängigkeit, und nahm erste Schritte in Richtung einer freiheitlichen, parlamentarischen Demokratie. Die lutherische Kirche war dominierend und hatte wie in Finnland fast den Status einer von der Bevölkerungsmehrheit getragenen Volkskirche, die eng mit der nationalen Identität verbunden war. Damit fing eine Periode mit politischer Stabilität an, weshalb die 1920er Jahre auch von vielen als „goldene Ära" bezeichnet wurde.

6 *Eino Murtorinne*, Finlands kyrkohistorie. Bd. IV. Från förtrycksperioden till våra dagar 1900–1990. Artos 2000.

Lettland in der Mitte war hingegen ein geschichtlich und ethnisch eher zusammengesetztes Land, das erst mit der am 18. November 1918 ausgerufenen Unabhängigkeit eine Nation wurde. Es folgte eine Periode mit politischen und militärischen Kämpfen, die erst 1920 abgeschlossen wurden, als die Unabhängigkeit nun auch de iure bestätigt wurde. Konfessionell war Lettland zum Zeitpunkt der erlangten Unabhängigkeit ziemlich bunt zusammengesetzt: 56 % gehörten der lutherischen Kirche an, die also doch den Status einer mehrheitlichen Volkskirche hatte, 24 % waren katholisch, 14 % orthodox und 5 % jüdisch.

Wenn wir uns *Litauen* zuwenden, dann hatte das Land bereits am 16. Februar 1918 seine Unabhängigkeit ausgerufen. Es folgte eine Periode mit einem Fortsetzungskrieg, der grundsätzlich zwischen Polen und der Sowjetunion ausgetragen wurde, in den zeitweilig auch Litauen sowie Weißrussland und Ukraine involviert waren. Erst nach Beendigung dieses regionalen Krieges im Jahr 1920 wurde die Unabhängigkeit der drei baltischen Länder und Polens offiziell sanktioniert. Litauen unterschied sich von den beiden Nachbarn im Norden dadurch, dass es eine historisch verwurzelte Beziehung zu Polen hatte, die allerdings keineswegs immer von freundschaftlicher Nachbarschaft geprägt gewesen war. Konfessionell war die Gemeinsamkeit mit Polen insofern evident, als Litauen eine mehrheitliche römisch-katholische Kirche hatte, während die protestantischen Kirchen, reformiert und lutherisch, Minderheiten vertraten. Ferner gab es eine bedeutende jüdische Bevölkerungsgruppe.

Mit *Polen* stehen wir vor einer ganz anderen Geschichte. Bei Kriegsbeginn 1914 stand Polen unter Besatzungsverwaltung der Mittelmächte. Sowohl Deutschland als auch die Donaumonarchie hatten den Plan, größere Gebiete einzunehmen, Deutschland insbesondere die Posen-Region, und Österreich Galizien. Gleichzeitig gab es in Polen Bestrebungen nach politischer Autonomie, welche merkbar durch innere Gegensätze geschwächt wurden. Eine Gruppierung setzte sich für eine Anlehnung an die Mittelmächte ein, weil sie mit ihnen einen gemeinsamen Kampf gegen Russland führen wollte, in der Hoffnung dadurch den besten Weg in Richtung Selbstständigkeit einzuschlagen. Andere sahen hingegen ein Bündnis mit der westlichen Entente als wünschenswert, weil für sie die Mittelmächte das offensichtliche Hindernis für die Autonomiebestrebungen darstellten. Die von vornherein unklaren Linien in den Bemühungen um Vorteile durch ein Bündnis mit dem vermutlich stärksten Partner gegen den angeblich bedrohlichsten Nachbarn wurden zusätzlich verworren, als die polnischen Positionen sich im Laufe des Krieges wandelten. Unter den Fürsprechern trat besonders Josef Pilsudski (1867–1935) hervor. Er war ein tatkräftiger Militärführer und zugleich ein einflussreicher Diplomat. In den ersten Kriegsjahren kämpfte er auf der Seite der Mittelmächte, wandte sich aber in der zweiten

Kriegshälfte von dieser Position ab und trat stattdessen als Befürworter der Westmächte ein. Dazu entschloss er sich, weil er vermeiden wollte, auf der Seite der vermutlichen Verlierer zu stehen. Mit seiner Stellungnahme gegen die Mittelmächte ergab sich, dass er ab dem Sommer 1917 seinen Truppen verbot, einen Loyalitätseid auf die Mittelmächte zu schwören. Infolgedessen wurde er von den Deutschen inhaftiert und in Magdeburg ins Gefängnis geführt. Während seiner Inhaftierung wurde immer mehr Personen in der polnischen Befreiungsbewegung bewusst, dass sie sich durch Verhandlungen mit der Entente den sichersten Weg zur Bildung eines unabhängigen Staates verschaffen könnten. Gleichzeitig entstand unter den polnischen Aktivisten eine Welle von entrüsteten Protesten nach dem Frieden von Brest-Litowsk. Die Ursache war vor allem, dass sie der Ansicht waren, dass Litauen mit den Friedensbedingungen Gewinne zuerkannt worden waren, die eindeutig auf Kosten Polens zustande gekommen waren.[7]

Es ist ein sonderbares Beispiel historischer Ironie, dass Josef Pilsudski ausgerechnet am 9. November 1918 aus dem Gefängnis entlassen wurde, und gleich am 11. November, also am Tag des Waffenstillstandes, in Warschau eine Tätigkeit als militärischer und politischer Führer des Unabhängigkeitskampfes aufnehmen konnte. In der neu entstandenen Situation gelang es ihm, die zerstrittenen Gruppierungen zu vereinen. Das Ergebnis war die Errichtung der Zweiten polnischen Republik, die bereits am 14. November 1918 ausgerufen wurde. Pilsudski war damit nicht nur militärischer Befehlshaber, sondern auch Staatschef. Wenn auch seine Position gefestigt erschien, gab es immer noch deutliche Gegensätze hinsichtlich einer Vision für das wiedererstandene, unabhängige Polen. Pilsudski glaubte an ein multiethnisches und multireligiöses Polen, während einer seiner prominentesten Gegenspieler, Roman Damowski, ein einheitliches Polen mit klaren, katholischen Vorzeichen anstreben wollte.[8]

Inmitten der Kontroverse über den künftigen Kurs kam es zu einem polnisch-russischen Fortsetzungskrieg. Zeitweilig sah es militärisch für die Polen ziemlich schlecht aus. Entgegen allen Erwartungen gelang es dann doch den polnischen Truppen unter Pilsudskis Führung, eine Niederlage abzuwehren,

7 Norman Davies, Heart of Europe. A Short History of Poland. Oxford 1986; Peter Hetherington, Unvanquished Joseph Pilsudski. Resurrected Poland and the Struggle for Eastern Europe 2012.

8 Georges Castellan, Gott schütze Polen! Geschichte des polnischen Katholizismus 1795–1982, Freiburg 1983; Manfred Boemeke/Geraldf D. Feldman/Elisabeth Glaser, The Treaty of Versailles. A Reassessment after 75 Years, Cambridge 1998; Timothy Snyder, The Reconstruction of Nations. Poland, Ukraine, Lithuania, Belarus 1569–1999. New Haven 2004.

und stattdessen mit dem 1921 entstandenen Kriegsabschluss relativ günstige Bedingungen zu erreichen. Fast bekam diese Rettungsaktion den Status eines Wunders und stärkte zusehends Pilsudskis Führungsposition, die er nun relativ unangefochten innehatte.

Was die konfessionelle Zugehörigkeit der Einwohner in der neuen polnischen Republik antrifft, verdient es hervorgehoben zu werden, dass das Land gemäß Pilsudskis Vorstellungen nun auch tatsächlich multireligiös und demnach nicht so einheitlich-römisch-katholisch wurde, wie man sich von außen her in Bezug auf Polen vorstellt. Ethnisch waren 69 Prozent der Einwohner Polen, 14 Prozent Ukrainer, 8 Prozent Juden, 3,9 Prozent Weißrussen und etwa 3,8 Prozent Deutsche. Was die religiösen Zahlen anbetrifft, waren 65 Prozent römisch-katholisch, 12 Prozent orthodox, 10 Prozent uniert griechisch-orthodox, 10 Prozent jüdisch und schließlich 2,5% protestantisch. Die nationale Identität war folglich nur mit Einschränkungen mit dem römischen Katholizismus der Bevölkerungsmehrheit verbunden.

In den Regionen *Böhmen, Mähren und Slowakei* gab es ebenfalls eine tief verwurzelte Tradition für Unabhängigkeitsbestrebungen von den benachbarten Großmächten. So hatte es auch vor 1914 allerlei Proteste gegen den Machtzentralismus in der Habsburger Monarchie gegeben mit Aufsässigkeit angesichts der aus böhmisch-mährischer Sicht unerträglichen Arroganz der Machthaber in Wien. Die Hoffnungen der Protestierenden wurden durch viele Quellen genährt, und die Forderungen nach Autonomie fassten auf einer breiten Basis in der Bevölkerung Fuß. Es steht ebenfalls außer Zweifel, dass der Erste Weltkrieg solchen Bestrebungen weiteren Auftrieb gab, nicht nur, weil das Schicksal der eingezogenen Soldaten auf dem Schlachtfeld vielfach grausam war und zusehends militärisch aussichtslos erschien, sondern auch weil der innere Zerfall der Donaumonarchie zunehmend offenkundig wurde.

Wenn es also wahr ist, dass es sich um eine volksgetragene Bewegung handelte, so gab es dennoch führende Persönlichkeiten, die den Idealen eine besondere inhaltliche Dynamik und sprachliche Durchschlagskraft verliehen. An erster Stelle ist Tomasz Masaryk zu nennen, 1850 geboren und 1937 gestorben. Bei ihm stand nationaler Patriotismus und internationale Aufgeschlossenheit in einer wechselseitigen Beziehung. Bereits sein familiärer Hintergrund schuf die Voraussetzungen für einen bemerkenswerten, internationalen Ausblick. Sein Vater stammte aus der Slowakei und die Mutter aus Mähren. Sein Elternhaus gab ihm somit wichtige Voraussetzungen, eine Eintracht zwischen der Slowakei und den westlichen Regionen Böhmen und Mähren zu vermitteln. Seine Ehe mit einer amerikanischen Frau, Charlotte Garrigue, die einem dänisch-/französisch-amerikanischen Elternhaus entstammte, verlieh später seinem internationalen

Weitblick zusätzliche Dimensionen. Masaryk war sowohl Polyhistor als auch Polyglott. Er wurde Professor für Philosophie und war schon in der Zeit des habsburgischen Reiches aktiver Politiker. Mehr noch; er hatte beachtliche Kompetenzen innerhalb der Literaturwissenschaft und Theologie und war als Schriftsteller und Zeitschriftenherausgeber tätig. Er beherrschte über die Muttersprache hinaus, Tschechisch und Slowakisch, sowie Deutsch, Russisch, Französisch und Englisch.

In dieser vielseitigen Bildung war wie erwähnt sein Wissen und Denken in Sachen Theologie und Kirche ein integraler Bestandteil. Mit seinen Protesten gegen die habsburgische Hegemonie verband sich ein Antiklerikalismus, weil für ihn die weltlich-politisierende Erscheinungsform der kirchlichen Führung in Wien unerträglich oder gar unchristlich war. Genau so leidenschaftlich wandte er sich indes gegen lautkräftige Forderungen nach einer gänzlichen Abschaffung des christlichen Einflusses auf die Gesellschaft. Er setzte sich zwar für eine rationale Denk- und Argumentationsweise ein, hielt aber gleichzeitig daran fest, dass dies sehr wohl mit Festhalten an christlichen Denkstrukturen möglich war. Die Auflösung des Gegensatzes zwischen einem althergebrachten Klerikalismus und einem modernen irreligiösen Agnostizismus durfte aber für Masaryk nicht ein schlapper Kompromiss sein. Vielmehr plädierte er dafür, die politischen Ideale mit einer liberalen, religiös fundierten, ethischen Humanität zu verbinden. Die Suche nach einem Stadium höherer Bedeutung war überhaupt für Masaryk charakteristisch. Ein ethisch verantwortlicher Humanismus, lokal und international zugleich, liberal, weltoffen, tolerant und gleichzeitig christlich verwurzelt war für ihn die Antwort auf das patriarchalische Christentum vergangener Zeiten wie auch auf moderne Religionslosigkeit. Er nahm für sich in Anspruch, damit eine Aufhebung im Hegelschen Sinne zu vertreten. Diese Position hat er besonders einprägsam in Gesprächen mit dem befreundeten Schriftsteller Karel Capek verdeutlicht[9].

Während des Weltkrieges hielt er sich in verschiedenen internationalen Hauptstädten auf, wo er sich stets für das nationale Anliegen seines eigenen Volkes sowie auch für eine neue internationale Rechtsordnung einsetzte. Der Kriegsverlauf machte es für ihn vollends offenkundig, dass der innere Zerfall der Donaumonarchie nicht zu stoppen war. Es galt deswegen, Verbündete auf der internationalen Bühne zu gewinnen, damit sein Heimatland bereit werden könnte, Strukturen der Selbstständigkeit in die Wege zu leiten, sobald die

9 Karel Capek, Gespräche mit Masaryk, Vgl. Dalibor Truhbar, Thomas G. Masaryk. Philosophie der Demokratie, Frankfurt a. M. 1994.

Situation reif erschien. Eine charakteristische Initiative mag Masaryks Position verdeutlichen. Im zweiten Kriegsjahr 1915 hielt er sich in Genf auf. Dort war er in Zusammenarbeit mit Organisatoren aus der Stadt aktiv, um eine historische Feier zu gestalten, in der man Jan Hus 500 Jahre nach dessen Verbrennung nach dem vergeblichen Auftritt auf dem geplanten Reformkonzil in Konstanz gedenken wollte. Über die wechselseitige Beziehung von tschechischem Patriotismus und universalkirchlichen Vermittlungsbemühungen konnte niemand in Zweifel sein.

Masaryk hielt sich für längere Perioden in Paris, London, Moskau und im letzten Kriegsjahr in Washington auf. Es ist weitgehend seiner persönlichen Glaubwürdigkeit zuzuschreiben, dass er sich eine Plattform geschaffen hat, durch welche er bei Kriegsende im November 1918 als Präsident in der neugeschaffenen Republik, Tschechoslowakei, eingesetzt werden konnte. Vor allem seine Unterredungen mit Präsident Woodrow Wilson in Washington waren ausschlaggebend für die Auflösung Österreich-Ungarns und die Errichtung neuer Nationalstaaten, welche die Siegermächte durchgesetzt haben. Masaryk hatte das Präsidentenamt bis 1935 inne, als sein Freund und Weggefährte Edvard Benes das Amt übernahm, mit dem besonderen Auftrag, die Integrität des Landes gegenüber dem nationalsozialistischen Deutschland sicherzustellen. Man mag allerdings zu Masaryks Leistung kritisch anmerken, dass dieser neue Staat, dessen Präsident er wurde, wiederum ein multiethnischer Staat war, aber ohne dass die Regelungen der Minderheiten, etwa der Deutschen im Norden und Westen oder der Ungarn in der Slowakei, eine befriedigende Regelung gefunden hätten, geschweige denn dass eine freie Abstimmung stattgefunden hätte, wie es eigentlich im ursprünglichen Programm des Präsidenten Wilson vorgesehen war. Demgegenüber verdient dann aber festgehalten zu werden, dass die Tschechoslowakei in der Zwischenkriegsperiode im Großen und Ganzen ein gelungenes demokratisches Experiment wurde, selbst wenn es von totalitären Ideologien und mehr oder weniger autokratischen Regierungssystemen umgeben wurde, bis die nationalsozialistische Okkupation 1938 der Selbstständigkeit ein brutales Ende gesetzt hat.

Um ein auch nur annähernd repräsentatives Bild von Ost-Mitteleuropa zu bekommen, müssen wir noch einige Schritte Richtung Süden machen. Die Balkanländer waren lange vor Ausbruch des Weltkrieges als Europas Unruheherd bezeichnet worden, was unter anderem mit den Balkankriegen bestätigt wurde. Diese regionalen Kriege von 1912 bis 1913 können im Nachhinein als Warnsignale vor dem europäischen Großfeuer gedeutet werden. Die ethnisch-nationalen Gegensätze hatten seit Jahrhunderten Anlass zu Spannungen gegeben, und die ohnehin verwickelten Verhältnisse wurden noch komplizierter, weil unterschiedliche Interessen der Großmächte zusätzliches Öl ins Feuer gossen.

Vor diesem Hintergrund konnte es niemanden wundern, dass der Krieg zwischen Österreich-Ungarn und *Serbien* mit besonderer Erbitterung und Härte ausgetragen wurde. Nur die Unterstützung durch Russland einerseits und die Westmächte andererseits hat Serbien vor einer totalen Niederlage gerettet. Tatsache ist ferner, dass die Quote von Toten auf der serbischen Seite höher als auf irgendeinem anderen Frontabschnitt lag. Nun wurde aber Serbien in höchster Not gerettet, und als Konzession der westlichen Allianzpartner bekam Serbien einen Lohn bei den Verhandlungen über Waffenstillstand und später Friedensverträge. Am 1. Dezember 1918 wurde eine neue Monarchie ins Leben gerufen, bestehend aus Serbien, Kroatien und Slowenien. Damit gingen lange gehegte Hoffnungen der Serben auf Errichtung eines südslawischen Reiches auf dem Balkan in Erfüllung. Die Ernüchterung stellte sich jedoch sofort ein. Zu grundlegend waren die tiefsitzenden Gegensätze, als dass sie sich im Nu unter neuen Rahmenbedingungen ausbügeln ließen. Zu den ethno-nationalistischen Merkmalen mit dazu gehörenden wechselseitigen Vorurteilen und Anfeindungen gehörten auch religiöse Unterschiede. Wie es wiederholt zum Ausdruck gekommen ist, auch im Laufe der seitdem vergangenen hundert Jahre, klaffte eine tiefe Kluft zwischen den vorwiegend katholischen Kroaten und den orthodoxen Serben, sowie wiederum zwischen den vorwiegend islamischen Bosniaken und den benachbarten christlichen Bevölkerungsgruppen. Zu den damit verbundenen Empfindlichkeiten kamen allerlei sprachlich und kulturell bedingte Interessengegensätze hinzu. Der neuen Monarchie wurde denn auch keine lange Dauer beschert, sondern sie wich bereits nach etwa 10 Jahren vor dem Druck neuer Krisen.

Wie sah es am Ende des Weltkrieges mit den Kirchen in den ehemaligen Großmächten in Zentral- und Osteuropa aus?

Zunächst *Österreich:* Am 4. November 1918 fand im Wiener Stephansdom eine kirchliche Feier anlässlich des Namenstages des Kaisers statt. Kardinal Piffl zelebrierte ein Hochamt. Anwesend war ziemlich vollzählig die Prominenz des Kaiserreiches: die kaiserlich-österreichische Regierung, ebenfalls die führenden Männer im kaiserlichen Armeeoberkommando und Vertreter anderer Reichsbehörden. Der Ton der Feier wurde mit dem „Te Deum laudamus" eingestimmt. Die Versammlung sang „Gott erhalte Franz den Kaiser" und im Gebet hieß es unter anderem „führest uns mit weiser Hand".

Was an einem Namenstag eines Staatsoberhauptes durchaus normal gewesen wäre, war aber gerade an dem besagten Datum überhaupt nicht angebracht. Denn draußen auf den Straßen gab es revolutionäre Szenen, die im Grunde niemand verharmlosen sollte. Die Bedingungen eines Waffenstillstandes waren gerade festgelegt worden, und die im Stephansdom versammelten Militärs und Politiker konnten nicht im Zweifel sein, dass die Bedingungen für Österreich überaus hart sein würden: Demobilisierung und Räumung der Gebiete südlich der Alpen und an der Adria. Ferner mussten die reichsdeutschen Soldaten, die in der Spätphase der Krise eine totale Demütigung des habsburgischen Heeres verhindert hatten, binnen zwei Wochen Österreich-Ungarn verlassen. Den Teilnehmern an der Feier im Stephansdom musste klar sein, dass der innere Zerfall im Kaiserreich rasant zugenommen hatte, weil Autonomiebestrebungen nicht mehr zu stoppen waren. Nichtsdestotrotz waren sie an jenem Tag versucht, über solche Alarmsignale hinwegzusehen.

Die vier Eckpfeiler in dem Kaiserreich waren grundsätzlich die gleichen wie beim Ausbruch des Weltkrieges. Der Kaiser war allerdings ein anderer. Nach Kaiser Franz Josephs Tod 1916 wurde Karl I. neuer Kaiser. Karl strebte zwar eine Verhandlungsposition an und wechselte wichtige Mitglieder im Militärstab und in der Regierung aus, ließ sich aber grundsätzlich nicht von seiner Verwurzelung in dem althergebrachten habsburgischen Glanz ableiten. Eine Woche nach der Feier seines Namenstages sah er sich jedoch gezwungen, auf jeden Anteil an den Regierungsgeschäften zu verzichten. Unter den führenden Militärs war vor allem Franz Conrad von Hötzendorf ein Jahr früher gezwungen worden, von seiner Leitungsposition zurückzutreten und eine eher sekundäre Aufgabe zu übernehmen. Franz von Hötzendorf ließ sich zu keinem Zeitpunkt von seinem triumphal angefärbten Vertrauen auf die göttliche Sendung des Habsburgischen Reiches abbringen. Sein Nachfolger, Arthur Arz von Straussenburg war hinsichtlich seiner konkreten Strategien in der Spätphase des Krieges zwar sehr viel gemäßigter, gleichwohl aber immer noch grundsätzlich Monarchist und militant antiserbisch wie sein Vorgänger. Auch er trat im November 1918 zurück, weil er nicht für die Unterzeichnung des Waffenstillstandes verantwortlich sein wollte. Was die letzten Kabinettsmitglieder der kaiserlichen Regierung betrifft, kam die Ernüchterung und Bereitschaft zu einem politischen Umdenken ebenso spät, das heißt zu einem Zeitpunkt, wo die radikal geänderten politischen Realitäten längst festlagen.

Der vierte Eckpfeiler, Kardinal Piffl hielt bis zum bitteren Ende des Krieges an seiner bisherigen Weltanschauung fest, zeigte allerdings sofort nach dem Zusammenbruch des Kaiserreiches Bereitschaft zu einer Neuorientierung. Der Kardinal gab unmittelbar nach dem Rücktritt des Kaisers bekannt, dass er auf seinen Titel als Fürsterzbischof verzichten würde. Kurz darauf bekannte er sich zu der neuen Republik und mahnte die Gläubigen zur Loyalität gegenüber dem neuen Regime. Es verdient ferner erwähnt zu werden, dass er in den Nachkriegsjahren viele pastorale Initiativen ergriffen und zahlreiche sozialethische Einrichtungen gegründet hat, die dazu beitragen sollten, in der desolaten sozialen Lage nach dem Krieg die alarmierende Not zu lindern. Insofern hat er trotz allem dazu beigetragen, dass die römisch-katholische Kirche nach dem Zusammenbruch der habsburgischen Doppelmonarchie eine neue kirchliche Strategie entwickeln konnte.[10]

Es gibt also keinen Zweifel, dass die österreichischen Bischöfe einigermaßen einmütig die Gläubigen zur Loyalität gegenüber der neuen Republik aufgefordert haben. Es ist jedoch ebenso augenfällig, dass sie dem vergangenen, für sie glorreichen und gottgesegneten Kaiserreich mitsamt der Monarchie nachgetrauert haben. Dies geht z.B. von einem Hirtenbrief hervor, den Fürstbischof Leopold Schuster von der Diözese Seckau-Graz aus einem bedeutsamen Anlass geschrieben hat, und zwar zum Allerheiligen im Jahr 1919, dem Zeitpunkt, wo die Österreicher im Schock waren, nachdem im September die Bestimmungen des Friedensvertrags von Saint-Germain-en-Laye bekannt geworden waren. Bischof Schuster schrieb:

„Mit Tränen in den Augen blicken wir hin auf unser altes Österreich, von dem uns kaum der sechste Teil geblieben ist. Mit blutendem Herzen gedenken wir der Völker, die früher mit uns zu einer Reichsfamilie verbunden waren, nun aber von uns getrennt sind oder uns sogar feindlich gegenüberstehen. Mit unsagbarem Schmerze betrachten wir die Geschicke unseres alten Vaterlandes und seiner Herrscher, mit denen wir durch Jahrhunderte Freud' und Leid gemeinsam trugen, nun aber für immer voneinander geschieden sind".

Alles in allem kommen wir hinsichtlich der Vorstellungen der Führungsschicht im kaiserlichen Österreich zu der Schlussfolgerung, dass die führenden Persönlichkeiten erst mit dem Rücken zur Wand zu einem Umdenken gefunden haben. Sie waren in einer Welt von gestern zu Hause. Das kaiserliche Reich mit seinem archaisch-christlichen Machtanspruch ist ohne Sang und Klang untergegangen.

Während und nach der historischen Wende durch den Zusammenbruch der habsburgischen Doppelmonarchie, war die Rolle der katholischen Kirche durch sowohl Kontinuität als auch Diskontinuität gekennzeichnet. Einerseits blieb sie den Werten des Kaiserreiches verhaftet, hatte sie doch die sakrale Sinngebung

---

10 Vgl. WilhelmAchleitner, Gott im Krieg. Die Theologie der österreichischen Bischöfe in den Hirtenbriefen zum Ersten Weltkrieg, Wien 1997; Francois, Fejtö, Requiem für eine Monarchie. Die Zerschlagung Österreich-Ungarns, Wien 1991; Manfred Rauchensteiner, Der Erste Weltkrieg und das Ende der Habsburger Monarchie 1914–1918, Wien 2014.

des Reiches repräsentiert, andererseits erwies sie sich fähig, sich an die neuen politischen Realitäten in der österreichischen Republik zu adaptieren.

Sehr viel dramatischer waren die Umwälzungen in *Russland*. Dort war die russisch-orthodoxe Kirche bis zur Revolution im Jahr 1917 eine privilegierte Staatskirche. Sie verkörperte die Idee von Russlands Seele mit der engen Verflechtung von Staat und Kirche, und sie lieferte die Inspiration zu der tief sitzenden Skepsis gegenüber dem Aufklärungsgeist in den westlichen Ländern. Von daher gesehen war es nur logisch, dass das zaristische Regime und die Vorzugsstellung der orthodoxen Kirche gleichermaßen der Oktoberrevolution im Jahr 1917 zum Opfer fielen.

Es dauerte nur wenige Wochen, bevor das religionspolitische Konzept des Revolutionsrates konkrete Züge annahm. An oberster Stelle stand für die neuen Machthaber der Leitsatz, Religion als Privatsache zu definieren. Dies wurde zwar als eine Maßnahme im Interesse der Gewissensfreiheit deklariert, erwies sich doch alsbald als Vorwand für eine gewaltsam durchgeführte Verbannung der Religion aus dem öffentlichen Bereich, dergestalt dass jedwede Form von Religiosität entweder gänzlich unterdrückt oder aber zur inneren Emigration des Einzelnen gedrängt wurde. Die Folgeerscheinungen waren, dass Religionsunterricht konsequent aus der Schule vertrieben wurde, dass keine religiösen Äußerungen bei öffentlichen Anlässen vorkommen durften (etwa im Gerichtssaal oder bei staatlichen Feiern), sowie dass die Kirche keinen Besitz haben durfte, da sie kein rechtliches Subjekt sein durfte, weshalb die Gemeinden lediglich die Form von privaten Zusammenschlüssen annehmen mussten. Ferner wurden die Klöster aufgelöst und das unschätzbare Vermögen der Kirchen und Klöster verstaatlicht. [11]

Diese Maßnahmen wurden zwar als freiheitlich ausgegeben, wobei unterstrichen wurde, dass völlige Gewissensfreiheit herrschen sollte, einschließlich der Freiheit, gar keine religiöse Überzeugung zu haben. Das liberale Aushängeschild nach Außen wurde allerdings sofort dementiert, weil die Praxis eine alles andere als liberale Unterdrückung wurde. Priester, Mönche und Laien, die ein Vertrauungsamt besaßen, wurden verhaftet und vielfach deportiert und ihre Angehörigen mit allerlei Schikanen verfolgt. Mehr noch: Auf allen Ebenen des

---

11 Otto Luchterhandt, Die Phase der Errichtung der kommunistischen Herrschaft in der Sowjetunion, in: Peter Maser/Jens Holger Schjørring, Zwischen den Mühlsteinen. Protestantische Kirchen in der Phase der Errichtung der kommunistischen Herrschaft im östlichen Europa Erlangen 2002, 25–62; Nadezhda Beljakova/Thomas Bremer/Katharina Kunter, „Es gibt keinen Gott!“. Kirchen und Kommunismus. Eine Konfliktgeschichte, Freiburg 2016.

Unterrichtssystems wurde eine atheistische Weltanschauung des Marxismus-Leninismus als Grundfach eingeführt, das zur Voraussetzung hatte, dass diese Lehre wissenschaftliche Objektivität besaß, während jede Form von Religion als willkürlicher Aberglaube und Überbleibsel des überwundenen Systems hingestellt wurde.

Es gibt Quellen, die in aller Deutlichkeit belegen, dass die revolutionären Umwälzungen ziemlich blutig über die Bühne gingen. Zum Beispiel wurde eine Vorschrift des Revolutionsrates bekannt gegeben, die revolutionäre Gruppen verhindern sollte, Priester während der kirchlichen Feiern zu verhaften. Ebenfalls wurde befohlen, dass der Übereifer der Revolutionsgardisten nicht dazu führen durfte, dass man die in Beschlag genommenen heiligen Gegenstände und Kleider schänden oder der Lächerlichkeit preisgeben würde. Die Begründung war für die gereizten Gefühle des Revolutionsrates charakteristisch: die Leiter fürchteten, dass solche Exzesse kontrarevolutionären Kräften Auftrieb geben könnten.

Ähnliche Vorsichtsüberlegungen waren der Grund, weshalb die Mehrheit der neuen Sowjetführung die ungünstigen Friedensbedingungen von Brest-Litowsk notgedungen akzeptierte. Sie sah sich genötigt, den Bemühungen um innere Kontrolle im Sog der revolutionären Konfrontationen Vorrang zu geben, damit sie sich dann später um Durchführung der Religionspolitik kümmern könnten, sobald sie der gesellschaftlichen Lage im Inneren Herr geworden waren. Dieses Vakuum schuf die Voraussetzungen für die Unabhängigkeit, die die Randstaaten im Westen der Sowjetunion als Folge der Friedensschlüsse nach dem Weltkrieg erlangten.

Zusammenfassung und Ausblick

Zwischen Beginn und Ende des Ersten Weltkrieges lagen Welten. Mit Bezug auf den historischen Ablauf gilt es deswegen, die radikale Veränderung der historischen Rahmenbedingungen in 1914 bzw. 1918/19 zu beachten. Dies gilt auch für eine differenzierte christentumsgeschichtliche Bilanz aus internationaler Perspektive. Im Blick auf die Anfangsphase ist es aus heutiger Sicht angebracht, von einer strukturellen Parallelität in dem christlichen Denk- und Verhaltensmuster der Krieg führenden Nationen zu sprechen, allerdings mit Abstufungen und mit Vorbehalt angesichts der unterschiedlichen Gesellschaftssysteme. Von einer solchen Strukturähnlichkeit kann hingegen zu Kriegsende kaum die Rede sein. Schon die Kluft zwischen Siegern und Besiegten machte dies unmöglich. Die Lage in der Zeit der letzten Kämpfe, Waffenstillstandsverhandlungen und Friedensverträge war vielmehr von einer Komplexität geprägt, die es von vornherein unmöglich macht, die religiösen und kirchlichen Haltungen auf einen gemeinsamen Nenner zu bringen.

Zu der zeitbedingten kommt dann noch die geopolitisch bedingte Vielfalt hinzu. Dies betrifft vor allem den Unterschied zwischen West und Ost, aber ebenfalls zwischen Nord und Süd in Europa, sowie – nicht zu vergessen – zwischen Europa und der südlichen Hemisphäre. Im Westen Europas war ein wichtiges Ergebnis, dass die – fast möchte man sagen – ewige Feindschaft zwischen Frankreich und Deutschland nun zu einem neuen Höhepunkt gekommen war, nunmehr mit Frankreich in der tonangebenden Rolle einer rachsüchtigen Siegermacht. Aus einer internationalen Perspektive erwies es sich als ein weiteres entscheidendes Ergebnis, dass die Vereinigten Staaten in der Endphase des Krieges zu einer dominierenden Großmacht aufgestiegen waren. Diese Vormachtstellung galt auch für die weltanschaulichen und christlichen Wertevorstellungen, die ein integrierter Bestandteil in der Verhandlungsposition des Präsidenten Wilson war. Im Osten Europas hingegen war das hervorstechende Ergebnis der Gegensatz zwischen den mehr oder weniger in Schutt liegenden ehemaligen Großen Reichen, dem Osmanischen, dem Habsburgischen- und dem russischen Zarenreich auf der einen Seite, sowie den neugebildeten unabhängigen Staaten auf der anderen. Die zusammengebrochenen Reiche hatten alle eine sakral fundierte Reichsidentität gehabt, jeweils muslimische, römisch-katholische und russisch-orthodoxe. Sie alle hatten jetzt große Mühe, in je unterschiedlicher Weise zu einem neuen Selbstverständnis in dem völlig andersgearteten Kontext zu finden. In den neuen autonomen Nationen gab es eine Vielfalt von christlichen Prägungen. In den meisten war eine säkulare, demokratische Grundhaltung vorherrschend. In einigen gab es eine dominierende Konfessionskirche, in anderen war das Bild eher multi-religiös und multi-konfessionell. Es gab Länder mit einer dominierenden lutherischen Volkskirche, andere mit römisch-katholischer Mehrheit, und wieder andere, vor allem in den Balkan-Ländern mit orthodoxer Mehrheit. Für eine differenzierte Bilanzziehung muss man im Rückblick festhalten, dass die Rolle der Kirchen in dem Weltkrieg von Beginn an bis ans Ende für die Meinungsbildung zwar fundamental wichtig war, dass es aber keine logische Bindung zwischen bestimmten politischen Haltungen und spezifischen konfessionellen Hintergründen gab. Mit anderen Worten: Man kann nicht, ausgehend von einem bestimmten Verhaltensmuster, etwa einem fanatischen säbelrasselnden Nationalismus zu einem bestimmten konfessionellen Traditionshintergrund schließen. Oder, aus einer anderen Perspektive gesehen: das Versagen der Kirchen war über Konfessionsgrenzen hinweg offenkundig.

Dieses bedrückende Fazit bringt uns zu einer weiteren Schlussfolgerung aus einer globalen Längeperspektive: Der Erste Weltkrieg war in der globalen

Geschichte des Christentums eine epochale Zäsur, insofern als der Krieg entscheidend zu einem Verlust an Autorität und Glaubwürdigkeit der europäischen Kirchen beigetragen hat. Dabei ist allerdings festzuhalten, dass die Kolonialmächte im Westen Europas lagen, während die ehemaligen Großmächte in Osteuropa keine koloniale Vergangenheit hatten. Gleichwohl gilt es für den ganzen Kontinent, dass der Erste Weltkrieg für viele europäische Kirchen zu dem scheinbar unaufhaltsamen Rückgang der meisten dominierenden europäischen Konfessions- und Traditionskirchen beigetragen hat.

List of Figures

Autoren

Lado Chanturia

Prof. Dr. jur. Dr. h.c. (Kiel), Richter am Europäischen Gerichtshof für Menschenrechte in Straßburg, Botschafte von Georgien in Deutschland a.D.

Michael Düring

Prof. Dr. phil, Direktor des Instituts für Slavistik, Christian-Albrechts-Universität zu Kiel

Frank Golczewski

Prof. a.D. Dr. phil., Fakultät für Geisteswissenschaften, Geschichte, 4. Arbeitsbereich Europäische Geschichte, Universität Hamburg

Knut-Hinrik Kollex

M.A., Wissenschaftlicher Mitarbeiter, Abteilung für Regionalgeschichte mit Schwerpunkt zur Geschichte Schleswig-Holsteins in Mittelalter und Früher Neuzeit, Historisches Seminar, Christian-Albrechts-Universität zu Kiel

Norbert Nübler

Prof. Dr. phil., Direktor des Instituts für Slavistik, Christian-Albrechts-Universität zu Kiel

Nazar Panych

Dr. jur., к.ю.н. (Lviv), LL.M. (Regensburg), Wissenschaftlicher Mitarbeiter, Institut für Osteuropäisches Recht, Christian-Albrechts-Universität zu Kiel

Claudia Radünzel

Dr. phil. habil., Privatdozentin für Slawische Philologie (Sprachwissenschaft), Lehrbeauftragte am Institut für Klassische Altertumskunde, Christian-Albrechts-Universität zu Kiel

Ada Raev

Prof. Dr. phil., Institut für Slavistik, Professur für Slavische Kunst- und Kulturgeschichte, Otto-Friedrich-Universität Bamberg

Jens Holger Schjørring

Prof. em. Dr. theol., School of Culture and Society, Universität Aarhus, Dänemark

Paul Srodecki

Dr. phil., Wissenschaftlicher Mitarbeiter, Historisches Seminar, Osteuropäische Geschichte, Christian-Albrechts-Universität zu Kiel

Alexander Trunk

Prof. Prof. h.c., Dr. jur. Dr. h.c. (Tbilisi), Direktor des Instituts für Osteuropäisches Recht, Christian-Albrechts-Universität zu Kiel, Vorsitzender des Zentrums für Osteuropa-Studien der CAU

Schriften des Zentrums für Osteuropastudien (ZOS) der Universität Kiel

Herausgegeben von Michael Düring / Norbert Nübler /
Ludwig Steindorff / Martina Thomsen / Alexander Trunk

Die Bände 1-5 sind beim EUL-Verlag erschienen.

Band 6 Michael Düring / Krzysztof Trybuś (Hrsg./Red.): Polen und Deutsche in Europa. Polacy i Niemcy w Europie. Beiträge zur internationalen Konferenz, 25. und 26. Oktober 2012, Kiel. Tom podsumowujący konferencję międzynarodową, 25 i 26 października 2012, Kilonia. 2014.

Band 7 Michael Düring / Kristina Naumann / Rebekka Wilpert (Hrsg.): Russische Satire. Strategien kritischer Auseinandersetzung in Vergangenheit und Gegenwart. 2016.

Band 8 Alexander Trunk (Hrsg.): Russland und Europa. Facetten einer Beziehung. 2017.

Band 9 Alexander Trunk / Nazar Panych (Hrsg.): Erster Weltkrieg im östlichen Europa und die russischen Revolutionen 1917. 2019.

www.peterlang.com